W0273472

L'enfance

Jean-Jacques Rousseau, *Émile ou De l'éducation*, Livres I et II
Hans Christian Andersen, *Contes*
Wole Soyinka, *Aké, les années d'enfance*

Kishore Christophe Annoussamy
Benoît Brousse
Emmanuel Caquet
Muriel van Vliet

L'enfance

Jean-Jacques Rousseau,
Émile ou De l'éducation, Livres I et II
Hans Christian Andersen, *Contes*
Wole Soyinka, *Aké, les années d'enfance*

puf

ISBN : 978-2-13-083030-6
Dépôt légal — 1re édition : 2021, mai
© Presses Universitaires de France / Humensis, 2021
170 bis, boulevard du Montparnasse, 75014 Paris

Sommaire

PREMIÈRE PARTIE
Cours

SECONDE PARTIE
Outils

PREMIÈRE PARTIE
Cours

Introduction générale

Ambivalences de l'enfance

Les châteaux de sable qu'on défend coûte que coûte contre la mer, les histoires qu'on nous raconte le soir avant de s'endormir, les petits bobos qu'on apaise avec un bisou, il y a tant de choses qui ont rempli notre enfance et qui nous en donnent souvent un souvenir doux et amusé, mais toujours teinté d'un fond de regret qui signale une perte fondamentale : arrive-t-on encore à jouer et à apprécier le jeu pour lui-même ? Peut-on encore dormir et s'endormir si facilement ? Sait-on encore se réjouir et s'étonner des petites choses ? On garde de l'enfance une image d'insouciance qui ne peut que contraster avec nos vies d'adultes. Nous nous mettons à songer à l'enfance comme si, fatigués du sérieux de notre quotidien, nous espérions retrouver la fraîcheur d'une époque et la légèreté des comptines d'antan. Ainsi, toute réflexion sur l'enfance commence par céder le pas à une certaine émotion, un certain affect qui nous amène à verser dans le sentimentalisme d'un temps qu'on ne retrouvera pas. C'est avouer que tout semble nous attirer dans l'enfance, qu'elle détient quelque chose d'irrésistiblement attractif et envoûtant. Cette fascination de l'adulte pour l'enfance repose sur la certitude que cet âge recèle un trésor que nous avons perdu et qui appelle à être retrouvé.

Mais n'est-il pas curieux que nous supposions une telle richesse dans un âge que tout conduit pourtant à définir comme indigent ? L'enfance, c'est d'abord l'âge où « l'esprit est enveloppé en lui-même [1] », écrit Hegel, l'âge où nous ne sommes pas encore ce que

1. Hegel, *Encyclopédie des sciences philosophiques (1817)*, tome 3, trad. Bernard Bourgeois, Paris, Vrin, 1988, Add. §396.

nous devrons être : un être responsable, un citoyen, un être de raison. L'enfance est un état de privation qui ne sera comblé qu'avec le destin de son devenir. C'est d'ailleurs cette négativité qui caractérise l'étymologie de l'enfance : l'enfant, c'est celui qui, en naissant, est *infans* [1], c'est-à-dire qu'il ne parle pas, mais on pourrait également dire *iners*, c'est-à-dire inapte au travail, ou encore *invitus* – « le malgré lui » –, puisqu'on décide à sa place. Ce qui importe, c'est la signification de ce préfixe privatif « in- », qui retire à l'enfant les qualités qui feront de lui un homme adulte. Ainsi, le terme lui-même fait signe vers l'adulte qu'il doit devenir : l'enfance n'est qu'une période de la vie humaine – la première – qui est appelée à disparaître dans la suivante. En somme, la détermination de ce qu'est l'enfance est fonction du regard que l'adulte porte sur cet âge et du sens qu'il donne à sa propre maturité : faut-il en conclure qu'il n'y a d'enfance que pour l'adulte, c'est-à-dire que pour celui qui en est précisément sorti ? Voilà de quoi soupçonner que tous les discours sur l'enfance courent le risque d'une illusion rétrospective, d'une recomposition fortuite de ce qu'elle est réellement ou encore d'une vision essentiellement biaisée. La matière de l'enfance peut-elle prendre sens pour l'adulte alors qu'elle est habitée d'une mentalité qui lui est devenue étrangère ? Il faut alors donner deux sens à l'enfance : d'un côté, elle désigne cet âge de la vie qui est voué à être dépassé, de l'autre, la mentalité qui l'accompagne et nous interroge, nous à notre place d'adulte, pour qui elle est devenue un monde inaccessible, ou plutôt un monde qui nous est interdit. La préface du *Petit Prince* de Saint-Exupéry formule cet interdit et nous alerte sur la nécessité d'abandonner notre esprit d'adulte pour entamer la lecture : les grandes personnes ne peuvent pas pénétrer le monde qu'elles ont quitté, elles ne peuvent pas le comprendre sans renoncer à être un adulte : il ne peut y avoir de

1. L'*infans* désigne par conséquent davantage l'état du nourrisson que celui de l'enfant, que le latin nomme *puer*. Il faut noter que là où le latin a déterminé la première enfance par l'absence de langage, le français connote plutôt l'idée d'un besoin de nourriture, et donc de dépendance.

réflexion sur l'enfance qu'en retrouvant son état d'esprit. Dans notre démarche de connaissance, l'enfance nous résiste et pourtant elle cède au mouvement irrésistible du temps qui l'amène vers l'âge adulte.

De cette ambivalence, il est possible d'élaborer un premier paradoxe : adultes, il nous est tous arrivé de vouloir retourner un temps en enfance ; enfants, on est impatient de grandir, de devenir une « grande personne ». Chacun des deux fuit son temps. Le paradoxe vient de ce que, du côté de l'adulte, l'enfance est perçue comme un lieu de liberté, où l'insouciance n'a pas à s'inquiéter d'une quelconque responsabilité, alors que du côté de l'enfant, l'enfance est vécue comme une série d'interdits et d'impossibilités puisqu'on lui refuse certains savoirs, certains droits et qu'il ne peut pas décider de tout. Comment comprendre que l'adulte comme l'enfant désirent rejoindre un monde auquel ils n'ont pas accès, tous deux au nom d'un désir de liberté ? C'est qu'ils ne désirent pas la même liberté : la liberté souhaitée par l'adulte est celle d'une spontanéité capable de s'abstraire des responsabilités sérieuses ; la liberté souhaitée par l'enfant est celle d'une autonomie où les adultes ne décideront plus pour lui. Selon ce qu'on voit dans l'enfance – et surtout selon d'où on parle de l'enfance –, elle est tour à tour désirable et indésirable, richesse et indigence, temps de liberté et temps d'interdictions.

Cette ambiguïté doit structurer toute réflexion sur l'enfance et peut prendre au moins trois directions : d'abord (a) un questionnement de type épistémologique [1] pour savoir si nous pouvons réellement connaître l'enfance sans que notre regard adulte ne truque et ne biaise son objet. Bien souvent, l'enfance en dit plus long sur l'adulte qui en parle que sur les enfants eux-mêmes : qu'il s'agisse d'une connaissance de l'enfance en général ou de son enfance en particulier qu'on essaie de saisir par le souvenir et l'écriture, le discours tend à se déformer par la nostalgie, à s'embellir par les regrets. Si on veut définir l'enfance comme un objet d'étude particulier, cela suppose qu'elle soit soustraite du rapport qu'elle entretient avec

1. L'adjectif « épistémologique » qualifie ce qui est relatif aux conditions d'élaboration d'un savoir ou d'une science.

l'adulte, rapport qui introduit alors (b) un questionnement de type ontologique [1] : comment faut-il caractériser l'enfance ? En définissant l'enfant dans son rapport à l'adulte, c'est-à-dire en termes de manque, nous en faisons un être essentiellement négatif, un être plongé dans un état de dépendance et de privation de raison, nous empêchant par la même occasion de comprendre la positivité de cet âge et la richesse de sa mentalité extérieure à la raison. Mais derrière ces questions d'ordre théorique, il faut pressentir (c) une interrogation peut-être plus pressante encore et d'ordre éthique et pratique : quel doit être notre comportement face à l'enfance ? Pour accomplir notre humanité, faut-il dire que l'enfance est ce qui doit être surmonté ou bien ce qu'il faut conserver en soi ? En fonction de ce qu'on y met, l'enfance nous interpelle : ou bien il importe de retrouver une âme d'enfant, supposant que nous n'aurions jamais dû perdre certaines qualités qui caractérisent l'enfance ; ou bien il est urgent de la dépasser, estimant qu'elle n'est qu'un passage nécessaire mais éphémère de l'accomplissement de l'adulte. Ainsi, en réfléchissant à l'enfance, nous entamons une quête des origines de soi – ou une quête des origines de l'homme en général – afin de connaître le sens qu'il faut donner à ce temps à jamais révolu.

Nostalgies de l'enfance

Il faut d'abord laisser parler l'affect qui traverse l'adulte quand on lui parle de son enfance : malgré la diversité des individus, l'enfance se donne toujours comme un temps qui n'est plus, ne peut plus être et qui n'a de réalité que par le souvenir que nous en avons, souvenir ému de n'être plus qu'un souvenir. L'enfance se donne à l'adulte dans le sentiment de la nostalgie, qui se définit comme la souffrance provoquée par le désir d'un retour impossible. On ne se remémore jamais l'enfance comme s'il s'agissait de simples souvenirs d'événements passés : il y a quelque chose de supplémentaire dans son souvenir qui le montre comme appartenant à un

1. L'adjectif « ontologique » qualifie ce qui est relatif à l'essence d'un être.

autre temps, à un temps auquel nous n'appartenons plus. On peut facilement revenir sur le souvenir de nos vingt ans, de nos trente ans, jamais ceux-ci ne se livrent à la mémoire exactement de la même manière que les souvenirs d'enfance qui s'accompagnent toujours d'une conscience de rupture, d'un sentiment de discontinuité. À partir de quand, d'ailleurs, voit-on l'enfance comme un âge perdu ? Le sentiment de discontinuité n'apparaît qu'un certain temps après la rupture, de sorte qu'on ne sait jamais situer avec précision la sortie de l'enfance.

La nostalgie qui nous affecte doit se comprendre dans son sens précis : l'enfance est marquée du sceau douloureux (ἀλγία ou *algia*, « la douleur ») de l'impossibilité d'un retour pourtant désiré (νόστος ou *nostos*, « le retour »). Si l'on veut prendre au sérieux cette impossibilité, il faut avouer que la nostalgie porte bien plus sur le temps que sur l'espace : le désir de retourner en un lieu géographique n'est jamais irréalisable en soi, alors que le voyage dans le temps nous est formellement interdit. L'objet par excellence de la nostalgie, c'est le passé. Pourtant, comme l'explique Vladimir Jankélévitch dans *L'Irréversible et la Nostalgie*, ce n'est jamais pour ce que le passé a été que nous sommes nostalgiques, mais seulement *parce qu'*il est passé, c'est-à-dire irréversible :

> L'objet de la nostalgie, ce n'est pas tel ou tel passé, mais c'est bien plutôt le fait du passé, autrement dit la passéité […]. C'est par rapport au seul fait de la passéité du passé, et en relation avec la conscience d'aujourd'hui, que le charme inexplicable des choses révolues a un sens. C'est donc la conscience tragique de l'irréversible qui est le cœur de la nostalgie. C'est parce que la douceur maternelle est irréversible qu'elle est le paradis perdu ; c'est parce que notre enfance est à jamais inaccessible qu'elle nous paraît heureuse [1].

Ce n'est pas pour avoir vécu tel ou tel bonheur dans son enfance que nous en avons un souvenir heureux, mais parce que l'enfance nous apparaît toujours comme un temps à jamais inaccessible. La nostalgie est indifférente au contenu de l'enfance, de sorte que cet âge devient toujours plus heureux au fil des années qui

1. Vladimir Jankélévitch, *L'Irréversible et la Nostalgie*, Paris, Flammarion, 1974, p. 357.

passent. Plus nous vieillissons, plus nous avons un souvenir attendri de notre enfance : l'intensité de la nostalgie pourrait bien être fonction de la distance qui nous en sépare. Peu importe les difficultés et les malheurs que nous avons pu connaître enfant, toutes ces ombres s'effacent avec le temps pour ne laisser qu'une tendresse familière sur ce qui est dorénavant lointain.

Appartenir au passé signifie que l'événement est soustrait à toute action, à toute maîtrise : l'enfance qui se livre dans le souvenir ne peut que devenir un savoir et une nécessité car nous ne pouvons plus rien y changer. La mémoire est alors le seul moyen qui nous reste pour redonner à ce temps un semblant de présence. La distinction que fait Henri Bergson dans *Matière et Mémoire* entre la mémoire-habitude et la mémoire-souvenir permet de comprendre en quel sens le présent réinvestit ce passé irréversible. La mémoire-habitude est celle qui nous fait agir et qu'on ne se représente pas, car elle est la cristallisation en nous d'une répétition mécanique qui nous donne une aptitude. L'habitude est la manière dont le passé est activement présent en nous, alors que le souvenir ne produit aucune action directe sur le présent mais se donne dans la représentation : « Il a pour essence de porter une date et de ne pouvoir par conséquent se répéter [1]. » Face à l'enfance, je ne peux qu'être dans la contemplation d'un passé qui n'agit pas, contemplation qui porte les traits aristotéliciens de l'absence de souci d'agir, du pur plaisir désintéressé et de la nécessité, mais qui demande un effort intellectuel d'autant plus intense que la distance qui nous en sépare est grande.

L'enfance incarne l'âge le plus difficile à se remémorer : si les souvenirs que nous en avons restent généralement vagues et confus, il y a toujours une limite d'âge en deçà de laquelle nous n'en avons aucun. L'effort de remémoration de l'enfance ne nous donne jamais que de maigres souvenirs, souvent banals, parfois reçus d'un témoignage de seconde main : les souvenirs trop faciles n'arrivent pas à redessiner l'atmosphère de nos premières années, ils sont tout au

1. Henri Bergson, *Matière et Mémoire* (1896), chapitre 2, Paris, Garnier-Flammarion, 1982, p. 121.

enfant : imitation du modèle parental

plus des esquisses, mais le tableau n'est jamais complet. Paradoxalement, c'est quand on ne fait pas cet effort volontaire qu'on retrouve les souvenirs les plus forts. Face à l'oubli involontaire, peut-être faut-il espérer que la réminiscence involontaire viendra sauver le souvenir de notre enfance : à l'occasion d'une sensation présente, nous pouvons sentir le passé se ranimer et nous envahir, comme dans le cas de la madeleine de Proust. Ces souvenirs involontaires ont toujours partie liée avec les sens :

> La vue de la petite madeleine ne m'avait rien rappelé avant que je n'y eusse goûté [...]. Quand d'un passé ancien rien ne subsiste, après la mort des êtres, après la destruction des choses, seules, plus frêles, mais plus vivaces, plus immatérielles, plus persistantes, plus fidèles, l'odeur et la saveur restent encore longtemps, comme des âmes, à se rappeler, à attendre, à espérer, sur la ruine de tout le reste [1].

La mémoire de l'enfance, en raison de la distance qui nous en sépare, s'ancre si profondément dans l'esprit qu'un stimulus visuel ne suffit pas à en éveiller le souvenir. Ce n'est qu'à la suite d'une odeur, d'un son ou d'un goût particulier que le souvenir se déclenche et rappelle au narrateur le temps où sa tante lui donnait à tremper des madeleines dans du thé. Contrairement à la mémoire volontaire qui est affaire intellectuelle, la mémoire involontaire repose sur la puissance du sensuel qui est de bien plus longue durée : en enjambant les époques, le sensible invoque l'enfance comme si elle avait toujours été là, en nous, mais profondément enfouie, « progressant souterrainement à travers un long et profond oubli [2] ».

L'enfance comme quête de soi

Échappant à notre maîtrise, l'enfance ne pourra se manifester avec justesse que si nous renonçons à notre volonté de nous en

1. Marcel Proust, *Du côté de chez Swan* (1913), Paris, Gallimard, 1988, p. 527.
2. Harald Weinrich, *Léthé : art et critique de l'oubli* (1997), « À propos de Proust », Paris, Fayard, 1999, p. 209-210.

souvenir. Le progrès souterrain des souvenirs d'enfance ne devrait pourtant pas dévaluer leur recherche consciente : il ne faudrait pas laisser la recherche de ce temps perdu à l'unique merci d'un phénomène involontaire. Il y a même un enjeu identitaire fort à pouvoir revenir sur son enfance : la discontinuité que pose la nostalgie doit se comprendre comme une hétérogénéité entre l'âge enfant et l'âge adulte qui met en péril mon identité dans le temps. En effet, ce sont les différences entre l'enfant que j'étais et l'adulte que je suis qui rendent raison de ce sentiment de rupture. Autrement dit, puisque le mode d'appréhension de l'enfance est d'abord celui de la nostalgie, celle-ci nous montre en fait la présence d'une altérité dans l'identité, ou plutôt elle reconnaît la force du temps qui ne cesse de m'altérer : celui qui se reconnaît dans l'enfant qu'il était en apercevant une photo de famille ne peut s'empêcher de ressentir une forme d'étrangeté qui le sépare de lui-même. L'enfance vient nous questionner sur notre identité personnelle.

Qu'est-ce qui me permet d'affirmer que je suis le même être, enfant et adulte ? Affirmer l'identité d'une chose revient toujours à demander si elle est la même en des temps différents : c'est donc à la mémoire de faire une comparaison temporelle et d'attribuer ainsi l'unité d'un être, comme l'explique John Locke dans l'*Essai sur l'entendement humain*. Mais qu'en est-il de l'identité personnelle ? Les changements physiques et moraux qu'a connus l'enfant ne rendent-ils pas impossible son identité avec l'adulte ? Locke répond que ce n'est qu'avec la conscience qu'il est possible de réunir ces « existences éloignées au sein de la même personne ». La mémoire, qui se définit comme l'extension rétrospective de ma conscience, vient donner l'unité de ma personne que le temps semble lui retirer. Il y a donc un enjeu identitaire fort à parcourir son enfance par la mémoire : le souvenir permet d'affirmer mon identité personnelle en tant qu'il présente une double énonciation à la première personne, le sujet du souvenir et le sujet souvenant s'identifiant dans l'actualité de la conscience. Et Locke de conclure :

> L'identité de telle personne s'étend aussi loin que cette conscience peut atteindre rétrospectivement toute action ou pensée passée ; c'est le même

> soi maintenant qu'alors, et le soi qui a exécuté cette action est le même que celui qui, à présent, réfléchit sur elle [1].

Dans le souvenir d'enfance, la conscience est conscience d'avoir soi-même vécu tel souvenir et unifie les instants épars de la vie. Il faut donc chercher à mobiliser soi-même, volontairement, ses souvenirs d'enfance afin de reconstruire l'unité de son identité, il faut retrouver un fil continu au sein de la discontinuité avec laquelle nous apparaît l'enfance. Pourtant, l'équation entre identité personnelle et mémoire n'est pas sans causer de sérieux problèmes, notamment parce qu'elle fait fi de la question de l'oubli qui structure notre enfance : la conscience qui soutient l'effort de mémoire n'est-elle pas constamment interrompue par l'oubli, produisant en elle l'expérience d'une nouvelle discontinuité qui vient redoubler le sentiment de rupture avec l'enfance ? Que se passe-t-il quand je n'ai plus de souvenirs de mes cinq ans ? Est-ce mon identité personnelle qui est en péril ? Si Locke ne questionne pas précisément l'enfance, c'est parce qu'elle pourrait bien être ce qui met le plus à mal sa théorie de l'identité personnelle.

L'enfance nous invite alors à réactiver la séculaire dialectique du Même et l'Autre puisqu'elle demande que nous articulions celui que nous ne sommes plus à celui que nous sommes, c'est-à-dire faire que l'altérité de l'enfant devienne le principe explicatif de mon état présent, de mon identité personnelle. En y cherchant les causes premières de mon caractère, l'enfance devient l'objet d'une quête de soi, une quête des origines. Ce qui nous intéresse dans la connaissance de l'enfance, ce n'est pas l'enfance en elle-même, mais ce qu'elle a fait de nous : la question épistémologique (a) n'est motivée que par un souci éthique. Dans *Soi-même comme un autre*, Paul Ricœur soutient que c'est au récit de soi de résoudre les paradoxes de l'identité personnelle, que la dialectique du Même et l'Autre ne peut s'opérer que dans la narration :

1. John Locke, *Essai sur l'entendement humain* (1689), livre II, chapitre 27, trad. Étienne Balibar, § 9, Paris, Seuil, « Points », 1998, p. 151.

quel récit l'enfant se fait-il de lui ?

> Le récit construit l'identité du sujet, qu'on peut appeler identité narrative, en construisant l'identité de l'histoire racontée. C'est l'identité de l'histoire qui fait l'identité du sujet. C'est cette dialectique de concordance discordante du sujet qu'il faut inscrire dans la dialectique de la mêmeté et de l'ipséité [1].

La difficulté de la construction de l'identité du sujet vient de ce qu'elle ne peut pas être la simple répétition de qualités et de traits de caractère (« mêmeté » ou encore « identité ») puisque c'est ce qui change perpétuellement dans le sujet : il faut donner une consistance à l'identité, qui se fonde dans le fait d'être toujours soi-même (« ipséité »), et cela ne peut se donner qu'en produisant une narration du sujet qui suppose nécessairement la continuité d'un être au fil des âges. L'identité personnelle se fonde en définitive dans l'identité narrative : il faut mettre en scène son enfance pour construire son identité.

Cette construction personnelle nous met face à un puissant paradoxe : la narration de soi inverse l'effet de contingence sous les yeux du narrateur puisque ce qui aurait pu arriver autrement se transforme en nécessité dès lors que les événements de mon enfance doivent entrer dans une explication de mon être. Le hasard de mon existence se change en destin où tout semble conduire inexorablement au présent de la narration. Celui qui raconte son enfance pour reprendre possession de soi-même ne peut éviter d'être pris de tendresse pour l'enfant qu'il était, eu égard à la connaissance du chemin qui va être parcouru et que l'enfant ignore. C'est là toute son innocence : il ne sait pas ce qui l'attend et l'adulte peut craindre que le chemin qui sera emprunté ne l'ait égaré. Voilà une autre source d'émotion quand on pense à son enfance : la conscience du chemin parcouru peut conduire à la conscience de s'être perdu avec les années et produire un profond malaise. Raconter son enfance, c'est à la fois se mettre à la quête de son origine,

1. Paul Ricœur, *Soi-même comme un autre*, « Sixième étude : le soi et l'identité narrative », Paris, Seuil, 1990, p. 175-176.

faire de son histoire un destin, mais aussi se mettre sur la voie d'une descente aux enfers, épreuve dont il faut sortir victorieux.

Difficultés du récit d'enfance : le cas de l'autobiographie

Philippe Lejeune caractérise l'enfance comme un moment nécessaire de l'autobiographie puisque celle-ci consiste à produire un « récit rétrospectif qu'une personne réelle fait de sa propre existence lorsqu'elle met l'accent [...] sur l'histoire de sa personnalité [1] ». Dans l'autobiographie, il ne s'agit pas d'affirmer l'identité de l'enfant et de l'adulte, mais seulement leur ressemblance : on ne demande pas à l'auteur de reproduire avec exactitude son enfance, mais plutôt avec fidélité. Là où l'exactitude concerne l'information et la vérité des détails, la fidélité concerne la signification globale. D'ailleurs, concernant le récit d'enfance, nous serions plus propices à la défiance envers celui qui se souviendrait trop bien de cet âge : étrangement, le degré de crédibilité du récit est inversement proportionnel au degré d'exactitude. En fait, raconter sa petite enfance autorise un certain défaut de mémoire qui ajoute d'autant plus de crédibilité que l'écart temporel qui sépare l'autobiographe du souvenir est grand. De son enfance, il ne faut jamais trop en dire, sous peine de tomber dans une fabulation de soi qu'entraîne bien souvent le lyrisme de l'écriture.

Étape obligatoire de l'autobiographie, le récit d'enfance n'est pourtant pas exempt de certaines difficultés : concernant le mode de donation des souvenirs, il faut noter qu'on ne se souvient de son enfance qu'avec des bribes de souvenirs, des morceaux épars qu'on recompose une fois adulte pour leur donner de la cohérence. Dans le brouillard de ce que nous nous rappelons, il est facile d'intégrer des éléments étrangers, de les fondre dans le décor et de déformer alors la réalité de notre enfance. La chronologie des événements n'est pas vraiment claire dans notre mémoire, et cela

1. Philippe Lejeune, *Le Pacte autobiographique*, Paris, Seuil, 1975, p. 14.

vient de ce que l'acquisition du schéma temporel est parallèle à l'acquisition du langage qui permet de passer d'une conception subjective et diffuse du temps à une conception objective. L'enfance se caractérise par une perception a-chronologique et ne peut se conjuguer qu'à l'imparfait, temps qui refuse de situer précisément les événements. Le passé et l'avenir sont compris dans un même mouvement, ce qui donne à l'enfance une dimension si propice à la nostalgie et une notion d'éternité. Au fur et à mesure que la personnalité acquiert la faculté d'anticiper, le temps de l'enfance disparaît. Raconter sa petite enfance semble autoriser pour Lejeune ce défaut de mémoire, mais ne devrait-on pas au contraire y soupçonner une reconstruction dangereuse ?

Puisque les souvenirs se donnent difficilement et sans ordre, l'autobiographe est contraint d'imposer à son enfance une cohérence qu'il trouve lui-même. C'est parce que l'autobiographie se présente comme un projet qu'il faut douter de sa véracité : la publicité de ce qui est personnel s'inscrit souvent dans une stratégie non dite. Ainsi de Rousseau qui, dans *Les Confessions*, veut se justifier devant ses contemporains : s'il faut admirer la savante structure de l'aveu du ruban volé [1] qui permet de retourner la culpabilité en innocence, il faut également s'en méfier puisque Rousseau la présente comme l'une des seules fautes qu'il n'ait jamais commises. Lorsque la réflexion se mêle au souvenir, lorsqu'on reconstruit le passé avec la raison de l'adulte au lieu de le laisser ressurgir de lui-même, on le déforme, on lui donne une autre forme. Le récit autobiographique transforme *a posteriori* la matière de l'enfance pour lui donner la forme qui convient au projet de l'auteur, même quand il fait l'effort de ne pas trahir ses souvenirs par le style de l'écriture : dans les *Confessions* d'Augustin d'Hippone, la disposition parataxique des phrases – enchaînées simplement par la coordination « et » pour laisser le souvenir ressurgir de la manière la plus neutre possible – n'empêche pas une recomposition d'ensemble qui vise à convaincre le lecteur que l'enfance n'est pas exempte de

1. Jean-Jacques Rousseau, *Les Confessions*, livre I (1782), Paris, Gallimard, « Folio », 1973, p. 124-128.

péché. Le fameux vol des poires [1] est lui aussi l'objet d'une recomposition qui force le trait du plaisir criminel de l'enfant et exhibe ainsi la nature peccamineuse des hommes. Puisqu'elle doit se raconter, l'enfance doit devenir une intrigue, un parcours palpitant qui rende raison de la personnalité de l'auteur ou qui se fasse parfait témoin d'une époque : *Aké, les années d'enfance* est à ce titre le témoignage d'une époque et d'un pays qui devient pour l'auteur le moyen de mener une réflexion sur l'éducation, le fait religieux, le féminisme, la tradition. De plus, n'est-il pas des souvenirs qu'on n'a jamais vécus et qu'on invente à l'occasion ? Il arrive même qu'on en invente sans s'en rendre compte – étrange phénomène qui souligne la malléabilité de la mémoire qui, en stockant de l'information, peut produire une erreur dans la machine. Il ne s'agit pas de mythomanie, puisque la fabrication de ces faux souvenirs se fait malgré nous : comme l'enfant ne peut pas toujours faire la différence entre ce qui est de l'ordre de l'imagination et ce qui est de l'ordre de la réalité, la réappropriation par l'adulte du souvenir amène à transférer des éléments imaginaires dans le réel. Ainsi, la question de la connaissance de l'enfance, du point de vue de l'histoire personnelle, trouve une réponse difficilement positive : l'écart temporel qui sépare l'adulte de l'enfant, la prééminence de l'imagination enfantine, les tours que nous joue la mémoire, voilà autant d'obstacles à surmonter si l'on veut connaître son enfance.

Enfance de Nathalie Sarraute tente pourtant de mener à bien ce projet en évitant chacun de ces obstacles pour ne pas succomber à la tentation de donner de son enfance une image d'Épinal qui correspondrait trop bien au projet narratif de la quête de soi. Sous forme de dialogue, l'auteure scinde le moi autobiographique en deux instances : une voix narrative et une voix critique. La première évoque les souvenirs d'enfance avec une grande sensibilité, souvent confuse, alors que la seconde lui sert de garde-fou en instaurant une distance critique permanente contre la complaisance de l'écriture et le lyrisme de la nostalgie :

1. Augustin d'Hippone, *Confessions* (397-401), Livre II, chap. IV, Paris, Gallimard, « Folio », 1993, p. 73-75.

— Je me laisse imprégner par cette lumière dorée, ces roucoulements, ces pépiements, ces tintements des clochettes sur la tête des ânons, des chèvres, ces sonneries des cerceaux munis d'un manche que poussent devant eux les petits qui ne savent pas se servir d'un bâton.

— Ne te fâche pas, mais ne crois-tu pas que là, avec ces roucoulements, ces pépiements, tu n'as pas pu t'empêcher de placer un petit morceau de préfabriqué... c'est si tentant... tu fais un joli petit raccord, tout à fait en accord...

— Oui, je me suis peut-être un peu laissée aller...

— Bien sûr, comment résister à tant de charme... à ces jolies petites sonorités... roucoulements... pépiements [1]...

Cet artifice narratif coupe court à l'évocation des souvenirs à l'instant où elle se fait trop littéraire, trop embellie par les sonorités du langage : avec une certaine malice, « les roucoulements » et « les pépiements » désignent, à la fin de l'extrait, non plus l'atmosphère sonore du souvenir, mais l'écriture de l'auteure qui se complaît dans son geste. La force d'attraction de l'enfance – son « charme » – est aussi source de manipulation : il y a dans l'enfance une idéalisation latente qui nous guette constamment. C'est donc à l'aide de remarques d'ordre stylistique que la voix critique rappelle à l'ordre la voix sensible chaque fois qu'elle s'épanche trop. *Enfance* nous montre l'éternelle bataille que l'adulte doit livrer contre lui-même s'il désire réellement connaître son enfance et ne pas tomber dans les souvenirs tout cuits, dans du « préfabriqué ». Même si le lien consubstantiel entre enfance et imaginaire autorise une mythification de la réalité, il ne faut pas que cette fictionnalisation cède à la démesure du lyrisme de l'adulte. Il faut au contraire se mettre dans une écoute attentive, sensible aux moindres nuances, pour prétendre retrouver l'enfant en nous.

« L'enfance ne se parle pas » : l'analyse de Lyotard

Est-il alors possible de prendre la parole pour faire le récit de son enfance sans toujours la déformer un tant soit peu ? Ne faut-il

1. Nathalie Sarraute, *Œuvres complètes, Enfance*, Paris, Gallimard, « Bibliothèque de la Pléiade », 1996, p. 997-998.

pas toujours se méfier du langage puisque l'enfance est précisément le temps où le langage n'est pas encore le sien ? Tel est le soupçon général soulevé par Jean-François Lyotard, qui cherche à renouveler notre conception de l'enfance. Dans *Lectures d'enfance*, il commence par méditer l'étymologie du terme *infantia* : négation du participe présent du verbe *fari*, qui signifie « parler », le terme fait signe vers un temps qui existe en dehors de tout langage. Pour les Latins, ce n'est pas exactement retirer à l'enfant la capacité de parler, mais lui retirer la capacité de comprendre parfaitement le langage : on retrouve le terme dans les textes de droit romain pour faire référence à la période qui précède la puberté et où l'individu est supposé ne pas comprendre le sens des paroles qu'il peut pourtant proférer [1], ce qui lui retire le statut de sujet de droit. L'*infans* exprime le statut de celui qui, aux yeux de la loi, est en incapacité d'agir, n'exerce aucun droit. Là où la négativité semble définir de part en part l'enfant, Lyotard préfère y voir le sens d'une passivité fondamentale. Puisque l'enfant ne parle pas, il conclut que l'enfance ne *se* parle pas, qu'elle résiste à tout discours et persiste en nous tout au long de la vie :

> Une enfance qui n'est pas un âge de la vie et qui elle ne passe pas. Elle hante le discours. Celui-ci ne cesse de la mettre à l'écart, il est sa séparation. Mais il s'obstine, par là même, à la constituer comme perdue. À son insu, il l'abrite donc. Si l'enfance demeure chez elle, ce n'est pas quoique mais parce qu'elle loge chez l'adulte [2].

Lyotard opère un changement radical de perspective sur l'enfance : il ne s'agit plus d'un âge de la vie qui ouvre la problématique de l'identité personnelle et de l'éducation, mais d'un rapport au discours et à la langue. À peine né, l'enfant est bercé dans un élément qu'il ne maîtrise pas : ça parle tout autour de lui, ça parle

1. Marguerite Hirt, « La législation romaine et les droits de l'enfant », *in* Véronique Dasen (éd.), *Naissance et petite enfance dans l'Antiquité, Actes du colloque de Fribourg 2001*, Academic Press Fribourg, 2004, p. 281-291.

2. Jean-François Lyotard, *Lectures d'enfance*, Paris, Galilée, 1991, p. 9.

de lui, ça lui parle – et il ne peut pas répondre. Ce qui se joue dans l'enfance, c'est l'imposition d'un silence face à quelque chose qui le dépasse et qui ne se peut nommer. Comment ne pas voir l'acte défigurant de l'écrivain qui nomme et renomme ce qui ne se parle pas ? L'impossibilité de dire avec fidélité l'enfance ne tient pas à une difficulté intrinsèque au souvenir, mais à un obstacle insurmontable dans la nature de l'enfance.

Il n'y a pas meilleure illustration de ce rapport problématique au langage que dans *Biffures*[1] de Michel Leiris, le jour où il découvre avec violence que le langage ne lui appartient pas, qu'il est constitué d'un réseau de significations qui le dépasse. Alors que l'enfant joue avec un petit soldat en bois dans un salon rempli de grandes personnes, il le fait maladroitement tomber, mais par chance, le jouet ne s'est pas cassé : « Reusement ! » s'écrie-t-il. Mais voilà qu'on le reprend et le corrige : « On ne dit pas ...“reusement” mais “heureusement”. » Michel Leiris explique le changement de rapport au monde qu'a provoqué cet épisode : le sentiment d'être dépassé par les mots qu'il ne maîtrise pas mène progressivement l'enfant à quitter son élément natal – l'absence de langage – pour entrer dans le monde commun des signifiants partagés. L'entrée dans le langage propulse l'enfant au rang de locuteur et d'être social. Il importe peu de savoir à quel âge, à quelles conditions, par quels mécanismes l'enfant peut accéder au pouvoir symbolique : il n'y a que trop de psychologues, de linguistes et de philosophes qui débattent de la question, tout en glorifiant le pouvoir de signifier. Ce qu'on ne voit pas assez, c'est que le monde prélinguistique de l'*infantia* est ce qui la rend si difficile à raconter sans risquer de la trahir.

D'où le retour incessant de l'enfance chez l'adulte : il tente de lui donner des contours par le langage, mais celui-ci ne peut qu'échouer à la saisir. Or, à ce qui est insaisissable tout en étant présent, il faut donner le nom de fantomatique : l'enfance ne peut

1. Michel Leiris, *La Règle du jeu*, tome I, *Biffures*, chapitre 4, « Reusement ! », Paris, Gallimard, 1948.

que hanter l'adulte et le suit tout au long de sa vie. Pour Lyotard, cela se caractérise par la survivance en nous de la passivité primitive de l'enfant qu'il nomme volontiers « passibilité », c'est-à-dire capacité d'être passible de, d'être ouvert à l'événement qui ne se maîtrise pas. L'enfance est une ouverture à l'altérité que nous conservons adulte, une vulnérabilité qui ne disparaît jamais. Lyotard, en renversant la question épistémologique et ontologique de l'enfance (puisqu'elle ne peut pas se connaître par le discours et qu'elle est essentiellement ce qui se tient dans la passibilité), amène également à renverser notre rapport éthique à l'enfance : elle n'est plus ce qu'il faut dire, mais ce qu'il faut écouter, c'est-à-dire une voix, presque inaudible, mais qui résonne bien après sa disparition. Écouter la voix inarticulée de l'enfance serait alors le moyen de déranger la pensée édifiée et bien articulée de l'adulte. L'*infantia* est bien ce qui hante le discours de l'adulte de telle sorte que l'écriture y revient sans cesse pour faire émerger la voix perdue de l'enfant en nous. On retrouve cette idée dans les poèmes d'Yves Bonnefoy, qui tente de revenir sur cette masse de souvenirs qui lui échappe et qui risque d'être brisée par les mots colonisateurs de l'adulte. Dans *Les Planches courbes*, après avoir évoqué les lieux ensoleillés de son enfance, le poète tremble tout à coup à l'idée de trahir l'enfant qu'il était :

> *Je l'écoutais, puis j'ai craint de ne plus*
> *L'entendre, qui me parle ou qui se parle*
> *Voix lointaine, un enfant qui joue sur la route*
> *Mais la nuit est tombée : quelqu'un appelle* [...]
> *Rentre, a-t-on chuchoté, et je n'ai su*
> *qui appelait ainsi, du fond des âges* [...] [1].

Craignant de ne plus pouvoir écouter l'enfant en lui, Bonnefoy exprime ici la faiblesse de la voix de l'enfance qui se fait si malheureusement oublier des adultes. Elle est la trace en nous d'une réceptivité qui fonde notre véritable humanité. C'est pourquoi l'enfance

1. Yves Bonnefoy, « La voix lointaine », *Les Planches courbes*, Paris, Gallimard, 2001, p. 57.

préparation freinée à l'âge adulte
anticipation d'un avenir rien régénérant.

ne passe pas, sa temporalité est autre : l'impression d'un temps perdu vient de ce qu'on ne sait plus écouter sa voix.

Puer aeternus et syndrome de Peter Pan

Si l'enfance ne nous quitte jamais, c'est qu'elle ne doit pas tant être un âge de la vie qu'une mentalité, un état d'esprit qui nous suit tout au long de la vie. Quelque chose dans l'enfance ne peut pas disparaître. Ce phénomène psychologique où l'enfance persiste dans l'adulte pourrait bien être visible chaque fois que nous réagissons de manière démesurée à certains événements. La disproportion de nos réactions est le signe non pas d'une immaturité, mais de la constitution profonde de l'adulte, et c'est quand on pense avoir mis l'enfance derrière soi qu'elle refait souvent surface. En chacun de nous demeure un éternel enfant, un *puer aeternus,* comme le nomme le psychanalyste Carl Gustav Jung, qui symbolise la part de notre être qui conserve un fonctionnement d'enfant. Malgré les changements que nous connaissons, nous gardons une partie de la structure du psychisme de l'enfant – structure qu'il ne faut pas chercher à bannir, mais à cultiver pour apprendre à renouer avec soi-même. On pourrait prendre pour témoins de la profondeur de cette structure les personnes atteintes de la maladie d'Alzheimer qui, entraînant la perte progressive des fonctions mentales et de la mémoire, n'entame que tardivement les souvenirs de l'enfance comme le montre la dernière scène du film *The Father* de Florian Zeller. La progressivité de l'oubli nous montre des étages dans la structure mentale de l'homme qui confirment la profondeur de l'imprégnation de l'enfance.

Jung envisage cette survivance de l'enfant comme un archétype présent dans chaque individu, quelle que soit sa culture. Dans *Le Fripon divin : le mythe indien*, l'auteur voit dans la figure du fripon une forme universelle qu'on retrouve dans de nombreux mythes, légendes et autres récits folkloriques, sous l'aspect du lutin, du gnome ou des elfes qui sont à chaque fois une image symbolique de l'enfance. À la fois joueurs, taquins, rieurs, farceurs voire cruels, les fripons symbolisent l'un des aspects de l'âme humaine qui ne meurt jamais. Oublier son âme d'enfant, c'est se condamner à vivre une vie asséchée, incapable de se donner un nouveau souffle : l'enfant intérieur « ne désigne pas seulement une inconscience enfantine, mais aussi une capacité de renaissance, de renouvellement [1] », de telle sorte qu'il faut apprivoiser cette potentialité de renouveau et apprendre à prendre soin de l'enfant en nous. Un bon nombre de psychothérapeutes ont repris cette analyse pour enseigner aux adultes à retrouver une estime de soi : en travaillant cette partie enfantine de l'âme, l'adulte redécouvre sa valeur et l'importance du soin de soi-même.

L'enfance, comme figure psychique, nous met en présence d'un motif doué d'un charme universel qui exerce une force d'attraction sur tout individu. C'est ce motif qui permet d'expliquer pourquoi nous pouvons être tant fascinés par les contes, et cela même quand le temps de l'enfance est derrière nous : il y a dans les *Contes* d'Andersen des éléments symboliques qui parlent autant à l'adulte qu'à l'enfant, car la richesse du symbole dépasse notre compréhension immédiate de sorte qu'il est toujours possible d'y revenir et d'y lire autre chose que la première fois. À l'origine, les veillées regroupaient adultes comme enfants autour d'un conteur, et c'est avec le passage de l'oral à l'écrit que le conte est devenu un genre à part entière de la littérature, ce qui témoigne du sérieux avec lequel on peut considérer ces histoires pour enfants. En nous plongeant dans l'imaginaire de l'enfant, on peut trouver dans « Le vilain petit canard [2] » des thématiques qui traversent toute l'existence humaine : le retour aux sources, le besoin d'appartenance, la quête d'identité, l'illusion des apparences, le malheur d'être incompris… De même, dans « La petite sirène [3] », on retrouve les questions existentielles de l'amour et de la mort : la sirène ne peut obtenir

1. Carl Gustav Jung, *Le Fripon divin : le mythe indien*, Genève, Georg, 1958.
2. Hans Christian Andersen, *Contes*, trad. par Marc Auchet, Paris, Librairie générale française, p. 127.
3. *Ibid.*, p. 55.

l'immortalité de l'âme, dont l'être humain est pourvu, qu'en gagnant l'amour sincère d'un homme – réactivation des plus belles pages du *Banquet* de Platon. On a pu reprocher à Andersen de ne pas doter ses contes de morale explicite, mais c'est en fait tout à son honneur : contrairement au simple signe, la force du symbole consiste à ne pas être assigné à une seule signification. Dans le conte, le signifiant déborde toujours le signifié et ce débordement est la source de notre fascination. C'est donc en tant que symbole que l'enfance exerce sur nous son attraction : elle ne désigne jamais un enfant précis, mais l'enfant universel.

Quel âge faudrait-il donner aux enfants des contes ? Voilà une chose indécise qui certes favorise la force du symbole, mais qui abstrait l'enfant de ses conditions réelles d'existence : sans âge, il y apparaît aussi comme sans problème, comme une image léchée d'insouciance et de légèreté. L'idée d'un *puer aeternus* semble même réactiver toute une série de clichés afin de donner à l'adulte un sentiment de familiarité avec lui-même. Le concept d'enfant intérieur est une version idéalisée de l'enfance, au point de peut-être nous priver d'un discours vrai sur celle-ci, perdant de vue l'enfant concret que nous étions. En posant l'universalité de l'archétype du fripon, Jung présuppose que l'enfance se vit partout de la même manière puisqu'elle serait une forme de l'inconscient collectif, alors qu'elle est d'abord l'ancrage personnel de l'individu dans sa vie : son idéalisation nous empêche de la connaître réellement. Il ne faudrait pas que sa fascination se fasse ensorcellement : peut-être faut-il ne pas céder à sa force d'attraction pour véritablement saisir sa nature. Il n'y aurait de connaissance de l'enfance qu'en faisant un pas de recul, un pas de fuite qui puisse nous libérer de son envoûtement naturel.

N'y a-t-il pas d'ailleurs quelque chose de puéril à vouloir retomber en enfance, voire à ne jamais vouloir la quitter ? On a pu nommer « syndrome de Peter Pan » cette angoisse de devenir adulte, en référence au personnage de fiction qui symbolise en fait l'immaturité émotionnelle de l'adulte. Popularisée par le psychanalyste

Dan Kiley[1], la notion ne fait pourtant pas partie des syndromes reconnus cliniquement. Dans son analyse, Kiley repère qu'il se manifeste particulièrement lorsque l'individu commence à avoir des responsabilités qui l'effraient. Vivant au pays imaginaire où l'on ne grandit pas, Peter Pan est à la fois la figure de l'éternité de l'enfance – on retrouve ici la notion de *puer aeternus* – et celle d'un déni du principe de réalité. Il ne faut surtout pas quitter le pays imaginaire, sous peine de ne jamais pouvoir y retourner : l'attraction qu'exerce l'enfance sur nous se traduit par un nécessaire enfermement en soi. Le retour en enfance n'est rien d'autre que le signe d'une régression : désirer retomber en enfance, c'est encore se comporter comme un enfant. Le paradoxe qui s'étonnait du souhait inversé de l'enfant et de l'adulte – l'un cherchant à quitter son état, l'autre à y retourner – n'en est finalement pas un : l'adulte qui rêve de retrouver l'état d'enfance n'est pas véritablement un adulte, mais seulement un grand enfant. L'enfance a beau être naturellement surmontée quand elle désigne une époque de la vie, elle doit être surmontée une seconde fois quand elle désigne la mentalité qui accompagne cet âge : le cours du temps ne suffit pas, il faut maintenant un acte volontaire qui signe notre entrée dans l'âge adulte.

« Tuer l'enfant en nous[2] » : analyse cartésienne de l'enfance

À défaut de pouvoir y retourner, il faut apprendre à quitter l'enfance pour révéler en nous notre véritable humanité. Cependant, le temps ne suffit pas pour nous tirer de l'enfance car elle ne désigne pas uniquement un âge, mais aussi une mentalité : est-on alors certain que cette mentalité a été parfaitement dépassée ? L'enfance, n'est-ce pas l'âge qui, une fois passé, n'en finit pas de nous imprégner ? Nous n'oublions jamais complètement l'enfant

1. Dan Kiley, *Le Syndrome de Peter Pan* (1983), Paris, Odile Jacob, 1996.

2. Expression de Henri Gouhier dans *La Pensée métaphysique de Descartes*, « L'enfance abusive », Paris, Vrin, 1962, p. 41.

que nous étions, et quand nous l'oublions, c'est que les marques de l'enfant se sont si profondément ancrées en nous qu'il ne nous est plus possible d'en prendre conscience. L'enfance perdure dans l'adulte dans cette somme de comportements inconscients. Ces marques indélébiles de l'enfance nous déterminent à notre insu : dans nos rêves, nos désirs mais surtout, et plus problématiquement, dans nos préjugés. Tel est l'avertissement que nous adresse Descartes : l'enfance est l'âge où nous formons tous nos préjugés, dont nous ne nous débarrassons pas si facilement. Pourquoi l'enfance serait-elle la principale et unique source de nos préjugés ? C'est qu'un préjugé est un jugement qu'on produit avant de savoir bien juger, et l'enfance est le concept qui désigne cette incapacité à bien juger : si tout homme a une enfance, c'est parce qu'il naît sans être ce qu'il devra être, parce qu'il doit acquérir ce qui fera de lui un homme. Pour Descartes, c'est en tant que possesseurs de la raison que nous pouvons dire que nous sommes pleinement humains [1]. L'enfant est un être privé de raison, un être prérationnel qui se met pourtant à juger des choses alors même qu'il ne dispose pas de la faculté de juger qu'est la raison. L'enfance est un âge où nous sommes plongés dans l'erreur permanente et où notre crédulité, quoique dépassée une fois adulte, laisse irrémédiablement des traces en nous : notre pensée adulte n'a jamais la clarté qu'on lui souhaiterait à cause de l'ombre qu'y laissent nos fausses opinions infantiles. Quoi de plus pernicieux que de souffrir inconsciemment des préjugés de l'enfance qui assiègent l'esprit ? Pour l'homme qui se met en quête de vérité, le premier obstacle qui se trouve en travers de son chemin, c'est de croire qu'il la possède déjà : nos préjugés nous donnent l'illusion de savoir quand nous ne savons pas, ils affaiblissent notre jugement et condamnent en son principe sa recherche. Ce qui, pour Descartes, représente le scandale de l'existence humaine, c'est qu'avant d'être homme, il faut bien avoir été enfant :

1. « La raison est la seule chose qui nous rend hommes et nous distingue des bêtes », Descartes, *Discours de la méthode* (1637), première partie, AT VI, p. 8.

> Je pensais que, pour ce que nous avons tous été enfants avant que d'être hommes et qu'il nous a fallu longtemps être gouvernés par nos appétits et nos précepteurs, qui se contredisaient souvent les uns les autres, il est presque impossible que nos jugements soient si purs, ni si solides qu'ils auraient été si nous avions eu l'usage entier de notre raison dès le point de notre naissance et que nous n'eussions jamais été conduits que par elle [1].

On ne mesure la force de ce regret qu'en comprenant que pour être rationnel, l'homme est condamné à passer par un âge irrationnel qui ne disparaît jamais tout à fait. Mais pourquoi l'obtention tardive de la raison – l'entrée dans l'âge de raison – ne suffit-il pas à renverser les préjugés de l'enfance ? Le temps ne devrait-il pas suffire à dissiper les erreurs infantiles de nos sens ? Hélas, non : nos préjugés sont si puissants, si nombreux et surtout si difficiles à arracher qu'il ne suffit pas d'un peu de raison pour les dissiper. Descartes prend la peine d'expliquer la force de nos préjugés par la double dépendance dans laquelle nous plonge l'enfance : l'enfant, démuni de tout, doit s'accrocher à la vie en entrant dans une dépendance au corps d'une part, et dans une dépendance à autrui d'autre part.

Concernant la dépendance au corps (évoquée par le fait que nous sommes « gouvernés par nos appétits »), Descartes voit dans l'enfant celui qui fait l'expérience de l'étroite union de l'âme et du corps et ne sait pas encore séparer sa perception de l'objet perçu. L'attachement au corps est tel qu'il nous fait prendre nos perceptions pour la réalité. On retrouve cela lorsque l'adulte joue à cacher son visage devant un petit enfant et que celui-ci croit l'espace d'un instant que l'adulte a réellement disparu. L'enfant est un être égocentrique pour qui la réalité est tout entière donnée dans sa perception, un être qui se prend pour le centre du monde. Qu'est-ce que le caprice de l'enfant sinon l'affirmation implicite que le monde doit se plier à son désir [2] ? Le corps lui indique ce qui est utile à sa

1. Descartes, *Discours de la méthode* (1637), deuxième partie, AT VI, p. 13.

2. « Nous avons tant de fois éprouvé dès notre enfance qu'en pleurant, nous nous sommes fait obéir par nos nourrices et avons obtenu les choses que nous désirions, que nous nous sommes insensiblement persuadés que le monde n'était fait que pour nous », *Lettre à ****, mars 1638, AT II, p. 36-37.

vie, ce qui lui procure du plaisir ou de la douleur. Tous les jugements de valeur découlent de cet attachement au corps : l'enfant recherche l'utilité plutôt que la vérité, il donne plus de valeur à la vie qu'à la pensée, et surtout, il s'appuie sur ses sens plutôt que sur la raison. En somme, c'est la nécessité de la vie qui nous pousse dès la plus tendre enfance à avoir tant de préjugés. Or, Descartes confie que « le plus grand de tous les préjugés que nous ayons retenus de notre enfance, est celui de croire que les bêtes pensent [1] » : l'enfant juge de ce qui l'entoure comme s'il s'agissait de lui-même et sentant que certains mouvements en lui dépendent de sa volonté, il se met à croire qu'il en va de même pour le mouvement des animaux. Partant, il leur attribue volontiers la pensée et le langage. Ce genre d'anthropomorphisme reflète cette profonde vérité de l'enfance qui se prend pour le centre du monde, moment de l'existence humaine qu'on ne peut que vouloir dépasser.

Concernant la dépendance à autrui (évoquée par le fait que nous sommes « gouvernés par nos précepteurs »), Descartes nous indique l'autre source de nos préjugés : si l'enfant produit bien par lui-même des préjugés en raison de sa dépendance au corps, il en reçoit aussi une grande partie pendant son éducation. L'enfant est contraint de faire confiance aux adultes, ceux-ci lui transmettent un nombre considérable d'opinions auxquelles il adhère avec la crédulité qui est la sienne : ne disposant pas encore de la raison, il nous a bien fallu juger avant de savoir juger. Un préjugé n'est pas seulement une opinion qui précède le jugement vrai de la raison, c'est surtout un jugement qui n'est pas fondé en raison. Lorsque l'enfant pourra enfin juger par lui-même, son esprit sera déjà pétri d'opinions qu'il aura reçues de l'extérieur, de sorte que l'éducation est en fait toujours une éducation aux préjugés. Qu'il s'agisse des nourrices, des précepteurs ou encore des maîtres et professeurs qui jalonnent l'enfance, nous héritons une fois adultes d'un ensemble d'opinions que nous n'avons pas formées nous-mêmes mais que nous faisons nôtres sans que la raison ne les examine. Ainsi, les

1. Descartes, *Lettre à Morus,* 5 février 1649, AT V, p. 275.

préjugés sont d'autant plus puissants qu'ils ont été formés jeunes, d'autant plus nombreux qu'ils traversent toute notre enfance et d'autant plus difficiles à défaire qu'ils sont enracinés dans les nécessités de la vie. Cette adhésion passive à ce que l'on a reçu ne prend pas d'autre nom que celui d'aliénation : surmonter l'enfance prendra alors le sens d'une libération.

Il ne suffit pas de chérir la raison pour sortir de l'aliénation de l'enfance et renverser nos préjugés. Au premier scandale du passage nécessaire par l'enfance d'où nous recevons tous nos préjugés s'ajoute un second scandale plus terrible encore, à savoir que nous ne pouvons oublier ces préjugés aussi facilement que nous le voudrions. Nous avons beau remarquer que les jugements que nous avons faits enfants étaient pleins d'erreur, nous peinons à nous en délivrer. Aucun discours, aussi argumenté et rationnel soit-il, ne peut prétendre renverser, par exemple, les stéréotypes de genre véhiculés dès le plus jeune âge. Il devient alors impératif de surmonter définitivement notre enfance, il faut trouver un moyen de « tuer l'enfant en nous » pour enfin prétendre être adulte.

Face à la radicalité de nos préjugés, c'est-à-dire étymologiquement à leur enracinement (*radix, icis, f* : « la racine »), il n'est pas d'autre solution que d'inventer une méthode tout aussi radicale, c'est-à-dire une méthode qui pourra arracher ces préjugés à la racine : le doute hyperbolique. Tout le début de l'entreprise cartésienne ne représente rien d'autre qu'une tentative de sortir définitivement de l'enfance en ne prenant pour vrai que ce que la raison aura conçu comme tel. Le doute met à l'épreuve tout ce que nous avons reçu dans l'enfance, remise en cause radicale et véritablement outrancière, mais c'est le seul moyen d'être assuré de renverser tout d'un coup nos préjugés. Il faut voir que ce geste inaugural de la philosophie revient à tuer en nous l'enfant et donc à devenir réellement adulte, et partant, rationnel. Le doute permet de retrouver l'usage entier de sa raison, et de littéralement « renaître » en faisant table rase du passé. Après l'obscurantisme de l'enfance, on peut sûrement faire correspondre cette renaissance à l'adolescence : qu'est-ce que la crise d'adolescence sinon cette période qui remet en cause les opinions qu'on avait acceptées jusque-là et qui, usant du doute, se dirige vers l'âge adulte ? L'adolescent est celui qui entre en conflit avec lui-même, avec son héritage, pour se construire comme individu. Mais là où la crise d'adolescence s'inscrit souvent dans un processus naturel du développement de l'individu, le doute cartésien est proprement artificiel et hyperbolique car il doit déraciner au plus profond de nous-mêmes ces préjugés dont nous n'avons plus conscience.

Avec Descartes, on voit que l'enfance n'est pas un objet quelconque sur lequel la philosophie aurait quelque chose à dire : elle est le symbole de ce qu'elle doit dépasser pour exister. En se prenant pour son propre ennemi, l'esprit qui doute apprend à se déprendre d'une partie de lui-même : le début des *Principes de la philosophie* nous invite justement à lutter contre notre propre genèse, à nous retourner contre le scandale de ne pas être dès la naissance ce que nous serons adulte. Il faut retourner l'origine contre elle-même. Ce n'est qu'en commettant l'infanticide de nous-même que nous pourrons naître une deuxième fois et prétendre avoir réellement dépassé notre enfance.

Frantien

Néant d'être et projet d'humanité : l'analyse kantienne de l'enfance

Descartes n'a peut-être pas pensé positivement l'essence de l'enfance, mais il a donné les bases nécessaires pour opérer ce retournement : d'un côté, le poids des dépendances qui pèsent sur elle montre qu'il est bien difficile de changer les habitudes prises dans cet âge ; d'un autre côté, Descartes caractérise l'enfance comme ce qui détient au niveau physiologique une grande souplesse corporelle et au niveau psychologique une grande plasticité cérébrale. Là où la vieillesse se caractérise par son assèchement progressif des capacités mentales et corporelles, l'enfance est l'âge qui ouvre l'espace du possible et amène à réfléchir sur la question éducative. La négativité de l'enfance comprise comme absence de raison se convertit en positivité dès lors qu'elle est conçue comme malléabilité : n'étant rien de définitif, l'enfant peut tout devenir, même si l'actualisation de certains possibles provoquera la renonciation à d'autres possibles. La facilité avec laquelle les petits enfants peuvent apprendre différentes langues en même temps disparaît aussi vite chez l'enfant plus âgé. C'est d'ailleurs au nom de la positivité de son indétermination qu'on ne peut parler « d'enfants » que dans l'espèce humaine : les animaux n'ont affaire qu'à des petits, c'est-à-dire des versions miniatures d'eux-mêmes chez lesquelles l'ensemble des facultés adultes sont presque toutes déjà disponibles dès le plus jeune âge. L'homme naît prématuré, phénomène que la biologie nomme « néoténie », qui décrit l'état de débilité infantile d'une espèce. L'homme seul connaît l'enfance en tant qu'elle désigne l'état d'un être qui n'est pas encore ce qu'il devra être. Cette spécificité indique que l'homme est le seul être vivant qui a besoin d'une éducation, besoin d'être élevé au-dessus de ses besoins purement physiologiques. C'est ainsi que commence l'analyse de Kant dans les *Propos de pédagogie* :

> L'homme est l'unique créature qui doive être éduquée. Par éducation, nous entendons les soins, mais aussi la discipline et l'instruction doublée de formation. L'homme est en conséquence nourrisson, écolier et apprenti. À peine les animaux ont-ils quelques forces qu'ils se mettent à en user dans la normalité […]. C'est merveilleux en effet de voir par exemple les jeunes hirondelles, tout juste sorties de l'œuf et encore aveugles, n'en être pas moins habiles à faire tomber leurs excréments hors du nid. Les animaux n'ont ainsi nul besoin d'être soignés, tout au plus leur faut-il être nourris, réchauffés et dans une certaine mesure, protégés[1].

Contrairement aux animaux, l'homme naît privé de nature, dans une dépendance bien plus frappante que le reste du vivant, ce qui le contraint à recevoir des soins. Le soin, c'est l'attention que les parents donnent à leurs enfants pour qu'ils ne fassent pas un

1. Kant, « Propos de pédagogie » (1803), in *Œuvres philosophiques*, tome III, Paris, Gallimard, « Bibliothèque de la Pléiade », 1986, p. 1149.

usage funeste de leurs forces – chose inutile pour le reste des animaux. Cette nouvelle détermination fait de l'enfance le moment indispensable du soin qui vient pallier ce temps de privation. Il ne faut pas confondre ici deux concepts proches en apparence : l'enfance est un temps de « privation » et non de « négation » pour Kant. La distinction est introduite dans un autre texte, l'*Essai pour introduire en philosophie le concept de grandeurs négatives* (1763) : la négation est le néant d'un autre, comme pour le corps qui est au repos au sens où il y a une négation de tout mouvement ; la privation est l'opposé d'un autre par l'action d'un principe, comme pour le corps qui est au repos au sens où un mouvement est annulé par l'action d'un mouvement opposé. Si l'enfance n'est pas encore ce qu'elle devra être, c'est au sens où l'enfance est « privée de » par l'action d'un autre principe : c'est la nature animale de l'enfant qui le prive d'être ce qu'il sera. Les penchants sensibles sont omniprésents chez les enfants que Kant décrit comme un bois tordu qu'il faut redresser. D'où la place, aujourd'hui choquante, que le philosophe réserve à la discipline dans son traité : si l'animal est déjà tout ce qu'il peut être grâce à son instinct, l'homme doit user de sa raison et il faut l'y éduquer sévèrement. Kant fustige le bercement des nourrissons qui est une manière de céder aux caprices des pleurs, ainsi que les mères qui gâtent trop leurs enfants. Il conseille de sévères punitions dont le seul but est d'extraire l'animalité de l'enfant – principe qui le prive de son humanité. Seule la discipline permet de transformer l'animalité de l'enfant en humanité.

Encore faut-il savoir quelle est la destination de l'homme, c'est-à-dire concevoir une Idée d'humanité. « Nous ne pouvons définir l'enfance sans définir aussi l'homme [1] », note le psychologue Jean Château quand il se propose de répondre à la question « Qu'est-ce que l'enfance ? ». L'enjeu de l'enfance est bien de former le projet d'une humanité future, et il s'agit même pour Kant d'un devoir du

1. Jean Château, « Qu'est-ce que l'enfance ? », *in* Hélène Gratiot-Alphandéry et René Zazzo (dir.), *Traité de psychologie de l'enfant*, tome I, *Histoire et généralités*, Paris, Puf, 1970, p. 86.

genre humain : chaque génération doit sortir de l'enfance la suivante car « l'homme ne peut devenir homme que par l'éducation [1] ». Il faut produire en toute lucidité une Idée d'humanité qui orientera notre perception de l'enfance pour l'éduquer selon un projet. Le philosophe pose alors comme principe :

> Que jamais l'éducation des enfants ne se fasse en fonction du seul état présent, mais aussi du possible meilleur état à venir de l'humanité, c'est-à-dire en fonction de l'Idée d'humanité et de l'ensemble de sa destination. C'est là un principe de grande importance. Les parents élèvent communément leurs enfants dans le seul dessein qu'ils s'adaptent au monde présent, fût-il corrompu. Or, ils devraient les éduquer pour que naisse un meilleur état futur [2].

On constate encore aujourd'hui la sollicitude souvent individualiste des parents pour leur enfant : on veut qu'il entre dans les meilleures écoles, qu'il soit dans les réseaux, en vue d'un succès individuel. Les parents n'ont d'ordinaire pas d'autre objet de soin que la réussite de leurs enfants dans le monde. Hélas, ce raisonnement qui part de l'état actuel du monde ne donne qu'une maigre vue de ce que doit être l'éducation. L'enfance doit, au contraire, toujours être conçue comme la chance qu'a l'humanité d'améliorer son sort : il faut attendre des jeunes générations qu'elles fassent mieux que nous ne l'avons fait. C'est à ce titre qu'il faut disposer d'une Idée d'humanité afin de ne pas tomber dans nos préoccupations individualistes. Une idée, ce n'est rien d'autre que le concept d'une perfection encore absente de l'expérience et qui sert d'horizon téléologique. Son absence de l'expérience ne signifie pas qu'elle est irréalisable, mais plutôt qu'elle est difficile à réaliser : le projet n'est pas chimérique mais conscient des obstacles à surmonter. L'enjeu est de taille puisque, pour l'enfant, les premiers changements sont décisifs et il est bien difficile de redresser la barre après

1. Kant, « Propos de pédagogie » (1803), in *Œuvres philosophiques*, tome III, *op. cit.*, p. 1151.
2. *Ibid.*, p. 1155.

coup. Dès lors, il faut un plan qui précède toute éducation et si le concept d'enfant doit être tributaire d'une certaine anthropologie, autant se faire une idée claire de l'humanité puisque son destin se joue dans l'enfance.

Repenser positivement l'enfance : l'analyse de Rousseau

Faire de l'enfance l'objet d'un enjeu aussi fort contient cependant le risque de vouloir précipiter l'enfance dans l'âge adulte. La préparation de l'humanité ne doit pas amener à sacrifier l'enfance : en le définissant comme une étape transitoire vers la rationalité de l'adulte, le temps de l'enfant se trouve entièrement absorbé par sa finalité. Au lieu de tuer l'enfant dans l'adulte comme nous y invitait Descartes, voilà que nous tuerions l'enfant dans l'enfant, c'est-à-dire que nous ne prendrions pas au sérieux la spécificité de cet âge. C'est hâter le processus de son développement que de vouloir cultiver trop tôt la raison, et c'est être aveugle à la positivité de l'être de l'enfant. C'est le génie de Rousseau non seulement d'avoir renouvelé la pensée de l'enfance, mais surtout de lui avoir donné pour la première fois une formule qui ne l'absorbe pas dans son devenir adulte. Dans l'*Émile*, le philosophe donne à l'enfance une nouvelle épaisseur en réfutant les pédagogies de son époque. Parmi ses nombreuses critiques, nous pouvons en retenir au moins deux : d'abord, une critique des pédagogies disciplinaires qui font de l'éducation un dressage, ce dont on trouve illustration dans les propos kantiens ; ensuite, une critique des pédagogies rationalisantes qui visent à cultiver la raison dans l'enfant dès qu'il est en âge de parler pour le mener le plus sûrement à bon port.

Concernant la critique de la discipline, Rousseau lui reproche de ne voir dans l'enfance qu'une animalité sauvage qu'il faut apprendre à dompter [1]. Il faut éradiquer caprices, colères et autres

1. Voir dans la partie du cours sur Rousseau le point intitulé : « Critique de l'éducation comme dressage », p. 86.

vices jugés naturels, et ce dès le plus jeune âge. Or, c'est confondre « ce qui est naturel à l'état sauvage et ce qui est naturel à l'état civil [1] » : toutes ces passions que la raison doit combattre ne sont pas naturelles à l'enfant, mais sont déjà le fruit de ses premières relations sociales. C'est l'éducation qui a mis dans l'enfant ce qu'elle croit combattre. Il faut reprendre à zéro, loin des villes, avec un unique précepteur qui pourra suivre de près tous les développements de l'enfant pour le mener à l'âge adulte sans pour autant sacrifier son enfance. Il faut laisser l'enfant être un enfant :

> Aimez l'enfance ; favorisez ses jeux, ses plaisirs, son aimable instinct. Qui de vous n'a pas regretté quelquefois cet âge où le rire est toujours sur les lèvres et où l'âme est toujours en paix ? Pourquoi voulez-vous ôter à ces petits la jouissance d'un temps si court qui leur échappe, et d'un bien si précieux dont ils ne sauraient abuser ? Pourquoi voulez-vous remplir d'amertume et de douleurs ces premiers ans si rapides, qui ne reviendront pas plus pour eux qu'ils ne peuvent revenir pour vous [2] ?

En inscrivant l'esprit qui anime ces lignes dans un contexte où la mortalité infantile n'est pas chose rare, on comprend facilement le conseil de l'auteur : il faut protéger l'enfance aussi longtemps que faire se peut, et cela passe notamment par la culture du jeu qui n'est jamais pour Rousseau un simple passe-temps, mais plutôt une ruse de l'éducation pour enseigner à l'enfant sans qu'il ait l'impression de subir une contrainte. Favoriser les jeux, c'est voir dans la nature de l'enfance des qualités propres à l'apprentissage qui permettront à l'enfant de cultiver la joie tout en menant à bien le projet éducatif : les jeux instruisent sans rebuter, forment les sens sans imposer d'exercice artificiel. Les jeux de nuit auront ainsi pour tâche d'apprivoiser l'obscurité, d'affûter les sens de l'enfant et de neutraliser la potentielle « peur du noir ». Il faut également laisser l'enfant jouer dehors librement, pour qu'il tombe, se fasse mal,

1. Jean-Jacques Rousseau, *Émile ou De l'éducation* (1762), Livre V, Paris, Garnier-Flammarion, 2009, p. 588.
2. *Ibid.*, p. 106.

apprenne à souffrir et éprouver ses sens. Mais le jeu n'a de valeur qu'en tant qu'il sert des fins éducatives : il est le moyen privilégié pour former l'enfant sans le déformer. La pédagogie du jeu prend au sérieux la positivité de la nature de l'enfant.

Concernant la critique de la pédagogie rationalisante, le reproche porte moins sur la nature de l'enfant que sur la nature de son développement : il y a une temporalité du développement des facultés qu'il ne faut pas forcer. Chaque âge de l'enfance détient une mentalité propre qui diffère de celle de l'adulte non par la quantité, mais par la qualité. Le projet éducatif de l'*Émile* nous apprend à respecter la réalité de chaque âge pour le mener lentement vers le suivant. Il s'agit moins d'opposer l'enfant et l'adulte que de trouver un moyen de créer une continuité entre les deux termes. Le danger consiste alors à vouloir inculquer de la raison à un enfant qui n'est pas encore un être rationnel, mais un être sensible : l'enfant a d'abord des sensations avant de pouvoir produire des raisonnements. Au mieux, il peut comparer des sensations, mais il ne peut pas comparer des idées : il serait pernicieux d'introduire en lui des idées qu'il n'est pas à même de juger. Ce genre d'éducation ne produira qu'un enfant faussement savant qui ne comprend pas ce qu'on lui demande de répéter, mais le fera pour le plaisir et l'orgueil des adultes [1]. Il faut au contraire le maintenir dans le monde des choses en évitant, par le langage qu'on utilise, de nommer des actions qui renverraient à des questions encore incompréhensibles pour son esprit. Ici, celui que Rousseau vise, c'est Locke, pour qui il faut essayer de raisonner avec les enfants dès qu'ils sont en âge de parler : « Les enfants entendent raison dès qu'ils savent parler et, si je ne me trompe, ils aiment à être traités en créatures raisonnables plus tôt qu'on ne se l'imagine [2]. » Confondant l'accès au langage et l'accès à la raison, Locke n'est pas attentif à l'ordre naturel du développement de l'enfant : il commence par

1. Voir dans la partie du cours sur Rousseau le point intitulé : « Critique de l'enfant comme faire-valoir », p. 87.

2. John Locke, *Pensées sur l'éducation* (1693), VIII, §81, Paris, Vrin, p. 105.

la fin – ou plutôt il utilise la raison comme instrument de l'éducation alors qu'elle en est la fin. L'erreur commune des pédagogies passées se résume à leur incapacité à voir dans l'enfant une réelle positivité : elles ne voient dans l'enfance qu'une privation qu'il faut dépasser au plus vite.

Rousseau transforme radicalement la conception de l'enfance, un temps qui n'est plus en dette face à l'adulte mais déjà plein de richesses qu'il faut apprendre à bien diriger. L'art de l'éducation consiste à attendre le moment opportun pour mobiliser telle ou telle faculté de l'enfant : il faut attendre, « perdre du temps », retarder au maximum l'apprentissage des leçons de la raison pour d'abord former, exercer et affiner la sensation de l'enfant. Un tel précepte explique pourquoi, aujourd'hui, il peut arriver qu'on déconseille à des parents de faire sauter une classe à leur enfant : la précocité intellectuelle d'un enfant se traduit souvent en immaturité émotionnelle une fois que l'enfant a intégré la tranche d'âge supérieure. Voilà pourquoi l'éducation naturelle est décrite comme une éducation négative : non pas « former l'esprit avant l'âge et donner à l'enfant la connaissance des devoirs de l'homme », mais « perfectionner les organes, instruments de nos connaissances, avant de nous donner ces connaissances »[1]. Si l'éducation est dite « négative », c'est qu'elle empêche le vice de naître et reporte l'usage de la raison en considérant l'enfant pour ce qu'il y a de réellement positif en lui.

Et pourtant, il ne faut pas être dupe de la naturalité d'une telle éducation : c'est en tant qu'elle s'appuie sur la nature de l'enfant qu'elle est naturelle, et pas en tant qu'elle laisse libre sa spontanéité. Elle est entièrement maîtrisée par le pédagogue, artificielle puisque tout y est savamment calculé, analysé et préparé. Rousseau affirme qu'Émile « ne doit faire que ce qu'il veut ; mais il ne doit vouloir que ce que vous voulez qu'il fasse ; il ne doit pas faire un pas sans que vous l'ayez prévu, ouvrir la bouche sans que vous sachiez ce

1. Jean-Jacques Rousseau, *Lettre à Christophe Beaumont*, in *Œuvres complètes*, tome IV, Paris, Gallimard, « Bibliothèque de la Pléiade », 1969, p. 945.

apprentissage de la liberté
classe préparatoire etc.

qu'il va dire [1] » : mener l'enfant vers sa future nature est un projet sérieux qu'il ne faut pas prendre à la légère. Depuis le *Second Discours*, nous savons que l'humanité a mal commencé mais qu'il ne s'agit que d'un commencement qui n'a aucune nécessité : les choses auraient pu être autrement. L'éducation d'Émile, qui s'inscrit dans cet horizon, correspond alors à la proposition d'un nouveau scénario, d'un nouveau commencement en décrivant ce que l'homme peut devenir, à savoir, pour Rousseau, un citoyen libre.

Adultocentrismes et mentalités hétérogènes

Objet privilégié pour penser un projet de l'humanité, l'enfance n'est pas loin de devenir le lieu de toutes les projections des adultes. Notre conception de l'enfance dépend en définitive de l'idée que l'on se fait de l'homme, d'une certaine anthropologie : que ce soit chez Descartes ou chez Kant, l'enfance n'est jamais déterminée en soi-même, mais toujours évaluée dans sa relation à l'adulte. Rousseau échappe-t-il à ce reproche ? S'il évite d'assimiler l'enfant à l'adulte, il ne lui reconnaît une différence que par soustraction. La division en livres de l'*Émile* rend compte de cette soustraction : au livre I, l'enfant ne parle pas encore ; au livre II, il ne possède pas encore le surcroît d'énergie qui caractérise la prépuberté ; au livre III, il ne connaît pas encore les pulsions sexuelles du livre IV. L'*Émile* est tout autant tributaire d'une anthropologie que les pédagogies qui n'ont qu'une vision négative de l'enfance : le but de Rousseau est de mener l'enfant vers la liberté civile qui définit son humanité. Toute réflexion sur le sujet est sans cesse ramenée vers son centre de gravitation qu'est l'humanité de l'adulte. Même quand on donne à l'enfant des qualités dont est dépourvu l'adulte, on ne fait souvent qu'inverser les défauts de celui-ci : l'enfant concentre dans sa nature tout ce que l'adulte ne retrouve pas en lui. Inverser l'essence de l'adulte, ce n'est pas encore considérer la

1. Jean-Jacques Rousseau, *Émile ou De l'éducation* (1762), *op. cit.*, p. 150.

positivité de l'enfant pour lui-même. Face à ce constat, le psychologue Henri Wallon écrit :

> L'enfant ne sait que vivre son enfance. La connaître appartient à l'adulte. Mais qui va l'emporter dans cette connaissance, le point de vue de l'adulte ou celui de l'enfant [1] ?

On a beau essayer de se mettre au niveau de l'enfant pour le comprendre, il est difficile de ne pas faire prévaloir la position de l'adulte dans sa démarche de connaissance. L'enfance semble ne pouvoir faire l'économie de cet « adultocentrisme ». Ce néologisme accuse l'impossible retrait de la présence de l'adulte chaque fois qu'on tente de définir l'enfance, et cela de deux manières, selon le sens que l'on donne au « centre » : comme point de départ, la conception de l'adulte s'insère dans notre regard sur l'enfance ; comme point d'arrivée, la description de l'enfance se dépouille peut-être de la conception de l'adulte, mais c'est pour mieux y revenir, puisque l'adulte est la destination de l'enfant.

Support de nos projections, l'enfance résiste à toutes nos tentatives d'élucidation de sa nature : il faudrait apprendre à se débarrasser des illusions rétrospectives qui font dépendre à chaque fois l'enfance de nos désirs adultes. Or, depuis Freud [2], nous savons que l'illusion diffère de l'erreur par le moteur qui la motive, c'est-à-dire par le désir qui s'y cache. Quand l'adulte se trompe sur l'enfance, il ne s'agit pas d'une simple erreur, mais plutôt d'une résistance qui est le processus par lequel la psyché humaine empêche des représentations jugées insupportables de remonter à la conscience : l'adulte refuse d'attribuer à l'enfant certaines qualités qu'il juge inconvenables. Freud met alors à jour la résistance collective qui refuse d'attribuer une sexualité aux enfants : même Rousseau, qui a su montrer la spécificité de l'enfant, n'a pas pu s'empêcher de ne faire naître les pulsions sexuelles qu'à partir du livre IV de l'*Émile*,

1. Henri Wallon, *L'Évolution psychologique de l'enfant*, Paris, Armand Colin, 1941, p. 11.
2. Sigmund Freud, *L'Avenir d'une illusion* (1927), chapitre 6, Paris, Puf, 1995, p. 31.

avant quoi l'enfant est proprement asexualisé. La puberté est en fait, aux yeux de Freud, la condensation des pulsions sexuelles vers les fonctions reproductrices, ce qui signifie que l'enfant en bas âge n'en est pas exempt, mais qu'il l'exprime sous une autre forme : l'érotisme de l'enfance est principalement un « autoérotisme » qui passe par la bouche, l'anus, l'épiderme, et qui offre une première libido polarisée entre le sadisme et le masochisme, désir de voir et désir d'exhiber. Mais sous la pression de l'éducation, on refuse de voir ces manifestations érotiques de l'enfance : l'inconvenance des sujets qui touchent à la sexualité rend l'adulte aveugle des réalités de l'enfance et on a voulu plaquer la sexualité adulte sur la sexualité infantile, c'est-à-dire qu'on s'est interdit d'en voir une. Ce n'est qu'avec une observation délicate que Freud a pu introduire son concept de sexualité infantile : il voit la genèse du désir sexuel dans l'activité de succion du nourrisson qui sert de prototype à toute notre vie affective. Mais parce qu'il identifie ainsi la vie affective avec l'expression du désir sexuel, ne faut-il pas craindre que le progrès freudien soit en fait également tributaire d'une théorie projetée sur le comportement de l'enfant ? Faire du suçotement la racine du désir et de la sexualité peut sembler douteux, car l'assimilation ne procède pas de la simple observation mais bien d'une théorie qui donne du sens à l'observation et la détermine. Insaisissable, l'enfance nous résiste encore.

Pour neutraliser l'adultocentrisme qui se cache dans toute réflexion sur l'enfance, il faut pouvoir poser une hétérogénéité radicale entre la mentalité de l'enfant et celle de l'adulte. Il n'y a qu'en soutenant l'irréductibilité de l'enfance à l'âge qui le suivra qu'on pourra évacuer le risque de n'y voir que ce qu'on veut bien y mettre. Cette démarche finit par faire de l'enfance une chose proprement incompréhensible pour l'adulte : le préfixe négatif de l'*infantia* ne vient plus caractériser un néant d'être, mais un néant de notre connaissance de cet être. C'est comme si pour répondre positivement à la question ontologique de l'enfance, il fallait répondre négativement à la question de sa connaissance : l'enfance ne devient le support d'une nature réelle qu'en payant le prix de son incompréhensibilité. L'adulte doit accepter de se retirer de toute compréhension de l'enfance. Maria Montessori représente parfaitement cette tendance synthétisée dans son livre *L'Enfant* : l'âme de l'enfant restant cachée aux yeux de l'adulte, il faut rentrer dans son monde, aller à la découverte de l'enfant pour véritablement comprendre le secret de l'enfance. Ce décentrement nécessaire doit toujours reposer sur la conviction de l'hétérogénéité radicale de la mentalité enfantine et de la mentalité adulte :

> La personnalité psychique de l'enfant est bien différente de la nôtre. Elle ne va pas graduellement du minimum vers le maximum. L'enfant qui voit les détails infimes du réel doit se faire de nous (qui ne voyons dans les images que des synthèses mentales) une idée d'infériorité. Il doit nous considérer comme des incapables, comme des gens qui ne savent pas regarder [...]. L'enfant n'a aucune confiance en nous ; pas plus que nous n'en avons, d'ailleurs, en lui, qui est étranger à notre façon de concevoir. Et c'est pour cela qu'adultes et enfants ne se comprennent pas [1].

L'auteure renverse les positions respectives de l'adulte et de l'enfant : sa pédagogie consiste alors à n'avoir aucun plan pour l'enfant et à s'efforcer de retirer tout ce qui pourrait empêcher l'âme de l'enfant de réaliser par elle-même sa propre nature. L'enfance devient alors l'objet d'une pédagogie libérale : certaines pages de l'ouvrage vont jusqu'à proclamer la libération de l'enfant, jusque-là séquestré par les pédagogies autoritaires. L'enfant doit tout faire de lui-même et l'adulte doit religieusement et silencieusement respecter ses efforts. Si la perspective de Montessori permet bien d'échapper au reproche de l'adultocentrisme, n'est-on pas cependant en train d'activer le mythe aujourd'hui tant décrié de l'enfant-roi ? Le coût de cette conception incontestablement positive de l'enfance est élevé pour le pédagogue dont la fonction réduite semble rendre sa présence quasi inutile. Le coût est également élevé pour celui qui aurait voulu élaborer une science de l'enfance : en installant l'enfance dans une mentalité opaque, Montessori nous interdit de prolonger tout discours sur l'enfance qui ne

1. Maria Montessori, *L'Enfant*, Paris, Desclée de Brouwer, 1936, p. 60.

vienne pas de l'enfant lui-même. « Vous ne connaîtrez l'enfance qu'en devenant vous-même enfant » : finalement, ce n'est qu'en changeant notre comportement éthique face à l'enfance qu'on obtiendra la réponse à la question épistémologique.

La construction scientifique de l'enfance : l'analyse de Piaget

Refusant toute assimilation à l'adulte, cette nouvelle conception de l'enfance ne se donne pas les moyens de comprendre scientifiquement cet être dorénavant conçu comme essentiel. Montessori renonce à percer l'opacité de la mentalité de l'enfant et finit peut-être par tomber dans l'excès inverse de l'adultocentrisme, à savoir un pédocentrisme. Ce double écueil semble condamner toute science qui voudrait faire de l'enfance son objet d'étude puisqu'elle ne saurait le définir sans buter sur de graves difficultés. Comment faire de l'enfant un objet universel, condition de toute connaissance objective ? Depuis l'ouvrage de Philippe Ariès, *L'Enfant et la vie familiale sous l'Ancien régime*, il faut prendre en compte le relativisme historique du discours sur l'enfance qui dépend du sentiment qu'on a de cette époque : l'extension du concept d'enfant aux XIVe et XVe siècles est assignée à la notion de dépendance sociale et peut qualifier tout homme de condition inférieure : on appelle « enfant » aussi bien un esclave, un valet, un laquais, un soldat ou un beau-fils, tous en situation de soumission par rapport à d'autres hommes. Dans ce contexte, il ne peut y avoir de conception propre de l'enfance. De plus, puisque la mortalité infantile est restée une donnée majeure de la démographie jusqu'au XIXe siècle, les hommes ont dû faire face à la fragilité de l'espèce humaine en refusant d'attacher trop d'importance aux enfants, comportement qu'il est facile aujourd'hui de prendre pour de l'insensibilité [1] alors qu'on pourrait y voir en fait une extrême sensibilité. Ce n'est qu'avec le recul de la mortalité infantile, accompagné de la vaccination antivariolique, que l'enfant

1. Philippe Ariès, *L'Enfant et la vie familiale sous l'Ancien régime*, Paris, Plon, 1960, p. 29.

est devenu un centre d'intérêt majeur pour les adultes, comme le montre la préoccupation scolaire dans les débuts de la IIIe République. En raison du rapport inverse entre la mortalité des enfants et l'intérêt qu'on leur porte, on ne peut que constater que l'enfance est une invention relativement récente : de Descartes à Rousseau, puis de Rousseau aux débuts de la psychologie de l'enfant, l'enfance est devenue un objet dont la science peut s'emparer.

Si la psychologie de l'enfant du XXe siècle est née avec cette nouvelle affection de l'enfance qui a attiré son intérêt, elle n'a pu se construire qu'en retirant de son objet son affection subjective pour prétendre à l'objectivité. Les pionniers de la matière qu'ont été Henri Wallon et Jean Piaget n'ont pu fonder la scientificité de leur discipline qu'en trouvant un moyen d'éviter à la fois l'adultocentrisme et le pédocentrisme, et c'est à l'aide du concept de « stade du développement » qu'ils ont estimé pouvoir y parvenir. Cherchant à étudier la formation de la connaissance chez l'adulte, l'épistémologue Piaget juge qu'il y a beaucoup à apprendre du fonctionnement de notre esprit en étudiant sa genèse dans le développement psychique de l'enfant. L'entreprise consiste alors à décomposer les opérations mentales de l'adulte afin d'observer leur apparition pendant l'enfance. Par ses observations cliniques et sa fine compréhension du comportement de l'enfant, Piaget élabore des situations-problèmes que l'enfant doit résoudre en dépit des contre-suggestions de l'observateur (suggestions contre-productives et piégeuses). Cette mise à l'épreuve de l'intelligence de l'enfance amène Piaget à concevoir des stades de développement qui découpent dans l'enfance plusieurs âges en fonction des capacités cognitives identifiées. Ces stades se succèdent identiquement pour tous les individus, mais parfois à des âges un peu différents. L'idée directrice derrière la chronologie des stades est que l'apparition des structures cognitives nouvelles ne peut advenir qu'à partir des structures antérieures, et qu'elles les remplacent. Avec ce concept, Piaget s'offre la possibilité de dépasser autant le piège de l'adultocentrisme que celui du pédocentrisme. Le dépassement du premier est permis par l'idée que la transformation des stades évite de tomber dans la simple chronologie : le contenu de chaque stade est différent qualitativement, et non seulement quantitativement. Le dépassement du second vient de ce qu'il s'agit toujours d'*un* processus d'évolution qui élabore différents stades d'un *même* développement : il y a toujours une chronologie dans le développement qui permet de saisir l'évolution dans un rapport quantitatif à l'adulte. La notion de stade du développement donne à l'enfance une épaisseur sans pour autant la rendre opaque aux yeux de l'adulte.

À ce titre, l'exemple de l'évolution de la représentation de l'espace est parlant : pour comprendre la genèse de sa représentation euclidienne chez les adultes, Piaget constate d'abord que les sujets les plus jeunes n'explorent pratiquement pas les contours des objets en vue d'en apprécier les propriétés métriques (et donc euclidiennes) : ils se contentent d'appliquer des activités sensorimotrices pour tenter d'élaborer leur propre identité dans l'espace et éprouvent ainsi la pénétrabilité ou l'impénétrabilité des objets, explorent leurs trous, les frottent, les cognent, les roulent. La première enfance est alors le temps où l'on construit un espace pratique d'action : on agit dans l'espace, mais on n'en a pas encore de représentation. On observe cela quand, autour de deux ans, un enfant tente d'atteindre un bonbon sur une table et, cherchant le meilleur accès, tourne et retourne tout autour de son espace. Ces déplacements permettent à l'enfant de maîtriser son espace mais d'un point de vue uniquement personnel et égocentré, ce qui sera le prototype de sa représentation jusqu'à l'apparition d'une représentation euclidienne. Pour mener à bien cette description, Piaget confectionne une maquette, bien connue aujourd'hui, présentant sur un plateau trois montagnes [1] de tailles franchement différentes : le but de l'expérience est d'étudier les positions relatives des objets selon la position de l'observateur. Si l'enfant maîtrise les notions topologiques (devant, derrière, à droite, à gauche, loin, proche), cette partie de l'expérience ne constituera pas un problème. Mais quand on lui demande de situer la position relative des montagnes

1. Jean Piaget, *La Représentation de l'espace chez l'enfant*, Paris, Puf, 1948.

du point de vue d'une poupée qu'on place ailleurs dans l'espace, la difficulté apparaît. En fait, cette expérience permet à Piaget d'établir la distinction entre l'espace topologique et l'espace projectif où un enfant est capable de se mettre mentalement à la place d'autrui et comprend que certaines notions s'inversent. C'est d'ailleurs la faculté de prendre un autre point de vue que le sien qui signe le passage du stage préopératoire au stade opératoire (à partir de sept ans), stade qui initie la sortie de l'égocentrisme infantile. Cette dernière représentation prendra la forme de l'espace euclidien en produisant un espace de coordonnées à partir duquel les perspectives prendront sens.

Pour une phénoménologie de l'enfance

L'enfance à laquelle la psychologie nous confronte n'est plus conçue comme un temps à surmonter, mais plutôt comme le temps où l'adulte contracte une dette envers l'enfant : tout ce qu'il est, il le doit au développement de l'enfance. Mais bien que l'adulte se soit effacé à l'origine pour ne pas voir dans l'enfant ses propres projections, le voilà qui réapparaît à la fin de l'examen comme l'aboutissement du développement étudié ! On retrouve ici une forme d'adultocentrisme au sens où le centre est un centre de gravité qui exerce sur nous une force d'attraction qu'on ne peut pas neutraliser. Par-delà la critique d'un impossible décentrement, il faut également voir la pente sur laquelle nous conduit la psychologie de l'enfant : elle ne nous offre pas seulement une genèse de l'adulte, elle nous donne aussi une « orthogenèse » du développement puisqu'elle établit des normes de l'évolution de l'enfance. Le discours nécessairement universalisant de la science conduit à transformer ses jugements factuels en jugements normatifs : il faut que l'enfant apprenne tel ou tel contenu mental pour parvenir convenablement à l'âge adulte. L'apparition des psychologues à l'école signe la naissance des notions de « retard du développement » ou au contraire de « précocité » : l'enfant n'est plus dans les rails du *bon* développement. Foucault explique ce nouveau phénomène dans *La Volonté de savoir* (1976) comme la résultante du couplage Hôpital-École : les concepts de la pathologie mentale trouvent leur usage dans les stades du développement. Alors qu'au début du siècle, on ne faisait de la psychologie scolaire que pour discriminer les « scolarisables » et les autres, on met maintenant en rapport le niveau de scolarisation et les niveaux d'acquisition qui visent à surveiller l'enfant jusque dans son cerveau. On crée tout un modèle de connaissance à apprendre selon un calendrier si précis qu'il en devient ridicule. La critique sévère que Foucault mène contre la diffusion de la psychologie du développement ne peut que nous pousser à reprendre l'analyse de l'enfance avec un regard qui, au contraire de la science, ne colonise pas ce qu'il regarde, qui laisse le phénomène de l'enfance apparaître tel qu'il apparaît : il faut tenter de former une phénoménologie [1] de l'être-enfant qui ne soit ni tributaire de la perception de l'adulte, ni happée par l'illusion finaliste qui ne voit dans les commencements que ce qui explique la fin.

Il faut rendre à Rousseau le mérite d'avoir ouvert la question de l'ontologie de l'enfance : ce qui rend l'enfant si spécial, c'est qu'il représente le moment où l'humain surgit. Toute la tâche pédagogique est de mener cette genèse jusqu'à la fin, d'accompagner l'apparition d'un nouvel autrui. Cependant, la question du surgissement lui-même n'a pas été prise en charge. La péd*agogie* n'est préoccupée que par le lieu où elle emmène l'enfant, alors qu'il aurait fallu s'intéresser au lieu d'où émerge l'enfant : *agôgê* (ἀγωγὴ) signifie « l'action de conduire, d'emmener », et *pais* (παῖς) signifie « l'enfant ». Finalement, c'est la démarche pédagogique qui met l'enfance hors d'elle-même, qui y insère du négatif par le mouvement de son devenir. Merleau-Ponty en fait la remarque et propose de prendre à rebours la question pédagogique : au lieu de voir ce

1. La phénoménologie est l'étude des phénomènes en tant qu'expérience vécue par une conscience. Ce courant philosophique a pour mot d'ordre le retour au phénomène afin de comprendre la spécificité du rapport de l'homme au monde.

que l'enfant doit apprendre pour être adulte, voyons ce qu'il a dû désapprendre pour quitter l'enfance. Merleau-Ponty inverse enfin la négativité de l'enfance en supposant que c'est l'adulte qui a oublié un certain rapport au monde pour devenir adulte et non l'enfant qui en a appris un. L'auteur écrit :

> Piaget conduit l'enfant jusqu'à l'âge de raison comme si les pensées de l'adulte se suffisaient et levaient toutes les contradictions. Mais, en réalité, il faut bien que les enfants aient en quelque façon raison contre les adultes ou contre Piaget, et que les pensées barbares du premier âge demeurent comme un acquis indispensable sous celles de l'âge adulte, s'il doit y avoir pour l'adulte un monde unique et intersubjectif. La conscience que j'ai de construire une vérité objective ne me donnerait jamais qu'une vérité objective pour moi [...] si je n'avais, au-dessous de mes jugements, la certitude primordiale de toucher l'être même [...]. Pour que chaque conscience puisse soupçonner les présences étrangères qu'elle nie, il faut qu'elles aient un terrain commun et qu'elles se souviennent de leur coexistence paisible dans le monde de l'enfant [1].

Penser que l'adulte est plus et mieux que l'enfant, c'est oublier de voir que certains problèmes qui se posent à la raison adulte trouvent leur résolution dans l'être-au-monde de l'enfant. Les apories sur lesquelles la pensée rationnelle bute sont celles de la certitude de l'existence du monde et de l'existence d'autrui, qui ont donné beaucoup de fil à retordre depuis la sixième *Méditation métaphysique* de Descartes : il n'y a là qu'un faux problème, car l'adulte a oublié que l'enfance nous donnait déjà l'évidence de notre insertion dans un monde que nous partageons avec autrui. Pour proposer une phénoménologie de l'enfance, il ne suffit pas d'aborder l'enfance dans sa manifestation primitive, il faut faire de l'enfant la figure du phénoménologue lui-même, c'est-à-dire la figure de celui qui cherche à voir le monde tel qu'il apparaît. C'est le regard de l'enfance qu'il faut retrouver pour savoir comment nous commençons à habiter le monde, comment nous nous insérons dans l'Être : voilà la positivité que l'enfance nous donne à

1. Maurice Merleau-Ponty, *Phénoménologie de la perception* (1945), Paris, Gallimard, 2016, p. 413.

penser et qui se perd par l'éducation qui lui « désapprend » ce rapport primitif. À l'instar du petit enfant qui, dans le conte « Les nouveaux habits du roi [1] » d'Andersen, est le seul à s'exclamer que le roi est nu, il n'y a que le regard d'un être qui n'a pas encore été formé par la crainte du monarque, qui n'a pas encore été déformé par l'éducation, qui pourra nous dire la nudité du monde.

Cependant, Merleau-Ponty est d'emblée pris dans une difficulté de taille : si l'enfant est celui qui détient une expérience phénoménologique privilégiée par son insertion originelle, il n'y a pourtant pas de philosophe-enfant capable de conduire cette analyse. L'être-au-monde enfantin ne peut pas être thématisé par l'enfant. Finalement, quand on tente de décrire l'expérience de l'enfant, on ne peut le faire qu'avec les yeux de la science. Or, ce sont précisément les yeux de l'enfance que Merleau-Ponty désire retrouver pour retourner aux phénomènes des choses, pour comprendre l'énigme du monde.

L'esthétique de l'enfance

Image de l'origine, l'enfance devient le porteur de l'aporie de tout commencement qui échappe toujours à la connaissance de celui qui commence. Puisqu'il n'y a pas de philosophe-enfant, voir le monde comme nous l'avons vu la première fois est une tâche impossible. L'être qui réfléchit ne se donne plus les phénomènes dans leur nudité, mais toujours dans un travail de l'esprit qui falsifie *de facto* la réceptivité de l'enfance. Il n'y aura de phénoménologie véritable que pour celui qui est capable de retrouver le regard de l'enfance – apanage du génie selon Baudelaire. C'est donc vers l'artiste qu'il faut se tourner [2] si nous voulons retrouver le regard

1. Hans Christian Andersen, *Contes*, *op. cit.*, p. 83. Voir dans la partie sur Andersen, le point intitulé « Des contes pour enfants, vraiment ? », p. 130.

2. Constat que tire Merleau-Ponty lui-même quand il se dirige progressivement vers la philosophie de l'art, notamment dans *L'Œil et l'Esprit* (Gallimard, 1960).

neuf de l'enfance : lui seul nous mettra en présence du pur phénomène du monde tant recherché par le philosophe. Le poète écrit dans *Le Peintre de la vie moderne* :

> L'enfant voit tout en nouveauté ; il est toujours ivre. Rien ne ressemble plus à ce qu'on appelle l'inspiration, que la joie avec laquelle l'enfant absorbe la forme et la couleur. J'oserai pousser plus loin ; j'affirme que l'inspiration a quelque rapport avec la congestion, et que toute pensée sublime est accompagnée d'une secousse nerveuse, plus ou moins forte, qui retentit jusque dans le cervelet. L'homme de génie a les nerfs solides ; l'enfant les a faibles. Chez l'un, la raison a pris une place considérable ; chez l'autre, la sensibilité occupe presque tout l'être. Mais le génie n'est que l'enfance retrouvée à volonté, l'enfance douée maintenant, pour s'exprimer, d'organes virils et de l'esprit analytique qui lui permet d'ordonner la somme de matériaux involontairement amassée. C'est à cette curiosité profonde et joyeuse qu'il faut attribuer l'œil fixe et animalement extatique des enfants devant le nouveau [...] [1].

Ce qui caractérise l'enfance pour Baudelaire, c'est la faculté de voir le monde de manière neuve. Cette nouveauté ne doit pas signifier la répétition d'un regard qui perçoit ce qu'il n'avait pas vu la première fois : elle est au contraire le regard originel, la première vision que l'enfant a du monde. Son mode d'apparition est celui de la synesthésie : l'ivresse de l'enfant mélange et confond les sensations pour les absorber toutes. La synesthésie n'est pas une tromperie de nos sens, mais bien plutôt la vérité originelle de toute perception. C'est le regard analytique de l'adulte qui découpe le monde et détruit cet accord harmonique des sensations. Si l'œil de l'enfant est « extatique », c'est parce qu'il est tout entier en dehors de lui-même, dans un contact franc et brut avec le monde. Mais pourquoi les enfants ne sont-ils pas alors tous des artistes ? C'est qu'il ne suffit pas de retomber en enfance pour être un artiste : si l'enfant est artiste par son regard, il n'est pas encore *un* artiste. Baudelaire prend la peine d'insister sur la dimension nerveuse de l'inspiration qui ne peut être soutenue que par la virilité de l'homme adulte, c'est-à-dire par

1. Charles Baudelaire, *Le Peintre de la vie moderne* (1863), in *Œuvres complètes*, tome II, Paris, Gallimard, « Bibliothèque de la Pléiade », 1976, p. 62.

l'endurance de ses nerfs et par le travail de son esprit analytique. Il faut être adulte pour donner forme à ce qui s'est donné sans forme dans l'enfance. Si le génie est bien « l'enfance retrouvée à volonté », il ne faut pas oublier que ce n'est que par le biais de cette « volonté » que le génie peut s'exprimer et nous donner à voir le monde dans son origine.

Cependant, en « ordonnant la somme des matériaux amassée », l'artiste ne commet-il pas l'erreur de donner à l'appréhension originaire de l'enfance une forme qui n'était pas la sienne ? Le travail analytique de l'adulte ne produit-il pas une transformation qui, tout en nous livrant la richesse de l'enfance, la déforme puisque l'enfance est précisément le temps où l'esprit ne travaille pas ce qu'il reçoit ? Peut-être, mais c'est un risque qui vaut la peine d'être couru : l'art aura toujours quelque chose de nouveau et d'universel à nous dire puisqu'il touche à cette partie de nous que Lyotard avait nommée la « passibilité », cette enfance qui ne passe pas, sans jamais vraiment la saisir. La passibilité se définit comme la réceptivité à l'événement pur dans la suspension des pouvoirs actifs de l'esprit – ce qui caractérise parfaitement la mentalité de l'enfant, si l'enfance est bien la situation où l'âme ne s'épuise pas dans les synthèses de l'esprit. Sans reprise active par l'individu de ce qui se donne à lui, il faut dire que l'enfance est moins l'état où le monde se donne à moi que l'état où je me donne au monde. Cet « état d'esprit en proie à la présence [1] » n'est bien possible que parce que l'esprit manque de contrôle sur ses opérations. Ou, pour le dire en termes kantiens avec un esprit qui ne le serait pas : le phénomène se livrerait indépendamment du travail des catégories de l'entendement. On retrouve ici une nouvelle forme de négativité de l'enfance qui touche à cette carence de l'esprit, carence qui se traduit aussitôt par la capacité d'être présent aux choses. Cette présence, Lyotard la définit parfois comme « stupéfaction [2] » ou comme

1. Jean-François Lyotard, « Après le sublime, état de l'esthétique », in *L'Inhumain : causeries sur le temps* (1988), Paris, Klincksieck, 2014, p. 138.

2. Voir l'article « Les lumières, le sublime », dans « Jean-François Lyotard, Réécrire la modernité », *Les Cahiers de philosophie*, n° 5, 1988, p. 76.

stupidité qui suspend l'activité de l'esprit. L'enfance est un état de stupeur qui interrompt la puissance de l'esprit. Or, cette passivité appartient à l'essence de l'expérience esthétique puisque la sensation, qui se dit *aisthêsis* (αἰσθήσις) en grec, est la réceptivité qui nous met en présence du monde. L'enfance ne peut qu'être la meilleure ressource de l'artiste, voire la seule qui vaille puisqu'elle nous remet sous les yeux le monde dans la pureté de sa donation.

On peut trouver une certaine parenté entre le rôle de l'enfance dans le processus de création artistique et la figure de l'enfant dans la philosophie de Nietzsche, dont l'entreprise est d'inverser les valeurs classiques de la métaphysique : il fait de l'illusion une expression de la vie, de la vérité une manifestation d'une volonté de mort, il donne au corps le primat sur l'âme, et le jeu de l'enfant est le symbole de ce renversement. Dans *Ainsi parlait Zarathoustra* [1], Nietzsche nous exhorte à vivre comme un enfant, c'est-à-dire comme un être qui vit dans un perpétuel recommencement de lui-même et se prend pour la norme du monde. Qu'est-ce que fait l'enfant qui soit digne de notre imitation ? Il joue : jouer, ce n'est pas se divertir, c'est créer ses propres règles, se donner son propre monde. Quand on joue, on se comporte comme si cette activité, aussi futile soit-elle, devenait ce qu'il y a de plus sérieux : les valeurs de la philosophie classique se renversent sous l'œil de l'enfant et c'est pour Nietzsche l'occasion de nous exhorter à devenir les créateurs de nous-même, à vivifier notre esprit en retrouvant l'insouciance du devenir, en redevenant l'enfant qui ne culpabilise pas d'offenser, de heurter autrui, ayant comme seul but d'affirmer le courant de vie qui nous traverse. La figure nietzschéenne de l'enfance est une invitation à retrouver l'innocence première, figure de la joie et de la légèreté : ce n'est plus l'homme qui doit surmonter l'enfance, mais l'enfant qui doit surmonter l'homme.

1. Friedrich Nietzsche, *Ainsi parlait Zarathoustra* (1885), Paris, Librairie générale française, 1972, p. 29-32.

Revers de la pièce : l'infantilisation moderne

En encourageant l'humanité à retrouver en elle la force vitale de l'enfant, le philosophe condense dans un symbole tous les aspects positifs de l'enfance pour en faire un modèle à imiter, mais encore faut-il savoir au nom de quelles qualités il doit y avoir imitation. Nietzsche n'aurait peut-être pas imaginé que son souhait soit devenu aujourd'hui une réalité tout en inversant du tout au tout la signification de son geste : la société de consommation ne fait-elle pas de nous d'éternels enfants, toujours insatisfaits, courant d'un plaisir à un autre, passant le maximum de temps à se divertir, à acheter compulsivement ce qui sera aussi vite jeté à la poubelle ? Là où le sens de l'enfant pour Nietzsche consistait à retenir de sa figure la force vitale et créatrice qui l'anime, il semblerait que nous n'en ayons retenu que ses caprices : le consumérisme repose sur le comportement infantile de ses consommateurs toujours plus impatients de satisfaire des plaisirs. Dans *La Vie liquide*[1], Zygmunt Bauman décrit la société de consommation comme celle qui nous encourage à assouvir nos désirs le plus vite possible et où tout retard de livraison du plaisir est vécu comme une souffrance, une société qui nous pousse à ne jamais rester immobile trop longtemps et changer de cap dès qu'on s'installe dans une activité, à cultiver l'hyperactivité, à être sur-sollicité : en somme, elle nous encourage à être un enfant, c'est-à-dire qu'elle nous infantilise au sens où elle nous réduit à un état de dépendance car il est bon pour l'économie que nous régressions au stade de l'enfance. Consommer, c'est accomplir la cyclicité de notre vie biologique, mais à un niveau qui dépasse les nécessités vitales. La consommation cherche l'immédiateté puisqu'elle doit détruire son objet pour ressentir du plaisir. Or, cet empressement à détruire ce qu'on vient de faire – mis à part le parallèle évident avec l'enfance – constitue le sens caché de la notion d'innovation conçue comme « destruction créatrice » : peu importe la valeur du nouveau, il faut en créer davantage et comme

1. Zygmunt Bauman, *La Vie liquide*, Paris, Pluriel, 2013, p. 17.

l'essence du nouveau est d'être éphémère, il faut sans cesse détruire ce qui a été créé pour créer toujours plus. Dans *La Vie liquide*, Zygmunt Bauman décrit la logique de la société consumériste dans ces termes :

> L'innovation capitale qui distingue le plus le syndrome consumériste de son prédécesseur *productiviste*, semble être le renversement des valeurs attachées respectivement à la durée et à l'éphémère. Il consiste en un déni emphatique de la désirabilité du retard de satisfaction [...]. Il a placé la valeur de la nouveauté au-dessus de celle de la durabilité [1].

L'infantilisation ne concerne pas seulement la dimension capricieuse du consommateur, mais aussi la temporalité de la consommation qui réduit toute durée à l'instant sans cesse renouvelé, image du bonheur de l'enfant qui doit toujours rester en activité pour ne pas sombrer dans l'ennui. Rien n'est pire qu'un consommateur qui s'ennuie : il faut toujours le solliciter pour le garder en vie. C'est donc la figure héraclitéenne de l'enfant qu'il faut réactiver pour comprendre ce phénomène : l'enfant est pour Héraclite l'image de la destruction et de la cruauté du temps. Il y a dans l'enfance une disposition qui nourrit le consumérisme et l'entretient.

Cette infantilisation de la société n'est possible qu'à la condition qu'elle ne se fasse pas sentir : celui qui se sent infantilisé ne le peut que parce qu'il se sent lui-même adulte, c'est-à-dire plus autonome et indépendant, capable de faire par lui-même des choix sans qu'un panneau publicitaire ne vienne lui chuchoter ce qu'il désire. Le sentiment d'infantilisation est celui d'un décalage qui réaffirme en creux l'identité de l'adulte. Par conséquent, si l'infantilisation du consumérisme était sentie, nous serions déjà sur la voie de sa sortie, mais nous nous complaisons dans notre posture infantile. Paradoxalement, l'analyse des attributs infantiles de la consommation conduit à un nouveau rejet de l'enfance que Bauman décrit dans le chapitre « Enfance et consommation » comme un rejet de

1. *Ibid.*, p. 132.

« l'enfantement » : la disposition mentale du consumérisme désenchante l'idée d'avoir des enfants car ils représentent un coût qui entrave notre propre consommation en mettant « en suspens nos besoins et nos désirs de tout autre achat – personne ne sait combien ni jusqu'à quand [1] ». La baisse drastique de la natalité dans les pays riches va de pair avec le souci économique de l'individu : si nous ne voulons plus d'enfants, c'est que nous en sommes nous-mêmes devenus et dans notre refus d'enfanter, nous nous condamnons à rester en enfance. Si l'enfance doit être un modèle pour Nietzsche, elle ne peut l'être qu'en tant que symbole qui ne retient d'elle que certains aspects : ce n'est donc jamais l'enfant lui-même qu'il faut imiter, mais les qualités qu'on croit voir dans sa mentalité. Le risque inhérent à toute idéalisation de l'enfance, c'est bien de nous enfermer dans un état de dépendance qui produit l'inverse de ce qui était visé : c'est l'humanité de l'homme qui est perdue.

En guise de conclusion, il semble juste de réaffirmer que l'enfance doit être surmontée quand bien même il y aurait en elle une forme de positivité : elle a beau être un témoin de l'origine de l'homme, un terreau pour sa destinée, il ne faut pas succomber à la fascination qu'elle exerce sur nous. Si on ne règle pas ses comptes avec l'enfant qui survit toujours un peu en nous, on ne peut pas vraiment se déclarer adulte. Mais les discours sur l'enfance ont tendance à renforcer l'illusion que nous sommes des adultes accomplis, que l'enfance appartient définitivement à notre passé. Il n'en est rien : il y a toujours en nous une part d'ombre héritée de l'enfance et qui demande à être réexaminée. En avouant que l'enfance n'est jamais exactement comme on se la représente, en avouant que l'enfance n'est jamais complètement terminée, on se donne la chance de grandir encore un peu plus.

1. *Ibid.*, p. 166.

Émile ou De l'éducation, Livres I et II [1]
Jean-Jacques Rousseau

> « Nul n'est assez philosophe pour se mettre à la place d'un enfant [2]. »

Introduction
L'enthousiasme de Kant pour deux ouvrages aussi « révolutionnaires » l'un que l'autre : l'*Émile* et *Du contrat social*

Le philosophe des Lumières que fut Emmanuel Kant avait, dit-on, l'habitude de faire chaque jour sa promenade quotidienne exactement à la même heure. Les habitants du quartier plaisantaient en disant qu'ils pouvaient régler leur montre en le voyant passer devant leurs habitations respectives, tel un métronome. Toutefois, en deux occasions bien précises, l'humaniste allemand ne se plia pas à son rituel journalier. Quel événement avait bien pu le distraire de l'édification de sa « cathédrale » philosophique ? La première fois, ce fut précisément, dit-on, lorsqu'il prit connaissance de cet ouvrage de Jean-Jacques Rousseau qu'est l'*Émile*, imprimé en 1762. La même année, et ce n'est pas là une simple coïncidence, paraît aussi *Du contrat social*, qui dessine la figure d'une société enfin égalitaire, où chacun pèserait du même poids, qu'il soit né pauvre ou riche, une société sans rapports de domination, sans servitude et sans soumission, une société sans privilège de naissance, où chacun prendrait part activement au corps social pour viser par le vote

1. Jean-Jacques Rousseau, *Émile ou De l'éducation* (1762), Paris, Garnier-Flammarion, 1966.
2. *Émile, op. cit.*, Livre II, p. 143.

majoritaire l'intérêt général, animé par la seule volonté de définir le bien commun. Quant à la seconde fois où le vieux Chinois de Königsberg, comme on se plaît à le surnommer, dérogea à sa sainte habitude, ce fut lorsqu'il apprit par la gazette locale la prise de la Bastille, le 14 juillet 1789, qui inaugurait, comme on sait, la Révolution française. Est-ce à dire que se joue entre tous ces événements littéraires et historiques une seule et même révolution ? Qu'il y a un lien secret entre la redéfinition de l'enfance dans l'*Émile* et celle du champ politique dans *Du contrat social* ? De l'une à l'autre, c'est bel et bien dans le même sens qu'il s'agit en effet de révolutionner la conception de l'homme, celui de l'émancipation de tout joug, excepté celui de la nature, reconnue comme ce doux maître qu'il y a finalement plaisir, la plupart du temps, à suivre. De part et d'autre, il s'agit de savoir ce que l'homme peut quand on l'éduque pour qu'il accède à la liberté, c'est-à-dire quand on l'extrait de tout rapport de force, jusqu'à ce qu'il ait l'audace de penser par lui-même et de n'avoir plus que lui-même pour seul guide. Cela commencerait-il donc dès l'enfance, cette affaire si sérieuse qu'est la liberté ? Dès le sein, dès le berceau ? Dès la naissance ? « L'homme est né libre, et partout il est dans les fers[1]. » Cela vaudrait-il donc la peine de s'appesantir sur les origines ? Sur ce qui est encore possible, à la naissance, si l'on ne laisse pas tout se corrompre ? Faudrait-il ne pas négliger le commencement qu'est le premier âge de la vie pour y trouver un principe solide et y forger un fondement légitime pour bâtir le monde de l'âge adulte ?

Le rappel de cette anecdote, qui souligne par ailleurs le cadre profondément paneuropéen où se jouent Les Lumières au XVIIIe siècle de part et d'autre du Rhin, et même pourrait-on dire outre-Manche, avec du côté écossais des empiristes tel David Hume, permet dès le début de notre présentation de l'ouvrage de ne pas perdre de vue l'essentiel. L'ouvrage qu'est l'*Émile*, la conception qu'il dessine de l'enfance, ne peut assurément pas être compris

1. Tel est le célèbre aphorisme par lequel débute *Du contrat social* (1762), Paris, Flammarion, « GF », 2001.

sans y déceler tous les enjeux sociaux, moraux et politiques qui y affleurent de manière plus ou moins explicite, ceux-là mêmes qui animent aussi et bien évidemment plus explicitement la rédaction *Du contrat social*. C'est donc au fond à restituer cette ferveur que nous allons ici nous employer, cet enthousiasme qui anima Kant à la lecture de l'*Émile* et *Du contrat social* et qui impulsa en partie ses propres essais critiques : *Qu'est-ce que les Lumières ?* (1784), *Idée d'une histoire universelle au point de vue cosmopolitique* (1784), *Vers la paix perpétuelle* (1795), *Conflit des facultés* (1798), et même et surtout des leçons de pédagogie articulant la contrainte du dressage des penchants sensibles à l'éveil de la liberté de la raison pratique, rassemblées sous le titre *Réflexions sur l'éducation* (1803), véritable hommage rendu par Kant à Rousseau. L'accès à la majorité, l'audace de penser par soi-même, la perfectibilité et le sens du progrès, voilà nommés une partie des objectifs communs à Rousseau et à Kant. L'*Émile* pose bel et bien, en effet, une des premières pierres de la réflexion sur la manière d'éduquer un homme à la liberté. « *Sapere aude*[1] *!* » lançait hardiment Kant. « Ose agir comme il te convient ! » pourrait souffler le gouverneur dépeint par Rousseau à son élève Émile, avant son entrée dans le monde. Comment, dès lors, bien saisir toute la teneur révolutionnaire de la conception rousseauiste de l'enfance, sa participation pleine et entière au mouvement des Lumières ?

L'*Émile* au cœur de l'œuvre de Rousseau et ses sources : la découverte d'une terre nouvelle, l'enfance

Deux *Discours* : l'éloge de l'état de nature et du langage des premiers hommes

Jean-Jacques Rousseau, philosophe genevois né en 1712, à Genève, mort en 1778, à Ermenonville, a rédigé l'*Émile* entre 1757

1. Kant, *Qu'est-ce que les Lumières ?* (1784), Paris, Flammarion, « GF », 1991, p. 43.

et 1762. Il n'est certes pas le premier à réfléchir à l'importance de l'enfance, mais c'est peut-être lui qui en dégage le premier le mieux toute la spécificité. « L'enfance a des manières de voir, de penser, de sentir, qui lui sont propres ; rien n'est moins sensé que d'y vouloir substituer les nôtres [1]. » Chaque âge de la vie a ses perfections propres, l'enfance n'a pas moins de valeur que l'âge adulte et ne représente pas un monde moins complet. L'enfance n'est pas critiquable pour son inachèvement. « Chaque âge, chaque état de la vie a sa perfection convenable, sa sorte de maturité qui lui est propre. Nous avons souvent ouï parler d'un homme fait ; mais considérons un enfant fait ; ce spectacle sera plus nouveau pour nous, et ne sera peut-être pas moins agréable [2]. » Introduisant aux *Réflexions sur l'éducation* de Kant que nous venons de mentionner, Alexis Philonenko résume bien l'innovation rousseauiste : « Le XVIIIe siècle ne sait pas ce que c'est que l'enfant. Ce que nous pourrions appeler le "*sens de l'enfant*" manque totalement au début du XVIIIe siècle et l'idée d'un enseignement ne trouve dès lors aucun fondement solide. Qu'est-ce qu'un enfant ? Un homme en petit ? – ou un petit homme ? Avant d'établir le moindre projet d'enseignement, c'est là ce qu'il faudrait savoir. L'enseignement s'adresse à l'enfant certes – mais qu'est-ce que l'enfant ? [...] Au début du XVIIIe siècle l'enfant n'existe pas et l'idée d'un enseignement qui lui convienne, à lui, en tant qu'enfant, est presque impossible. C'est contre cette vision que va s'élever la puissante pensée de Rousseau. Ce qui caractérise le mieux le génie de Rousseau, ce qui permet de comprendre sa force, sa puissance d'émotion, son éternité, c'est qu'il découvre une terre nouvelle : l'enfance [3]. » Or, quels sont, à titre introductif, les jalons essentiels de son œuvre littéraire, philosophique et intellectuelle qui, avant et après l'*Émile*, permettent de bien comprendre cette découverte de l'enfance ?

1. *Émile*, *op. cit.*, Livre II, p. 108.
2. *Ibid.*, p. 203.
3. Alexis Philonenko, « Introduction », *in* Kant, *Réflexions sur l'éducation*, Paris, Vrin, 1966, p. 17.

Mentionnons ses deux *Discours*, et tout d'abord celui sur les sciences et les arts, publié en 1749-1750. En effet, celui-ci contient en germe une critique de la culture, dès lors qu'elle conduit à une forme de superficialité et d'affectation, redoublée par une critique du luxe, dès lors qu'il fait perdre à l'homme le sens de l'authenticité première qu'indique si bien la nature. Or, l'enfance doit précisément, dans l'*Émile*, nous reconduire aux besoins naturels et nécessaires, aux désirs simples : « les goûts les plus naturels doivent être aussi les plus simples [1] ». On doit cultiver dans l'enfance l'authenticité spontanée du rapport de soi à soi, de soi aux autres et au monde, par contraste avec un âge adulte dénaturé et dépravé, où l'on s'égare souvent loin des ressources qu'offre pourtant spontanément l'enfance à qui sait bien la préserver en lui.

Quant au *Discours sur l'origine et les fondements de l'inégalité parmi les hommes*, publié en 1755, il contient une réflexion sur l'état de nature, état où se joue bien, en un certain sens aussi, l'enfance. Qu'on ne s'y trompe cependant pas, l'enfant ne doit pas tant viser le modèle que constitue le rustre paysan, aux tâches mécaniques, qu'il ne doit imiter l'ingéniosité du « bon sauvage », décrit au travers de la fiction de l'état de nature qu'il élabore dans le *Second Discours*. « Rien de plus lourd qu'un paysan, ni rien de plus fin qu'un sauvage [2]. » L'état de nature où évolue le « bon sauvage » se trouve comme l'enfance loué comme un temps béni de ressources pour corriger les dérives de l'état civil où la société de son époque a égaré la culture. L'enfance est, comme l'état de nature, un âge d'or à reconquérir.

Le *Second Discours*, comme l'*Émile,* contient par ailleurs aussi une première réflexion sur l'origine du langage, plus précisément sur ce langage poétique et passionné de l'homme naturel que Rousseau cherche à viser sous le vernis de la rhétorique oiseuse de la prétendue « civilisation ». L'ouvrage contient aussi des réflexions sur l'indépendance de l'homme naturel, n'ayant de rapport qu'à

1. *Émile*, *op. cit.*, Livre II, p. 193.
2. *Ibid.*, p. 147.

lui-même, entretenant un juste amour de soi, mais capable tout de même et sans contradiction d'une pitié naturelle envers ses semblables. « Pour mon élève, ou plutôt celui de la nature, exercé de bonne heure à se suffire à lui-même autant qu'il est possible, il ne s'accoutume point à recourir sans cesse aux autres, encore moins à leur étaler son savoir [1]. » Armé donc de tout ce qu'il faut pour vivre en paix avec eux, l'homme naturel du *Second Discours* manifeste une forme de bonté également naturelle dont Rousseau croit l'enfance elle aussi spontanément capable dans l'*Émile*. L'enfance bien comprise serait donc une des clés pour reconquérir l'âge d'or des hommes de l'état de nature, cet Eldorado perdu – fictif, sans doute, Rousseau est tout prêt à l'admettre, face aux moqueries d'un Voltaire, mais néanmoins utile à titre d'idéal régulateur pour prendre du recul par rapport aux défigurations que l'homme civilisé manifeste.

L'année où paraît le *Second Discours*, il rédige également un *Essai sur l'origine des langues*, mais le laissant inachevé, celui-ci ne verra le jour qu'en 1781. L'*Émile* peut en apparaître comme une nouvelle mise en forme. Que place Émile sous les signes qu'on lui fait entendre ? « En quelque étude que ce puisse être, sans idée des choses représentées, les signes représentants ne sont rien. On borne pourtant l'enfant à ces signes, sans jamais pouvoir lui faire comprendre aucune des idées qu'ils représentent [2]. » Faut-il revenir à l'origine de l'apprentissage des mots pour ne pas réduire ce que l'on apprend à l'enfant à « des mots, encore des mots, et toujours des mots [3] » ? Quel est le langage propre de l'enfance ? Quel est son intérêt particulier et concret à comprendre le sens de certains mots ? Comment se faire entendre des enfants ? Que comprennent les enfants au langage abstrait des adultes ? Voici une série de questions que nous allons avoir à approfondir en lisant les Livres I et II de l'*Émile*, mais qui trouvent d'ores et déjà des éléments de réponses

1. *Ibid.*, p. 149.
2. *Ibid.*, p. 135.
3. *Ibid.*, p. 134.

antérieurement à cet ouvrage. De manière générale, l'*Émile* apparaît donc comme une forme de synthèse de réflexions déjà réalisées quant à la question des origines de la société, de la morale et du langage.

La sensibilité et l'intériorité à l'honneur : le style expressif de Rousseau

Avant la publication de l'*Émile*, Rousseau est déjà un romancier à succès. C'est *La Nouvelle Héloïse*, imprimé en 1760, qui lui vaut le succès littéraire qu'on lui connaît. Sans être un roman, l'*Émile* se traduit également par son style enchanteur. Goût de l'anecdote bien sentie, effets de chute savamment orchestrés, ruptures de tonalité, alternance de préceptes plus généraux et de dialogues fictifs, analyse pleine d'ironie d'une fable de La Fontaine, formules ramassées pour ciseler la pensée… Rousseau semble même préparer les citations qui seront faites de son œuvre. Spécialiste du jeu d'échecs, il a toujours quelques coups d'avance sur son lecteur. « Sans rien en lui qui pèse ou qui pose [1] », Rousseau refuse explicitement d'offrir un énième système d'éducation morne et plat. Pas de théorie abstraite et objective. Il préfère de loin donner à sa pensée la légèreté de la rêverie d'un promeneur solitaire. « Je dois lire et relire Rousseau jusqu'à ce que la beauté de l'expression ne me trouble plus : car alors seulement je peux le saisir avec raison [2] », avoue Kant, plus rigoriste que lui. Mais ne convient-il pas plutôt, n'en déplaise à Kant, de se laisser troubler aussi par la beauté de son expression ? Rousseau s'adresse directement à son lecteur, le prend à partie, indique la singularité de son point de vue, admet la subjectivité de ses vues, le caractère audacieux et unique de son personnage. Il dialogue avec des grands noms de la philosophie, mais aussi avec de

1. Selon un vers de Paul Verlaine dans « L'art poétique », in *Jadis et Naguère* (1884), qui fait l'éloge « De la musique avant toute chose » : « Plus vague et plus soluble dans l'air / Sans rien en lui qui pèse ou qui pose », « Où l'indécis au précis se joint ».

2. Cité par Victor Delbos, « Rousseau et Kant », *Revue de métaphysique et de morale*, 1912, p. 432.

simples mères, nourrices, paysannes... Il imagine des objections, restitue les effets d'indignation.

Bien plus, il assume la tournure romanesque de sa philosophie. « Si j'ai dit ce qu'il faut faire, j'ai dit ce que j'ai dû dire : il m'importe fort peu d'avoir écrit un roman. C'est un assez beau roman que celui de la nature humaine [1]. » Peut-être est-ce la forme du roman, ou de la fable, qui convient le mieux pour parler de l'enfance. Ou le conte merveilleux, auquel on accepte de croire sans même se préoccuper de savoir s'il est ou non réaliste. Restons même tant que possible au pays des chimères que l'enfance révèle et fait naître, puisque c'est là qu'on est au fond le plus heureux, quand on désire l'être et qu'on y croit encore, avant la désillusion et le désenchantement auxquels se résume bien souvent l'entrée dans l'âge adulte, qui promettait tant, mais qui ne tient bien souvent pas ses promesses. « On n'est heureux qu'avant d'être heureux [2] », fait dire Rousseau à l'un des personnages de *La Nouvelle Héloïse*. L'enfance est le moment où l'on désire, où l'on tend vers, où l'on est imparfait, mais aussi où l'on aspire à se parfaire, où on imite sans réussir encore : c'est le moment où l'imagination bat son plein, où l'on croit encore dur comme fer aux utopies, où les rêves sont remplis d'absolu. Croyance, ferveur, enthousiasme, emportement, vivacité, autant de ressources de l'enfance, autant de trésors. L'enfance est pour Rousseau le moment du bonheur, non seulement parce que celui-ci se loge tout entier dans « la douce inquiétude » de ne pas savoir encore tout ce qui nous attend, mais aussi parce que l'on y est encore heureusement tout entier concentré sur soi, en rapport avec soi-même, donc exempt encore du vice de l'égoïsme. L'enfant est plein de cet amour de soi nourrissant propre à tout être vivant naturel. L'enfant évite la jalousie délétère et les faux-semblants qui vont peupler la vie en société hypocrite, où on se met à vivre sous le regard des autres et en comparaison constante

1. *Émile*, *op. cit.*, Livre V, p. 545.
2. Jean-Jacques Rousseau, *La Nouvelle Héloïse* (1761), Paris, Flammarion, « GF », 1967, p. 528.

avec eux. Conservons là encore ces trésors de l'enfance jusque dans la vie civile, jusqu'au moment où il nous faudra bien vivre avec nos semblables, pour compenser notre incapacité à répondre seuls à tous nos besoins et tous nos désirs grandissants, nés du « progrès » de la civilisation.

La proximité de l'*Émile* à *La Nouvelle Héloïse* ne se mesure pas seulement du point de vue de la forme littéraire et des figures de style. Dans une lettre de Saint-Preux sur l'éducation des enfants de Julie, on trouve déjà une ébauche du contenu de l'*Émile*, et la suite que Rousseau voulut donner à l'*Émile*, sans réussir à l'achever, devait même reprendre la forme épistolaire de *La Nouvelle Héloïse*. La sensibilité qu'il faut laisser parler, l'intériorité qu'il faut conquérir et reconquérir sans cesse malgré les codes sociaux aliénants qui viennent la recouvrir et faire de nous leurs jouets, la pureté des sentiments qu'il faudra encourager chez Émile dès la première heure sont déjà interprétées dans ce célèbre roman épistolaire comme le seul germe dont peuvent ensuite bien naître d'une part la raison, conçue comme cette capacité à établir des rapports justes à soi-même, aux autres et au monde, et d'autre part la conscience, comme « instinct divin [1] », cette élévation à la pureté morale des sentiments et à la religion naturelle dont Rousseau espère l'homme capable.

Éducation et politique : refondation conjointe de l'enfance et de la société civile

En 1762 sont publiés, nous l'avons rappelé, l'*Émile* et *Du contrat social*, que l'on peut considérer comme l'avers et le revers d'une même médaille conduisant à une refondation de l'homme. De même que, dans *La République*, Platon pense de concert son projet politique de cité idéale et l'éducation du philosophe-roi depuis sa plus tendre enfance, Rousseau pense conjointement et publie

1. *Émile, op. cit.*, Livre IV, p. 378 : « Conscience ! conscience ! instinct divin, immortelle et céleste voix… », tel est le passage le plus célèbre de la « Profession de foi du Vicaire savoyard ».

ensemble, d'une part, ses réflexions sur l'enfance et, d'autre part, son projet politique de république démocratique. Ni Platon ni Rousseau ne négligent le tout premier âge des futurs citoyens. Utopiste comme lui, Rousseau admire d'ailleurs ouvertement l'œuvre de Platon dans l'*Émile*, la politique s'identifiant et se résumant pour ainsi dire chez tous deux à la bonne éducation des citoyens : « Voulez-vous prendre une idée de l'éducation publique, lisez *La République* de Platon. Ce n'est point un ouvrage de politique, comme le pensent ceux qui ne jugent des livres que par leurs titres : c'est le plus beau traité d'éducation qu'on ait jamais fait [1]. » Au travers de ces deux ouvrages simultanés, Rousseau nourrit peut-être même secrètement le vœu de revivifier l'esprit platonicien, et même l'éducation publique antique : « Platon, dans sa *République*, qu'on croit si austère, n'élève les enfants qu'en fêtes, jeux, chansons, passe-temps ; on dirait qu'il a tout fait quand il leur a bien appris à se réjouir [2]. » Athènes n'est d'ailleurs pas le seul modèle antique qui intéresse Rousseau. Les Spartiates sont également décisifs, en élevant leurs enfants à la dure, en privilégiant les exercices du corps à la formation pédante de l'esprit, ils forment certes des polissons capables de rapine, mais aussi des êtres indépendants, ne comptant que sur eux-mêmes pour se diriger.

Toutefois, Rousseau ne part pas des prémisses idéalistes de Platon, qui voit le Juste et le Bien avec les yeux de l'âme, rivés sur les idées éternelles, échappant au cours sensible et relatif des choses, et pour lequel être un citoyen, c'est trouver sa place dans une société pyramidale bâtie selon un modèle aristocratique. Par contraste, Rousseau part résolument de l'individu dans son isolement premier, du corps qui sent et qui expérimente de manière sensible le monde en première personne pour voir ce qui lui convient bien à lui, et à lui seul peut-être. Nulle part Platon ne parle de cette convenance toute relative des choses à chaque individu. Et il s'agit pour Émile de cultiver son esprit critique et de

1. *Émile, op. cit.*, Livre I, p. 40.
2. *Émile, op. cit.*, Livre II, p. 132.

penser par lui-même pour ne pas hésiter par sa turbulence même à questionner le pouvoir quant à sa légitimité. Quelle critique de l'idéalisme s'est donc si puissamment exercée pour qu'il ne soit plus envisageable de penser une cité idéale sur le mode platonicien ? D'une part, John Locke et David Hume ont tordu le cou à un certain idéalisme mal compris, l'empirisme s'est développé et Rousseau en est le continuateur, bien que sa philosophie soit loin de pouvoir être résumée sous la seule étiquette de l'empirisme. D'autre part, l'individu moderne est apparu : préserver ses libertés individuelles est devenu décisif, bien que la référence à la cité antique se trouve projetée comme idéal. Benjamin Constant et Alexis de Tocqueville sauront approfondir l'écart qui se creuse entre la liberté chez les Anciens, comprise comme participation collective au pouvoir dans la sphère publique, et la liberté chez les Modernes, comprise comme défense des libertés individuelles et limitation des prérogatives de l'État et de sa capacité d'ingérence dans la sphère privée. Rousseau se situe entre ces conceptions ; nostalgique, certes, du corps social antique, mais défenseur d'un certain droit à la turbulence, à l'indépendance de l'individu, ou tout au moins à la vigilance individuelle face aux corporations.

L'univers culturel de Jean-Jacques Rousseau et ses sources : les Lumières

Humanistes, empiristes et encyclopédistes

Outre la référence platonicienne que nous venons d'indiquer brièvement, quelles sont les sources de Rousseau concernant l'éducation et quelles répercussions cela a-t-il sur sa manière de penser la société, la morale et la politique ?

Mentionnons tout d'abord Michel de Montaigne, cité à plusieurs reprises au cours des Livres I et II [1] pour son application à

1. *Ibid.*, p. 158 (importance de l'exercice du corps), p. 165 (absence de crainte face à la mort).

suivre, dans *Les Essais* (1580), ce doux guide qu'est la nature et pour son intérêt à laisser aller son esprit à sauts et à gambade, loin de tout système qui abêtit et qui alourdit la créativité. Rousseau partage son épicurisme, son hédonisme, puisque pour lui aussi le plaisir est à la fois le moteur et la fin de toute vie humaine. « Pour bien faire ce livre, il faut que je le fasse avec plaisir [1] », avance-t-il pour s'excuser des digressions qu'il s'autorise. Il partage également son humanisme tolérant, sa force pour réduire comme Épicure et Lucrèce l'idée de la mort à néant, son amour, enfin, de la vie et de la gaieté, son intérêt pour les voyages [2].

Citons également Locke, que Rousseau présente souvent malgré les critiques qu'il lui prodigue comme son maître, notamment pour son refus des idées innées, contre la conception que défend René Descartes au XVIIe siècle. Il le suit quant au privilège accordé à l'observation. Il s'associe pleinement à son esprit de tolérance, en matière notamment de religion, tout cela qui transparaît à la fois dans l'*Essai sur l'entendement humain* (1689), qui questionne aussi l'origine du langage, et dans ses *Pensées sur l'éducation* (1693). « *Hypothesis non fingo* » (« je n'imagine pas d'hypothèses »), avance prudemment Isaac Newton, préférant observer la nature plutôt que de s'en remettre à des hypothèses *a priori* sorties sans explication du chapeau. Rousseau, à ce titre, n'est en rien un auteur de l'âge classique ou de la modernité (XVIIe siècle), il incarne bien plutôt pleinement l'esprit des Lumières du XVIIIe siècle. C'en est donc fini de la métaphysique, pour lui comme pour son ami empiriste Hume, ou au moins d'une certaine métaphysique empreinte de dogmatisme. C'en est fini surtout, conjointement avec Voltaire, du fanatisme religieux et de l'exaltation liée aux miracles ou aux révélations divines. En quoi Rousseau diverge-t-il essentiellement de Locke ? Locke veut raisonner avec les enfants, tandis que Rousseau s'exclame : « Soyez raisonnable, et ne raisonnez point avec votre

1. *Ibid.*, p. 172.

2. *Émile, op. cit.*, Livre V, p. 596. On peut souligner un parallèle avec le traitement du voyage dans *Les Essais*, « De la vanité », de Montaigne.

élève[1] ! » Dans l'état de nature, point encore de raison selon Rousseau.

Mentionnons encore à titre de sources pour Rousseau les ouvrages de Denis Diderot, avec lequel il partage comme avec ceux de son temps la conception de la raison comme faculté des rapports. Rousseau défend en partie le matérialisme audacieux de Diderot, quand il le conduit à être sensible à son environnement immédiat. Sans être tout à fait matérialiste, puisqu'il réserve une place de choix, dans son approche globale, à la conscience, instinct divin, Rousseau défend un certain pragmatisme au sens non pas de l'utilitarisme, avec lequel il est aux antipodes, mais au sens strict d'une proximité aux choses (*ta pragmata*, « les choses »). On peut le constater au travers des multiples leçons de choses données à Émile. En effet, Rousseau apprécie chez Diderot son goût pour l'expérimentation et pour l'exercice continuel des cinq sens et de l'imagination, permettant aux hypothèses les plus fantasques d'ouvrir et de réouvrir sans cesse les possibles.

Le célèbre « problème de Molyneux », posé par un Irlandais à Locke, qui le présente dans ses *Essais* (1689), sera repris par Diderot dans sa *Lettre pour les aveugles à l'intention de ceux qui y voient* (1749). Il s'agit de savoir si un aveugle auquel on aurait accordé soudain la vision serait capable, sans les toucher, de distinguer à distance de lui un cube d'une sphère. Locke l'empiriste répond que non, car cela nécessitera selon lui du temps et l'ajustement du sens de la vue à celui du toucher, ce qui ne peut naître que de l'expérience et de l'habitude. Mais Diderot raffine comme Leibniz lui-même sa réponse en envisageant la formation mathématique qui peut être offerte à cet aveugle, le familiarisant avec la définition de la sphère et du cube, notamment avec la question de savoir si l'un présente des arêtes, l'autre non. On perçoit bien, dans l'*Émile*, l'écho de ces discussions à bâtons rompus avec Diderot sur le rapport des cinq sens entre eux, discussions partagées également avec Étienne Bonnot de Condillac, lui-même également influencé par Locke.

1. *Émile, op. cit.*, Livre II, p. 113.

Cette interrogation sur le rôle des cinq sens est loin d'être anodine, car s'y joue, dans son strict prolongement, celle du rapport du sensible à l'intelligible, du concret à l'abstrait, du corps à l'esprit. S'esquisse ici rien de moins qu'une théorie de la perception sensible, à travers une réflexion sur la prééminence d'un sens sur les autres, voire sur l'existence d'un « sens commun [1] » et, *in fine*, une nouvelle manière de penser le rapport de la sensibilité à la conceptualisation, la seconde étant perçue comme en germe dans la première par Rousseau, ou, pour le dire autrement, dans son strict prolongement.

Il va sans dire que Montaigne, Locke et Diderot encouragent comme Rousseau une conception sociale et politique tolérante, un esprit ouvert à la diversité et des vues égalitaristes. Notons aussi que Rousseau a en commun avec Locke la conception d'une politique républicaine, démocratique et sociale, fondée sur un contrat qui ne doit en aucun cas reconduire à la domination des uns sur les autres. Contre Hobbes [2], Rousseau affirme bien, dans l'*Émile* comme dans *Du contrat social*, que le pacte social ne peut en aucun cas être pensé comme un pacte d'assujettissement ou de d'asservissement des uns aux autres.

À la fin du Livre II, Émile est déjà prêt à adopter ce pacte ou contrat social, bien qu'il lui faille encore des apprentissages pour

1. *Ibid.*, p. 202 : « Il me reste à parler dans les livres suivants de la culture d'une espèce de sixième sens appelé sens commun, moins parce qu'il est commun à tous les hommes que parce qu'il résulte de l'usage bien réglé des autres sens, et qu'il nous instruit de la nature des choses par le concours de toutes leurs apparences. » Kant poursuivra ces réflexions sur le *sensus communis*, inaugurées dès l'Antiquité et poursuivies par Descartes et Voltaire sous l'expression de « bon sens », dans ses propres ouvrages, notamment *La Critique de la faculté de juger* (1790).

2. Des critiques de Thomas Hobbes (*Du citoyen* [1642], *Le Léviathan* [1651]) se font jour régulièrement dans l'*Émile*, notamment dans le Livre I, p. 76 : « Quand Hobbes appelait le méchant un enfant robuste, il disait une chose absolument contradictoire. » C'est la conception de l'état de nature comme une guerre de tous contre tous, un inter-individualisme belliqueux, que Rousseau, comme Locke, critique : l'état de nature témoigne au contraire d'une bonté naturelle selon Rousseau et manifeste une forme d'indépendance des individus situés dans une forme d'isolement pacifique les uns des autres. Il n'y a donc aucune lutte des désirs des uns relativement aux autres, mais règne

aborder le monde des adultes et l'univers politique : « S'il a besoin de quelque assistance, il la demandera indifféremment au premier qu'il rencontre : il la demanderait au roi comme à son laquais : tous les hommes sont encore égaux à ses yeux. Vous voyez, à l'air dont il prie, qu'il sent qu'on ne lui doit rien ; il sait que ce qu'il demande est une grâce. Il sait aussi que l'humanité porte à en accorder. Ses expressions sont simples et laconiques. [...] Ce n'est ni la rampante et servile soumission d'un esclave, ni l'impérieux accent d'un maître ; c'est une modeste confiance en son semblable, c'est la noble et touchante douceur d'un être libre, mais fort et bienfaisant. Si vous lui accordez ce qu'il vous demande, il ne vous remerciera pas, mais il sentira qu'il a contracté une dette[1]. » L'enfant n'aura certes pas appris avec son gouverneur les codes extérieurs de la politesse, mais il aura le cœur ouvert à établir des rapports internes de confiance avec les autres, et cela vaut mieux encore pour accomplir ses devoirs civils. Dans *Du contrat social*, il s'agit en passant de l'état de nature à l'état civil de renoncer à sa liberté naturelle, celle de faire tout ce qui est en notre pouvoir, pour gagner la liberté civile, qui garantit la protection de nos biens et de notre personne. Devenant membre du corps social par cette association, chacun, se donnant à tous, ne se donne finalement à personne. Chaque citoyen pourra faire entendre sa voix à égalité avec les autres. Les lois qui émaneront de la volonté générale ne pourront reconduire à des vues partisanes ou au moindre privilège. Notons que l'on trouve un résumé de *Du contrat social* à la fin de l'*Émile*, de sorte que les deux ouvrages se trouvent bel et bien imbriqués[2] : dès la préface, Rousseau spécifie sa visée, consistant à faire d'Émile et de Sophie de bons citoyens.

une sympathie naturelle entre les hommes, qui se considèrent encore comme égaux les uns aux autres.

1. *Émile, op. cit.*, Livre II, p. 206-207.

2. *Émile, op. cit.*, Livre V, p. 603 et suivantes. On ne peut que recommander la lecture de ce passage pour comprendre avec profondeur les Livres I et II.

L'apprentissage, la culture et le jeu : *placere et docere* (« enseigner et plaire »)

Quels sont les autres grands auteurs à énumérer, à titre introductif, pour citer encore quelques ouvrages qui gravitent autour des mêmes centres que l'*Émile* et le mettent en lumière par contraste ? Citons ici brièvement l'humaniste Johann W. von Goethe et sa conception morphologique de la nature et de la création artistique, qui suppose à la fois le déploiement d'une forme interne dans tout vivant, sorte de « germe » qui contient des caractéristiques propres à tel ou tel individu, et l'interrelation constante de l'individu avec son environnement naturel et culturel par lequel il se forme tout en informant le donné. L'intérêt pour l'apprentissage leur est commun, comme on le lit dans *Les Années d'apprentissage de Wilhelm Meister*, roman d'apprentissage publié par Goethe en 1795-1796. Ce dernier inaugure avec cet ouvrage la tradition du *Bildungsroman*, à laquelle *Le Neveu de Rameau* (1805) de Diderot participe également [1]. De part et d'autre du Rhin se développe un intérêt pour la *Bildung*, autrement dit pour la formation et la culture : « On façonne les plantes par la culture, et les hommes par l'éducation [2] », résume Rousseau, qui n'en reste pas moins critique relativement à une certaine manière de se « civiliser » qui lui semble témoigner à son époque d'un certain « malaise », pour reprendre l'expression ultérieure de Sigmund Freud (*Malaise dans la civilisation*, 1930). Sauvagerie paradoxale de la civilisation pour cette philosophie de la culture qui émerge, autant pour la mettre en valeur que pour en critiquer les égarements [3] !

1. Pour une bonne approche du rapport de Rousseau à Diderot, voir Marian Hobson, « Diderot et Rousseau par Rameau interposé », *Recherches sur Diderot et sur l'Encyclopédie*, 39, 2005, p. 7-18. Rousseau rencontre Diderot en 1742 et reste ami avec lui jusqu'en 1754. Ils se séparent sur la question de l'existence de Dieu, Rousseau témoignant d'abord d'un certain athéisme, puis s'en éloignant. L'hypothèse de l'auteur de cet essai est que Rameau est une figure de Rousseau et que le dialogue du *Neveu de Rameau* est un écho aux dialogues amicaux de Rousseau et de Diderot, notamment sur la morale et sur la place de l'éducation, de la musique, du génie, etc.

2. *Émile, op. cit.*, Livre I, p. 36.

3. Sauvagerie que Nietzsche identifiera au cœur même de la prétendue « civilisation » du Nouveau Monde, où l'on vit montre en main, les yeux rivés sur le cours de la Bourse,

Dans la même veine que Goethe, nous pouvons également lire Friedrich Schiller, qui affirme que « l'homme n'est jamais autant homme que quand il joue » dans ses *Lettres sur l'éducation esthétique de l'homme*, publiées en 1795 (Lettre XIV). Schiller revalorise comme Goethe et Rousseau l'*aisthesis*, à savoir la perception sensible et le sens de l'esthétique. Il loue le jeu, le divertissement, le plaisir esthétique comme des activités centrales pour comprendre ce qu'est ou ce que devrait être l'homme. On trouve cet éloge du jeu à la fin du Livre II de l'*Émile* : « Qu'il s'occupe ou qu'il s'amuse, l'un et l'autre est égal pour lui ; ses jeux sont ses occupations, il n'y sent point de différence. Il met à tout ce qu'il fait un intérêt qui fait rire et une liberté qui plaît [...]. N'est-ce pas le spectacle de cet âge, un spectacle charmant et doux, de voir un joli enfant, l'œil vif et gai, l'air content et serein, la physionomie ouverte et riante, faire en se jouant les choses les plus sérieuses, ou profondément occupé des plus frivoles amusements [1] ? » L'enfance est le lieu où l'on joue avec des choses sérieuses et où l'on met du sérieux à des choses futiles : juste chiasme ! Rappelons que Rousseau adorait, comme Diderot, les échecs, et qu'il gagnait presque toujours contre lui !

L'*Émile* face à la censure : la polémique autour de la religion naturelle, sa critique et sa défense

L'*Émile*, imprimé à Paris en 1762, se voit aussitôt dénoncé à la Sorbonne. Le Parlement condamne le 9 juin l'ouvrage à être lacéré

perdant jusqu'au sens de la contemplation, au sens de la perception des formes esthétiques du monde, dans *Le Gai Savoir* (1882), au § 329. Mais ce sera pour faire retour à l'instinct vital, c'est-à-dire pour identifier par un diagnostic critique le métabolisme qui est propre à chacun. On peut dresser quelques parallèles avec l'intérêt de Rousseau pour parler dans l'*Émile* de la nourriture ingérée, de l'air respiré, de l'hygiène du corps, etc. Mais tandis que la conception nietzschéenne s'articule autour de la volonté de puissance qui anime le créateur de nouvelles valeurs, chez Rousseau, c'est la sensibilité et le sentiment qui se trouvent revalorisés, sans négliger la raison et la conscience, qui recouvrent l'instinct des idées innées du juste et de l'injuste (*Émile, op. cit.*, Livre IV).

1. *Émile, op. cit.*, Livre II, p. 207.

et brûlé, son auteur à être arrêté. Le scandale provient surtout de la teneur des propos tenus sur la religion, notamment dans la « Profession de foi du Vicaire savoyard » du Livre IV. Ce texte en dehors de notre programme, puisque nous n'avons à étudier que les Livres I et II, mais il faut tout de même avoir connaissance qu'il y défend la croyance en la liberté et en l'immortalité de l'âme, sa foi en une religion naturelle et son rejet, comme l'exprime également de son côté Hume avec scepticisme, des miracles. Rousseau y épouse les vues des philosophes des Lumières contre les religions révélées et leurs paradoxes. L'essentiel en matière de religion, comme en matière de morale ou de politique, doit en effet selon lui venir du cœur. La religion doit être fondée loin des clivages confessionnels sur la morale, s'attacher davantage à l'esprit des Évangiles qu'aux dogmes de l'Église. Ce déisme a toutefois tôt fait d'être assimilé par ses détracteurs à un pur et simple athéisme, alors même que Rousseau annonce dans cet ouvrage croire en Dieu, n'admirant plus comme dans ses plus jeunes années la théorie de la production du monde par l'équivalent d'un coup de dé, défendue par son ami Diderot (ce sera une des sources de leur brouille) [1]. La religion a la capacité de faire de bons citoyens et Rousseau lui assigne un rôle politique essentiel, ce que d'ailleurs les religieux ne supportent pas, y pressentant une forme d'instrumentalisation de la religion au service de la politique.

Accusé, Rousseau doit s'enfuir en Suisse, mais le *Contrat social* et l'*Émile* sont condamnés à Genève aussi. Il va sans dire que les défenseurs de l'ordre politique établi voient d'un mauvais œil Rousseau défendre le droit naturel pour justifier l'égalité des citoyens entre eux et critiquer l'absolutisme sous toutes ses formes. Leur auteur doit donc se réfugier sur les terres du roi de Prusse, à Neuchâtel. Rousseau défendra son ouvrage éducatif coup sur coup dans la *Lettre à Christophe de Beaumont* (1762) et dans les *Lettres*

1. Denis Diderot, *Éléments de physiologie*, I, 1317 : « Le monde est la maison du sort : je ne saurai qu'à la fin ce que j'aurai perdu ou gagné dans ce vaste tripot, où j'aurai passé une soixantaine d'années le cornet à la main, *tesseras agitans* » (« en secouant les dés »).

écrites de la Montagne (1764), destinées à répondre à ses détracteurs. Condamnées à leur tour à La Haye, puis à Paris, ces *Lettres* continuent à forcer l'exil de Rousseau, expulsé de l'île de Saint-Pierre, en territoire bernois. Il séjournera donc à Paris chez son protecteur, le prince de Conti, puis se rendra en Angleterre en 1766, où il côtoie Hume, avec lequel il finit également par se brouiller.

De retour en France, ses *Dialogues* (*Rousseau juge de Jean-Jacques*, 1772-1775) vont revenir sur le sens global de l'*Émile*, qui n'est « qu'un traité de la bonté originelle de l'homme, destiné à montrer comment le vice et l'erreur, étrangers à sa constitution, s'y introduisent du dehors et l'altèrent insensiblement [1] ». En 1768, Rousseau tente de donner une suite à l'*Émile*, dans un roman par lettres baptisé *Émile et Sophie ou les Solitaires*. La Neuvième promenade des *Rêveries du promeneur solitaire*, son dernier ouvrage (1778), revient sur l'abandon par l'auteur de ses cinq enfants aux Enfants-Trouvés (*sic !*) et sur le problème général de l'éducation.

La structure globale de l'*Émile* et la place qu'y occupent les Livres I et II

L'ouvrage que nous avons à étudier est destiné à accompagner un enfant fictif, prénommé Émile, jusqu'à l'âge de son mariage et de l'éducation de ses propres enfants, ainsi que l'éducation de Sophie, qui deviendra l'épouse d'Émile. Les Livres I et II correspondent à « l'âge de nature ». Tandis que le Livre I se concentre sur la très petite enfance du nourrisson (*infans*), de sa naissance à ses deux ans environ, ne négligeant pas de prendre en considération l'œuvre de la nourrice et l'ouvrage du gouverneur dès ses premiers pas, revalorisant la mère et le père dans leurs rôles respectifs, le Livre II va interroger le développement de l'enfant entendu cette fois comme *puer*, de ses deux ans environ à ses douze ans, au travers

1. *Rousseau juge de Jean-Jacques*, Dialogue troisième, in *Œuvres complètes*, tome I, Paris, Gallimard, « Bibliothèque de la Pléiade », 1959, p. 934.

d'une réflexion sur la sensibilité, la morale, la critique de l'abstraction, l'éloge du corps et des cinq sens.

Le Livre III, hors programme, va concerner quant à lui « l'âge de force », qui va des douze aux quinze ans de l'enfant environ, au travers d'une éducation à la nécessité, par l'expérience et même le bricolage, puisque le jeune homme va se destiner à devenir menuisier. Vient au Livre IV « l'âge de raison et des passions », de quinze à vingt ans environ, où se déploie l'éducation morale et religieuse. Ce livre contient la célèbre « Profession de foi du Vicaire savoyard », défendant la religion naturelle et critiquant les religions révélées. Le Livre V, de vingt à vingt-cinq ans environ, constitue « l'âge de sagesse et de mariage », où Sophie se voit elle aussi recevoir une éducation particulière, contrastant avec la relégation des jeunes filles à des rangs subalternes de la société à l'époque de Rousseau. Émile est confronté tour à tour au choix de son épouse et au développement de l'amour, à ses tourments aussi. Enfin, l'ouvrage questionne sous forme d'annexes les voyages, un peu sur le mode de Montaigne dans *Les Essais* (« De la vanité », III, 9) ; leur utilité pour la politique et la morale et la question du mariage.

Les Livres I et II au programme présentent l'intérêt de questionner non seulement l'enfance, mais aussi la très petite enfance. On y voit en germe tout ce qui va se déployer dans la suite de l'ouvrage, y compris dans *Du contrat social*. C'est parce qu'on connaît tout le déploiement ultérieur qu'on peut sentir la valeur de ce germe qui contient déjà tout en lui et, inversement, la seule lecture de ce moment germinatif peut donner de bonnes pistes pour éclairer le développement ultérieur de l'homme en général et de l'œuvre de Rousseau tout entière. On trouve donc en ces deux Livres une excellente introduction à la manière de penser de Rousseau en général, et, pourrait-on dire, à sa manière d'agir [1], car l'action l'intéresse plus que le verbiage, voire que les livres. Suprême paradoxe que d'écrire des livres pour indiquer de ne pas en lire [2] !

1. *Émile, op. cit.*, Livre I, p. 43 : « Vivre, ce n'est pas respirer, c'est agir. »

2. *Émile, op. cit.*, Livre II, p. 205, dans l'éloge final de ce que sait faire l'enfant au terme de cette première éducation : « Ses idées sont bornées, mais nettes ; s'il ne sait rien par cœur, il sait beaucoup par expérience ; s'il lit moins bien qu'un autre enfant dans nos

Pistes interprétatives des Livres I et II

« Un enfant n'est qu'un enfant[1] » : se placer à la hauteur de l'enfant pour comprendre l'enfance

L'enfant, terme qui provient étymologiquement du latin *infans*, « celui qui ne parle pas »[2], est au XVIIe siècle également celui auquel on ne s'adresse pas, celui qui n'intéresse pas en tant que tel. L'enfance semble, avant le XVIIIe siècle où vit Jean-Jacques Rousseau (1712-1778), surtout un âge à plaindre et en tout cas un âge à dépasser au plus vite. « Les enfants sont hautains, dédaigneux, colères, envieux, curieux, intéressés, paresseux, volages[3]... », décrit si bien La Bruyère dans *Les Caractères* (1688) pour refléter la conception que l'âge classique se fait de l'enfance et de l'enfant. Et La Bruyère de poursuivre encore son énumération des tares attachées à l'enfance : « Timides, intempérants, menteurs, dissimulés ; ils rient et pleurent facilement ; ils ont des joies immodérées et des afflictions amères sur de très petits sujets. Ils ne veulent point souffrir le mal, et aiment à en faire. Ils sont déjà des hommes. » On remarque que La Bruyère profite même de critiquer ici les enfants pour critiquer les hommes en général, avec une forme de cynisme ou de réalisme, comme on voudra l'appeler, tant il va de soi à l'époque moderne (XVIIe siècle) que l'enfance est un âge à déprécier unilatéralement. Rappelons-le, avant la prise en compte de la valeur de l'enfance au siècle des Lumières, on se représente les enfants comme devant faire silence à table et devant obéir sans discuter. Dans les « bonnes » familles, on ne doit tout bonnement pas les entendre, ils doivent passer pour ainsi dire inaperçus. Dans les familles « pauvres », ils doivent s'occuper à des tâches manuelles

livres, il lit mieux dans celui de la nature [...] ; et s'il ne dit pas si bien ce que les autres disent, en revanche, il fait mieux qu'ils ne font. »

1. *Ibid.*, p. 130.
2. Rousseau rappelle lui-même cette étymologie au début du Livre II : « les mots *infans* et *puer* ne sont pas synonymes. Le premier est compris dans l'autre, et signifie *qui ne peut parler* ».
3. Jean de la Bruyère, *Les Caractères*, « De l'homme », Paris, L'Aventurine, 2000, p. 204.

répétitives, traités comme des adultes avant d'en avoir la maturité et la force. Un enfant est donc soit inexistant, s'il est de bonne famille, soit asservi aux tâches journalières, s'il est de « basse » extraction. Misère de l'enfance à l'âge classique !

Témoigne de ce peu d'estime pour l'enfance la manière dont on représente les enfants, notamment picturalement depuis le Moyen Âge. Quand on veut montrer la valeur d'enfants qui sont dotés d'une destinée hors du commun en tant qu'adultes, les enfants sont de manière significative représentés non comme des bambins joufflus, mais bien comme des « adultes en miniature ». *La Madonna col Bambini ridente* de Cimabue (1283-1284) représente ainsi l'enfant Jésus sous les traits d'un vieillard. « L'enfant a fréquemment une tête d'adulte (avec le début de la calvitie de l'homme fait), car il est un "*puer-senex*", un enfant vieillard, manière de figurer qu'il est bien la Sagesse de Dieu [1] », commente l'historienne Marie-France Morel pour analyser ces paradoxes visuels. *La Madone lisant* de Bernardino Butinone (1490) présente de fait Jésus avec la tête d'un adulte et il est même représenté lisant. Il faut attendre *La Vierge à l'enfant et deux anges* de Fra Filippo Lippi (1465) pour trouver un petit Jésus potelé, accompagné de *putti* qui ressemblent bien cette fois à des enfants comme on les représente aujourd'hui... La Renaissance semble certes rendre possible une meilleure compréhension de l'enfance, mais l'âge classique, valorisant la raison, va reléguer de plus belle l'enfance au stade d'un âge incomplet et méprisable.

Critique de l'éducation comme dressage

L'éducation des enfants n'est donc pas perçue avant Rousseau et avant les Lumières comme décisive en tant que telle. Les nourrices apparaissent alors aux mères de famille aisées comme la solution adéquate pour ne pas avoir à s'occuper elles-mêmes de leurs enfants, tandis que les pères délèguent allègrement l'éducation de

1. Marie-France Morel, « Le corps du petit enfant et ses représentations dans l'histoire et dans l'art », *in* Michel Dugnat (dir.), *Bébés et cultures*, Toulouse, Érès, 2008, p. 21.

leur progéniture à d'autres qu'eux. Les enfants sont considérés comme un poids dont on se décharge sans scrupule dans des pensions lointaines. Sans amour, le disciple a hâte de se défaire de son maître à penser, tandis que ce dernier attend de pouvoir en finir avec la discipline et le dressage du disciple. Rousseau se fait dans l'*Émile* parfaitement l'écho de cette situation qu'il juge délétère et immorale. Il déplore ouvertement cet état de fait généralisé : « Le disciple ne regarde le maître que comme l'enseigne et le fléau de l'enfance ; le maître ne regarde le disciple que comme un lourd fardeau dont il brûle d'être déchargé ; ils aspirent de concert au moment de se voir délivrés l'un de l'autre [1]. » Tout son ouvrage a donc pour but explicite de prendre l'exact contre-pied des idées reçues de son époque sur ces points. « Dès que l'état de mère est onéreux, on trouve bientôt le moyen de s'en délivrer tout à fait [2] », constate-t-il avec une ironie amère, déplorant le fait que les mères aient renoncé à nourrir leurs enfants de leur propre sein et à s'en occuper dans leur jeune âge, alors que cela lui semble à lui pourtant si naturel. Il souligne la mesquinerie des mères qui feignent même de vouloir nourrir leurs enfants pour ensuite, de concert avec leur médecin, renoncer le plus rapidement possible à cette pourtant si noble et si utile tâche pour cultiver l'amour. Les pères ne sont guère mieux décrits par Rousseau, qui s'inclut sans doute dans le lot, ayant lui-même, comble de l'ironie, abandonné successivement les cinq enfants qu'il avait eus de son épouse Thérèse Levasseur aux Enfants-Trouvés, pour des raisons, avait-il avancé, de pauvreté : « Mais que fait cet homme riche, ce père de famille si affairé, et forcé, selon lui, de laisser ses enfants à l'abandon ? il paye un autre homme pour remplir ces soins qui sont à sa charge. Âme vénale [3] ! »

Critique de l'enfant comme faire-valoir

Dans le prolongement de ce premier abandon, Rousseau décrit la manière dont à son époque l'enseignement que l'on confie à tort

1. *Émile, op. cit.*, Livre I, p. 57.
2. *Ibid.*, p. 46.
3. *Ibid.*, p. 52.

à d'autres qu'aux parents qui sont ses éducateurs naturels se trouve réduit par là même à un dressage savant, absurde, voire cruel. Les enfants sont perçus à son époque comme autant des « petits animaux » qui, au mieux, peuvent et doivent singer les adultes, au pire, ne seront jugés bons qu'à répéter mécaniquement, par cœur et sans but, des savoirs abstraits, figés, auxquels ils n'entendent goutte, pour se donner en spectacle devant le monde. « Il ne veut rien tel que l'a fait la nature, pas même l'homme ; il le faut dresser pour lui, comme un cheval de manège ; il le faut contourner à sa mode, comme un arbre de son jardin [1]. » Que de singeries ! Que de ridicule !

Cela va même éthiquement plus loin que la simple mascarade destinée à faire valoir son rang, car des châtiments corporels s'adjoignent à ces apprentissages théoriques vides de sens et d'intérêt pour l'enfant, la torture des corps prenant le relais sur la torture cérébrale de ces pauvres petits êtres sans défense. « On s'impatiente, on le menace : des nourrices brutales le frappent quelquefois. Voilà d'étranges leçons pour son entrée à la vie [2] », déplore Rousseau.

Avant Rousseau, nous l'avons compris, peu d'auteurs valorisent donc vraiment l'enfance comme un moment clé du développement humain. On valorise bien plutôt l'accès à l'âge de raison, à la majorité, à la vie en société, au statut de sujet politique docile et responsable, voire soumis à un ordre sans faille. L'école n'est d'ailleurs pas encore une affaire gérée politiquement et démocratiquement par l'État, mais plutôt intimement par la famille, quand elle est aisée, et surtout par le père de famille, qui décide des précepteurs ; selon qu'il a les moyens ou pas d'en payer un et d'en payer un surtout reconnu comme « de qualité ». L'école se fait essentiellement à la maison, entre quatre murs, elle est l'affaire des privilégiés, car à travers elle se joue ni plus ni moins que la reproduction des élites. Il s'agit par le choix des précepteurs adéquats de « tenir son rang »,

1. *Ibid.*, p. 35.
2. *Ibid.*, p. 75.

de maintenir ses privilèges sociaux et politiques. Se payer un bon précepteur, c'est montrer combien on a de l'argent et un statut social élevé.

Dans *Le Rouge et le Noir*, au début du roman de Stendhal, Monsieur de Rênal veut ainsi embaucher Julien Sorel comme précepteur de ses enfants uniquement par souci de paraître riche et d'attester de son rang social et politique dans Verrières, dont il est par ailleurs le maire. Il s'agit surtout d'éviter qu'un autre notable de Verrières le devance en la matière. « Quand il s'agit d'examiner l'enfant, on lui fait déployer sa marchandise ; il l'étale, on est content ; puis il replie son ballot, et s'en va [1] », constate Rousseau. L'enfant doit savoir surtout bien réciter par cœur, comme les pratiquants doivent réciter en latin la Bible sans la comprendre. On ne demande de lui aucune spontanéité, on n'attend de lui aucune subjectivité, aucune intériorité ne lui est vraiment reconnue. L'éducation se réduit à un psittacisme absurde, à un spectacle de polichinelle. « Toute notre sagesse consiste en préjugés serviles ; tous nos usages ne sont qu'assujettissement, gêne, contrainte. L'homme civil naît, vit et meurt dans l'esclavage : à sa naissance on le coud dans un maillot ; à sa mort on le cloue dans une bière ; tant qu'il garde la figure humaine, il est enchaîné par nos institutions », critique Rousseau [2].

Retour à l'Antiquité ?

Certes, des ouvrages de l'Antiquité, comme *La République* (IVᵉ siècle av. J.-C.) de Platon, mettent l'accent sur l'importance de l'éducation, et Rousseau n'est pas sans y puiser des ressources pour aller contre les vues de son temps, contre ce qui caractérise la vision de l'enfance depuis le XVIIᵉ siècle surtout, l'âge classique, où règne du côté théorique le rationalisme, et du côté politique l'absolutisme, voire le despotisme (règne du Roi-Soleil). Comment l'Antiquité a-t-elle en effet conçu l'enfance ? Platon, s'il faut remonter

1. *Émile, op. cit.*, Livre II, p. 208-209.
2. *Émile, op. cit.*, Livre I, p. 43.

jusqu'à la conception de sa cité idéale, préconise de la gymnastique pour les enfants d'un naturel peu dynamique et de la musique pour calmer les turbulents [1]. Contrebalancer les naturels [2] par l'éducation, dès le plus jeune âge, garantit selon l'auteur de *La République* de pouvoir tous les tisser ensemble dans la cité idéale. Éduquer les âmes et les corps dès le plus jeune âge est décisif pour des enjeux sociaux et politiques. La métaphore du tissage, que permet seule l'éducation, vient expliciter ce souci de contrecarrer les naturels excessifs dans *Le Politique*. Platon songe aussi pour sa cité idéale à l'apprentissage du rythme aux très jeunes enfants, qu'il ne néglige absolument pas dans son approche pédagogique. Il évoque même le fait que la mère, enceinte, doit se balancer pour rythmer déjà le fœtus.

Quant à Aristote, des ouvrages comme *Les Politiques* (IVe siècle av. J.-C.) questionnent également en détail les rapports d'autorité dans la famille, pour comparer la part de liberté et la part de soumission qu'il faut dans l'idéal fixer aux enfants pour ensuite préparer les futurs citoyens à respecter les constitutions en place. Mais l'enfant reste perçu par Platon comme par Aristote comme celui qui doit obéir sans résistance aux adultes, se soumettre sans exception et surtout sans questionner l'autorité établie, sauf à créer de l'anarchie et à engendrer des tyrannies. Halte aux polissons ! Platon, dans le texte dit de « la Roue des régimes », explique dans *La République* qu'à partir du moment où un enfant répond à ses parents et leur désobéit, que dès l'instant où des élèves répondent à leurs

1. *Émile, op. cit.*, Livre II, p. 158 : « Tous ceux qui ont réfléchi sur la manière de vivre des anciens attribuent aux exercices de la gymnastique cette vigueur de corps et d'âme qui les distingue le plus sensiblement des modernes. » On peut citer par exemple Platon, *Les Lois*, 788c : l'éducation doit « se révéler capable de réaliser dans les corps comme dans les âmes toute la beauté et toute l'excellence possible ».

2. À ce titre, Rousseau préconise au gouverneur de bien observer quel est le naturel de son étudiant, son caractère, son tempérament, pour y adapter sa pédagogie, voire changer de méthode si besoin au fur et à mesure. La plasticité de l'approche rousseauiste de l'enfance est remarquable, ces petits êtres étant eux-mêmes plastiques et malléables, en plein devenir constant, ce qui crée des effets de seuils dans l'ouvrage de Rousseau, avec passage d'un âge à l'autre, naissance de certaines facultés, etc.

maîtres, la cité est sur-le-champ perdue. Cette désobéissance des enfants à l'autorité est le symptôme criant que la démocratie va, selon Platon, de manière imminente sombrer dans l'anarchie et la tyrannie.

Aristote, quant à lui, souligne bien l'écart, voire le fossé infranchissable, entre d'un côté la soumission naturelle et nécessaire des enfants à leur père, des femmes à leur mari (*sic* !), des esclaves à leur maître, autrement dit, une soumission sans faille supposant une relation à jamais asymétrique, et de l'autre, la liberté des rapports des citoyens entre eux et des citoyens envers leurs gouverneurs, seuls à témoigner de réciprocité, comme dans les rapports amicaux, l'amitié servant de modèle pour la société des égaux. Seuls les citoyens sont donc placés par Aristote en position de réciprocité les uns vis-à-vis des autres. L'enfant se retrouve rangé quant à lui sans ménagement du côté de l'esclave soumis et de l'épouse docile. On n'attend pas de lui un véritable échange, une authentique interaction, une interrelation d'égal à égal. La relation maître-élève avant Rousseau est profondément asymétrique. Ce n'est donc qu'avec l'*Émile*, ainsi que d'autres auteurs de son époque, appelée à juste titre celle des Lumières, que l'on peut dire que pour la première fois, l'enfant est enfin pris en compte en tant qu'enfant et placé en situation de réciprocité avec ceux qui doivent interagir avec lui, et cette fois, non pas tant pour le dresser à être aussi docile qu'un animal que pour le former à être libre, quitte à ce qu'il se montre parfois impertinent et polisson !

Certes, le précepteur est bien placé par Rousseau « au-dessus » d'Émile, mais c'est simplement pour le guider à voir le monde avec ses propres yeux et à lire le monde à hauteur d'enfant pour le préparer dès que possible à une relation symétrique entre individus. « J'appelle plutôt gouverneur que précepteur le maître de cette science, parce qu'il s'agit moins pour lui d'instruire que de conduire. Il ne doit point donner de préceptes, il doit les faire trouver [1]. » Même quand il va être question de se faire obéir

1. *Émile, op. cit.*, Livre I, p. 55. Cela dit, Rousseau synthétise en quatre maximes ses vues, mais à y regarder de plus près, ce sont plutôt des conseils empiriques pour le maître que des lois *a priori* pour l'enfant, cf. Livre I, p. 78-79 : laisser à l'enfant toutes les forces

d'Émile, cela ne devra jamais être pensé comme un rapport de force. Le gouverneur d'Émile devra être avant tout son ami pour la vie, son confident fidèle, son frère de cœur : « Je remarquerai seulement, contre l'opinion commune, que le gouverneur d'un enfant doit être jeune, et même aussi jeune que peut l'être un homme sage. Je voudrais qu'il fût lui-même enfant, s'il était possible, qu'il pût devenir le compagnon de son élève, et d'attirer sa confiance en partageant ses amusements [1]. » Une forme de violence incomprise par l'enfant n'a aucune utilité, ni même aucune efficacité pédagogique. Mieux vaut encore les amusements pour persuader Émile de l'intérêt personnel qu'il aura à retirer de cet enseignement qui lui est prodigué que d'essayer de le convaincre par des arguments objectifs alors qu'il ne dispose pas encore de sa raison.

« Mon sujet était tout neuf... [2] »

La pédagogie, avant Rousseau, est focalisée uniquement sur ce qui doit venir *après* l'enfance et auquel il faut soi-disant le préparer, voire le formater, à savoir l'âge adulte, l'âge de raison, l'âge de maîtrise des passions par la raison. Tel est l'unique objectif de l'éducation avant Rousseau. Avant l'*Émile*, encore une fois, il n'y a pas de positivité de l'enfance en tant que telle. Elle est vue comme ce qui doit être heureusement dépassé comme un début calamiteux et non comme un moment révélateur de ce que l'homme accompli devrait actuellement rester au fond de lui. Après l'*Émile*, au contraire, l'enfance n'est plus ce à quoi l'âge adulte peut ou doit s'opposer, mais au contraire le beau germe qu'on peut aider à faire croître pour créer dans son prolongement strict un bon adulte, un bon citoyen, un bon mari, en bref, un homme bon.

que la nature lui donne, aider et suppléer les enfants à ce qui leur manque, se borner à l'utile réel sans rien accorder à la fantaisie et étudier avec soin le langage des enfants et leurs signes.

1. *Ibid.*, p. 55.
2. *Ibid.*, p. 32.

Rousseau va donc littéralement inverser le rapport à l'enfance par rapport à ce qui a cours à son époque. « On se plaint de l'état de l'enfance ; on ne voit pas que la race humaine eût péri, si l'homme n'eût commencé par être enfant [1]. » Son traité de pédagogie est donc paradoxal, au sens où il va à l'envers des mœurs ambiantes. Au lieu d'y voir un moment négatif de caprices, de sentiments agités, d'appétits corporels démesurés qu'il faudrait contrecarrer à toute force de l'extérieur et mécaniquement, par des moyens coercitifs violents, sous la forme du dressage mené par un maître à penser, l'enfance va être repensée par Rousseau comme une ressource où puiser indéfiniment le moyen de rectifier la société et la politique de son époque. Pour cela, Rousseau va se mettre à la hauteur de l'enfant. « On ne connaît point l'enfance, constate-t-il dans la Préface, sur les fausses idées qu'on en a, plus on va, plus on s'égare. Les plus sages s'attachent à ce qu'il importe aux hommes de savoir, sans considérer ce que les enfants sont en état d'apprendre. Ils cherchent l'homme dans l'enfant, sans penser à ce qu'il est avant que d'être homme [2]. »

Au lieu de dénaturer l'enfance en y projetant les vices et les défigurations du monde adulte, Rousseau va intentionnellement observer l'enfance pour elle-même et, ce faisant, faire de ce commencement une origine pour refonder, voire révolutionner intégralement la société et la politique de son temps. Rousseau va voir dans l'enfance seulement l'enfance, mais aussi plus que l'enfance : il va y voir l'occasion d'une révolution éthique, sociale et politique. En apparence, Rousseau se limite à l'éducation d'un enfant, en réalité, il a en tête d'éduquer l'homme selon sa philosophie révolutionnaire. Traitant enfin de l'enfance en et pour elle-même, il va se donner les moyens de parler de la sortie de la minorité de tout un peuple. Il va dessiner sur l'esquisse du visage de l'enfance celui de l'humanité.

1. *Ibid.*, p. 36.
2. *Émile, op. cit.*, Préface, p. 32.

Préparer de loin le règne de la liberté

En revalorisant l'enfance comme telle, Rousseau va en effet revaloriser l'homme *en général*. L'inscription dans le mouvement humaniste de son projet est patente : croire en la bonté naturelle de l'enfant, c'est croire en l'homme, en son progrès, en la possibilité de sa destinée lumineuse. Or, la revalorisation de l'enfance en tant que telle va passer par une revalorisation du corps sensible qui expérimente, de l'œil qui observe, de l'imagination qui invente des hypothèses… Et même l'émerveillement de l'enfant, sa capacité à vivre dans un monde de chimères où ses désirs vont apporter des plaisirs et des bonheurs simples doivent être projetés sur le monde adulte qu'il appelle de ses vœux. Ces capacités que l'on croit n'être caractéristiques que de l'enfance doivent paradoxalement selon Rousseau non seulement être maintenues dans l'adulte à venir, mais même nourries de nouvelles manières, lorsque l'amour ou la citoyenneté sont enfin des notions que l'individu expérimente… Au lieu de projeter les vices du monde adulte dans l'enfance et de corrompre l'enfant sous l'effet de ce prisme déformant qu'offre la société des ordres héritée du Moyen Âge, Rousseau va partir de l'enfance pour projeter la société et la politique authentiques et justes qu'il appelle ardemment de ses vœux : « ses premières idées sont celles d'empire et de servitude. Avant de savoir parler il commande, avant de pouvoir agir il obéit ; et quelquefois on le châtie avant qu'il puisse connaître ses fautes, ou plutôt en commettre. C'est ainsi qu'on verse de bonne heure dans son jeune cœur les passions qu'on impute ensuite à la nature, et qu'après avoir pris peine à le rendre méchant, on se plaint de le trouver tel. […] Enfin, quand cet enfant, esclave et tyran, plein de science et dépourvu de sens, également débile de corps et d'âme, est jeté dans le monde en y montrant son ineptie, son orgueil et tous ses vices, il fait déplorer la misère et la perversité humaines. On se trompe ; c'est là l'homme de nos fantaisies, celui de la nature est fait autrement [1]. »

1. *Émile, op. cit.*, Livre I, p. 50-51.

Son ouvrage a donc quelque chose d'une révolution copernicienne. Tandis qu'on prenait faussement pour seul centre et seul étalon jusqu'à présent un monde d'adultes cyniques et réalistes, formant une société inégalitaire et hypocrite, viciée par les conventions factices et les étiquettes de la cour, pour y ordonner et y régler fallacieusement l'enfance, voilà que désormais, avec Rousseau, c'est l'enfance qui est désormais le doux et lumineux soleil autour duquel doit enfin se mettre à tourner même le monde des adultes.

L'enfance comme commencement, comme origine et comme fondement

L'enfance n'est donc pas pour Rousseau, nous l'avons compris, un moment de la vie à dépasser allègrement et à contrecarrer à toute force pour accéder à un monde adulte rationnel de maîtrise sur nos sentiments, émotions, passions, affects. L'enfance est un laboratoire où on découvre l'essentiel, la racine de toute croyance, de tout savoir, de tout rapport à autrui. Elle est donc un lieu d'expérimentation sensible où l'homme peut commencer à exercer sa sensibilité et ses sentiments, affiner sa capacité à mettre finement en rapport des éléments du monde. L'enfance permet à l'individu de se connaître lui-même, de se découvrir lui-même plus encore que le monde ou les autres. Comment faire pour garder en nous le plus possible, le plus longtemps possible, cette part d'enfance essentielle ? Comment faire comprendre que le savoir qu'acquiert le très jeune Émile lui sera indispensable à conserver et à cultiver pour être non seulement un homme du monde accompli, heureux dans son métier et dans son mariage, mais aussi et surtout un citoyen libre ? Comment prendre au sérieux la période de l'enfance ? Pourquoi les divertissements même de l'enfant sont-ils si importants, si décisifs, loin d'être futiles et vains ?

L'enfance n'est pas tant un âge à dépasser pour accéder enfin à la maîtrise rationnelle de soi, à la mise au pas de la subjectivité et des émotions ainsi que des affects, qu'un âge qui doit servir de régulateur pour corriger les défauts d'un monde adulte inhumain, coupé du monde, de la nature, non authentique, superficiel, et d'une vie en société hypocrite et hiérarchisée. Il s'agit surtout d'éviter le danger que représente moralement, socialement et politiquement l'infantilisation des citoyens en les soumettant comme Thomas Hobbes à un Léviathan qui pourrait tout et qui n'offrirait aux individus, laissés éternellement mineurs sous son égide, aucune légitimité à la résistance au pouvoir. Hobbes ne fait rien de plus selon Rousseau qu'infantiliser les citoyens en refusant de les voir quitter la minorité pour accéder à la majorité. Rousseau ne veut pas qu'on considère les adultes comme des enfants à diriger par la force du glaive et de la loi. Sa conception de l'éducation est tout entière tournée vers les Lumières, l'accès de tous les citoyens à égalité au rang de citoyen. Chez Rousseau, l'adulte n'est d'ailleurs plus valorisé pour sa seule raison, mais également pour sa sensibilité, sa capacité à s'affecter du sort malheureux de ses congénères, ce dont Émile est naturellement capable dès son plus jeune âge. Alors que la passion est critiquée par Hobbes comme un penchant ouvrant sur un inter-individualisme belliqueux, la guerre de tous contre tous, et que la raison est louée par lui comme la capacité à calculer l'optimisation des intérêts personnels, comme par exemple le maintien de la propriété privée, Rousseau voit les sentiments de l'enfant comme le signe d'un inter-individualisme pacifique, et la raison de l'adulte bien comprise comme bien plus qu'une capacité au calcul permettant l'optimisation des intérêts privés : le sentiment à préserver en Émile adulte est la capacité à avoir pitié de ses semblables, tandis que la raison à préparer de loin en loin consiste en la capacité à écouter la voix de la conscience, instinct divin, et à s'élever à la hauteur qu'exige l'intérêt général.

Rousseau valorise aussi dans l'enfance la capacité à faire des hypothèses, à se remettre en question, à douter, à expérimenter, à critiquer également les lois, si elles devaient ne faire rien de plus que de reconduire d'injustes privilèges. Contrairement à Hobbes, qui assume que le Léviathan puisse imposer ses vues aux citoyens sans possibilité pour eux de s'agiter contre lui, Rousseau prépare, en valorisant en l'enfant jusqu'à sa turbulence même, un droit à l'agitation, si tant est qu'elle signifie la libre pensée. Comme l'enfant, l'adulte devra selon Rousseau rester à la fois sceptique, critique, effronté quand il le faut, mais aussi gai et sociable, savoir se focaliser sur le plaisir dans l'apprentissage, être spontané envers ses congénères.

L'âge adulte doit donc venir prolonger et accomplir, voire approfondir ce qu'est l'âge enfantin, et cela pour répondre à des enjeux sociaux, politiques et moraux décisifs. L'enfance livre les racines, les graines, les fondations, les premiers rapports essentiels à la nature, au monde et à autrui. Loin de devoir être déprécié, loin de devoir susciter la plainte, cet âge est donc à valoriser. Loin de n'être qu'un commencement, l'enfance est une origine où sont contenus le sens de ce qu'est l'homme, la clé de son émancipation, de son indépendance, de son autonomie, bref, toute la liberté est entièrement impliquée dans ce noyau fécond qu'est l'enfance bien comprise.

La pédagogie au siècle des Lumières : observer, essayer, expérimenter

Les Lumières consistent à penser que chaque individu, quel qu'il soit, né riche ou pauvre, de « bonne » ou de « mauvaise » famille, pourra se perfectionner par l'apprentissage. Les rangs ne signifient dans ce cas plus rien. On n'est rien « en soi », on devient qui on est par l'apprentissage de connaissances théoriques d'un côté et de préceptes moraux de l'autre. Personne n'est né pour dominer et personne n'est né pour être esclave. Rien n'est inné, tout s'acquiert par l'expérience répétée du monde et un processus continu et infini d'échecs et d'erreurs.

Locke défend dans l'*Essai sur l'entendement humain* et ses écrits sur l'éducation qu'il n'y a pas d'idées innées, contre le rationalisme de Descartes. Il n'y a pas d'idées qu'aurait mises un Dieu en nous avant ou au moment de notre naissance. L'esprit de l'enfant est à la naissance comme une tablette vierge sur laquelle les expériences de la vie vont venir marquer des impressions du sentiment, par habitude, répétition, longueur de temps, nous disent les empiristes anglais et écossais, tels Locke ou Hume. L'enfant apprend avant même de savoir parler, et c'est bien par les cinq sens en interaction avec son environnement direct qu'il apprend. Rousseau fait écho à cette conception en racontant comment il éveille son élève à l'idée de distance en l'exerçant à la course [1], à la théorie de la proportion en lui faisant faire des dessins sur motif[2], à s'initier aux rapports des figures sans passer par la récitation de démonstrations que les enfants n'ont pas eux-mêmes réalisées… Contrairement à Locke et Kant, Rousseau ne veut même pas faire faire de grammaire aux enfants.

Être un enfant, c'est tenter, c'est émettre des hypothèses multiples pour rendre compte de ses observations du monde : « nous ne cesserons d'épier la nature ; nous ne ferons jamais rien que sous les yeux du maître [3] » qu'elle constitue pour nous. De même, éduquer, c'est d'abord observer son élève. Même si la « méthode » employée par Rousseau se révélait « chimérique et fausse », ses successeurs pourraient ainsi toujours « profiter de [ses] observations » [4], souligne-t-il dès la Préface. Le gouverneur doit donc commencer par « étudier [ses] élèves [5] ». Il s'agit même de chercher à identifier subtilement le naturel de l'enfant, de saisir son caractère, de connaître « le génie particulier de l'enfant » pour y adapter de manière plastique l'éducation : « Épiez longtemps la nature, observez bien votre élève avant de lui dire le premier mot ; laissez d'abord le germe de son caractère en pleine liberté de se montrer [6]. » Il va sans dire que le gouverneur expérimente sur son élève, qu'il doit tâtonner et ne jamais céder à la tentation de lui imposer un quelconque schéma préconçu. Si l'enfance est un laboratoire pour l'enfant qui expérimente sur la nature, sur les autres et

1. *Émile, op. cit.*, Livre II, p. 181.
2. *Ibid.*, p. 184.
3. *Ibid.*, p. 184.
4. *Émile, op. cit.*, Préface, p. 32.
5. *Ibid.*
6. *Émile, op. cit.*, Livre II, p. 113.

sur lui-même, elle est aussi un laboratoire pour le gouverneur, qui apprend autant de son élève qu'il ne lui apprend quoi que ce soit. Le renversement, que Locke soulignait déjà, est pour le moins étonnant et paradoxal : moins le gouverneur veut imposer *a priori* à l'enfant, plus il apprend de lui en l'observant, plus il apprend ce qu'il lui faut faire et surtout ne pas faire. Qu'est-ce donc que cet enseignement où le gouvernant apprend plus de l'élève que l'élève du gouvernant ? Rousseau, ici, nous agace autant qu'il nous étonne. Éducation naturelle, éducation négative, méthode passive : ne faut-il rien prétendre apprendre du tout ? Comment tout empêcher ? Notre jeune étudiant ne va-t-il pas apprendre par d'autres ce qu'on tente d'éviter qu'il apprenne ? Comment renoncer à tout dogmatisme, toute sclérose, tout conservatisme ?

L'incertitude, aller « à sauts et à gambade [1] », l'importance du chemin plus que de la destination

L'enfance est le lieu de l'incertitude, mais tout le paradoxe de la conception de Rousseau, et, pourrait-on dire ici, de Diderot lui aussi, est que l'incertitude ne doit pas être vue tant comme une faiblesse que comme une force, celle de lutter sans cesse contre un dogmatisme violent qui asservit les hommes les uns aux autres et sclérose l'inventivité. Être incertain est salutaire, c'est se garantir de continuer à chercher encore et toujours à établir des rapports sans cesse plus authentiques et plus féconds entre les choses, entre nous et les choses, entre nous et les autres, entre nous et nous-même. L'inventivité suppose de se hasarder, de faire des essais, comme le préconise également Montaigne, « à sauts et à gambade ». Loin de tout système qui enferme dans des dogmes, ce sont les exemples qui doivent donc donner envie d'être bon, moral, éduqué, authentique. « C'est votre temps, ce sont vos soins, vos affections, c'est vous-même qu'il faut donner. [...] Déclarez-vous hautement le protecteur des malheureux. Soyez juste, humain, bienfaisant. Ne faites pas

1. Montaigne, *Les Essais*, III, 9, « De la vanité ».

seulement l'aumône, faites la charité ; les œuvres de miséricorde soulagent plus de maux que l'argent ; aimez les autres, et ils vous aimeront [1]. » Montaigne dit bien dans les *Essais* que l'on en apprend paradoxalement davantage en étudiant ses propres colères passées qu'à la lecture exhaustive d'un quelconque *Traité des passions de l'âme*.

De même, Goethe, dans les *Lehrjahre*, *Les Années d'apprentissage de Wilhelm Meister* (1795-1796), et dans les *Wanderjahre*, *Les Années de voyage de Wilhelm Meister* (1821), va-t-il souligner que c'est la beauté du chemin de l'apprentissage (*Wanderung*, « chemin » ou « promenade ») qui compte, bien plus que le résultat de ce savoir figé que tout le monde semble espérer vainement : c'est la formation (*Bildung*), le processus de configuration du moi et du monde qui est intéressant à observer de manière dynamique, et non pas un corpus figé, abstrait, assené sans justification, de l'extérieur, par des maîtres à penser asservissants. Le point de vue morphologique de Goethe, fondé sur la notion même de transformation de soi et de métamorphose de soi, est assez similaire à ce que formule Rousseau. C'est le devenir qui compte plus que l'essence, la promenade plus que sa destination. L'enfance intéresse en tant que ce n'est pas un état figé, mais une transformation décisive, une dynamique active, un processus de mise en rapport de plus en plus fin et de plus en plus complexe. L'enfance est le lieu des métamorphoses. En cela, il doit servir de modèle jusque dans le moment de la maturité et du renoncement aux idéaux. Car ce sont les idéaux, pour Goethe, le *Sturm und Drang* de la jeunesse impétueuse, révolutionnaire, qui vont nourrir, même calmés, l'équilibre de la maturité. La vérité, ce n'est pas l'adéquation d'un langage systématique à un monde figé, c'est ce qui est fécond, ce qui forme et informe et ce qui stimulera d'autres que nous à une reprise créative. Rousseau, Diderot, Goethe parient sur la créativité de l'enfance, la créativité de l'homme, Second Prométhée. C'est à cette source que s'abreuvera Kant pour penser l'homme comme celui qui a l'audace de savoir et celle, géniale, de créer.

1. *Émile*, *op. cit.*, Livre II, p. 115.

L'enfance comme laboratoire pour « former des hommes[1] »

Rousseau développe toute une vaste anthropologie au détour de ses réflexions sur l'enfance, nous l'avons déjà dit : son livre a pour but, comme il l'annonce dans la préface, de « former des hommes ». C'est donc toute sa philosophie qui apparaît, par fragments, par touches de lumière. Ou plus précisément, c'est l'accent placé sur cette période de naissance du savoir théorique et de naissance des relations sociales qu'est l'enfance qui va l'aider à évacuer la métaphysique pour donner naissance à l'anthropologie, c'est-à-dire à une philosophie centrée non sur la vérité, Dieu, l'absolu, mais sur l'homme, en tant que source de savoir et de dignité, l'homme comme être indéfiniment perfectible, historique, capable de se dépasser lui-même, tel un Second Prométhée.

La reine des facultés n'est donc plus, chez Rousseau, l'entendement ou la raison, y compris dans sa capacité à la plus haute abstraction théorique. Les facultés maîtresses sont désormais le sentiment, le désir, nourri par l'imagination et la curiosité, l'ingéniosité, l'audace, mais aussi la conscience, instinct divin et grand. Le règne du *logos* (raison logique et logicienne) est achevé. Vive l'*aisthesis* (la « perception sensible », le « sens esthétique ») ! Place donc non seulement à l'observation curieuse et étonnée du monde, prête à modifier ses hypothèses pour en inventer d'autres, mais aussi au monde des chimères et du merveilleux. Pourquoi se contenter de ce qui existe, de la froide et triste réalité ? L'enfance est le moment du rêve, de l'utopie, du merveilleux. Loin d'être condamné comme fantasmagorique, le monde des apparences est celui où il fait le plus bon vivre… Le conte éveillé, la belle romance d'amour, les projections imaginaires à partir du réel sont décisifs pour construire l'homme comme être du possible et du potentiel. La modalité suprême selon Rousseau n'est donc ni la réalité, ni la nécessité ou même le devoir-être, c'est la possibilité.

L'étude de l'enfance et la revalorisation de ce que cet âge représente permettent à Rousseau d'éviter toute philosophie dogmatique, tout réalisme froid, tout rationalisme rigide, toute attitude

1. *Émile, op. cit.*, Préface, p. 32.

morale catégorique et tout discours *a priori*. Différemment des empiristes, plus proche peut-être en cela de Diderot et de Goethe, les morphologues, Rousseau revalorise l'expérience comme expérimentation. Il rejoint là l'euphorie d'un Montaigne, plus intéressé à apprendre de ses propres échecs que de toute réussite d'un grand homme quelconque. Rousseau défend donc à travers sa revalorisation de l'enfance une philosophie du sentiment, de la relation, du relatif. Loin d'être sceptique, il pense que l'homme peut établir des rapports entre les choses, entre les choses et lui, entre les hommes et lui, entre lui et lui-même, confiant dans l'avancée du savoir en partant tout simplement de l'observation constructive. La morale qui se déploie doit toujours nous enraciner dans l'état de nature, notre bonté et notre sympathie les uns envers les autres étant naturelles. Morale du sentiment, de la sensation, de la sensibilité, vaut mieux qu'une morale dogmatique, rationnelle, imposée par l'extérieur à l'individu, qui risque de ne pas s'y intéresser vraiment de l'intérieur. Tout doit germer de l'intérieur du sujet, de son intériorité. L'intériorité est ce que l'individu doit découvrir, scruter, épier, pour en faire partir les connaissances théoriques et les valeurs pratiques. Aussi, la conscience elle-même est-elle vue non comme une raison pratique comme l'appellera Kant, mais comme un instinct divin, spontané. La spontanéité est l'enjeu de l'étude de l'enfance de l'homme : comment ne pas dénaturer cette spontanéité, cette fraîcheur, cet élan du cœur, comment ne pas briser cette authenticité, ce lien premier et sincère au monde, aux autres et à nous-même ? Que l'on se rassure, il y aura encore bien une place pour la raison et une place de choix, mais ce ne sera jamais la froide raison abstraite, la raison qui calcule son intérêt bien compris, mais toujours la raison comme capacité à créer des rapports justes entre nos sentiments et nos sensations, la raison comme capacité à créer un rapport juste au monde, aux autres et à nous-même. La raison comme sens du commun et comme sens du collectif, comme capacité à vivre vraiment ensemble, c'est-à-dire sans aucun rapport de domination des uns sur les autres.

Les contradictions de l'enfance et des systèmes d'éducation : frictions potentielles entre éducation de la nature, éducation des hommes, éducation des choses et éducation du monde

Comment harmoniser l'éducation qui nous vient « de la nature », celle qui nous vient « des hommes » et celle qui nous vient « des choses » ? La nature nous guide pour développer intérieurement nos facultés et nos organes ; les hommes nous apprennent à en faire usage ; et l'éducation des choses recouvre « l'acquis de notre propre expérience sur les objets qui nous affectent » [1]. La difficulté de l'enfance ne tient-elle pas aux tensions entre plusieurs types de normes et plusieurs types d'expériences ? La difficulté d'élaborer un système logique et cohérent de l'éducation n'en est-elle pas tributaire ? Il va bien falloir mettre en harmonie ces éducations, trouver celle qui doit donner le *la* aux autres. Et ce sera, sans surprise par rapport à ce que nous venons de développer, l'éducation naturelle qui va devoir re-régler les autres pour les mettre en cohérence avec elle. Qu'est-ce qui met en péril l'éducation de la nature ? Qu'est-ce qui risque, à tort, de lui faire concurrence ? Et par là même de faire de l'enfance une arène où les normes entrent en conflit ?

L'éducation de la nature et l'éducation des choses : la nature comme premier « maître » et l'enfance comme retour à la nature [2]

L'enfance se définit comme moment d'apprentissage du monde par l'expérience corporelle, sensorielle, sensible, en première personne. L'enfant observe spontanément la nature, il est beaucoup plus réceptif à elle, beaucoup plus sensible à elle que les adultes. Il l'explore en s'y montrant pleinement disponible. « Nous naissons sensibles, et, dès notre naissance, nous sommes affectés de diverses

1. *Émile, op. cit.*, Livre I, p. 37.
2. *Ibid.*

manières par les objets qui nous environnent[1]. » Cette dimension réceptrice n'est pas sans une dimension active. La sensibilité est active, non passive, comme Kant la considère souvent. L'enfant fait des hypothèses, procède à des essais, avance à tâtons, par échec et erreur. Il ressent son environnement en se reliant pleinement à lui. La « conscience de nos sensations » nous dispose à rechercher ou à fuir les objets qui les produisent. Ces dispositions s'étendent et s'affermissent. Avant que nous altérions ces dispositions par nos opinions, par l'éducation du monde tel qu'il est, défiguré, elles sont ce que Rousseau nomme « la nature ». Ces « dispositions primitives » sont ce à quoi il nous faut tout rapporter[2]. L'enfant revient donc sans cesse sur les expériences réalisées pour en tirer par lui-même des leçons. Jamais cet apprentissage ne se passe en adoptant une quelconque position de surplomb, une quelconque attitude de survol, un quelconque sentiment de maîtrise.

L'enfance se traduit par un langage naturel, qui consiste à parler vrai. Parler le langage de la nature, voilà ce à quoi nous devons nous efforcer. D'une part, on peut souligner la difficulté pour accéder à l'abstraction chez un enfant, d'où la vanité du par cœur auquel les enfants ne comprennent rien. Rousseau critique ainsi l'apprentissage des *Fables* de La Fontaine[3], dont les termes et la morale échappent à l'enfant. Il critique aussi le psittacisme, la répétition mécanique des leçons du maître, qui est factice et superficielle. Les connaissances que l'on enseigne à Émile doivent être reliées aux intérêts sensibles de l'enfant, elles doivent naître de l'enfant lui-même, avoir du sens pour lui-même, de l'intérieur. Apprendre consiste avant tout à apprendre par soi-même et pour soi-même, plutôt que pour se donner en spectacle à autrui. L'enfance est le monde de l'être, non du paraître. Ainsi, le mensonge n'est pas naturel chez l'enfant. Son parler est naturel, son visage dit ses émotions, il est transparent à autrui. Il ne dissimule pas, il n'est pas

1. *Ibid.*, p. 38.
2. *Ibid.*
3. *Émile, op. cit.*, Livre II, p. 140 et suivantes.

factice, double, hypocrite. La transparence est un terme clé pour comprendre Rousseau, si l'on en croit Jean Starobinski [1].

Être à l'école de la nature, c'est apprendre avec le corps. « Il faut que le corps ait de la vigueur pour obéir à l'âme », « un corps débile affaiblit l'âme » [2]. Rousseau revalorise le corps et donc les cinq sens, la sensibilité et les affects. C'est sur eux, par eux, de manière immanente, qu'il faut que l'enfant se forme, et non en les maîtrisant par une raison qui est encore quasi inexistante chez lui ou par le biais d'une morale abstraite, toute théorique, auquel il n'entend goutte. Être à l'école de la nature, c'est se livrer à des expériences corporelles que l'on ne maîtrise pas, c'est construire sa subjectivité. « L'utilité des travaux manuels et des exercices du corps pour renforcer le tempérament et la santé [3] » est mise en avant. La nature nous apprend qui nous sommes. L'enfance est la découverte de notre identité propre. L'éducation naturelle consiste à faire partir de soi-même le processus de donation du sens au monde, à prendre intérêt au monde. Les sensations se trouvent mises en rapport les unes aux autres. Les affects sont perçus dans leur enchaînement particulier. Les sentiments naissent les uns des autres. La philosophie qui en émerge est une philosophie de la relation, des rapports et non plus de la substance, ou de l'essence. L'enfant n'apprend pas tant comment les choses en soi se tiennent indépendamment de lui, que la manière dont elles lui conviennent ou ne lui conviennent pas. La convenance est un terme clé de cet apprentissage, qui relie un individu à son milieu de vie.

C'est la « marche de la nature » que Rousseau nous invite à suivre, prévenant le lecteur qui risque d'en être dérouté [4]. La priorité est en effet donnée à la pratique sur la théorie. Ce qui vaut en pratique, voilà ce qu'il faut apprendre, sans se réfugier dans une théorie rassurante, mais creuse, car sans intérêt. Que peuvent les

1. Jean Starobinski, *Jean-Jacques Rousseau : la transparence et l'obstacle*, Paris, Gallimard, « Tel », 1971.
2. *Émile, op. cit.*, Livre I. p. 58.
3. *Ibid.*, p. 61.
4. *Émile, op. cit.*, Préface, p. 32.

livres ? Quels livres lire aux enfants ? D'où une critique paradoxale des livres. Le seul livre qui convienne ne peut guère être que celui de Robinson [1], justement parce qu'il s'agit d'un adulte placé par les circonstances à l'école de la nature, obligé qu'il est d'y faire retour, non sans un effort pénible et long de déconstruction des habitudes. Les leçons de choses sont privilégiées, c'est ce que Rousseau lui-même nomme le « matérialisme du sage ».

L'école de la nature passe par le plaisir et le jeu. L'enfance est le moment de l'émerveillement et de la magie du monde. Il ne s'agit pas d'écarter cette saine naïveté, mais de cultiver le sens du merveilleux, d'éveiller la curiosité naturelle de l'enfant, l'étonnement étant déjà chez Aristote la première vertu pour le philosophe. L'enfance est le moment de l'admiration du monde, dans les petits détails qui passent inaperçus pour les adultes blasés du spectacle de la vie.

Si l'on suit l'éducation de la nature, une thèse sur l'homme se dégage. Contre le rationalisme, contre l'abstraction de la métaphysique, contre le dogmatisme, se développe une philosophie fondée sur la sensibilité, l'émotion et l'expérience vécue en première personne.

L'école du monde et des hommes : préserver l'enfance des dénaturations auxquelles peut conduire la vie en société sur le plan moral

L'enfant qui n'a pas encore rencontré la société dénaturée peut se préparer à une vie en société qui ne sera pas en contradiction avec l'éducation de la nature. Rousseau souligne la bonté naturelle de l'enfant, similaire à la bonté du « bon sauvage [2] ». Il développe une « morale sensitive » qui ne saura entrer en conflit avec l'éducation de la nature, son premier maître. « Tout est bien sortant des mains de l'Auteur des choses, tout dégénère entre les mains de

1. *Émile, op. cit.*, Livre III (hors-programme), p. 239 et suivantes.
2. *Émile, op. cit.*, Livre I, p. 78.

l'homme [1] », avons-nous déjà rappelé. Le problème majeur vient donc de la dénaturation à laquelle la vie en société conduit, risquant de faire oublier à l'enfant les leçons qu'il a reçues de la nature même. L'homme ne veut rien tel que « l'a fait la nature, pas même l'homme [2] ». La difficulté se redouble du fait qu'en ne défigurant pas l'homme par un tel dressage contre nature, on le rend incapable de vivre en société : la société est tellement grimaçante que qui n'apprend pas à grimacer apparaîtra comme l'homme « le plus défiguré de tous [3] ». Pour éviter le conflit entre éducation de la nature et éducation des hommes, il faut donc utiliser l'état de nature où vit le « bon sauvage » comme référence pour mesurer et corriger les erreurs de la société dans laquelle vit Rousseau. L'état de nature intervient alors comme une saine fiction pour corriger l'état prétendument civilisé et en réalité sauvage où se trouve embourbée l'humanité. L'étude de l'enfance apparaît comme la ressource où saisir la pureté des relations sociales.

L'enfant, comme le « bon sauvage », apparaît comme spontanément capable d'une pitié naturelle, voire d'une sympathie naturelle envers son semblable. Point n'est besoin pour donner l'aumône d'accéder à des concepts abstraits de morale ou même à des lois de la raison. Il n'est besoin que d'avoir du cœur et d'être sensible. La première expérience morale de l'enfant relève du sentiment, bien qu'elle soit relayée ensuite par d'autres niveaux, au moment de l'accès à la raison et à la conscience innée du juste et de l'injuste, qui interviennent après les Livres I et II, mais qui sont déjà préparés aux Livres I et II à un niveau infrarationnel. Un des exemples à l'appui en est fourni par une anecdote où Rousseau raconte qu'une nourrice ayant fait violence à un nourrisson en pleurs, celui-ci devient cramoisi de colère. « Quand j'aurais douté que le sentiment du juste et de l'injuste fût inné dans le cœur de l'homme, cet exemple seul m'aurait convaincu. Je suis sûr qu'un tison ardent

1. *Ibid.*, p. 35.
2. *Ibid.*
3. *Ibid.*

tombé par hasard sur la main de cet enfant lui eût été moins sensible que ce coup assez léger, mais donné dans l'intention manifeste d'offense [1]. » On peut lire ici peut-être l'influence de la morale du sentiment de Hume et sa théorie de la sympathie naturelle sur Rousseau.

L'amour de soi peut servir à cultiver une saine émulation qui ne conduit pas à l'égoïsme ni à la jalousie. La théorie de Rousseau consiste à défendre que l'égoïsme et la jalousie ne naissent que de relations sociales délétères et de l'institution de la propriété et des inégalités qui en résultent. D'un point de vue moral, Rousseau défend donc une forme de douceur, une poésie de l'enfance, loin de la violence de la société hypocrite des ordres, du calcul, de la duplicité, des stratagèmes qui font qu'on utilise autrui comme moyen au lieu de le considérer comme on devrait le faire et comme le font spontanément les enfants, c'est-à-dire comme une fin en soi.

L'enfance se situe comme l'état de nature du « bon sauvage » en deçà du bien et du mal. L'enfant ne peut faire le mal, encore moins le vouloir, puisqu'il ne dispose pas encore de conscience morale pleine et entière. L'enfance représente donc un état d'innocence. Le bon sauvage est aussi inoffensif que l'enfant. Il ne se réfère qu'à lui, pas encore aux autres. Il se tient tout entier dans un rapport de soi à soi salutaire, que Rousseau désigne par le terme d'indépendance. Il n'entre pas encore dans un rapport de soi aux autres jaloux et de soi à soi égoïste. Chacun, à l'état de nature, s'occupe de ses besoins propres sans soumettre les autres à ses caprices et sans vouloir les dominer.

La spontanéité de l'enfant est précieuse. Il ne commet pas de faux-semblant, il ne sait pas mentir. Il ne sert donc à rien d'essayer d'argumenter en matière de morale, sous peine de sombrer dans des cercles vicieux et des sophismes sans fin qui ne convaincront jamais l'enfant de rien [2]. Son rapport à autrui est marqué par

1. *Ibid.*, p. 75.
2. *Émile, op. cit.*, Livre II, p. 107.

l'authenticité. Encore une fois, l'enfant est entier, il n'est pas double, il n'est pas duplice tant qu'on ne lui fournit pas l'occasion de le devenir. Il n'y a pas de décalage chez lui entre être et paraître. L'enfant est tout ce qu'il paraît et l'enfance marque un moment d'adéquation de soi à soi. Il va bien sûr falloir dépasser cette spontanéité pour aller jusqu'à une vraie autonomie où la raison va avoir aussi sa place, comme l'instinct qu'est la conscience aux côtés de la sensibilité, mais c'est cet accord premier de soi à soi qu'il faut en réalité reconstruire au sein de l'état civil et de la société civile comme corps social.

L'étude de l'enfance permet à Rousseau de défendre une morale première du sentiment qui doit valoir aussi pour les adultes, même si elle sera prolongée par d'autres enseignements qui feront intervenir la raison et la conscience. Il s'inscrit en faux contre une morale rationaliste, utilitariste qui n'indique aucun intérêt véritable que nous pourrions avoir à être bon envers autrui. Si être moral, c'est agir seulement en conformité au devoir de manière factice, si l'on n'est moral que par intérêt égoïste, alors, la morale est perdue. Il faut faire le devoir par devoir, non par calcul, Kant le soulignera également [1]. Rousseau livre ici une leçon qui ne vaut pas que pour les enfants, mais aussi et surtout pour les adultes. D'un point de vue moral, si l'on ne veut pas faire entrer en contradiction l'éducation naturelle et celle des hommes et du monde, ce sont les adultes qu'il faut régler sur les enfants et non l'inverse. Suprême paradoxe, où ce sont les enfants qui donnent des leçons de morale aux adultes, qui se croient maîtres en la matière !

Comme face à Voltaire l'accusant d'imaginer un état de nature qui n'a jamais existé et n'existera sans doute jamais, Rousseau assume à nouveau l'audace qui est la sienne d'imaginer des fictions pour réformer la morale : « On croira moins lire un traité d'éducation que les rêveries d'un visionnaire sur l'éducation [2]. » Il reconnaît

1. « Une action faite par devoir ne tire pas sa valeur morale du but qu'elle doit atteindre, mais de la maxime d'après laquelle elle est décidée », Kant, *Fondements de la métaphysique des mœurs*, Première section, Paris, Bordas, 1988, p. 23-24.

2. *Émile*, *op. cit.*, Préface, p. 32.

l'aspect novateur radical de son ouvrage. Lui reprocher de ne pas être réaliste, d'être dans l'utopie, est proprement insensé : « Proposez ce qui est faisable, ne cesse-t-on de me répéter. C'est comme si l'on me disait : Proposez de faire ce qu'on fait ; ou du moins proposez quelque bien qui s'allie avec le mal existant. Un tel projet, sur certaines matières, est beaucoup plus chimérique que les miens ; car, dans cet alliage, le bien se gâte, et le mal ne se guérit pas [1]. » Rousseau ne décrit pas ce qui est, il imagine ce qui doit être. L'éducation doit être, comme la politique, utopique, sinon rien. Le réalisme politique d'un Hobbes ou d'un Machiavel est balayé d'une pichenette ! Pourquoi être tristement réaliste, quand l'enfance nous enchante et nous réenchante, si jamais nous avions sombré dans la désillusion ? L'enfance est un réenchantement pour les adultes qui s'y penchent, et même pour ceux qui songent avec nostalgie à leur enfance passée, comme Rousseau le fait dans les deux Livres de notre programme.

L'éducation des hommes et du monde : préserver l'enfance des dénaturations auxquelles peut conduire la vie en société sur le plan politique

L'enfance apparaît dès le plus jeune âge comme l'école de la liberté. La principale leçon de l'enfant consiste à bien comprendre ce qui dépend de lui et ce qui n'en dépend pas, soit parce que la nature le soumet à des contraintes extérieures, soit parce que la vie en commun l'oblige à respecter des contrats, des promesses, des pactes. Il s'agit donc conjointement, et pourrait-on dire dans un même mouvement, d'armer d'une part les enfants à faire face à l'adversité que représentent les contraintes naturelles, mais aussi de l'élever au sublime de la liberté, de l'indépendance et de l'autonomie que permet le fait de penser par soi-même et d'agir à partir de soi pour se diriger soi-même sans vouloir diriger les autres selon sa fantaisie et ses caprices. L'enfant doit être préparé au passage à un

1. *Ibid.*, p. 33.

état civil où le corps social garantira à tous que chacun vaudra pour une voix dans la détermination de la volonté générale, sans aucun privilège des uns sur les autres.

Accepter les contraintes naturelles physiques, comprendre les dures lois de la nature face auxquelles on ne peut rien constitue le premier volet de l'apprentissage à la liberté. « Maintenez l'enfant dans la seule dépendance des choses, vous aurez suivi l'ordre de la nature dans le progrès de son éducation. [...] L'expérience ou l'impuissance doivent seules lui tenir lieu de loi. N'accordez rien à ses désirs parce qu'il le demande, mais parce qu'il en a besoin [1]. » L'enfant doit comprendre le plus tôt possible qu'il ne peut pas tout. L'ordre des choses s'impose à lui, nécessairement et sans possibilité de « jeu » de ce côté-là. Quand il est question de comprendre ce que c'est que la contrainte, le gouverneur ne doit pas se mettre en colère ou punir. L'enfant verra de lui-même que l'univers lui résiste.

Il convient aussi de rythmer l'enfant sans pour autant lui créer des habitudes, qui seraient pour lui comme une seconde nature aussi contraignante que la nature elle-même. Émile doit être prêt à tous les temps, pouvoir dormir dans tous les lits, pouvoir s'adapter à tous les régimes alimentaires. Car la nature n'est pas tant régulière que variable et surprenante. L'enfant doit épouser ces variations avec joie et sans se plaindre des extrêmes.

Dans le domaine des caprices que veut faire l'enfant pour tyranniser les adultes ou les autres enfants, il en va autrement que dans le domaine des anxiétés face aux araignées, aux éclairs, à la grêle et au vent, auxquelles il faut bien que l'enfant se fasse. Il faut qu'il comprenne l'intérêt des pactes, de la confiance en autrui, que progressivement l'intérêt à se lier librement à autrui par des obligations se développe en lui. Qu'il sente le plaisir et la fierté qu'il y a à faire le choix de s'astreindre à la parole donnée, le déplaisir à mentir. « Il ne faut jamais infliger aux enfants le châtiment comme châtiment, mais [...] il doit toujours leur arriver comme une suite naturelle de

1. *Émile, op. cit.*, Livre II, p. 101.

leur mauvaise action. [...] vous ferez que tous les mauvais effets du mensonge, comme de n'être point cru quand on dit la vérité, d'être accusé du mal qu'on n'a point fait, quoiqu'on s'en défende, se rassemblent sur leur tête quand ils ont menti [1]. » Là encore, le gouverneur ne devra pas céder à la colère face aux caprices de l'enfant. Il ne faut d'ailleurs pas tant contrecarrer son caprice par des raisons abstraites auxquelles l'enfant ne comprend rien et qui n'ont aucun intérêt véritable à ses yeux que lui montrer par l'expérience sensible l'intérêt très concret et palpable qu'il y a pour lui à contracter des pactes, à engendrer une confiance mutuelle et à pouvoir compter sur autrui comme autrui sur lui. C'est la réciprocité des avantages mutuels qui doit motiver un contrat où chacun perd et gagne autant qu'autrui. Il ne doit pas s'obliger par peur d'un châtiment extérieur, mécanique, violent, mais parce que intérieurement, l'obligation lui parle, engageant sa liberté, avec douceur. L'épisode le plus emblématique en est celui de la fenêtre à la vitre cassée. « Il casse ses fenêtres de sa chambre ; laissez le vent souffler sur lui nuit et jour sans vous soucier des rhumes ; car il vaut mieux qu'il soit enrhumé que fou. Ne vous plaignez jamais des incommodités qu'il vous cause, mais faites qu'il les sente le premier [...]. Enfin, après que l'enfant aura demeuré-là plusieurs heures, assez longtemps pour s'ennuyer et s'en souvenir, quelqu'un lui suggérera de vous proposer un accord au moyen duquel vous lui rendriez la liberté, et il ne casserait plus de vitres. Il ne demandera pas mieux. Il vous fera prier de le venir voir : vous viendrez ; il vous fera sa proposition, et vous l'accepterez à l'instant en lui disant : C'est très bien pensé ; nous y gagnerons tous deux : que n'avez-vous pas eu plus tôt cette bonne idée ! Et puis, sans lui demander ni protestation ni confirmation de sa promesse, vous l'embrasserez avec joie et l'emmènerez sur-le-champ dans sa chambre, regardant cet accord comme sacré et inviolable autant que si le serment y avait passé [2]. » Il va sans dire que le contrat social dont parle Rousseau dans son ouvrage

1. *Ibid.*, p. 123.
2. *Ibid.*, p. 122.

éponyme n'est guère envisageable que si les enfants sont éduqués à passer avec leurs parents et gouverneurs des accords de même sorte. L'*Émile* constitue donc une sorte de réponse aux objections possibles que l'on pourrait faire à la conception du contrat social en politique : à ceux qui ne comprennent pas sur quelle base ce contrat pourra être respecté, il suffit de répondre comme Rousseau ici, à savoir, sur la base d'une réforme de l'éducation où l'enfant est considéré dès l'enfance comme une personne à part entière.

L'enfance est l'âge où l'on apprend ce que signifie surveiller, ce que signifie punir ; ce qu'est une règle et ce qu'en est la transgression, ce qu'est une faute et ce qu'en est le pardon. Comment faire entendre raison à celui qui n'a pas encore atteint l'âge de raison ? Comment discipliner l'enfant capricieux sans ruiner en lui toute possibilité de s'éveiller à la liberté ? L'enfance est l'âge des bêtises, Rousseau met en scène plus d'un polisson de la pire espèce, tel celui qui mène sa mère en bateau et cherche à mettre son gouverneur en colère en le réveillant en pleine nuit [1]. Non seulement il est difficile de mettre en tête à l'enfant ce que c'est que le bien, mais il est encore plus difficile peut-être de lui faire sentir ce qu'est le juste. « On le forcera d'être libre [2] », s'exclame Rousseau pour expliquer ce qui arrivera à celui qui, s'étant engagé dans un contrat, le viole et ne respecte pas le résultat de l'expression de la volonté générale. La force publique sera déployée si un citoyen ne respecte pas le pacte qui était la condition même de sa liberté. Est-ce la même chose quand Émile, un enfant, transgresse les lois édictées par son gouverneur ? Comment lui faire sentir le juste et l'injuste ? Dans la présente histoire de polisson, le gouverneur finit par enfermer le mutin dans une pièce dont les volets sont fermés, sans lumière, prenant garde que l'enfant ne puisse toutefois se faire mal en piquant sa colère. Le petit finit par comprendre qu'il ne fera pas naître de mouvements de colère chez son gouverneur. Il sort du cycle de l'obéissance et de la domination pour tout simplement

1. *Ibid.*, p. 153.
2. *Du contrat social*, Livre I, chap. VII, Paris, Flammarion, « GF », 1992, p. 43.

collaborer avec son gouverneur. Il ne faudrait pas se méprendre sur l'idéalisme de Rousseau : il n'imagine pas ses élèves comme meilleurs qu'ils ne sont et est réaliste sur le caractère colérique de beaucoup d'enfants. Simplement ne faut-il pas contre le fait de la colère user soi-même de violence. Même la force dont on use avec lui doit lui apparaître comme un moyen pour le rendre libre, fût-ce contre son propre gré, dans un premier temps !

Comment châtier sans se contenter de réduire l'éducation au dressage mécanique ? Quelle doit être la place de la discipline dans l'éducation ? Aucune, répondra Rousseau de manière radicale, divergeant ici de Locke et, plus tard, de Kant. Il s'agit, en effet, de préparer avant tout l'enfant pour son passage de la minorité à la majorité. Or, il semble qu'Émile doive presque dès sa naissance être considéré comme majeur, ou, pour le moins, comme une personne pleine et entière, méritant un respect égal aux adultes. C'est en traitant un jeune enfant faible encore comme s'il était déjà majeur, c'est-à-dire déjà notre égal, qu'on va le faire devenir effectivement tel. Les Lumières consistent à faire le pari que chaque enfant est une personne en devenir, voire est d'ores et déjà une personne, avec des droits et des devoirs. Et que tout humain qui transgresse la loi peut être remis sur le chemin de la bonté et peut à nouveau être réintégré dans le corps social. Le maître mot de la conception rousseauiste de l'enfance est peut-être celui de perfectibilité. L'humain se définit par la perfectibilité, non seulement sur le plan individuel, mais aussi sur le plan de l'espèce humaine. Et l'enfance semble l'âge où l'individu apparaît comme le plus perfectible et comme s'améliorant de jour en jour, le plus rapidement qu'il soit. L'enfant incarne donc le mieux la caractéristique principale de l'humain et la fait saillir. En ce sens, il est plus homme encore que l'adulte, car sa perfectibilité saute aux yeux.

Allons même plus loin sur la question de la perfectibilité [1] de l'homme et sur ce qu'elle signifie. S'il est perfectible, c'est que

1. Dans le *Discours sur l'origine et les fondements de l'inégalité parmi les hommes*, la perfectibilité est l'une des qualités qui permettent de distinguer l'homme de l'animal (Paris, Flammarion, « GF », 1992, p. 183).

l'homme est libre. Libre de développer ou pas les dispositions que la nature a placées en lui. La perfectibilité signifie par conséquent tout à la fois que rien n'est gagné pour l'homme, qu'il doit s'éduquer et bien s'éduquer et que tout tient à cela, mais aussi que tout peut être gagné par l'homme par ce biais, et même des stades d'évolution imprévisibles par avance. L'enfance sera suivie de l'adolescence, puis de l'âge adulte, puis de l'âge mûr, puis de la vieillesse. L'homme est devenir, histoire, projet. Il n'est pas d'emblée ce qu'il doit être, comme l'est l'animal avec l'instinct. Il a à être. L'étude de l'enfance rappelle l'historicité fondamentale de l'homme, sur le plan à la fois individuel et collectif, et selon l'optimisme de Rousseau, qui sera aussi celui de Kant dans l'*Idée de l'histoire universelle au point de vue cosmopolitique*, cette histoire est à lire comme un progrès. S'il est possible d'envisager que chacun devienne citoyen d'une démocratie libre grâce à une éducation à la liberté, alors, c'est un devoir que d'y tendre ; et inversement, si c'est un devoir-être que cet état sans servitude ni domination, il faut l'envisager comme possible. C'est ce que signifiera Kant avec l'idée d'idéal régulateur, latente ici.

L'enfance est traversée par une visée. L'enfance est une flèche vers, un vecteur. L'enfance est animée par une dynamique, un élan. Celui d'un accomplissement à venir. L'enfance vise demain, nous parle de l'avenir, laisse entrevoir des possibles. L'enfance rend possible. Elle rend possible la foi en l'homme. L'enfance dit ce qui n'est pas encore et qui pourrait bien être. L'enfance nous parle de ce que l'homme n'est pas encore. Et cette virtualité, ce potentiel, c'est l'homme.

Conclusion

On me reproche de construire des utopies, dit Rousseau. On me reproche d'être optimiste, alors que la réalité est sombre, fade et morose. On me reproche de croire l'homme bon, alors que le présent indique des actes méchants, des traîtrises sans nom, des calomnies, des mensonges. Mais si j'avais décrit qu'il faut prescrire de suivre ce que la réalité nous indique, n'aurais-je pas prêté encore plus à rire ? Toute prescription exige de déborder la réalité pour aller vers un devoir-être non encore actualisé. Faut-il être idéaliste et optimiste comme Rousseau au regard de l'enfance ? Sommes-nous dans le meilleur des mondes ? À quelles conditions pourrions-nous l'être ? Rousseau affiche ici son optimisme contre Voltaire. Voltaire se moque bien de l'optimisme de Candide et de Pangloss, qui apprennent constamment la dureté de la vie (par le tremblement de terre de Lisbonne) et la méchanceté des gens (Candide est, rappelons-le, sans cesse rossé alors qu'il n'a commis aucun crime si ce n'est celui d'exister et n'a commis aucune injustice si ce n'est celle de se trouver au mauvais moment au mauvais endroit). Émile incarne une forme de perfection, à chaque Livre qui jalonne les étapes de son éducation, il laisse augurer les meilleures actions, les meilleures pensées, les meilleurs engagements auprès d'autrui. Le peu qu'il sait à chaque étape suffit à indiquer sa sagesse à venir ; le peu qu'il fait à chaque étape suffit à indiquer sa bonté à venir. Faut-il croire dans les promesses de l'enfance ? Sans naïveté, Rousseau fait l'effort énorme d'y croire. Effort, car rien n'indique dans l'état de dénaturation dans lequel se trouve placé l'homme qu'il soit encore possible de maintenir ce que chaque enfant, en naissant, contient pourtant de bon, tant la société risque d'étouffer à chaque instant l'arbrisseau qui cherche à croître. Mais ferme espoir cependant, car chaque enfant qui sera élevé selon le mode rousseauiste laisse augurer une société plus juste. Ce sont les enfants qui font le monde. Changeons les enfants, nous changerons le monde. Réformons l'éducation et nous réformerons la politique. Et si ce n'est pas facile de renverser l'ordre politique établi quand il est hiérarchique, quand il repose sur la force exercée par les puissants sur les faibles, par les riches sur les pauvres, il est peut-être plus facile de changer la manière de concevoir l'enfance et l'éducation de l'enfant. Ils sont si malléables, si efficaces, si réceptifs… Ils suivent spontanément si bien par eux-mêmes la marche de la nature… Il suffit de ne rien faire, de s'empêcher de mal faire et cela suffira.

Une révolution passive, donc, mais qui n'en demande pas moins un grand courage. Alors, faut-il prendre la Bastille et faire la révolution par les armes et la violence ? Ou simplement prendre un enfant par la main et voir où il veut, lui, par lui-même, nous mener ?

Contes [1]
Hans Christian Andersen

Introduction biographique

Comme le personnage de son célèbre conte « Le vilain petit canard », Andersen connut une enfance malheureuse. Il est né à Odense, au Danemark, le 2 avril 1805, dans une famille ouvrière pauvre. Son père était cordonnier ; il ne s'intéressait pas à son fils ; sa mère était lavandière et avait un caractère brutal. Au décès de son père en 1816, la pauvreté s'accentue : Andersen doit quitter les bancs de l'école et accumuler les petits travaux pour gagner un peu d'argent. Sa mère se remarie, mais Andersen souffre toujours beaucoup du manque d'amour familial. On peut dire qu'Andersen est un mal-aimé, que toute sa vie il a été en quête d'amour. Alors qu'il n'a que treize ans, il décide de s'exiler pour mener une vie conforme à ses rêves : il rejoint la capitale du Danemark, Copenhague.

Alors qu'il vit dans un quartier pauvre et mal famé, il multiplie les expériences : chanteur, danseur, comédien, auteur de théâtre. Il est cependant handicapé par son peu de culture, par un physique assez étrange et un caractère souvent imprévisible. Pourtant, de riches protecteurs commencent à s'intéresser à lui et veulent lui donner une éducation solide ; en quelques années, il comble ses lacunes, mais toujours au prix des moqueries de ses camarades de classe plus riches et moins âgés. Il se met alors à écrire et parcourt l'Europe tout entière, ce qui est rare à cette époque.

1. Hans Christian Andersen, *Contes*, préface, notes et traduction par Marc Auchet, Paris, Librairie générale française, « Livre de poche classique », 2003.

À partir de 1835, grâce à ses romans, ses pièces de théâtre, ses poésies et ses récits de voyages, Andersen devient un auteur reconnu et rencontre auprès du public un accueil très favorable. C'est aussi en 1835 qu'il publie ses premiers *Contes*. Il ne leur accorde guère d'importance et est donc surpris de leur immense succès. Jusqu'à sa mort, en 1875, il mène une vie brillante, faite là encore de nombreux voyages et de multiples publications. Il a été fêté et estimé dans toutes les cours d'Europe et a sympathisé avec les plus grands écrivains du monde.

Dans ses contes, Andersen reste fidèle aux traditions scandinaves en accordant une place très importante à l'évocation de la nature et en reprenant souvent des personnages appartenant aux légendes nordiques. Cependant, à la différence des *Contes* de Grimm et même de ceux de Perrault, ces contes n'appartiennent pas vraiment à la littérature populaire, car Andersen leur a donné un style très personnel et original. Il s'est inspiré à de nombreuses reprises de sa propre vie : ses malheurs, son manque d'amour dans « La petite sirène », son désir d'évasion dans « La petite fille aux allumettes », son exil dans « Le vilain petit canard », etc. Son écriture très vive et parfois pleine d'humour fait de lui un conteur par nature : Andersen aimait lui-même lire à voix haute ses œuvres devant ses amis et ses hôtes.

La dimension autobiographique ne fait pas de doute. Marie-Louise von Franz, dans *Les Modèles archétypiques dans les contes de fées*, voit dans l'écriture des contes une structure qui correspond à l'inconscient de chacun ; elle écrit à propos d'Andersen : « C'est ainsi que les contes d'Andersen, qui avait une personnalité névrotique, connurent un immense succès dans une société qui présentait les mêmes symptômes. Il souffrait d'un énorme problème sexuel, immense, aussi grand qu'une cathédrale, qu'il ne résolut jamais. Si vous savez déchiffrer ces contes, vous constaterez qu'un ton de tristesse névrotique les baigne tous. Ces contes se répandirent dans les pays scandinaves et les autres pays européens dans la mesure où ce problème était celui de l'ensemble de cette société [1]. »

1. Marie-Louise von Franz, *Les Modèles archétypiques dans les contes de fées*, Paris, La Fontaine de Pierre, 2016, p. 25-26.

Biographie de Hans Christian Andersen

1805 : naissance.
1816 : mort de son père.
1818 : remariage de sa mère.
1819 : départ pour Copenhague. Nombreux échecs. L'un des directeurs du Théâtre Royal, Jonas Collin, le prend sous sa protection et lui fait obtenir une bourse qui lui permet de faire quelques études.
1822-1827 : études secondaires. Retour à Copenhague. Fait paraître son premier poème.
1828 : obtient son baccalauréat, à vingt-trois ans.
1829 : publication de sa première œuvre en prose, qui rencontre un certain succès. Le Théâtre Royal joue pour la première fois une de ses pièces de théâtre, un vaudeville.
1830 : première déception amoureuse. Premier recueil de poèmes.
1831 : voyages en Allemagne. Publie le récit de son voyage.
1833-1834 : grâce à une bourse, premier grand voyage en France, en Suisse, en Allemagne, en Autriche, en Italie. Son séjour à Rome est une révélation artistique.
1833 : mort de sa mère.
1835 : premier roman, *L'Improvisateur*, très bien reçu par la critique. Publication des deux premiers recueils des *Contes racontés pour les enfants.*
1837 : voyage en Suède.
1838 : pension annuelle qui le met à l'abri des problèmes matériels. Le philosophe Kierkegaard est très critique à l'égard du roman *Rien qu'un violoneux* paru en 1837.
1840-1841 : voyage jusqu'en Turquie. Première rencontre avec la cantatrice suédoise Jenny Lind.
1843 : voyages en Europe. Rencontre les plus grands écrivains et artistes : Dumas, Hugo, Vigny, Lamartine, etc. Nouvelle série de recueils de *Contes*, désormais sans la mention « racontés pour les enfants ».

1847 : voyage triomphal en Angleterre et en Écosse. Fait la connaissance de Dickens. Publication d'un récit autobiographique, le *Conte de ma vie sans poésie.*

1857-1867 : de nombreux et nouveaux voyages. Citoyen d'honneur de sa ville natale.

1870 : publication de son dernier roman.

1872 : derniers *Contes*. Andersen est nettement diminué physiquement.

1873 : derniers voyages en Allemagne et en Suisse.

1875 : Andersen meurt d'un cancer du foie.

Des comptes à régler avec la littérature

Dans *Andersen et ses contes*, Isabelle Jan affirme que « toute l'œuvre d'Andersen est une interrogation sur le récit [1] ». Elle insiste sur le fait qu'il faut « bannir à tout jamais le mot naïveté en parlant d'Andersen ». De fait, dans la plus grande partie des contes, on trouve de très nombreux exemples de *métanarrativité*, terme technique qui, selon la définition d'Umberto Eco dans *De la littérature*, signifie : « Réflexion que le texte fait sur lui-même et sur sa nature, ou intrusion de la voix de l'auteur qui réfléchit sur ce qu'il est en train de raconter [2]. »

Il faut signaler que la rédaction des contes s'est étendue sur presque quarante ans, pendant une période mouvementée aussi bien pour l'auteur lui-même que d'un point de vue politique et social. De nouvelles couches de la population accèdent à l'instruction et à la culture, ce qui en matière de littérature marque le passage du conte populaire à la nouvelle, et de la nouvelle au roman. Cependant, comme chez Maupassant en France, le roman, la nouvelle et le conte coexistent, malgré les imprécisions verbales, dans l'œuvre d'Andersen. Il faut donc se demander pourquoi

1. Isabelle Jan, *Andersen et ses contes*, Paris, Aubier, 1977, p. 37-39.
2. Umberto Eco, *De la littérature*, Paris, Grasset, 2003, p. 270.

Andersen continue d'écrire des contes, alors qu'il est reconnu également pour ses romans, ses récits de voyages et, d'une manière générale, ses « histoires ». Peut-être le conte est-il pour lui une manière de tendre un miroir non pas tant à la réalité qu'à lui-même, et à lui-même en tant qu'écrivain ? Le fil directeur des contes pourrait alors être une interrogation sur le concept même de littérature. C'est ce que défend Marc Auchet dans son article « Andersen et le conflit des écritures [1] ».

Alors que dans certains de ses textes Andersen en vient à ironiser sur la possibilité qu'une œuvre littéraire se termine très prosaïquement chez l'épicier pour emballer du hareng salé, on peut remarquer dans la « Tante Mal-aux-dents », un de ses derniers contes, des éléments très instructifs. Certes, l'étudiant est mort et ses fragments de pensée ne semblent pas lui avoir survécu ; pourtant, le manuscrit a bien été publié (en partie) et n'a pas achevé sa carrière « dans le tonneau ». C'est sans doute la raison pour laquelle la dernière phrase doit être interprétée : « C'est la fin de l'histoire – l'histoire de Tante Mal-aux-dents. » Andersen semble vouloir dire que l'histoire de Tante Mal-aux-dents ne doit pas être prise comme l'annonce de la fin de toute histoire, contrairement à ce que l'avant-dernière affirmation semble dire : « tout va dans le tonneau ».

Si c'était la fin de toute histoire, ce serait la fin de la littérature, et c'est en effet cette crainte qui apparaît. L'étudiant admet avec lucidité « J'ai en moi quelque chose du poète, mais pas suffisamment [2] ». Il réfléchit à la condition humaine, à l'aune de l'esthétique et de la pensée romantiques, il en arrive à un jugement particulièrement pessimiste : « Dieu, le monde et l'immortalité, et nous ne connaissons de tout cela qu'une petite feuille [3] ! » C'est exactement à ce moment que tante Mille vient lui rendre visite et estime qu'il est « peut-être le plus grand [poète] que nous ayons [4] ». Ainsi, après les hésitations et spéculations de l'étudiant, une époque s'achève,

1. Marc Auchet, « Andersen et le conflit des écritures », *in* Marc Auchet (dir.), *(Re)lire Andersen : modernité de l'œuvre*, Paris, Klincksieck, 2007.

2. *Contes*, « Tante Mal-aux-dents », p. 430.

3. *Ibid.*, p. 431.

4. *Ibid.*

celle du romantisme, de l'idéalisme ; une autre période s'ouvre, celle du réalisme. La littérature ne va donc pas aller dans le seau à ordures. Elle peut être régénérée par une autre forme d'écriture. Le but de Tante Mal-aux-dents est de dissuader l'étudiant d'écrire ; or elle a échoué, puisque l'étudiant a couché sur le papier « ce qui est écrit ici ». Cet étudiant s'excuse de ne pas avoir écrit en vers mais d'avoir utilisé la prose, mode d'écriture moins noble, plus moderne : c'est très exactement l'itinéraire littéraire d'Andersen qui a commencé, médiocrement, par la poésie, pour terminer reconnu et admiré dans un genre mineur, le conte, qui peut-être, en d'autres temps, aurait mérité le tonneau ou seau à ordures. Ce processus n'est pas allé sans souffrance : la crise de la littérature n'est pas sans rappeler le mal de dents…

Andersen reprend ainsi un autre conte publié, lui, en 1852, « Le lutin chez le charcutier », qui reprend l'image du livre qu'on utilise à des fins très utilitaires. Un vieux livre rempli de poésies est destiné à servir de papier d'emballage, mais il réussit à échapper à ce funeste destin : il aboutit entre les mains d'un étudiant qui va ainsi pouvoir s'initier à la poésie. À cette littérature s'oppose celle que préfère la maîtresse de maison, ces histoires qu'on trouve dans les journaux et qu'on jette, une fois lues, dans le seau à ordures. Il y a donc ici deux écritures qui s'opposent, mais le lutin qui habite dans cette maison décide de « se partager entre les deux », pour des raisons très matérielles : là encore, c'est toute la carrière compliquée d'Andersen qui nous est racontée de manière oblique.

Si l'on admet que la poésie représente la littérature traditionnelle, on est obligé d'en constater le déclin : le XIXe siècle est de ce point de vue un siècle de mutation et Andersen en a parfaitement pris conscience, exactement comme en France Maupassant, Zola et évidemment Laforgue, Lautréamont ou Huysmans. Il faut donc aller encore plus loin et voir dans la fin de son recueil les signes d'un irrémédiable dépassement de la littérature, d'un dépassement du conte. Ainsi, le conte « L'invalide », l'un des derniers récits que l'auteur présente lui-même, non sans ironie, comme une « glorification du conte », va tout à fait dans ce sens. Le petit Hans, une fois guéri, se met à l'étude et souhaite devenir instituteur. Il quitte son foyer familial et même sa région d'origine. L'auteur prend soin de préciser que la guérison du petit garçon n'a rien de miraculeux. Les parents de Hans ont vécu sous l'influence de contes populaires qui ont chassé leur amertume et, pour le garçon lui-même, les contes ont pu constituer un ensemble qui est à la fois une prophylaxie et une propédeutique. Mais ces contes sont à rattacher au passé de la maladie. Ce texte décrit clairement que la littérature traditionnelle, associée aux contes, est en péril. Les connaissances scientifiques que l'instituteur transmet au petit Hans sont « encore plus merveilleuses que tout ce qui était dans le livre des contes ». Symboliquement le petit oiseau, symbole de la poésie, meurt. Le livre de contes finit par être utilisé comme un projectile et se disloque totalement. Curieusement, on apprend par la suite que Hans se destine à devenir relieur, « car, disait-il, comme cela, je pourrai lire tous les nouveaux livres ». Relieur, mais nullement poète, artiste : le positivisme supplante le romantisme, définitivement.

Un genre hybride ?

« À mi-chemin de l'opacité brutale de la nouvelle et de la transparence cristalline de la fable », le conte, selon Michel Tournier dans *Le Vol du vampire*, permet aux lecteurs de voir « se dessiner de grands mythes travestis et brisés » [1]. Le conte est bien une forme « à mi-chemin » : en tant que forme brève du récit, il n'est pas loin de la nouvelle, elle aussi soumise à une économie narrative stricte. D'ailleurs, dans la nouvelle comme dans le conte, l'ouverture et la clôture, exactement comme l'attaque et la pointe d'un sonnet, se répondent en général de façon éclatante.

Le conte est assurément un genre mineur, mais est-ce un genre pour mineurs ? Indépendamment des distinctions habituelles

1. Michel Tournier, *Le Vol du vampire*, Paris, Gallimard, 1983, cité par Patrice Soler dans son ouvrage *Genres, formes, tons*, Paris, Puf, 2001, p. 69.

– conte fantastique, conte philosophique, conte de fées, conte libertin –, le conte dispose d'une solide identité ; on pourrait même parler, comme le suggère Patrice Soler dans *Genres, formes, tons*, d'un système : « Si l'on peut construire un système du conte, c'est autour de la fascination du narrateur ou de quelques personnages conteurs, pour le pouvoir et le mystère de la parole, divine magique ou humaine, de préférence une parole autorisée ou consacrée [1]. »

L'unité de ces types de récits, le trait commun serait donc le pouvoir de saisissement du lecteur : si tout conte n'est pas nécessairement merveilleux ou fantastique, il a le pouvoir de laisser le lecteur dans un état d'étonnement ou de stupéfaction, ce que n'ignore pas Andersen. Jean Cocteau l'a bien compris lorsqu'il reprend un conte merveilleux du XVIIIe siècle, *La Belle et la Bête* : « Le postulat du conte exige la foi et la bonne foi de l'enfant [2]. »

Issu d'une littérature populaire qui a tardé à passer à l'écrit, le conte impose une oralité, par une sorte de rituel qui entoure la prise de parole. Il était une fois, il y avait une voix... Notons d'ailleurs que Marc Auchet, responsable de la traduction du Livre de poche, assume cette parenté sonore en osant un « il y avait une fois » ! Le conte, de Perrault à Andersen en passant par les frères Grimm, montre ainsi une parole performative. N'oublions pas d'ailleurs que les fées tirent leur origine de *fatae*, elles sont celles qui émettent une parole. Le conte de fées célèbre donc le mystère de la parole humaine. Marcel Aymé fait ainsi l'apologie de ses *Contes du chat perché* en 1939, « écrits pour les enfants âgés de 4 à 75 ans » (!). Cette attention au jeu de la parole, qui s'autorise à être poétique, suppose une parole autorisée au sens étymologique, c'est-à-dire qui permet l'accroissement (*augere*, en latin : « augmenter ») : cette parole autorisée est assumée par un narrateur omniscient, qui conduit, qui dirige. Le conte était certainement le genre dans lequel Andersen, si éprouvé dans sa vie personnelle, si souvent humilié,

1. Patrice Soler, *Genres, formes, tons*, *op. cit.*, p. 69.
2. Jean Cocteau, *La Belle et la Bête : journal d'un film*, Monaco, Éditions du Rocher, 1958.

pouvait mettre en avant une parole dans l'étendue quasi infinie de ses pouvoirs.

Un conte est donc une voie : comme on pouvait s'y attendre avec Andersen, le conte rejoint aussi le théâtre, un genre qu'il a beaucoup pratiqué, sans toujours y rencontrer le succès. Le conte est « un texte parlé, ou plutôt comme annoté pour être dit ou joué ; le style d'un conteur veut suspendre à ses lèvres et surprendre en même temps, un style travaillé pour la voix au moins autant que pour l'esprit [1] ». En faisant du conte un jeu de la parole, on doit entendre le mot « jeu » dans tous les sens : d'abord le plaisir de conter, mais aussi une manière dont on peut « être joué » par la parole. À la différence de la fable qui, malgré ses libertés, est comme asservie au besoin de délivrer une moralité, le conte est plus insinuant, plus ambigu, plus insaisissable aussi : il est le triomphe des Modernes contre les Anciens, comme on a déjà pu le voir avec Perrault au XVIIe siècle.

Il existe chez Andersen des contes plutôt réalistes, d'autres nettement merveilleux, d'autres enfin plus fantastiques. La parole du narrateur est toujours là pour contrer l'accusation d'invraisemblance, avec l'idée qu'il faut lire et comprendre le conte avec une intelligence qui ne peut se borner au rationalisme. C'est pourquoi Andersen fait le pari d'écrire un conte non pas simplement pour enfants, mais pour une imagination de l'enfant, qu'il convoque aussi chez l'adulte. C'est ce type de merveilleux, qui exalte la vie imaginative et qui est peut-être comme le dit Charles Nodier « la seule compensation véritablement providentielle des misères inséparables de la vie sociale » (*Du fantastique en littérature* [1830]), qui justifie l'admiration d'André Breton pour les contes dans son *Manifeste du surréalisme* (1924). Il est donc important de faire la différence entre les contes de Perrault, où tout est encore dirigé vers des moralités – cependant tournées autrement que dans des fables –, et les contes de Grimm ou d'Andersen : Andersen, bien plus moderne

1. Pierre Citron, « Préface », *in* Villiers de L'Isle-Adam, *Contes Cruels*, Paris, Flammarion, 1980.

encore que Perrault, laisse l'imagination vagabonder chez le lecteur ou l'auditeur, libre de concevoir les conclusions qu'il souhaite. La forme fragmentaire du conte est donc bien une « œuvre ouverte » livrée à l'interprétation, un peu à la manière des mythes platoniciens : impossible de faire un contresens sur un conte. C'est particulièrement net d'ailleurs dans la clôture des contes d'Andersen, qui sont bien rarement des clôtures, mais des touches allusives, ironiques, ouvrant parfois sur des abîmes.

Faut-il alors accorder aux contes d'Andersen la « noblesse » du « conte philosophique », pour reprendre une expression inventée par Voltaire synonyme d'enjouement et de piquant, et suffisamment capable, tout en amusant, d'entraîner l'adhésion du lecteur et d'aiguiser son sens critique ? Faut-il, pour reprendre la pensée de Jean-Paul Sartre, considérer que tout travail narratif renvoie à une métaphysique, considérer que les lieux du récit renvoient toujours à une représentation du monde ? Faut-il inversement lire et relire Andersen à l'aune de la *Psychanalyse des contes de fées* de Bruno Bettelheim (1976) et voir dans ses œuvres une forme de compensation, de transfert, une manière de conjurer sans cesse une enfance et une jeunesse douloureuses et traumatiques ? Le conte pour Andersen serait-il une revanche autobiographique de l'adulte sur l'enfant ?

L'accord est unanime pour reconnaître que les mythes en général et les contes de fées en particulier s'adressent à nous avec un langage symbolique qui traduit l'inconscient, celui de l'auteur mais aussi celui du lecteur. Dans un conte, les phénomènes psychologiques intimes sont matérialisés sous une forme symbolique. Les psychanalystes freudiens ont voulu montrer que le matériel inconscient, notamment refoulé, est sous-jacent dans les contes de fées, qui se rattachent aux rêves et aux rêves éveillés. Les psychanalystes jungiens insistent, eux, sur le fait que les personnages et les événements des contes sont conformes à des archétypes psychologiques qu'ils évoquent symboliquement. Par rapport au mythe qui s'appuie souvent sur l'inhabituel, le prodigieux, l'extraordinaire, le conte de fées privilégie un décor souvent banal, quotidien, sans grand intérêt, où se passent néanmoins des faits tout à fait extraordinaires. De même, le mythe est souvent pessimiste, alors que le conte de fées, même terrifiant, est le plus souvent optimiste. On peut donc dire que le conte de fées induit une sorte de résolution des conflits, chez le narrateur grâce à sa parole, et chez le lecteur grâce à sa lecture. Toutefois, de nombreux contes d'Andersen se terminent de manière particulièrement triste.

« Le vilain petit canard », conte extrêmement célèbre, peut être utile dans cette voie : la première fois que l'enfant écoute l'histoire, il répugne à s'identifier au personnage, parce qu'il aurait le sentiment de se déprécier. Ce n'est qu'au fur et à mesure du récit qu'il parvient à s'identifier et, sur la base de cette identification, à penser que la mauvaise opinion qu'il avait de lui-même était fausse. Nous pouvons aller plus loin : ce n'est qu'une fois adulte que l'ancien enfant va dépasser le premier stade, la première strate de lecture, qui pouvait être trop difficile ou douloureuse. Un conte d'Andersen accompagne donc l'apprentissage tout au long d'une vie : il impose lectures et relectures. Il accompagne le mineur vers l'adulte.

Le conte d'Andersen est donc tout à fait singulier en s'adressant plus à un adulte, qui se souvient d'avoir été enfant, qu'à un enfant. L'analyse de Bruno Bettelheim dans la *Psychanalyse des contes de fées* mérite ainsi d'être reprise [1] : « Cette histoire ["Le vilain petit canard"] est, comme presque tous les contes d'Andersen, un récit pour adultes. Les enfants l'apprécient bien sûr, mais elle ne leur est d'aucun secours [...]. L'enfant qui se sent incompris et déprécié peut avoir envie d'appartenir à une autre espèce, mais il sait très bien que c'est impossible. Sa chance de réussir dans la vie *n'est pas* de passer d'une espèce à une autre, comme le vilain petit canard qui devient cygne, mais d'améliorer ses qualités et de faire mieux que ce que les autres attendent de lui, tout en conservant la même nature que ses parents et ses frères et sœurs. [...] "Le vilain petit canard" n'exprime absolument pas la nécessité d'accomplir quelque

1. Bruno Bettelheim, *Psychanalyse des contes de fées* (1976), Paris, Laffont, « Pluriel », 1979, p. 166 ; Paris, Pocket, 1999, p. 164.

chose. Tout est réglé par le destin et l'histoire s'achemine vers sa conclusion, que le héros agisse ou pas ». Le conte d'Andersen manifeste donc le choix décisif d'un genre mineur pour adultes.

Des contes pour enfants, vraiment ?

Le conte « Les nouveaux habits de l'empereur » est un texte célèbre : nous y retrouvons l'empereur dans sa garde-robe, où il se fait habiller, parer, pomponner de manière tout à fait ridicule. Le thème est universel : le pouvoir d'attirance, de séduction, que l'apparence exerce sur tous les hommes, y compris les plus hautes puissances comme les princes. Le but du récit est de démasquer cette apparence trompeuse, d'abord associée au pouvoir et ensuite au crime. Ce pauvre empereur se retrouve lui-même berné par ceux qui l'habillent, alors qu'il croit être parfaitement vêtu. Quoi de plus propre à toucher les enfants qu'une histoire traitant de la vérité et du mensonge ?

Andersen ose opposer la superficialité stupide de l'adulte, l'empereur, à la naïveté non dénuée de profondeur qui la perçoit immédiatement et qui donc la démasque, par les yeux d'un enfant parfaitement innocent. Il ne s'agit donc pas tout à fait d'une histoire enfantine : le pouvoir, la bêtise, la corruption qui sont associés à l'empereur et au monde des adultes en général sont immédiatement démasqués par l'esprit enfantin. C'est un sujet d'adultes : le monde des adultes n'est fait que d'illusions, qui nous cachent la vérité ou la déforment ; il faut donc remettre en place la vérité, surtout face aux hommes de pouvoir qui se satisfont du mensonge ou pire, le chérissent. L'empereur a beau entendre le peuple qui, comme l'enfant, a bien compris le mensonge, il a beau penser que tout le monde a raison, son premier réflexe est de continuer comme si de rien n'était, et même d'être encore plus dans le mensonge qu'auparavant. Dans le monde des adultes, les hommes de pouvoir sont tous piégés par les illusions : seul l'enfant a des qualités de discernement, de sagesse, de simplicité pour crier à la face du monde où se trouve l'authenticité. L'enfance fait corps avec la vérité.

Cette conception n'est pas si éloignée des thèses de Rousseau. L'homme civilisé, qui remplace le premier homme, plus sauvage, plus naïf, plus primitif, est d'abord celui qui ment et vole, puis « trouve des gens assez simples pour le croire [1] ». La science, les arts, la rhétorique ne sont que des déguisements. L'éducation, qu'on appelle humaniste, est d'abord une manière de ne pas respecter l'enfance dans l'enfant, de tuer cette enfance et de construire trop vite un adulte frustré, méfiant et finalement pervers. Même la pitié, sentiment naturel, n'a presque plus sa place dans ce nouveau monde artificiel qui s'est créé contre les enfants. Du *Discours sur les sciences et les arts* (1749) à l'*Émile ou De l'éducation* (1762) en passant par le *Discours sur l'origine et les fondements de l'inégalité parmi les hommes* (1755) ou la *Lettre à Christophe de Beaumont* (1763), il y a à partir de Rousseau cette volonté de faire de l'enfant, de l'enfance du monde, une bouche de vérité. Dans le conte d'Andersen, remarquons que la vérité ne peut être entendue et reçue que si elle est formulée par un enfant : le langage de l'adulte ne peut pas dire comment est fait en vérité le monde ; l'adulte peut comprendre l'enfant et relayer sa parole, mais seul l'enfant a accès directement à la vérité. Ainsi le langage que nous apprenons par l'éducation fait partie d'une vaste entreprise de tromperie. Les convenances, la politesse, le respect, la courtoisie pourraient apparaître comme des valeurs sociales fondamentales, mais elles sont toutes par vocation au service du mensonge ou de la ruse : l'adulte finit par croire pour de bon à tous ces mensonges, il n'y voit plus un code commun destiné à faciliter la sociabilité, mais une paradoxale vérité. On peut mettre en rapport cette analyse avec deux autres textes fondamentaux. D'abord *Le Misanthrope* de Molière (1666), vanté par Rousseau dans sa *Lettre à d'Alembert sur les spectacles* (1758) : Alceste se comporte comme un enfant et dénonce les mensonges liés à l'exquise politesse de son ami Philinte ; rigoriste, absolutiste, Alceste souhaite que la parole redevienne morale, en oubliant au

1. *Discours sur l'origine et les fondements de l'inégalité parmi les hommes* (1755), Seconde partie, Paris, Flammarion, « GF », 1992, p. 222.

passage que la morale touche la conscience individuelle et qu'elle doit rester par essence désintéressée : il ne peut guère y avoir de morale dans l'espace public et dans les échanges, car comment imaginer un échange désintéressé ? C'est d'ailleurs la base de l'analyse qu'offre Kant dans son *Anthropologie d'un point de vue pragmatique* [1], au chapitre « De l'apparence permise en matière de morale ». La première phrase de ce chapitre a choqué ceux qui sont habitués à voir en Kant le sévère prescripteur de l'impératif catégorique : « Les peuples les plus comédiens sont aussi les plus civilisés. » Pour Kant, certes le langage social et la politesse sont des mensonges, mais précisément tout le monde le sait. « Il faudrait être un enfant » pour croire que dire bonjour consiste à souhaiter vraiment une bonne journée. Un mensonge connu de tous n'est donc plus un mensonge, mais un moyen pour restituer, dans le champ social et sous une forme certes dégradée, un semblant de morale qui, tout en n'étant presque rien, fait tout ; car il suffit d'imaginer un monde où ces artifices seraient absents : l'homme revenu à ses pulsions fondamentales serait l'ennemi de l'autre et la civilisation pourrait laisser la place à la barbarie. Ce n'est donc pas en suivant Kant que l'on trouvera la source de la pensée d'Andersen. Comme souvent, on verra en revanche de curieuses correspondances avec l'univers de Baudelaire, en particulier dans un des chapitres du *Peintre de la vie moderne*, « L'éloge du maquillage [2] » : paradoxalement, le goût naïf des enfants pour la beauté du maquillage et les artifices montre à quel point les adultes, qui ne rêvent que de naturel, sont dupes de leur propre système de mensonge.

1. Kant, *Anthropologie d'un point de vue pragmatique* (1798), in *Œuvres philosophiques*, tome III, Paris, Gallimard, « Bibliothèque de la Pléiade », 1986.

2. « Les races que notre civilisation, confuse et pervertie, traite volontiers de sauvages, avec un orgueil et une fatuité tout à fait risibles, comprennent, aussi bien que l'enfant, la haute spiritualité de la toilette. Le sauvage et le baby témoignent, par leur aspiration naïve vers le brillant, vers les plumages bariolés, les étoffes chatoyantes, vers la majesté superlative des formes artificielles, de leur dégoût pour le réel, et prouvent ainsi, à leur insu, l'immatérialité de leur âme », Charles Baudelaire, *Le Peintre de la vie moderne* (1863), in *Œuvres complètes*, tome II, Paris, Gallimard, « Bibliothèque de la Pléiade », 1976, p. 714.

Toutefois, rien n'est simple. Comment le narrateur peut-il être lui-même une voix de l'enfance, alors qu'il est prisonnier des impératifs d'une narration et d'un langage d'adulte ? À partir du moment où Andersen veut délivrer une moralité, faire de son œuvre quelque chose de didactique, n'est-il pas immédiatement du côté des adultes et donc du côté des sophismes et des apparences ? La réponse se trouve suggérée par un artifice particulièrement subtil : il ne faut pas opposer enfants et adultes, c'est plus compliqué. Le drame et la bêtise de l'empereur résident dans le fait que c'est un adulte qui se comporte en réalité comme un enfant, donc un adulte ridicule, « hors de son ordre », pour reprendre la définition que Pascal donne du ridicule dans ses *Pensées* [1]. En face, nous avons l'enfant innocent qui vient rétablir la vérité et l'équilibre, parce qu'il voit comme un adulte responsable. De même, le narrateur s'exprime bien souvent dans un langage imagé et simple, proche de l'enfance et des enfants : des phrases courtes, des paradoxes, un lexique peu développé, mais le sujet qu'il se donne, le but qu'il se fixe sont bien ceux d'un adulte responsable et éclairé. C'est donc l'âme de l'enfant, son innocence primitive, qui sauve aussi bien l'enfant innocent que le narrateur, puisque après tout, Andersen ne cesse de thésauriser ce qu'il y eut de bon et d'heureux dans son enfance, des denrées rares et précieuses ! L'empereur, lui, a beau se comporter comme un enfant, il a une âme d'adulte corrompu et endurci : c'est pourquoi il est définitivement hors-jeu.

Voilà qui nous amène à interpréter ce conte d'une manière beaucoup plus large : il ne s'agit pas simplement d'une satire de la vanité d'un empereur. La méthode et le but du conte consistent à faire la satire du langage des empereurs, des gens de cour, d'une partie du peuple et des écrivains, qui ont tous une relation problématique à la vérité. L'enfant finit par devenir un adulte, et sera

1. « Il est bien ridicule de se scandaliser de la bassesse de Jésus-Christ, comme si cette bassesse était du même ordre duquel est la grandeur qu'il venait faire paraître », Blaise Pascal, *Pensées* (1669), Fragment 339, Philippe Sellier (éd.), Paris, Librairie générale française, 2020, p. 228.

soumis aux illusions et aux duperies : l'important est donc de sauver ce qui peut l'être, et peut-être de trouver de « nouveaux habits » pour la pensée et la sensibilité, un autre langage, capable de dire des choses complexes de manière simple. C'est très exactement la clé du style d'Andersen. Il n'est pas impossible de considérer que c'est le langage qui est au centre de toutes ses recherches et de tous ses efforts.

Une réflexion philosophique ?

Dans « L'Ennemi » de Baudelaire (*Les Fleurs du mal*, 1857), nous avons une variation savante sur les deux sens du mot « temps » : pendant les trois premières strophes du sonnet, l'auteur présente sa jeunesse comme dévastée par des orages et des pluies diluviennes ; la métaphore de l'inondation envahit le texte et nous suggère une méditation désespérée sur le manque d'inspiration qui guette Baudelaire. Le dernier tercet passe du physique ou métaphysique : le texte s'ouvre à toute l'humanité et non plus seulement au moi baudelairien et nous donne une leçon angoissante sur le temps en général.

Ma jeunesse ne fut qu'un ténébreux orage,
Traversé çà et là par de brillants soleils ;
Le tonnerre et la pluie ont fait un tel ravage,
Qu'il reste en mon jardin bien peu de fruits vermeils.

Voilà que j'ai touché l'automne des idées,
Et qu'il faut employer la pelle et les râteaux
Pour rassembler à neuf les terres inondées,
Où l'eau creuse des trous grands comme des tombeaux.

Et qui sait si les fleurs nouvelles que je rêve
Trouveront dans ce sol lavé comme une grève
Le mystique aliment qui ferait leur vigueur ?

– Ô douleur ! ô douleur ! Le Temps mange la vie,
Et l'obscur Ennemi qui nous ronge le cœur
Du sang que nous perdons croît et se fortifie !

On retrouve dans les *Contes* d'Andersen ce genre de réflexion philosophique et sans doute autobiographique sur le temps. C'est là qu'on voit que cette littérature n'est ni simplement populaire, ni seulement enfantine.

« La Reine des neiges » a été écrit dans les années 1843-1844 : il s'agit d'un conte très long et complexe, qu'Andersen a divisé en sept histoires. Cette division ne doit pas être trop prise au sérieux : elle permet à l'auteur d'offrir des pauses, de relancer l'histoire, mais il ne faut pas négliger la mystique du chiffre sept, qui évoque la totalité et la perfection, voire la maîtrise. La structure profonde du conte ne correspond pas nécessairement au découpage officiel de l'histoire. Il y a une première structure, évidente et peu originale : un couple d'abord séparé se voit réuni après beaucoup d'aventures à la fin du conte, et en fin de compte. L'auteur a été à la fois inspiré par Novalis, grand auteur romantique allemand spécialiste du merveilleux et du fantastique, et par son ami le savant Oersted, qui était de formation universitaire philosophique ; sa spécialité était la recherche sur l'âme dans la nature, dans la lignée de la pensée de Schelling. Oersted voulant comme lui réconcilier l'esprit et la nature, il paraît fort probable qu'Andersen et lui en aient souvent parlé. Schelling était influencé par le mystique Jakob Böhme, qui croyait à un homme primitif nécessairement androgyne et qui s'appuyait sur des spéculations largement maçonniques. Andersen lui-même appartenait à la franc-maçonnerie. On ne s'étonnera donc pas de voir cette *Naturphilosophie*, spéculative et syncrétique, à l'œuvre dans un conte comme « La Reine des neiges », conte qui semble moins qu'un autre destiné aux enfants.

Les relations amoureuses entre Kay et Gerda ne sont que des codes à travers lesquels se structure le conte. Du début à la fin, le code des saisons apparaît le plus important : au début de la seconde histoire, on nous explique que l'été, les enfants peuvent se retrouver sous les rosiers, alors qu'en hiver, ils demeurent enfermés séparément. L'été rejoint, l'hiver disjoint. Symboliquement, les morceaux du miroir du diable qui blessent Kay et le rendent distant face à Gerda lui donnent un cœur glacé qui l'amène à s'intéresser aux flocons de neige ; la sensibilité et la douceur laissent la place à l'esprit critique, à un intellectualisme desséché qui mène à la mort. On peut reconnaître ici un passage de Rousseau, dans la « Profession de foi du Vicaire savoyard » : « Celui qui, à force de se concentrer au-dedans de lui, vient à bout de n'aimer que lui-même, n'a plus de transports, son cœur glacé ne palpite plus de joie ; un doux attendrissement n'humecte jamais ses yeux ; il ne jouit plus de rien ; le malheureux ne sent plus, ne vit plus ; il est déjà mort [1]. » Ce morceau du miroir qui blesse Kay constitue une forme d'anti-amour, alors que les larmes renvoient au contraire au pouvoir de l'amour : ce sont bien les larmes de Gerda qui chasseront ce morceau de verre du cœur de Kay.

Kay, victime de ce miroir diabolique, est enlevé par la Reine des neiges. Un peu comme la Reine de la nuit dans la très maçonnique *Flûte enchantée* de Mozart, cette reine est un personnage fascinant qui règne sur l'hiver et a un pouvoir de mort : elle est l'antithèse de Gerda, force de vie et d'amour. Inversement, Gerda est enlevée par l'été : après avoir dérivé le long d'une rivière, elle trouve refuge chez une vieille femme qui lui fait oublier Kay dans un jardin où règne un éternel été. Ainsi, alors que le garçon est prisonnier de l'hiver, la fille l'est de l'été : curieux « mariage des saisons », que l'on retrouve dans un poème du même nom chez Novalis.

Un autre codage se retrouve dans les relations maternelles, puisque la Reine des neiges et la vieille femme du jardin personnifient ce rapport à la mère. Peut-on véritablement parler de captivité puisque la reine et la vieille sont très tendres à l'égard des enfants qu'elles gardent et finalement protègent ? Cependant, il est clair que l'une et l'autre empêchent le couple amoureux de se réunir. Elles manifestent ainsi un pouvoir de frustration, elles empêchent le principe de plaisir de triompher ; en ce sens, les soins maternels, la tendresse témoignée, apparaissent comme des opposants à

1. Jean-Jacques Rousseau, *Émile ou De l'éducation* (1762), Paris, Flammarion, « GF », 1966, p. 374.

l'amour ; ils empêchent le couple de voler de ses propres ailes. Faut-il y voir un souvenir des difficultés qu'a eues Andersen avec sa mère ? Quand Kay est guéri, puisqu'il reconnaît Gerda, le couple regagne le lieu initial, la maison originelle, en couple amoureux, réuni : ils sont devenus des adultes. Nous avons ici, bien avant Freud, l'illustration de ce qu'est un adulte. À la différence de l'enfant, qui ne connaît que le principe de plaisir et se réfugie dans les caprices, l'adulte est obligé de faire des choix, de renoncer, de différer. En suivant le principe de réalité, il fait une expérience négative, qui se révèle dialectique puisqu'il en sort grandi. Quand Kay et Gerda constituent physiquement un couple, c'est l'été, autrement dit la puissance de vie qui l'a emporté sur la puissance de mort. Éros a triomphé de Thanatos, le perpétuel été sur le perpétuel hiver polaire. Il est singulier qu'un conte de fées soit ainsi chargé d'initier au principe de réalité !

Mais peut-être qu'Andersen veut rappeler en effet que le royaume des cieux ne s'ouvre qu'à condition que nous redevenions des enfants, pour reprendre cette suggestion biblique, ou bien alors se souvient-il du « Pouvoir des fables [1] » de Jean de La Fontaine.

L'opposition entre été et hiver, entre Éros et Thanatos, entre individus et couple, entre enfants et adultes, s'accompagne d'un autre message : la loi de l'ambivalence. Cette conception à la fois baroque et romantique selon laquelle une même chose peut avoir des valeurs opposées se retrouve là encore dans « L'Ennemi » de Baudelaire : l'eau est un élément normalement fécondant, au service de la nature, de la croissance ; mais quand elle devient une inondation, elle est un principe de pourriture, de corruption et de stérilité. Nous trouvons cette loi de l'ambivalence dans « La Reine des neiges » avec la double fonction, mortifère et régénératrice, associée à la fonction maternelle : elle est analogue sur ce point à celle que joue la fonction de la demeure de l'Ogre dans les contes

1. « Le monde est vieux, dit-on ; je le crois, cependant / Il le faut amuser encor comme un enfant. » Jean de La Fontaine, « Le Pouvoir des fables », in *Fables de La Fontaine* (1678), Second recueil, Livre VIII, 4.

du Petit Poucet. Cette ambivalence peut même avoir ici une dimension quasi cosmologique : la première histoire du conte, associée au miroir et à ses morceaux, est un mythe sur l'origine du mal, mal associé aux forces de disjonction. L'*hybris*, la démesure, est parente du mal et manifeste l'orgueil humain qui tend à défier Dieu. Ainsi, les trolls ont voulu monter jusqu'au ciel grâce au miroir diabolique, comme Icare avec ses ailes, comme les hommes de Babel. Une telle audace ne pouvait se terminer qu'en tragédie : le miroir retombe et se brise. Voilà la cause de la blessure de Kay. Inversement, quand Gerda arrosera Kay de ses « chaudes larmes » et enlèvera de cette manière l'éclat de verre diabolique, la conjonction supprimera la disjonction, le bien l'emportera sur le mal.

Nous avons peut-être ici une variation sur le « mythe d'Aristophane » qui se trouve dans *Le Banquet* de Platon : l'androgyne initial, par son audace, a entraîné la colère des dieux, qui coupent en deux l'être androgyne ; les deux moitiés sont condamnées à se rechercher pour se reformer et trouver l'unité. La dimension purement sexuelle laisse alors la place à un rêve ontologique d'unité retrouvée après avoir été perdue. Kay-Gerda seraient donc les deux images d'une même réalité, d'une même entité : l'homme.

Un certain nombre de contes d'Andersen peuvent donc être rattachés à une quête de la connaissance, et peut-être de la connaissance de soi, qui les apparente à la pensée platonicienne. Gerda est, on l'a vu, un personnage médiateur entre malheur et bonheur, mort et vie, hiver et été. Le souvenir des roses est le point de départ de la quête de Gerda : il suffit d'une fleur, que la vieille a oubliée sur son chapeau, pour que Gerda se mette à la recherche de rosiers, retrouve le souvenir de Kay et entreprenne un long et périlleux voyage. Un autre conte, « Le crapaud », présente une situation analogue : une jeune crapaude, qui vit au fond de l'eau d'un puits, est un jour remontée accidentellement avec un saut et retombe dans le puits après avoir aperçu le monde extérieur. Ce souvenir la détermine à quitter le puits pour explorer le monde. Après quelques aventures, la crapaude souhaite effectuer une nouvelle ascension : gagner l'Égypte, comme les cigognes. C'est par amour de la lumière, du soleil, qu'elle s'impose cette quête en apparence impossible. Précisément, une cigogne s'approche d'elle. Malheureusement elle la croque. La crapaude fait le grand voyage qu'elle souhaitait, mais elle n'est plus de *ce* monde : elle est recueillie par un rayon de soleil qui l'emporte.

On commence à reconnaître dans ses contes une trace de la théorie de la réminiscence, telle qu'elle est exposée par Platon. D'une certaine manière, « La petite sirène » raconte la même histoire : parce qu'elle a vu une fois le monde d'en haut, elle consent à tous les sacrifices et se retrouve à la fin transformée en fille de l'air, ayant acquis le droit à l'immortalité. Dans tous les cas, le personnage, dont on notera qu'il est toujours féminin, abandonne un environnement bas, où il est pourtant heureux, pour gagner le monde terrestre ; mais une fois ce monde terrestre expérimenté d'une manière sensible, a lieu une transfiguration, un dépassement, un transport vers un monde supérieur. Nous retrouvons à chaque fois la même structure : le monde souterrain ou sous-marin, le monde terrestre, et le monde aérien. La leçon de ses contes ressemble alors beaucoup à la thèse du *Phédon* de Platon où il est partout question de l'immortalité de l'âme. Le monde qui convient à cette âme est le monde des Idées immuables. Ce monde céleste est au domaine terrestre ce que, dans les contes, le domaine terrestre est au monde souterrain ou sous-marin. Le passage du niveau inférieur au niveau supérieur s'opère chez Platon par le ressouvenir et l'ascension dialectique. Chez Andersen, il faut à la crapaude une première ascension jusqu'au monde de la lumière pour que le souvenir qu'elle en garde l'excite à y remonter. La petite sirène est d'abord portée vers le monde supérieur à cause de l'attirance qu'elle a pour une statue, puis c'est le souvenir du beau prince qu'elle voit sur le vaisseau qui la conduit à choisir définitivement le monde des hommes. Le désir d'éternité qui l'amène jusqu'au monde céleste est d'abord confondu avec l'amour pour le prince. Certes, le prince devrait aimer la sirène, mais comme tous les hommes, il commet une erreur ; la sirène va gagner l'éternité, mais en devant perdre le prince et en passant par la mort. L'échec de la sirène s'avère donc être une réussite, puisqu'en accédant à l'éternité, la petite sirène est amenée non pas à aimer (sensuellement, sexuellement), mais à contempler l'idée de l'amour dans toute son éternité. De la même manière, Gerda est dupée par les apparences et se trompe en croyant voir Kay dans la personne d'un prince. Aidée par ce prince et son épouse, elle doit affronter l'effroi et la douleur dans l'épisode des brigands ; mais c'est précisément en affrontant cette négativité, qui n'est pas loin d'être une mort symbolique, qu'elle peut *dialectiquement* se lancer dans son dernier voyage, sa dernière ascension : libérer Kay, apporter la vérité.

L'ambiguïté de « La Reine des neiges » est manifeste. En plus de sa valeur philosophique, il semble bien qu'on puisse trouver dans ce récit des éléments autobiographiques. Ils n'appartiennent pas du tout au folklore qu'Andersen en général reprend et colore de manière poétique. Par exemple, le domaine de la Reine n'est jamais vraiment explicité dans le folklore et appartient en propre à la personnalité de l'auteur. Or, tous les biographes d'Andersen ont souligné le complexe social et psychologique dont il était profondément marqué. Venant d'une famille pauvre, peu intégré dans son milieu social, il n'a eu de cesse de vouloir atteindre la gloire et rêvait, enfant puis jeune homme, d'être admis dans l'aristocratie. « Le vilain petit canard » est ainsi, comme on l'a vu, un conte où l'on a toujours su repérer le reflet de ses aspirations vers la haute société. Mais il faut aller plus loin, car sous la cristallisation du complexe social se fait jour une angoisse autrement plus profonde : le sentiment d'échec répété et l'impossibilité de trouver une place dans la société ont littéralement enchaîné Andersen, depuis l'âge de quatorze ans lorsqu'il se rend à Copenhague, où personne ne le connaît, pour y faire reconnaître un génie auquel il sera pendant très longtemps le seul à croire. Son roman *Rien qu'un violoneux* en est le témoignage le plus poignant, parce qu'il relate l'histoire d'un jeune homme qui se prend pour un violoniste de génie et qui a pour ambition d'épouser une jeune aristocrate, en vain ; et parce que ce livre est généralement considéré comme médiocre, à la suite de l'opinion tranchée du philosophe Kierkegaard dans « Sur Andersen comme romancier » (1838). On peut donc dire qu'Andersen n'a cessé de fuir ses origines, son inadaptation sociale, sa solitude, mais aussi sans doute une forme d'aliénation mentale. Son hérédité est très chargée : quand il était enfant, son grand-père, reconnu dément, le terrorisait ; son père est mort fou. Il allait souvent voir sa grand-mère, employée à l'hôpital, et les fous qu'il y rencontrait lui rappelaient son grand-père. Un jour, alors qu'il avait six ans, le petit Andersen regarda par la fente d'une porte et vit une femme nue, aux longs cheveux, qui chantait d'une voix étrange et belle. La pensionnaire de l'hôpital s'arrêta net, se précipita en hurlant contre la porte et, voyant l'enfant, réussi à le toucher de sa main ; Andersen poussa un grand cri et s'effondra.

Une telle expérience ne s'oublie pas. La folle de l'hôpital s'invite chez la Reine des neiges. On n'a d'ailleurs pas assez dit que cet univers de neige, de froideur ressemble à s'y méprendre à la blancheur hygiénique des hôpitaux. Les salles du château de la Reine des neiges « étaient toutes vastes, vides, d'un froid glacial [1] ». Pour beaucoup d'aliénés, et en particulier de schizophrènes, la folie est considérée comme un pays, opposé à la réalité, où règne une lumière froide, une immensité illimitée, une contrée lunaire et glacée ; tout y est immuable, immobile, figé. C'est une sorte d'immobilité sans vie. C'est exactement le spectacle qui s'offre à Kay, enlevé par la Reine des neiges. Le schizophrène se bat en permanence contre l'agressivité de ses visions (bi)polaires. C'est contre ce domaine agressif que Gerda doit lutter lorsqu'elle pénètre elle-même dans le royaume de la Reine des neiges. Une vision lisse d'un univers lisse et effrayant : « Au milieu de la salle neigeuse et vide qui s'étendait à perte de vue, il y avait un lac gelé ; la glace était brisée en mille morceaux, mais tous les morceaux étaient [...] identiques [2] ». Le comportement de Kay est bien symptomatique de la schizophrénie. Après qu'il a été blessé par un éclat du miroir,

1. *Contes*, « La Reine des neiges », p. 184.
2. *Ibid.*, p. 184.

il est dominé d'une part, par la perte de toute vie affective, et d'autre part, par un processus excessif d'intellectualisation. On voit par exemple l'attitude méchante qu'il adopte à l'égard de Gerda : totalement insensible à son chagrin, il se moque d'elle comme de tout le monde et finit par l'oublier tout à fait pour s'absorber dans le défi que lui pose l'assemblage de morceaux de glace. Nous sommes devant des symptômes médicaux : isolement du malade par rapport à son environnement, dissolution progressive de la personnalité, transfert névrotique. Kay est fasciné par l'absolue solitude, une solitude stérile. L'emprise de la Reine des neiges est donc symboliquement celle de la schizophrénie : mort et folie se confondent, emprise justement qui ne fait que prolonger celle du miroir diabolique qui a glacé le cœur de l'enfant. L'un des tests habituels pour le diagnostic de schizophrénie est celui du miroir : on demande au malade comment il s'y voit, et le schizophrène ne reconnaît pas son apparence. Ainsi la Reine des neiges n'est pas simplement une souveraine des morts mais la maîtresse d'un autre monde, le monde de la folie. C'est ainsi que François Flahault, dans *L'Extrême Existence : essai sur des représentations mythiques de l'intériorité* [1], interprète l'aspect bipolaire du récit d'Andersen.

Isabelle Jan, dans *Andersen et ses contes*, nous en offre une interprétation assez différente. Pour elle, « La Reine des neiges » est une sorte de carrefour. Elle y voit un conte antiromantique : c'est la fuite vers les enchantements de la Reine des neiges qui provoque la mort. « Ce conte peut être considéré, dans l'effort de renouvellement du discours qu'il sous-entend, comme une espèce d'ébauche. Andersen a voulu dire là beaucoup de choses, à des niveaux de conscience très différents et avec des procédés d'écriture également très différents. L'idée de la fragmentation y apparaît clairement [2]. » Si le monde se présente à nous comme un miroir brisé, aucun philosophe ne pourra jamais y établir une cohérence. La seule unité

1. François Flahault, *L'Extrême Existence : essai sur des représentations mythiques de l'intériorité*, Paris, Maspero, 1972.
2. Isabelle Jan, *Andersen et ses contes, op. cit.*, p. 55.

possible n'est pas dans l'explication rationnelle et systématique, mais dans une recherche intime de consonance, un accord de la conscience avec elle-même. Andersen n'a pas pu faire autrement que de laisser se briser le conte en introduisant des divisions brutales et en le découpant par chapitres, ce qui est très rare. C'est un conte atomisé, donc bien une ébauche. Pourtant, il y a bien un fil conducteur : l'histoire, qui amène à un résultat ; il y a un récit mythologique, un conte encore folklorique, des traces de littérature enfantine, des passages qui pourraient avoir leur autonomie. Andersen invente un conte au pluriel qui évoque peut-être la pluralité des réalités, de la vérité, ou qui veut rendre compte d'un monde essentiellement désordonné et non ordonné. Un conte au pluriel, un conte en chantier plus qu'enchanté, qui laisse le lecteur rassembler les morceaux.

Une réflexion esthétique ?

Un discours plus ou moins mythologique fait de l'artiste, quel qu'il soit, un génie à part, plus ou moins en rébellion contre la société et son époque. Il y aurait le monde de l'art et le monde du non-art, particulièrement dans une société industrialisée qui oppose les forces bourgeoises de la production et la sécession des artistes-créateurs. Tout serait parti du romantisme, encore que la révolte contre l'utilitarisme ait souvent été l'apanage de ceux qui défendaient « l'art pour l'art » – les Parnassiens en France, notamment Théophile Gautier dans sa célèbre préface à *Mademoiselle de Maupin* (1835). Cette thèse est peut-être le fruit d'un malentendu : l'artiste du XIXe siècle n'est pas contre son monde, sa société, puisqu'il en fait souvent la matière de son art. Songeons seulement au roman réaliste ou à la peinture impressionniste… L'artiste, dans sa liberté absolue, n'est pas un simple porteur de messages ; il ne nous diffuse pas des mots d'ordre. Sa parole est oblique, il est le serviteur lointain d'Apollon *Loxias* (« l'Oblique » est le surnom qu'on attribue à

Apollon en raison du caractère énigmatique et ambigu de ses oracles).

Cette obliquité de la création littéraire se trouve à de multiples titres dans l'écriture d'Andersen : d'une enfance malheureuse à une popularité chèrement acquise, il réussit dans le domaine des lettres en assurant le succès d'une voie mineure, le conte. Grand écrivain, il est récompensé par l'élite pour avoir réhabilité une forme d'essence populaire. Il est célébré par les adultes pour avoir fait des contes pour enfants, ou tout du moins des contes avec des enfants. Son œuvre est d'abord une interrogation sur l'art lui-même et ne se limite pas à la parfaite mécanique structurale : le caractère à la fois singulier et équivoque de sa création nous amène à poser la question de savoir s'il n'y a pas là l'amorce d'une esthétique nouvelle.

Andersen a été et est encore extrêmement lu. Il fait même l'objet d'un véritable culte. Cependant, les touristes pèlerins qui contemplent *La Petite Sirène* dans le port de Copenhague montrent d'une part, l'inévitable hiatus qui existe entre l'œuvre et son public, et d'autre part, une curieuse situation, une forme de miroir tendu au lecteur-spectateur-consommateur. Tous ces admirateurs, qui n'ont d'ailleurs pas tous lu les contes, se comportent peut-être comme les personnages des « Nouveaux habits de l'empereur » : ils tombent en extase devant une statue en croyant y voir une œuvre alors que cette statue n'est qu'une vaine représentation, du reste bien éloignée de la sirène d'Andersen.

La prose parfois peu travaillée d'Andersen, cette manière qu'il a de fixer des détails insignifiants, de peindre des personnages parfois tout à fait minuscules, sans même chercher à les transfigurer, a peut-être un but caché : nous faire douter de notre lecture en tant que lecteur. Ce que nous lisons là est donc une œuvre, une grande œuvre ? Et que faisons-nous de cette lecture ? Autrement dit, faut-il lire Andersen comme on lit de la poésie, du roman, faut-il lire en adulte, en homme cultivé, sans adopter une âme d'enfant ? Quel est le véritable destinataire et quel est le sens de cette écriture ? En effet, faut-il considérer que le vilain petit canard est un cygne, ou que le cygne n'est peut-être en réalité qu'un vilain petit canard ? Faut-il se résigner à lire et à interpréter tout à l'envers ? Ce qui est le plus pauvre est le plus complet, et le style écrit le plus discret, le moins renommé, n'est-il pas en définitive le seul qui est important ? Le conte serait donc une forme paradoxale de victoire contre les grandes puissances littéraires, et il a été l'instrument de la reconnaissance d'un enfant misérable, prolétaire, à l'hérédité chargée, traité de manière infamante, et qui est devenu l'homme le plus adulé de son pays, salué par le roi, voyageur qui fait le tour du monde, partout encensé, partout auréolé. Derrière ce qui est magnifique, la plus extrême misère ; mais dans le plus misérable, la promesse d'une compensation magnifique. Combien de contes d'Andersen ne sont-ils pas d'une manière ou d'une autre strictement autobiographiques ? Une forme parfaitement expressive et signifiante : voilà qui traduit une maîtrise remarquable, une conscience dans la force esthétique qui n'est pas si fréquente en littérature. C'est ce que dit très bien Isabelle Jan dans *Andersen et ses contes* : « Le fait qu'il débarqua, petit paysan mal dégrossi, dans une capitale européenne raffinée, à un moment d'intense bouillonnement intellectuel, n'est que la figure pittoresque d'un événement capital. Qu'après une période de vaches maigres il sut étonner et divertir les gens du monde et devint rapidement la coqueluche des salons n'a rien qui doivent surprendre [...]. Mais le curieux de l'affaire, c'est l'astuce et l'énergie avec lesquelles ce pauvre démuni n'a jamais pris les vessies pour des lanternes. C'est là d'ailleurs un thème assez constant des contes que la remise à sa place. Le conteur ne s'en laisse pas conter. Donc, première erreur à ne pas commettre : il n'est pas un idiot de village. Toute sa réflexion sur lui-même [...] montre au contraire une intelligence hautement avertie, une lucidité assez rare. Il n'est pas l'ingénu immédiatement disposé à l'émerveillement [...]. Adulé par l'élite mondaine, il se défend aussitôt contre elle, renvoie le bavardage littéraire à la basse-cour, expédie le pédantisme à la poubelle [1]. »

1. *Ibid.*, p. 33.

Dans son article « Tirer partie d'un rien. La valeur de ce qui est sans valeur [1] », le spécialiste d'Andersen François Flahaut va également dans ce sens et fait de cet auteur le lointain précurseur de minimalistes actuels comme Philippe Delerm. Pour lui, Andersen « part en général d'un petit rien dont pourtant il fait quelque chose. L'histoire même qu'il nous raconte. Un objet négligeable, sans valeur, ignoré ». En ce sens, il regarde comme un enfant, avec un champ de vision rétréci, une hyperconcentration sur le premier plan. Mettre à profit des riens et des hasards est ainsi l'essentiel de la créativité d'Andersen. Le moindre détail est doté d'une signification particulière : on peut même parler d'alchimie créatrice. Qu'un récit provienne d'un objet mis à la poubelle, c'est même ce qu'ose Andersen dans un de ses derniers récits, « Tante Mal-aux-dents ». Certes, Andersen retrouve par le culte du hasard et des petits riens la base de la traduction de la tradition orale : de nombreux contes populaires accordent de l'attention à des choses apparemment sans valeur. Cependant, il y a chez Andersen un tel systématisme qu'il faut y voir sans doute le fondement de sa composition. Se concentrer sur les détails, c'est refuser la vanité, l'inauthenticité, l'imposture, dont nous savons bien que l'enfant seul en perçoit le caractère. Le petit devient l'essentiel et n'est pas l'otage des représentations grandioses, grandiloquentes qu'en font les adultes. L'auteur fait appel à l'âme d'enfant du lecteur qui, par connivence, va lui aussi accorder de l'importance à ces détails, non parfois sans humour.

La valorisation, non de l'enfance mais de l'esprit d'enfant, non de l'enfant mais du regard de l'enfant, est ainsi omniprésente dans son œuvre. La figure de l'enfant y est idéalisée. Il est innocent, l'amour qu'il éprouve pour sa mère ou d'autres enfants est asexué, il n'atteint jamais totalement le principe de réalité. Par son intégrité et son innocence, l'enfant est proche d'Adam d'avant le péché. Nous voici en face d'un renversement des valeurs que Jésus-Christ lui-même ne cesse de prêcher : les derniers seront les premiers, les

1. François Flahaut, « Tirer partie d'un rien. La valeur de ce qui est sans valeur », *in* Marc Auchet (dir.), *(Re)lire Andersen : modernité de l'œuvre, op. cit.*, p. 61.

plus humbles entreront triomphateurs au royaume des cieux. Le choix du conte, le plus humble des genres littéraires, et la valorisation de l'esprit d'enfance constituent l'un et l'autre une forme de critique des valeurs bourgeoises : l'artiste romantique que n'a jamais cessé d'être Andersen s'identifie à un enfant idéal qui n'est pas loin de la figure du saint.

La réception des contes d'Andersen

Des universitaires français [1] se sont posé la question de savoir quelle était aujourd'hui la réception du conte « La petite sirène » de la maternelle à l'Université. Les auteurs ne cachent pas qu'il s'agit d'un texte problématique : « Andersen n'est pas un auteur pour les enfants », affirment-ils d'emblée ; toutefois, la plupart de ses contes et probablement les plus complexes d'entre eux « sont susceptibles de rencontrer l'enfance, l'âge de la recherche d'une compréhension du monde, l'âge de la réflexion philosophique et métaphysique ». Ils rappellent que les traductions françaises du XIXe siècle chez Hachette puis chez Garnier paraissent donc chez deux éditeurs dédiés à la jeunesse, et que c'est par ce biais qu'Andersen a d'abord été connu en France. Les auteurs sont persuadés que « La petite sirène » peut être considérée « comme une reconfiguration fictionnelle et métaphorique des interrogations existentielles qui traversent l'enfance et l'adolescence ».

Le travail mené consiste à interroger les modalités d'enseignement d'une telle littérature dans tout le système scolaire. « Si nous avons retenu le texte de “La petite sirène” pour mener notre recherche, c'est parce que nous présentions qu'il allait poser un problème dans le cadre d'une lecture scolaire, aux élèves probablement, aux enseignants surtout, et que par conséquent il permettait

1. Danielle Dubois-Marcoin, Christa Delahaye, Claude Le Manchec, « Réception de “La petite sirène” de la maternelle à l'université », *in* Marc Auchet (dir.), *(Re)lire Andersen : modernité de l'œuvre*, *op. cit.*, p. 318-336.

de mettre au jour des questions concernant les représentations de la littérature, de ses fonctions et de son enseignement, questions qu'on a peut-être pris l'habitude d'esquiver. » Le récit d'Andersen semble avoir été perçu, surtout par les enseignants, comme décalé, notamment au collège : il n'a laissé personne indifférent et a provoqué et entraîné de nombreuses réactions, des débats, des questions. C'est un conte qui suscite l'étonnement puis la réflexion, mais pas vraiment la séduction immédiate.

D'abord, ce conte fait figure de *classique*, c'est-à-dire d'affaire classée : tout le monde a le vague sentiment de le connaître, car il fait partie du patrimoine universel, particulièrement parce qu'il a suscité de nombreuses adaptations, comme celle de Walt Disney, qui sont en fait de complètes réinventions. D'autre part, ce texte est associé à un paradoxal complexe d'infériorité littéraire : parce qu'il est considéré comme trop enfantin, il est délaissé par les professeurs de collèges et de lycées ; mais parce qu'il est jugé trop difficile et complexe, il est soigneusement évité au primaire et encore davantage en maternelle. Il est à noter que les enfants de cinq ans, à la différence des autres, ne s'attachent pas à la cruauté de certains passages, mais sont sensibles aux éléments les plus symboliques du récit. Les adolescents, eux, auront tendance à projeter sur l'héroïne l'angoisse de la séparation d'avec le milieu familial, les jeunes filles évoquant plutôt la métamorphose de la sirène qui concerne aussi celle de leur propre corps. Certains très jeunes collégiens refusent catégoriquement le récit en le considérant comme… « une histoire de fille » !

La situation de ce conte dans l'institution littéraire interroge et désarçonne les enseignants. Certes, on retrouve de nombreux éléments archétypiques des contes traditionnels : rois, reines, princes et princesses, sorcières ; châteaux, forêts, jardins, scènes de bal, désir d'amour et d'éternité. Cependant, l'horizon d'attente des lecteurs est bouleversé : *qui est bon, qui est méchant ?* Le schéma binaire que l'on retrouve dans de nombreux mythes, jusque dans les sagas cinématographiques bien connues, ne se retrouve pas chez Andersen. Les élèves, avec les enseignants, sont donc amenés à affronter un monde beaucoup plus relatif, labile. Par ailleurs, le récit peut apparaître comme inabouti, puisqu'il ne se clôture pas sur la réalisation d'un programme stéréotypé, mais sur une forme de béance, à la fois existentielle et religieuse : la fin a pu apparaître bien souvent comme déceptive, sinon décevante.

En revanche, peut-être parce que l'éducation et l'instruction amènent assez tôt les élèves à lire des romans du XIXe siècle, l'aspect romantique du conte a recueilli un plus grand succès, notamment tous les aspects liés au sacrifice, à l'échec, à la passion : ce texte permet jusqu'à un certain point des formes d'identification. Pour un élève de sixième par exemple, cette jeune sirène, par une sorte d'inversion, n'est plus la séductrice dangereuse et maléfique que l'on trouve dans l'*Odyssée* d'Homère, mais un personnage singulier, solitaire, qui réalise une trajectoire originale et complexe. On en vient donc à un élément plus gênant : la dimension religieuse, pourtant très syncrétique chez Andersen. De nombreux enseignants, se réclamant de la laïcité, étaient d'ailleurs réticents à l'idée de faire lire en classe un texte qu'ils jugent sous-tendu par des idées religieuses : ils envisageaient même d'écourter la fin, tout en étant apparemment insensibles aux marques de paganisme, aux emprunts d'Andersen aux mythologies nordiques et à l'animisme. À cause de ces présences d'éléments religieux, le texte a spontanément fait naître des débats philosophiques et métaphysiques, à partir d'une question simple : *s'agit-il d'une fin heureuse ?* « Dans des classes où plus de vingt nationalités différentes se côtoient parfois, la question du paradis ou de la métempsycose a été débattue, dans le cadre de débats pacifiés que l'école est un des derniers lieux à permettre à l'heure actuelle », suggèrent les chercheurs.

Dans l'ensemble, et parce qu'il s'agit d'une littérature populaire, « La petite sirène » est souvent mise en relation avec des adaptations, notamment les dessins animés. Walt Disney s'impose alors. La comparaison entre le dessin animé et l'œuvre littéraire a permis de montrer que le texte est plus complexe, plus riche : il stimule davantage l'imagination. Entre le monde manichéen voulu par Disney et l'œuvre ouverte créée par Andersen, il y a un monde que certains élèves perçoivent, même si la plupart sont rebutés par les lenteurs de la narration. La mise en relation avec d'autres œuvres qui peuvent apparaître connexes avec « La petite sirène » et qui appartiennent à des formes d'art différentes a permis des débats intéressants, notamment avec un tableau de Magritte, un portrait de Giacometti et une œuvre de Jackson Pollock. Les élèves perçoivent ainsi mieux l'aspect imagé, métaphorique et symbolique du texte littéraire. Mais un texte littéraire est avant tout fait de mots et appelle à la lecture, d'autant que le conte, comme toutes les œuvres d'Andersen, repose sur une oralité assumée. Dans l'ensemble, cette lecture orale aura permis une meilleure réception de l'œuvre, une meilleure compréhension du personnage : « On notera ici l'importance du temps de lecture comme processus de transformation et de maturation, d'attente, d'interrogation et de réflexion nées à l'ouverture du récit. »

Se crée alors, au fur et à mesure de la lecture, un effet miroir. Ainsi, l'intimité entre lecteur et personnage étant mise en place, l'identification peut enfin exister, notamment dans la scène du pacte avec la sorcière et dans celle du bal. Mais, comme souvent chez Andersen, un détail perturbe les jeunes élèves : le personnage n'a pas de nom ; il n'accède pas à la dignité de personne, d'où des débats sur la réalité même de ce personnage, débats qui peuvent exister dès le CM1 ! Un tel conte est donc un véritable laboratoire qui permet d'analyser comment se crée dans une œuvre l'identification admirative, identification qui n'empêche pas la distance du jugement.

On peut toutefois regretter que le rapport n'insiste pas davantage sur la réception d'un tel texte au-delà du baccalauréat. Andersen est de fait peu étudié dans le Supérieur en France ; il est étonnant que son œuvre ait été choisie pour un programme de concours aux grandes écoles alors que Perrault, Diderot, Marmontel, Marcel Aymé, ou plus simplement les frères Grimm auraient été des choix plus attendus, même sur le thème de l'enfance. Se posent alors la grande question de la classification générique, mais aussi un problème plus profond lié au statut de la littérature dans l'enseignement du français : dans quelle mesure un texte est-il pris comme une œuvre littéraire, donc esthétique, ou bien comme un document, un moyen de réfléchir, de s'informer, d'apprendre ? Les contes d'Andersen sont décidément toujours hybrides : contes de fées souvent tristes ou irrésolus, récits parfois désordonnés, voire chaotiques, avec un style souvent perçu comme très oral pour une œuvre écrite et dépendant de la traduction, et des moralités souvent ambiguës ou hétérodoxes ; cette œuvre a du mal à entrer dans la taxinomie souvent associée à l'enseignement. Elle déçoit les horizons d'attente alors même qu'elle peine à devenir un modèle d'écriture. Peut-être est-ce finalement une œuvre rétive à l'explication littéraire, parce qu'elle met en cause l'usage excessif de la rationalité ?

Une question de regard ?

Régis Boyer, dans ses analyses des *Contes* [1], insiste beaucoup sur la thématique du regard, qui va du réalisme à la vision hallucinatoire en passant par le biais symbolique. Dans le tout premier conte, « Le briquet », le regard est conté selon une démesure folle, déchaînée de tout ce qui pourrait en faire un instrument de connaissance ou un objet pulsionnel contenu. C'est un conte où tout est possible, où rien ne semble aberrant et où la morale ordinaire n'existe plus. Un soldat rencontre une sorcière qui lui demande d'aller au fond d'un arbre rechercher un briquet magique. Il doit affronter trois chiens, dont les yeux sont étonnants de grandeur, qui lui permettront d'obtenir le succès. L'objet le plus précieux est sans doute ce briquet, dont il ignore les tenants et les aboutissants, qu'il refuse de rendre à la sorcière à qui il coupe la tête ! Ce briquet magique lui permettra de conquérir, avec la fille du roi, un trône, non par les voies ordinaires des contes, mais par la soumission effrayée des

1. Hans Christian Andersen, *Œuvres*, Tome I, textes traduits et annotés par Régis Boyer, Paris, Gallimard, « Bibliothèque de la Pléiade », 1992, p. 1296-1316.

gardes royaux qui voient la famille du roi déchiquetée par les chiens, sur l'ordre du nouveau maître des lieux… Ce conte totalement effrayant qui commence par le meurtre de la sorcière et finit par celui du souverain vient de ce que l'on passe d'un épisode à un autre par une écriture qui se refuse toute rationalité ou culpabilité et avance à toute allure. Nous voyons bien que ce conte renvoie à Aladin : il y a souvent, dans les contes, le rêve d'un objet magique qui permet l'impossible. Mais, d'habitude, c'est au plus méritant que cet objet finit par être attribué ou gagné. Chez Andersen, il échoit au plus cynique, comme si l'œil de Dieu ne savait ou ne voulait pas voir, ou, peut-être, n'existait pas. Que signifient alors les yeux de ces chiens ? À aucun moment, il n'est écrit que ces animaux étranges vont attaquer ou dévorer. L'accent est mis sur la fixité d'un regard dont la démesure est suggérée non pas tant par la taille des yeux, mais par la métaphore étrange qui évoque cette taille. C'est ainsi un regard sans mesure. Mais précisément, cette démesure s'inscrit dans la thématique de la dévoration. Le regard est au centre d'un espace menacé par l'engloutissement, où le damier est mis en perspective, orienté vers le point de fuite, source de tous les dangers. Un regard pris comme une bouche silencieuse, qui « dévore » tout. Le tablier à carreaux n'est pas orienté par une perspective, un point de fuite : les yeux des chiens perdent en quelque sorte leur regard. Quelle énigme insondable ! On tremble à l'idée qu'un enfant y comprenne quelque chose : aucune opinion, aucune sagesse, aucune connaissance, aucune « moralité », au contraire. Ce conte contient une telle part d'ombre qu'il ne peut que viser notre inconscient le plus primitif, d'où il est sans doute sorti.

Dans « L'ombre », Andersen va plus loin encore : il parle d'un regard qui ne revient pas, qui ne peut s'inscrire dans le désir de qui que ce soit. Or c'est le regard d'un homme de science, un « brave type » au demeurant : il écrit directement sur le vrai, le beau et le bien, mais bien sûr personne ne le lit. Une nuit, réveillé en sursaut, il croit voir dans la maison d'en face, au bord de fleurs brillantes, une accorte jeune fille. Son ombre était allongée jusqu'au balcon.

L'ombre pénètre le logement du savant, selon sa prière, et... y reste ! Le lendemain, le savant voit qu'il n'a plus d'ombre. Il en est fort fâché. Heureusement, une nouvelle ombre renaît peu à peu... Dans « L'ombre », le regard devient pleinement un thème dramatique : un jour, un homme habillé de noir (on se croirait dans les *Nuits* de Musset !) se présente au scientifique ; c'est son ombre, qui a pris corps humain. Elle lui raconte que la maison de la belle jeune fille est celle de la poésie et que l'ombre a pris corps. Nous pouvons penser alors qu'il s'agit d'un apologue sur l'une des conditions de toute prise de corps, la poésie de l'inconscient (ou de l'imagination) ou même de la métaphore. Nous pouvons dire également qu'il s'agit ici d'une fable sur la fin de la division du moi dans la science, sur la mise en place d'un leurre nécessaire à toute parole.

Toutefois, ce conte a lui aussi de quoi inquiéter : l'ombre, détachée du savant et qui a pris corps, est devenue le support d'un regard qui voit tout. Réfugié, avant d'avoir les bottes, les habits et tout le « vernis humain », sous les jupes d'une prosaïque pâtissière, il parcourt le monde, voit tout ce qu'il ne faut pas voir, et vit riche et admiré de tous, car tous craignent son ultime chantage : révéler sa vérité d'ombre. Quand le savant tombe malade, tout le monde lui trouve... l'air d'une ombre. L'ombre, devenue l'Ombre, l'invite à voyager. Dans ce voyage, l'Ombre est le maître et l'ancien maître ; le savant, le « titulaire », est « comme son ombre » : relation inversée, dialectique, de maître à esclave. La fin, inattendue, est plus drôle : pour voir, il ne faut pas avoir trop bonne vue. L'Ombre agit paradoxalement comme une révélation : elle fait voir le caché. C'est largement suffisant pour enchanter une princesse, et plus efficace que toute science. N'est-ce pas ici la projection d'Andersen, homme de l'ombre, et qui enchante les cœurs par l'ombre de littérature que constituent ses contes ? Voilà que le conte devient une véritable « déposition » ! L'Ombre, le poète, l'écrivain, fabulateur, affabulateur, transmue ce qui lui manque en avantage brillant, en merveille de discours. Terrible autocritique, pleine de lucidité et de cynisme : l'empereur des Lettres a trouvé des habits neufs... mais a-t-il quelque chose sur lui ?

Pour conclure

Présentation de quelques contes du recueil

« Le briquet »

C'est l'un des tout premiers contes parus en 1835 dans le deuxième livret des *Contes de fées*, accompagné notamment de « La princesse sur le pois ». La critique littéraire danoise s'est acharnée sur cette publication, préférant des contes sans doute plus moralisateurs. « Le briquet » est inspiré des *Contes des mille et une nuits* et du personnage d'Aladin, qui a certainement marqué Andersen dans son enfance. Il a été adapté dans un film d'animation danois sorti en 1946. Régis Boyer, dans son introduction aux *Contes* de l'édition de La Pléiade, est au contraire dithyrambique : « Ce premier conte est déjà tout à fait représentatif du génie d'Andersen. Dans la thématique, bien entendu – l'humble personnage qui accède aux plus hautes destinées –, mais surtout dans l'art de raconter et dans un certain nombre de constantes stylistiques : rapidité, vivacité, ton exclamatif, ironie. La critique moderne retiendra le fond de violence allègrement escamotée (la décapitation de la sorcière), et surtout ces images motrices, tellement caractéristiques d'un art essentiellement visuel, comme les yeux des trois chiens, présents jusqu'à la dernière ligne [1]. »

« La princesse sur le pois »

Parfois intitulé « La princesse au petit pois » ou « La vraie princesse », il fait partie du même recueil. Ce conte a été également éreinté par la critique. Dans un lointain royaume, un prince recherche la meilleure princesse pour l'épouser. Aucune ne trouve grâce à ses yeux, car il ne trouve pas « une vraie princesse ». Lors d'une nuit d'orage, une jeune femme trempée qui prétend être une princesse demande l'hospitalité à la porte du château. La reine, décidée à trouver enfin une épouse digne de son fils, l'accueille et

1. *Ibid.*, p. 1321.

la fait dormir sur une pile de vingt matelas et de vingt édredons sous laquelle elle a auparavant placé un petit pois. Le lendemain matin, quand la reine demande à la princesse si elle a bien dormi, elle lui répond qu'elle a passé une nuit effroyable, comme gênée par la présence de quelque chose de dur. Une peau aussi sensible ne peut être que celle d'une vraie princesse. Le prince l'épouse donc et le petit pois devient une des pièces maîtresses du musée royal. Ce conte a été mis en musique par le compositeur Ernst Toch en 1927. Un film d'animation de Mark Swan, sorti en 2002, reprend l'intrigue principale du conte.

« Les fleurs de la petite Ida »

Ce conte, également paru en 1835, raconte l'histoire d'une petite fille à qui son professeur particulier, un jeune étudiant (certainement inspiré de l'auteur), enseigne que, la nuit, les fleurs quittent leur vase ou leur jardin pour aller danser. Une fois la nuit venue, la petite Ida voit alors des fleurs danser dans le salon.

« La petite sirène »

Paru en 1837, ce conte obtient un accueil beaucoup plus favorable. Une petite sirène, qui vivait sous la mer avec sa famille, atteint l'âge de quinze ans ; elle est ainsi autorisée à nager jusqu'à la surface pour contempler le monde extérieur. Elle aperçoit un navire sur lequel se trouve un beau prince de son âge. Une tempête se déclenche, le navire chavire et le prince tombe à l'eau. La petite sirène le sauve et le ramène inconscient sur le rivage. Une jeune femme surgit alors et la sirène s'échappe : à son réveil, le prince croit que c'est cette jeune femme et non la sirène qui l'a sauvé. Surprise d'avoir découvert la fragilité des humains, la petite sirène apprend de sa grand-mère que les hommes vivent bien moins longtemps que les sirènes mais qu'ils ont une âme éternelle. La petite sirène veut alors aussi une âme éternelle : pour cela, elle doit épouser un homme qui l'aime. Désireuse de séduire le prince, elle va trouver la sorcière des mers qui lui remet un philtre transformant sa queue de poisson en jambes. Pour prix de ce service, la sorcière exige de la sirène sa voix magnifique et lui coupe la langue. Si elle échoue et que le prince en épouse une autre, le cœur de la sirène se brisera et elle ne sera plus qu'écume sur la mer. Elle boit le breuvage, ressent une terrible douleur et perd connaissance ; à son réveil, le prince se tient près d'elle, la conduit au palais, s'attache à elle mais ne peut oublier la jeune fille qui, selon lui, l'a sauvé. Un jour, le prince décide d'épouser cette fameuse femme. La petite sirène, en proie au plus grand désespoir, comprend que sa fin est proche : si elle ne tue pas le prince, elle disparaîtra. Elle se jette dans la mer mais au lieu de se transformer en écume, elle rejoint les « filles de l'air » pour sa bonne action. On a beaucoup glosé sur le fait que ce conte serait une transposition symbolique de l'amour impossible entre Édouard Collin, fils de son protecteur Jonas Collin, et Andersen : la morale de la fin serait un renoncement à l'amour impossible et interdit pour gagner un paradis chrétien.

« Le vaillant soldat de plomb »

Encore appelé « Le stoïque soldat » ou « L'intrépide soldat », il paraît en 1838. Un petit garçon reçoit pour son anniversaire une boîte de vingt-cinq soldats de plomb. L'un de ces soldats n'a qu'une seule jambe. Ce soldat remarque parmi les jouets autour de lui une danseuse qui se tient gracieusement sur une seule jambe, et en tombe amoureux. Le soir, quand toute la maisonnée est couchée, les jouets se mettent à faire la fête ; le soldat de plomb, immobile, fixe des yeux la danseuse. À minuit, un diable en boîte s'ouvre et avertit le soldat de plomb de ne pas la regarder, mais il n'obtempère pas. Le lendemain, il est enlevé par le diable en boîte et tombe du troisième étage. Deux garçons finissent par le trouver et s'amusent à le faire voguer dans le caniveau sur un bateau en papier. Le petit soldat tombe dans les égouts, croise un rat en fureur, se retrouve dans un ruisseau où il est avalé par un poisson. Le poisson est pêché, vendu au marché, découpé dans une cuisine : le soldat de plomb est retrouvé, dans la même maison qu'au départ. Il revoit alors la danseuse mais inopinément, un petit garçon le prend et le jette dans le poêle. Un courant d'air fait s'envoler la danseuse qui se retrouve également dans le poêle. Ils fondent ensemble. À la place du soldat, il ne reste qu'un cœur. Ce conte étonnant a été plusieurs fois adapté au cinéma, notamment dans un film d'animation de Paul Grimault, *Le Petit Soldat*, en collaboration avec Jacques Prévert et sur une musique originale de Vladimir Kosma (en 1947). Georges Balanchine a adapté le conte pour un ballet en 1975, en adoptant la musique de *Jeux d'enfants* de Bizet. En 2000, ce conte devient une séquence du film *Fantasia 2000,* sur une musique de Chostakovitch.

« Les cygnes sauvages »

Paru en 1838, il est issu d'un conte traditionnel danois. Un roi avait onze fils et une seule fille, Élisa. Tous les enfants étaient heureux jusqu'à ce que le père se remarie avec une méchante reine, qui se débarrasse de la petite Élisa en la plaçant chez des paysans, et qui transforme les fils en cygnes sauvages. À l'âge de quinze ans, Élisa doit retourner au château. La méchante reine tente alors de l'empoisonner, mais c'est un échec : les pouvoirs magiques de la reine n'ont aucun effet sur l'enfant. Folle de rage, elle enlaidit Élisa avec du brou de noix afin que son père ne la reconnaisse pas. Son stratagème réussit. La fillette se réfugie dans la forêt où elle rencontre une vieille femme qui lui offre à manger. Élisa lui demande si elle a vu ses frères : elle lui répond qu'elle avait vu des cygnes nager avec une couronne d'or sur la tête. Élisa part à leur recherche et retrouve les cygnes, qui reprennent leur forme humaine quand le soleil est couché. Ils souhaitent emmener leur sœur avec eux mais ne savent pas comment faire. Ils ont l'idée de fabriquer un filet qui leur permet de voler avec elle. Une nuit, Élisa se met à dormir et à prier. La vieille femme de la forêt, en réalité la fée Morgane, lui apparaît : ses frères peuvent être sauvés si la jeune fille tisse pour chacun d'eux un manteau d'ortie et si elle garde le silence. Élisa va cueillir les orties, fabrique les manteaux et se brûle les doigts. De même, elle se tait lorsque le roi du pays lui adresse la parole. Devant sa beauté et malgré son silence, le roi l'enlève pour en faire sa femme. Elle continue à tresser les manteaux d'ortie.

Un jour, elle est dénoncée au roi comme sorcière. Il est décidé de la livrer aux flammes. Dans son cachot, elle parvient à continuer ses manteaux pour ses frères, toujours sans prononcer un mot. Alors qu'on l'amène sur la charrette pour la brûler, les cygnes s'abattent sur la charrette et font fuir la foule. Élisa, qui avait gardé avec elle les manteaux d'ortie, les jette sur ses frères, qui aussitôt se transforment en princes. Élisa se met à parler, explique tout au roi et son retour au château est triomphal. Ce conte a été adapté dans un film d'animation russe en 1962.

« Le rossignol »

Il s'agit d'un conte paru en 1843. Il a peut-être été inspiré à l'auteur par la cantatrice Jenny Lind. Il s'agit d'un « conte réaliste » qui se passe dans un monde imaginaire : il n'y a aucun élément surnaturel ou magique, tout se passe dans un monde humain, mais de manière extraordinaire, comme dans « La princesse sur le pois » ou « Les nouveaux habits de l'empereur ». La moralité pour une fois est claire et explicite : on ne peut s'approprier le talent d'autrui, et l'empereur qui croit pouvoir posséder un oiseau au chant aussi mélodieux que le véritable rossignol doit « déchanter » avec son oiseau mécanique, simple imitation de l'oiseau. On ne peut obtenir, même artificiellement, un talent qu'on ne possède pas.

« Le vilain petit canard »

Il a été écrit en juillet 1842 : c'est un récit autobiographique d'Andersen, composé après l'échec d'une de ses pièces de théâtre, sifflée lors de la première. Une cane couve ses œufs, mais à l'éclosion, un petit ne ressemble pas à ses frères et sœurs. Rejeté à cause de son physique différent, il est contraint de quitter sa famille et de partir loin pour ne plus être moqué ou frappé. Sur son chemin, il n'est accepté par personne. Après quelques péripéties, il arrive dans une cabane où habite une vieille femme qui le recueille en le confondant avec une cane, mais elle a aussi une poule et un chat : le vilain petit canard doit à nouveau partir. Il arrive dans un lac mais il est piégé par la glace. Un paysan le délivre et le donne à sa femme mais, effrayé par les humains, il se sauve et passe l'hiver dehors. Un jour, ébloui par la beauté des cygnes, le vilain petit canard décide d'aller vers eux et comprend, en se regardant dans l'eau, qu'il n'a jamais été un canard : il est devenu, il est lui-même un magnifique cygne qui se fait respecter par les autres cygnes et devient plus beau que jamais. Ce conte a été mis en musique en 1914 par Prokofiev. En 1931, il a été adapté en dessin animé par Walt Disney, qui en a sorti une nouvelle version en 1939. Un film d'animation reprend ce conte en 2010, réalisé par Garri Bardine.

« La Reine des neiges »

Ce conte a été écrit dans les années 1843-1844. C'est un conte très long qui a été divisé par l'auteur en sept histoires. Il s'agit donc d'un conte fragmenté : la forme renvoie au fond.

Première histoire : Qui traite du miroir et de ses morceaux

Des diables, qui ont fabriqué un miroir qui enlaidit ce qui s'y reflète, veulent monter au ciel pour se moquer des anges. Alors qu'ils sont presque arrivés en haut, le miroir retombe sur terre et se brise en morceaux minuscules qui volent en tous sens et pénètrent dans les yeux des hommes pour ne leur faire voir des choses que ce qui est mauvais, et leur glacer le cœur. Cette première histoire est dans la lignée du mythe biblique bien connu de Babel.

Deuxième histoire : Un petit garçon et une petite fille

Deux jeunes enfants, Kay et Gerda, habitent dans des maisons qui se font face et s'aiment tendrement. L'été, les enfants aiment à se rejoindre au milieu des rosiers, jouent et chantent. Pendant l'hiver, les enfants sont en revanche séparés. C'est au cours d'un hiver que Kay voit à travers sa fenêtre un flocon de neige se transformer en une femme blanche et glacée, la Reine des neiges. L'été suivant, Kay est atteint par un éclat du miroir : il perd sa générosité, sa joie, et développe un esprit critique de plus en plus mordant. L'hiver venu, la reine l'enlève dans son traîneau, s'envole avec lui. Kay oublie Gerda. Cette seconde histoire est donc la véritable exposition dans l'ensemble du conte.

Troisième histoire : Le jardin fleuri de la femme qui connaissait la magie

Gerda ne croit pas que Kay soit mort et veut interroger la rivière ; elle monte dans une barque mais dérive jusqu'à arriver chez une vieille femme dont le jardin est toujours fleuri. Cette femme veut garder Gerda avec elle et cherche à lui faire oublier Kay par magie en supprimant toutes les roses de son jardin. Pourtant, Gerda a l'impression que quelque chose manque et pleure, ce qui fait magiquement repousser un rosier. Elle se souvient de Kay, s'enfuit, pieds nus, alors qu'on est déjà en automne.

Quatrième histoire : Prince et princesse

Gerda rencontre une corneille qui lui raconte que la princesse du pays était en quête d'un époux et qu'elle l'a trouvé en la personne d'un jeune garçon qui semble être Kay. Gerda pénètre dans le château, elle reconnaît Kay, mais c'est une méprise. Gerda repart, avec l'aide du prince et de la princesse. Cet épisode renvoie comme souvent chez Andersen à la duperie des apparences.

Cinquième histoire : La petite fille des brigands

Gerda, dans une forêt sombre, se fait agresser par des brigands, prêts à l'égorger, notamment une ogresse. Des pigeons révèlent à Gerda que Kay se trouve au Pôle, chez la Reine des neiges. La fille des brigands, qui a sympathisé avec elle, lui confie son renne pour qu'il la conduise en Laponie. Cet épisode est purement dramatique avec de nombreux apports folkloriques.

Sixième histoire : La Lapone et la Finnoise

Gerda parvient difficilement au royaume de la Reine des neiges. Elle a les mains et les pieds gelés. Elle rencontre des flocons de neige qui lui paraissent vivants et effrayants ; elle parvient à les chasser en récitant un *Notre Père.*

Septième histoire : Ce qui s'était passé dans le château de la Reine des neiges et ce qui se passa ensuite

Gerda arrive au château, immense, presque sans murs. La lumière vient des aurores boréales. Kay est au milieu du château et essaye d'assembler des morceaux de glace tous identiques dans le but de former le mot « éternité », mais en vain. La Reine des neiges lui avait promis de le libérer s'il y parvenait. Gerda serre Kay gelé dans ses bras et chante un psaume. Kay retrouve la mémoire et se ranime. Alors, les morceaux de glace forment spontanément le mot souhaité et le couple réuni peut retourner à son point de départ : la maison aux rosiers, maintenant fleuris puisque c'est l'été.

« La bergère et le ramoneur »

Ce conte a été publié en 1845. Ces deux figurines de porcelaine sont éprises l'une de l'autre, mais un vieux Chinois, lui aussi en porcelaine, prétend être le grand-père de la bergère et veut la marier à un satyre. Les deux amoureux décident de quitter la maison où ils vivent. Le vieux Chinois se brise en essayant de les rattraper, mais la bergère, par peur du monde extérieur, persuade le ramoneur de faire demi-tour. Ils réparent le vieux Chinois, mais l'attache qui le maintient l'empêche de donner son accord au mariage. Le satyre abandonne la partie et les deux amoureux peuvent continuer à vivre ensemble. Ce conte a été adapté par Paul Grimault en deux occasions : d'abord avec un film d'animation sorti en 1953 sous le même titre, puis avec *Le Roi et l'Oiseau*, sorti en 1980.

« La petite fille aux allumettes »

Il a été publié en 1845 dans le cinquième volume des contes. La veille du Nouvel An, alors qu'il fait très froid, le soir, une petite fille très pauvre marche dans les rues enneigées d'une ville qui ressemble à Copenhague. Elle propose des allumettes aux passants qui demeurent indifférents : elle n'a rien vendu de la journée et n'ose pas rentrer chez elle parce qu'elle a peur d'être battue par son père. Pour se réchauffer, elle s'installe entre deux maisons et frotte plusieurs allumettes. Elle a alors des visions : tout ce dont elle est privée apparaît, comme la chaleur d'un bon feu, un délicieux repas de fête, un superbe sapin de Noël. Elle voit également le seul être dont elle a été aimée : sa grand-mère, morte récemment. Elle brûle alors toutes ses allumettes pour faire durer le plus longtemps possible ces apparitions. Dans un grand éclair de lumière, la vieille femme emporte sa petite-fille au paradis. Le lendemain, on découvre l'enfant mort, le sourire aux lèvres. C'est un des contes les plus mystiques d'Andersen. Cependant, le récit s'avère très réaliste et dénonce la misère sociale du XIXe siècle, que l'auteur a vécue dans sa chair.

Analyse du *Roi et l'Oiseau* (1980)

Dans la mesure où Paul Grimault, aidé de Prévert, a été un adaptateur de l'œuvre d'Andersen, il peut être utile de rapprocher le corpus de contes au programme de la fiction cinématographique *Le Roi et l'Oiseau*, à la genèse difficile, issu d'une première version s'appelant *La Bergère et le Ramoneur.*

Le roi-tyran Charles-V-et-trois-font-huit-et-huit-font-seize est le souverain mégalomane et solitaire de Takicardie. Quoiqu'il se pense épris de la Bergère, son intérêt envers elle n'a été piqué que du fait de l'amour qui liait la Bergère et le Ramoneur. Présenté par l'Oiseau comme un souverain qui « déteste tout le monde » et que « tout le monde dans le pays déteste aussi », son royaume porte le nom d'une anomalie, d'où l'homonyme « tachycardie ». Il fait fabriquer à la chaîne des statues et portraits à son effigie, en imposant un véritable culte de la personnalité (il retouche un portrait réaliste montrant son strabisme) et fait disparaître les sujets qui lui déplaisent dans ses oubliettes, comme Ubu. Pire ennemi de l'Oiseau, qui le défie et dont il a tué l'épouse et menace les enfants, il aime la chasse, alors même qu'il tire mal à cause de ses yeux défaillants. Son pouvoir paraît cependant solide. Physiquement, il ressemble à Mussolini, qui avait déjà été caricaturé par Chaplin dans le film *Le Dictateur.*

La menace que représente le Roi redouble lorsqu'il se fait remplacer par son propre portrait, dont les prétentions sur la Bergère sont d'autant plus justifiées qu'il émane du même monde, le monde de l'image. Le Roi peint, c'est l'autre abouti et parfait, donc désirable. Il est ce que le vrai Roi aurait voulu être. Dans cet univers du faux-semblant et de la méprise, la substitution passe inaperçue : le Roi véritable pâtit du régime qu'il a lui-même établi. Grimault accepte d'ailleurs que chaque personnage comporte plusieurs faces plus ou moins valorisantes, comme l'Oiseau, bienfaiteur des amoureux mais qui ne résiste pas à l'emploi de la pire démagogie, et refuse de condamner définitivement le Roi. Qui est bon, qui est méchant ? Où sont les frontières ? Il y a peu de chances que les enfants entrent dans pareil questionnement… Le Roi et l'Oiseau, le Roi hait l'Oiseau, le Roi est l'Oiseau ?

La Bergère et le Ramoneur, issus de tableaux mitoyens, ne peuvent non plus être imaginés l'un sans l'autre et leur séparation ne fait dès lors qu'annoncer les scènes les plus prenantes. Ces emprunts à Andersen sont des figures de convention – le garçon maltraité au métier effrayant et la jeune fille douce et délicate – qui ne trouvent leur utilité, au début du film, que dans les sentiments qu'ils inspirent au Roi, et qui vont déclencher la suite de l'histoire : leur amour, transgressif, n'est qu'un prétexte. Mais, à force de lui tenir tête par leur amour, ces deux archétypes vont gagner en profondeur et prendre un peu d'initiative et d'originalité.

L'Automate, personnage à part entière et sans ancêtre littéraire, est une machine énorme construite par le Roi pour symboliser sa puissance. Elle est détournée par l'Oiseau qui en fait une machine déréglée et monstrueuse, mais sa dernière scène paraît là encore lui conférer un peu de bienveillance : éternel refus de tout manichéisme !

Quoique force inanimée, la machine finit par devenir le centre de l'action. Le robot devient alors même le point de centralisation des outils du cinéma : son projecteur frontal, sa bouche qui se fait soufflerie géante et l'orchestre qui se niche dans son corps et qui est dévoilé par des rideaux à l'italienne sont autant d'instruments du septième art, de même que ses bras articulés rappellent des perches télescopiques de caméra ou sa main la plateforme mouvante sur laquelle se tient le réalisateur pour accompagner un mouvement de travelling : le cinéma interroge le cinéma comme Andersen interroge la littérature…

Mais au contraire des deux personnages du conte d'Andersen, qui finissent par abandonner leurs velléités d'évasion, les héros de Grimault vont jusqu'au bout de leur rêve et font même des émules sur leur chemin, jusqu'à vouloir changer l'ordre du monde. Même l'Automate, qui délivre le petit oiseau puis écrase sa cage, fait partie des personnages qui découvrent un esprit de liberté et d'émancipation.

Il y a ici une révolte à portée politique autant qu'esthétique, beaucoup plus explicite que ce qu'offre l'imaginaire d'Andersen. En revanche, la référence aux « Nouveaux habits de l'empereur » est patente : aux personnages principaux facétieux et audacieux s'opposent ceux qui assistent au mariage truqué du Roi, qui cautionnent son pouvoir, sa fausseté, et l'abandonnent finalement. Paul Grimault, à la sortie du film, commente notamment : « C'est pour ça que certains spectateurs font des réserves sur le film : ils se sentent un peu le nez dedans. » *Le Roi et l'Oiseau* est particulièrement plus sombre que la première version du film d'animation, *La Bergère et le Ramoneur*, qui avait été conçue pour faire concurrence aux dessins animés à destination des enfants : « Les choses ont évolué depuis 1940 et on s'est habitué à des choses plus raides, plus dures, qui trouvent leur place dans *Le Roi et l'Oiseau*. Nous avions inventé le robot bien avant que le dessinateur de Goldorak soit né, nous avons développé son existence parce qu'elle était utile à notre nouveau scénario [1] », a déclaré Grimault.

Ce qu'il y a de sûr, c'est qu'il faut toujours se méfier des apparences, comme nous l'enseignent deux personnages qui n'ont de cesse de fuir un tableau, une institution esthétique et académique, comme ils fuient l'ordre du monde. C'est bien un conte pour adultes réveillant leur âme d'enfant, ce qui correspond aussi à l'esprit du scénariste Jacques Prévert.

L'hommage de Michel Serres

La Petite Poucette est d'abord le titre d'un discours prononcé par Serres en mars 2011 à l'Académie française, devenu la première

1. « Propos de Paul Grimault recueillis le 23 janvier 1980 », *Image et son*, 348, mars 1980.

partie d'un ouvrage paru sous le même titre [1]. Le livre s'inscrit dans une réflexion sur le passage des humanités classiques aux humanités numériques. Le titre se réfère aussi au pouce fréquemment utilisé par les enfants du numérique, ou *digital natives*, pour pianoter sur les portables et les Smartphones. Michel Serres soutient que la naissance et l'expansion du numérique provoque une mutation anthropologique et cognitive majeure, notamment au niveau de l'organisation des savoirs et de l'utilisation des facultés de l'homme, comme la mémoire.

Michel Serres s'interroge également sur le devenir de l'éducation et de la pédagogie dans une « société de l'information ». L'auteur est plutôt optimiste quant aux avancées permises : il soutient que les enfants du numérique ont davantage accès aux personnes et aux savoirs.

Le titre évoque deux contes : « Poucette », de Hans Christian Andersen, et plus indirectement « Le petit poucet », de Charles Perrault. Michel Serres justifie l'emploi de « Poucette » au féminin par la plus grande efficacité des femmes au travail et se réclame explicitement du féminisme. Il revient sur cet ouvrage dans *Pantopie : de Hermès à petite poucette* [2].

L'idée que les enfants voient mieux et plus profond que les adultes est une constante d'Andersen. Cependant, l'information et le numérique ne jouent pas toujours sur l'imaginaire, comme le font les contes, et les enfants se réfugient parfois dans une *second life* liée aux jeux vidéo, qu'interdit la lecture des contes. En revanche, que la technologie moderne ressuscite l'âme d'enfant chez les adultes est assez attesté, notamment avec la naissance du concept d'*adulescent*. Mais n'est-ce pas pour des raisons essentiellement consuméristes ?

1. Michel Serres, *Petite Poucette*, Paris, Le Pommier, 2012.
2. Michel Serres (entretiens avec Martin Legros et Sven Ortoli), *Pantopie : de Hermès à petite poucette*, Paris, Le Pommier, 2014.

Un malentendu : *La Reine des neiges* des studios Disney (2013)

Ce long-métrage d'animation, sorti en 2013, est très éloigné du conte homonyme d'Andersen. Il raconte l'histoire de la princesse Anna, optimiste et intrépide, qui part en voyage aux côtés de Kristoff le montagnard, de Sven, son fidèle renne, et d'un bonhomme de neige du nom d'Olaf, afin de retrouver sa sœur Elsa, exilée à cause de ses pouvoirs glaciaux, qui ont par accident plongé le royaume dans un hiver éternel.

Le problème n'est pas ici la liberté d'adaptation mais la trahison manifeste de l'esprit du conte initial. D'abord, le public visé est ici nettement les adolescents, catégorie née du marketing, que ce film cherche à séduire en adoptant ses codes. Ensuite, il n'y a aucun prolongement symbolique, philosophique ou religieux : c'est une seule histoire, avec adjuvants, opposants et fin heureuse. Il serait vain de même y voir un début de message à interpréter psychanalytiquement, comme il serait inutile de chercher la moindre complexité. C'est un conte pour fixer l'adolescent dans son adolescence, là où Andersen visait l'âme de l'enfant chez l'adulte. On voit dans cette évolution une « crise de l'éducation », pour reprendre l'expression d'Hannah Arendt dans *La Crise de la culture* : l'enfant est maintenu dans l'enfance, et l'adulte aussi, non pour rechercher une pureté ou une innocence supposées, mais pour l'empêcher de réfléchir et de s'élever, puisque après tout, en étant ainsi flatté, il devient et reste la cible d'un marché. Une telle forme d'art, ou de technique cinématographique, vend du temps de pensée et de rêve à l'industrie des loisirs.

Ultima verba

« Je suis convaincu que les œuvres qui durent ne durent que par des malentendus, par toute la littérature dont la postérité les entoure, littérature ou les intentions véritables des auteurs finissent par être noyées du tout et perdues de vue. Cela peut se faire déjà de leur vivant. Quelque temps, ils luttent… Puis, comme ils aiment créer, et que tout le temps donné à ces commentaires est perdu pour une création nouvelle, un moment vient où, de guerre lasse, ils laissent la déformation s'accomplir devant eux, pour leurs ouvrages, comme elle s'accomplit devant eux, par une légende commençante, pour leurs personnes et pour leurs vies. » Ces mots de Montherlant, dans ses « Notes de théâtre [1] », semblent parfaitement s'accorder à la vie et à l'œuvre d'Andersen.

1. Henry de Montherlant, *Théâtre*, Paris, Gallimard, « Bibliothèque de la Pléiade », 1955, p. 1369.

Aké, les années d'enfance[1]
Wole Soyinka

Introduction
Wole Soyinka, le regard tourné vers l'enfance

L'œuvre de Wole Soyinka n'est pas bien connue en France : il a d'ailleurs fallu attendre ce nouveau programme pour qu'*Aké, les années d'enfance* soit réédité, et bien des ouvrages de l'auteur ne sont pas encore traduits en français. Cette œuvre est pourtant monumentale, et mondialement célébrée : elle fut couronnée par l'obtention du prix Nobel de littérature en 1986. Né le 13 juillet 1934 à Abeokuta, au sud-ouest du Nigeria, Wole Soyinka est issu d'une élite noire urbaine et politisée. Il étudie d'abord à l'université d'Ibadan, avant de se rendre en Angleterre. Il y poursuit sa formation à l'université de Leeds, où il obtiendra plus tard un doctorat, en 1973. Durant les six années qu'il mène en Europe, il se lance dans une carrière théâtrale en tant que dramaturge et metteur en scène. Il travaille entre 1958 et 1959 au Royal Court Theatre de Londres, avant de fonder lui-même plusieurs troupes au Nigeria, dans lesquelles il joue et distribue ses propres pièces. Il étudie le théâtre africain et enseigne lui-même aux universités d'Ibadan (où il dirige le département d'art dramatique), de Lagos et d'Ife, où il devient professeur de littérature comparée en 1975. Il officiera également en tant que professeur invité aux universités de Cambridge, Sheffield et Yale. Bientôt âgé de quatre-vingt-sept ans, il vit désormais dans sa maison d'Abeokuta, tapie dans la forêt à cent kilomètres au nord de Lagos.

1. Wole Soyinka, *Aké, les années d'enfance* (1981), préface et traduction par Étienne Galle, Paris, Belfond, 1984.

Il n'a cessé de naviguer entre Afrique et Occident, y voyageant pour mettre en scène ses pièces, donner des conférences, et proposer une œuvre foisonnante, entièrement rédigée en anglais, bien qu'elle intègre aussi des expressions yorubas. Il y passe avec beaucoup d'aisance d'un genre littéraire à un autre, tel un « homme-orchestre [1] ». Il est l'auteur de deux romans importants : *Les Interprètes* (1965), dans lequel il met en scène plusieurs jeunes gens qui, après avoir étudié à l'étranger, reviennent au pays et cherchent à y trouver leur place : aucun n'y parvient vraiment, mais chacun essaie de sonder sa condition de privilégié et de trouver sa voie. Dans *Une saison d'anomie* (1973), l'auteur poursuit son travail d'investigation à travers la descente aux enfers de son héros, Ofeyi, qui part (tel Orphée) à la recherche de son Eurydice, la danseuse Iriyise, enlevée par un cartel politique. Soyinka est aussi poète : ses poèmes se concentrent sur des personnalités fortes et ambiguës comme celle d'Ogun, le dieu créateur de la guerre et du fer, de la vie et de la mort, qui tient un grand rôle dans sa vie, nous le verrons. C'est surtout, et enfin, un homme de théâtre : dans *Le Lion et la Perle* (1958), il oppose l'ordre ancien et l'ordre nouveau à travers une belle villageoise qui doit choisir entre un instituteur occidentalisé et un chef vieillissant ; Soyinka ne prenant pas alors parti pour celui que l'on pourrait croire. De nombreuses pièces suivront, dont la plus connue est sans doute *La Danse de la forêt* (1960), écrite à l'occasion des cérémonies de l'indépendance du Nigeria. Soyinka y fait preuve d'une étonnante liberté de ton et d'esprit, s'y appuie sur les mythes yorubas pour traiter de la violence faite aux hommes et plus généralement à la nature.

Cette œuvre est donc profondément marquée par les événements de son temps : il est difficile de ne pas voir dans *Une saison d'anomie* des références voilées à la guerre fratricide du Biafra, par exemple, et la pièce intitulée *The Beatification of Area Boy*, sous-titrée *A Lagosian Kaleidoscope* (1995), se présente explicitement

1. Denise Coussy, *Littératures de l'Afrique anglophone*, Aix-en-Provence, Édisud, 2007, p. 39.

comme une critique du Nigeria présent. Soyinka, de fait, est un écrivain engagé : en février 2020, il vint encore soutenir au tribunal d'Abuja l'ancien candidat à la présidence du Nigeria et militant des droits de l'homme, Omoyele Sowore, accusé de trahison pour avoir appelé à une série de manifestations contre le gouvernement fédéral. Dès 1952, il fondait une association à l'université d'Ibadan, The Pyrate, destinée à combattre la mentalité coloniale. Selon le mot resté fameux, il préféra au concept de « négritude », fondé par Aimé Césaire et repris par Léopold Sédar Senghor, celui qu'il désigne du nom de « tigritude », partant du principe qu'« un tigre ne proclame pas sa tigritude », mais qu'il « bondit sur sa proie et la dévore ». C'est toutefois après l'indépendance qu'il devient un opposant virulent à l'égard du nouveau régime : durant la guerre civile au Nigeria, il en appelle publiquement au cessez-le-feu, ce qui lui vaut d'être arrêté, accusé de conspiration, puis emprisonné entre 1967 et 1969. Son recueil de poèmes intitulé *A Shuttle in the Crypt* (1972) témoigne des affres de l'incarcération.

Dans ce contexte, l'autobiographie semble devoir jouer un rôle majeur. Elle correspond parfaitement, dans *Aké, les années d'enfance*, aux critères du genre tels qu'établis par Philippe Lejeune : un récit rétrospectif en prose, qui relate une « vie individuelle », selon une narration autodiégétique qui se manifeste par l'identité de l'auteur, du narrateur et du personnage principal, le petit Wole [1]. Cet ouvrage s'inscrit dans un projet autobiographique cohérent, augmenté lors de chaque nouvelle décennie par un nouveau titre : précédé des mémoires de prison (*Cet homme est mort*, 1972), *Aké* (en 1981) est en effet suivi par *Ibadan, les années pagaille* (en 1994) et *Il te faut partir à l'aube* (en 2006). Cet ouvrage confirme aussi l'importance des récits d'enfance issus des littératures africaines,

1. Philippe Lejeune, *Le Pacte autobiographique* (1975), Paris, Seuil, 1996, p. 14. Notons qu'une telle orthodoxie à l'égard du genre autobiographique n'est pas toujours de mise chez Soyinka : dans *Ibadan, les années pagaille*, censé constituer la suite d'*Aké*, le personnage principal ne s'appelle plus Wole, mais Maren. Cet ouvrage, du reste, est qualifié par l'écrivain de « docu-roman ». Voir *Ibadan, les années pagaille* (1989), « Avertissement », traduit de l'anglais par Étienne Galle, Arles, Actes Sud, 1997, p. 11.

régulièrement publiés : *Les Trois Volontés de Malic* de Mapaté Diagne (1913), ainsi que *L'Enfant noir* de Camara Laye (1953), *Amkoullel, l'enfant peul* d'Amadou Hampâté Bâ (1991), *Cousins* d'Athol Fugard (1994), *Boyhood* de J.M. Coetzee (1997), *Don't Let's Go to the Dogs Tonight* d'Alexandra Fuller (2001), *Mukiwa : a White Boy in Africa* de Peter Goodwin (1996), *A Long Way Gone : Memoirs of a Boy Soldier* d'Ishmael Beah (2007) ou *War Child* d'Emmanuel Jal (2009), par exemple [1]. L'enfance y est très souvent associée « à la crise et au traumatisme, à l'urgence et à la tragédie » : « des enfances situées pendant la colonisation, l'apartheid, au moment de l'indépendance du Zimbabwe ou encore durant la guerre civile en Sierra Leone et au Soudan », le récit d'enfance étant à chaque fois « censé révéler en priorité ces contraintes historiques » [2].

Le récit d'enfance de Soyinka paraît pourtant échapper à cette règle. L'auteur nous y présente une enfance privilégiée, choyée, tout au long d'une chronique qui juxtapose de petites scènes à chaque fois marquées par l'ingénuité comique de l'enfance. La nostalgie d'un temps béni domine dans ces petites scènes de vie apparemment très simples, marquées par des figures pittoresques, dont le surgissement enchante à chaque nouveau chapitre. L'enfance y est représentée sous un jour multiple : outre le petit Wole figurent son frère et sa sœur, Tinu et Dipo, mais aussi ses amis, Osiki, Bukola et le collégien Iku, et bien d'autres enfants anonymes qui traversent le récit. La chronique d'enfance n'a, semble-t-il alors, rien de politique. Certes, le contexte est celui de la colonisation, mais contrairement à *L'Enfant noir* de Camara Laye, avec qui Alioune Sow le compare, *Aké* a été publié dans une atmosphère littéraire « plus apaisée », dans laquelle « les attentes par rapport au récit autobiographique n'étaient plus uniquement déterminées par la colonisation ou la décolonisation » [3]. S'agit-il pour autant d'ériger l'enfance en

1. Nous empruntons cette liste à l'ouvrage d'Alioune Sow, *Vestiges et vertiges : récits d'enfance dans les littératures africaines*, chapitre II, « Intuition politique. Laye, *L'Enfant noir* et Wole Soyinka, *Aké, the Years of Childhood* », Arras, Artois presses université, 2011, p. 35.
2. *Ibid.*, p. 36.
3. *Ibid.*, p. 40.

bulle enchantée, et de voir dans son récit une simple parenthèse du même ordre dans l'œuvre plus généralement engagée de Soyinka ?

De fait, l'écrivain a pu dire au sujet du colonialisme qu'il n'éprouvait aucune amertume à son égard, étant enfant [1] : au début de l'autobiographie, les Européens sont pour lui des êtres un peu mystérieux, des « objets de curiosité ». Au terme du chapitre III, l'officier blanc qui le recueille et dont il s'étonne de l'étrange accent lui sourit et fait preuve à son égard d'une grande bienveillance. À l'égard de la question coloniale, Soyinka aurait manifesté une réserve regrettable, l'aurait présentée de manière modérée et par conséquent inacceptable. Il fut reproché à *Aké* « son exposition d'une culture bourgeoise noire dans laquelle prend place une formation nantie, élitiste et [...] épargnée de toute influence négative du colonialisme ». L'autobiographie révélerait alors « un monde qui, au mieux, affaiblirait ou, au pire, contredirait les positions politiques de Soyinka », corroborant chez lui « ce que Biodun Jeyifo a appelé "*a sort of bourgeois radicalism*" », dans la mesure où elle nous entraînerait « à l'intérieur des demeures de l'élite occidentalisée d'Abeokuta, habitées par des figures qui résistent aux représentations conventionnelles du colonisé » abattu [2].

Soyinka, le regard tourné vers l'enfance, se livre pourtant à une introspection : c'est en ce sens « l'histoire d'une personnalité » qui se dessine aussi à travers le projet autobiographique [3], nécessairement informé par le contexte historique. Le discours sur le présent y est autorisé par la remémoration, comme le suggère aussi le titre du discours prononcé par l'écrivain devant l'Académie de Stockholm – *Que ce passé parle à son présent* [4]. L'enfance devient alors un

1. « Non il n'y avait pas d'amertume. Même avec l'expérience coloniale, je ne pense pas avoir ressenti aucune amertume parce que les Européens étaient objets de curiosité et comme enfant je n'ai pas ressenti l'impact de l'expérience coloniale. » Jo Gulledge (ed.), « Seminar on Aké with Wole Soyinka », *The Southern Review*, 23-3, Louisiana State University, July 1987, p. 511-526. Cité et traduit par Alioune Sow, dans *Vestiges et vertiges. Récits d'enfance dans les littératures africaines*, *op. cit.*, p. 43.

2. *Ibid.*, p. 44.

3. Philippe Lejeune, *Le Pacte autobiographique*, *op. cit.*, p. 14.

4. Wole Soyinka, *Que ce passé parle à son présent. Discours de Stockholm* (1986), traduit de l'anglais par Étienne Galle, Paris, Belfond, 1987.

lieu de constructions : il s'agit tout à la fois de la (re)construire par le travail de l'écriture, mais aussi d'évoquer la genèse d'un regard singulier, porté sur le monde. *Aké* nous invite en ce sens à considérer la formation de l'enfant dans sa dimension initiatique, mêlée de croyances et de merveilleux, autant que d'échos ou d'opportunités politiques, revisités par le détour africain.

Repères et point de vue de l'enfance : un jardin des sens

L'ambition de Soyinka, avons-nous dit, est celle d'une (re)construction de l'enfance qui laisserait la plus grande place aux impressions et sensations de l'enfant qu'il fut. Un tel effort est d'abord servi par la mise en place de repères généraux au sein du récit, qui sont autant de figures ou de jalons structurants pour l'enfant.

Les repères de l'enfance

Topographie et chronologie de l'enfance

De grands repères spatio-temporels jalonnent dans un premier temps l'évocation de l'enfance afin de la faire « apparaître » aux yeux du lecteur. Les « écuries du chef » et le « faîte de la colline », la « route vertigineuse » qui mène d'un « marché bruyant à l'autre », la résidence du chanoine sont les lieux initialement convoqués qui mènent assez logiquement dans le souvenir d'enfance aux « salles de classe de l'école primaire », comme en un rétrécissement progressif du champ de l'observation. Là réside « la mission d'Aké », « ses toits de tôle ondulée » qui, en dépit de leur apparente précarité, lui confèrent « l'impression d'une forteresse », encore caractérisée par le sentiment de sécurité qu'elle fait naître chez les enfants (I, 20) [1]. Aké est donc une bulle pour le petit Wole qui n'en sort

1. Les références paginées, précédées du numéro de chapitre correspondant, renverront toutes à l'édition Belfond : Wole Soyinka, *Aké, les années d'enfance* (1981), préface et traduction par Étienne Galle, Paris, Belfond, 1984.

guère et n'est pas *a priori* destiné à s'en échapper, étant donné son tout jeune âge. C'est le lieu restreint mais d'abord suffisant d'une mission par-delà les murs de laquelle réside tout un monde à explorer. De la mission d'Aké à la grande ville d'Ibadan, où l'enfant partira à la fin de l'ouvrage pour y poursuivre ses études au Lycée National, en passant par Isara, espace de la mémoire ancestrale où vit son grand-père paternel, l'autobiographie est ainsi traversée par de nombreux espaces qui fonctionnent comme des repères dans la narration.

Ils renvoient aussi aux étapes d'un parcours temporel, que l'écrivain signifie de manière régulière mais non systématique, par touches successives et impressionnistes, comme l'est de fait aussi l'évocation des lieux. Les souvenirs du temps vécu de l'enfance affleurent ainsi à la mémoire comme autant de saynètes qui possèdent à chaque fois leur logique propre et correspondent aux différents âges de l'enfant. Les repères temporels sont explicites mais assez rares, ce qui fait de l'enfance un *continuum* aux disparités finalement peu marquées, si ce n'est en ses bornes et pour signifier à chaque fois un élément de personnalité. Le petit Wole n'a pas trois ans quand le récit débute, et cette mention ne nous est proposée que pour traduire un désir de scolarisation précoce (« J'ai presque trois ans », argumente-t-il en effet ; II, 49). Son anniversaire qu'il voulait prestement fêter, le 13 juillet, est évoqué quelques pages plus loin, de même que ses quatre ans, « un an plus tard à peine » (II, 55, 61), puis ses « quatre ans et demi », au chapitre suivant (III, 80). Parfois, les repères sont plus subtils encore : à l'indication d'âge se substitue un repère temporel symbolique quand il nous est dit par exemple que l'enfant réussit désormais à escalader tout seul l'échelle qui donne à voir l'extérieur de la mission. Il y parvient « à toute vitesse » deux chapitres plus loin – au début de ce passage, l'arrivée de la radio au sein du foyer autorisait alors une autre représentation du temps qui passe (VI, 127 ; VIII, 156, 173). Le petit Wole a enfin huit ans et demi et vient de passer en deuxième année du cours élémentaire au chapitre IX, ce qui signifie que quatre ans ont passé depuis le chapitre III. Il atteint ses « dix ans » au moment de passer son premier entretien au Lycée National, qu'il parvient à intégrer en bénéficiant de la bourse attendue un an plus tard, comme le signale la toute fin du récit (XIII, 257 ; XV, 312).

Soyinka nous offre donc un large panorama de son enfance, de deux à onze ans. Il prend soin de proposer des repères spatio-temporels au fil de son récit, mais de manière finalement assez subtile, loin de tout effort démonstratif et didactique. La représentation d'un temps et de ses impressions compte avant tout.

Des repères familiaux élargis

Les repères familiaux de cette enfance nigériane participent de la même ambivalence. Structuraux, ils n'en sont pas moins évoqués dans leur éclatement : au noyau familial se mêlent bien d'autres figures qui participent activement à l'épanouissement de l'enfant. On retrouve ainsi dans l'autobiographie de Soyinka les termes d'une « parenté élargie » qui, selon les termes de Ferdinand Ezémbé dans son ouvrage sur *L'Enfant africain et ses univers*, « n'est pas biologique, mais sociale ». Dans une telle structure en effet, « on est parent parce qu'on partage le même espace social » ; ce à quoi s'ajoutent d'autres critères de complexification puisque « [p]ar le jeu des multiples alliances symboliques et biologiques, personne ne peut dire où commence et où se termine une famille africaine » [1]. La famille proche peut ainsi apparaître étrangère, telles ces marchandes d'Isara dont le petit Wole découvre avec stupeur qu'il s'agit des tantes de son père, bien qu'il ne s'adresse jamais à elles en ces termes et qu'elles-mêmes ne cherchent guère à « s'intégrer à la famille » quand elles arrivent à Aké (IX, 183). L'Oncle Dipo, lui, ne fait qu'un passage éclair dans la vie de l'enfant qui n'apprend son existence qu'au chapitre VIII : il finit par disparaître après avoir fait la preuve de ses mauvaises manières, et sa répudiation est telle que Chrétienne Sauvage décide de changer le prénom de son cadet, « parce que les enfants appelés Dipo finissaient toujours par être

1. Ferdinand Ezémbé, *L'Enfant africain et ses univers : approches psychologiques et culturelles*, Paris, Karthala, 2003, p. 97-98.

casse-cou et indociles » (VIII, 177). À l'inverse, Tata Lawanle, qui surveille les enfants et leur donne le bain, appelle Chrétienne Sauvage « maman » (puisqu'on appelle ainsi toutes les femmes qui ont l'âge de la mère [1]), et semble pleinement appartenir à l'espace familial, de même que Nubi : cette dernière, souligne le narrateur, est ainsi rebaptisée du nom de Marie « comme tous les non-chrétiens qui entraient dans la famille » (V, 100).

Chaque évocation des membres de cette « parenté » nucléaire ou élargie est ainsi pour Soyinka l'occasion de manifester un remarquable art du portrait. Tinu, sa sœur aînée « d'un an et quelques mois à peine » (IV, 96), et Dipo, son frère cadet, l'entourent tout au long du récit. La première le précède de peu à l'école, ce qui lui vaut quelques privilèges (comme celui d'être « considérée suffisamment grande » pour se rendre seule à la boutique de sa mère ; II, 55) et provoque entre eux une rupture provisoire : « [m]a compagne de jeux de naguère était entrée dans un monde nouveau et, bien que nous continuions à jouer ensemble, elle avait maintenant une nouvelle base à sa disposition » (II, 48). Tous deux restent cependant complices, et potentiellement alliés : « Tinu était ma plus proche camarade de jeux, et un lien de protection mutuelle s'était établi entre nous, lien qui ne se manifestait que lorsqu'elle était blessée ou menacée » (VI, 120). Quant à Dipo, qui n'a au début du récit guère plus d'un an, il se distingue par une « énergie bruyante et excessive » qui commence par le tenir éloigné de son frère (VI, 124). Malgré tout, « [n]ous adorions Dipo, Tinu et moi », confie Soyinka, avant d'ajouter : « Son énergie et son humour étaient pour nous un divertissement perpétuel » (VII, 152). Ses « clowneries » et son « espièglerie » en font l'image même de l'enfant dans ce qu'il a de plus effronté. Trop jeune pour être puni, il accepte ainsi gratuitement, puis contre rétribution de la part de son frère et de sa sœur, d'avouer à leur place des délits qu'il n'a pas commis : à travers eux, c'est « le monde ligué des enfants » que

1. *Ibid.*, p. 98.

Soyinka évoque et célèbre, comme résistance inventive et jamais résignée à l'autorité du monde adulte (VI, 148 ; VII, 176).

Leurs parents biologiques, Samuel Ayodele et Grace Eniola Soyinka, sont au cœur de ce dispositif mémoriel et jouent leur pleine part dans l'éducation de leurs enfants et de bien d'autres qui leur sont confiés. Le premier est surnommé Essay, du nom de ses initiales, S.A. (prononcées à l'anglaise). Ce dont se souvient d'abord l'écrivain est l'élégance de sa mise et de sa calligraphie, qui témoigne à elle seule de sa rigueur presque ascétique : il coupe ses morceaux d'igname ou de viande « comme s'il s'était agi d'un exercice de géométrie », pratique quotidiennement des mouvements de gymnastique avec une « précision dépourvue d'affectation » (I, 37 ; VI, 116). Directeur de l'école élémentaire Saint-Pierre, il jouit d'un certain prestige au sein de la communauté comme en son village natal d'Isara. C'est un érudit qui aime lire et passionnément discuter, encourage le petit Wole à procéder de même, avec une « infinie patience » (IV, 88). Il est en ce sens un modèle pour son fils, qui le tient « pratiquement pour invulnérable » (I, 36). L'enfant partage avec lui sa passion pour le jardin, vit comme un privilège le fait de partager sa chambre et ne la quittera qu'à regret pour rejoindre la « natte communautaire » de la chambre de sa mère. Cette dernière est surnommée Chrétienne Sauvage « par contraste » avec le raffinement paternel, explique Soyinka (I, 37), mais aussi sans doute en raison de sa foi chrétienne mêlée d'influences païennes. C'est aussi une figure imposante, qui n'hésite pas à réprimander physiquement son fils et tous ceux qui ont le malheur d'outrepasser les règles qu'elle impose au sein du foyer. Elle y règne en maîtresse, en plein accord avec son époux.

À leurs côtés, l'autobiographie convoque aussi la figure des grands-parents, à Abeokuta, pour ce qui concerne la branche maternelle, et à Isara, pour la branche paternelle. D'autres figures parentales élargissent encore le spectre des fonctions affective et éducative : on songe au couple Ransome-Kuti, auquel le dernier espace de dialogue avec l'enfant est confié comme nous le verrons, mais aussi à Mme B., la femme du libraire, dont l'affection pour les enfants ne se dément pas dans la première partie de l'ouvrage, où elle apparaît à plusieurs reprises. Le petit Wole lui reprochera sa dureté à l'égard d'une servante frappée d'incontinence, mais lui trouvera des circonstances atténuantes en supposant « qu'elle se retenait en maniant le fouet » (VI, 132). La première caractéristique la concernant en effet est d'être « une femme paisible, sur le vaste dos de laquelle », explique l'auteur, « il nous arrivait tous à un moment ou à un autre de dormir ou d'inspecter l'univers » (I, 23). Elle contribue donc à assurer la fonction essentielle du portage, dont Ferdinand Ezémbé note l'importance dans les techniques de maternage et dans les cultures africaines, en ce qu'il permet notamment à l'enfant, en plus de le rassurer et de l'apaiser, « de faire l'apprentissage de l'esprit communautaire, c'est-à-dire découvrir les visages des autres membres de la communauté, celui (le visage) de sa mère lui étant masqué [1] ». De fait, Mme B. est, pour le petit Wole comme pour d'autres enfants, « l'une de [leurs] nombreuses mères ». Elle l'emporte même sur les mères biologiques de chacun : « si nous avions voté », indique Soyinka, « elle serait arrivée en tête de toutes les autres, y compris la vraie ». Sa beauté, qui reflète « sa bonté inépuisable », est la cause d'un tel attachement. Mais l'on retrouve surtout dans ce passage le confort du portage comme espace de quiétude face au monde environnant : « De tous les dos sur lesquels j'étais porté, aucun n'était aussi sûr ni aussi confortable que celui de Mme B. Il était vaste, doux et rassurant, il rayonnait de la même quiétude et de la même gentillesse que son visage » (I, 38).

L'économie générale du récit figure ainsi l'impression d'une enfance heureuse et choyée. Face aux inquiétudes de Chrétienne Sauvage, l'enfant trouve en Mme B. une alliée de poids après son escapade aux confins de la cité, à la fin du chapitre III : elle serre alors « sur son ample poitrine » celui qu'elle appelle affectueusement « [son] enfant », l'emmène chez elle afin de le nourrir – le petit Wole s'endort sur son dos et se réveille auprès d'elle le lendemain. Auparavant, même Chrétienne Sauvage semblait avoir fait

1. *Ibid.*, p. 112.

preuve d'une plus grande indulgence : quand elle feint de le pourchasser de son bâton pour le corriger, la scène s'apparente à une comédie qui dit le soulagement du monde adulte, perçu dans son unité structurante, d'avoir vu l'enfant préservé (III, 82).

Un regard ingénu et aventureux

À partir de ces repères fondateurs, l'écrivain peut donner la pleine mesure de ce qu'il était enfant. Se pose alors la double question de l'énonciation et de la perception dans son autobiographie. « Raconter l'enfance implique un dédoublement que le dialogisme propre au genre narratif, constitué d'un monde narré (celui de l'enfance) et d'un monde narrant (celui de l'adulte se remémorant l'enfant qu'il a été), prend en charge de façon spectaculaire », explique ainsi Isabelle Poulin [1]. Quand l'ouvrage débute et que le narrateur jette un regard en surplomb sur les lieux de son enfance, il semble bien que ce soit l'adulte qui parle, parvenu à sa pleine maturité d'écrivain. Soyinka revoit alors littéralement le terrain qui « appartient tout entier » à cet espace des origines, dès la toute première phrase de son récit (I, 19). Très vite pourtant, ce regard se mêle à celui de l'enfant qu'il fut, qui à de nombreuses reprises se substitue même à lui : la question du point de vue se pose alors avec une acuité nouvelle. Qui parle dans l'autobiographie, et qui perçoit, de l'enfant ou de l'écrivain ?

Impressions et ingénuité comique de l'enfant

L'autobiographe accorde une grande importance aux réflexions, aux impressions ingénues de celui qu'il fut, et dont il adopte littéralement le point de vue : si l'auteur dit « je », ce « je » est un autre à travers qui l'enfant ressurgit. L'autobiographie devient, en ce sens, « un livre à entendre, une chambre d'échos [2] ».

1. Isabelle Poulin, Robert Kahn et Evelyne Thoizet, *Poétiques du récit d'enfance*, Neuilly, Atlande, 2012, p. 247.

2. Pour emprunter les termes de Philippe Lejeune sur *Enfance*, de Nathalie Sarraute, dans *Les Brouillons de soi*, Paris, Seuil, 1998, p. 255.

La distance réflexive et analytique de l'adulte n'est plus ici de mise. Soyinka la fait taire pour laisser libre cours à la parole contraire d'une âme naïve, peu sensible, par exemple, aux phénomènes d'homonymie ou d'homophonie : la confusion, et l'incompréhension qui s'ensuit, entre le nom du chanoine (*canon*, en anglais) et les canons guerriers que l'enfant rapproche spontanément de lui ; celle qui oppose encore les « dates » du calendrier et les « dattes » que son père lui fait découvrir alors, sans que l'enfant ne comprenne le rapport entre les deux (I, 35 ; III, 79). Dans les deux cas, l'ironie reste implicite : l'écrivain ne la souligne pas, ne se positionne pas en commentateur ou en contempteur de l'enfant, mais épouse pleinement sa « logique ».

L'effet comique qui en résulte traduit une forme d'attachement – et de mélancolie, comme nous le verrons – à l'égard des jeunes années. Cette pleine adhésion aux impressions de l'enfance nous la rend en effet plus proche. Nul besoin d'insister sur le mystérieux rituel qui relie le petit Wole au « Lave-mains », au chapitre IV, ou plus subtilement encore sur la fatigue qu'il éprouve après avoir suivi la fanfare, au chapitre III. Il suffit alors à l'écrivain de rendre compte, en les juxtaposant, du fait que l'enfant se sente mieux après avoir bu un nouveau verre de jus de citron : « Je l'avalai tout aussi vite. Je commençais à me sentir mieux » (III, 80). Le constat est fait sans qu'une relation logique ne soit explicitement établie entre l'instrument et sa fin, comme l'aurait spontanément fait un adulte qui aurait même anticipé un tel résultat. Mais ce type de déduction n'est pas accessible à un enfant de quatre ans et demi, comme Soyinka en rend compte ici avec une infinie délicatesse [1]. L'hyperbole peut alors et par ailleurs traduire le décalage entre la perception

1. Le texte original est le suivant : « It followed its predecessor just as rapidly. I began to feel better » (*Aké : The Years of Childhood* (1981), New York, Vintage International Edition, 1989, p. 48). Ce bref passage illustre ce qu'Alain Rabatel appelle la mise en relief et l'anaphore successive, comme étant deux paramètres linguistiques du point de vue (ici interne), parmi les trois qu'il distingue : dans la mise en relief, les deux segments de l'énoncé semblent réellement imbriqués l'un dans l'autre, et comme ici dans la traduction, le glissement vers le point de vue interne s'opère à travers celui du passé simple vers l'imparfait, le second se trouvant dans une relation de subordination à l'égard du premier, ce qui permet de créer, dans la représentation d'une perception, un effet de point de vue.

de l'enfant et la réalité, dont le caractère plus prosaïque reste là encore de l'ordre de l'implicite : pour l'enfant, la confrontation entre Paa Adatan et ses amulettes de fortune et les soldats venus se fournir en victuailles devient « une lutte titanesque », où l'incongru n'est pas loin d'être représenté en héros qui combat l'adversité comme « quelqu'un qui savait que la sécurité d'Aké reposait tout entière sur ses bras, ses jambes et son torse » (VIII, 162-163).

Pour l'enfant, le monde environnant est celui d'une impermanence qui, de fait, nécessite de sa part des réajustements constants. Le moindre événement prend des proportions considérables parce qu'il vient briser la nonchalance d'un quotidien qui pour n'être pas celui de la responsabilité ou de la distance, n'en reste pas moins à l'origine de nombreuses préoccupations. « Un petit événement ou, plus fréquemment, rien du tout, rien qu'il me fût donné de remarquer, encore moins de comprendre, et brusquement tout changeait ! » note ainsi l'enfant. Ainsi accède-t-il à la conscience, encore imparfaite, de sa propre croissance : « Tous les êtres humains avec lesquels nous entrions en contact, Tinu et moi, CHANGEAIENT ! Même Tinu changeait, et je me mis à me demander si moi aussi je changeais, sans le savoir, comme tout le monde » (VII, 137).

Le monde apparaît ainsi aux yeux du petit Wole comme une série d'énigmes à déchiffrer. L'électricité et la radio, cette « boîte » qui « parlait sans s'arrêter » et qui « ne semblait pas s'intéresser aux réponses », arrivent au sein du foyer comme autant de tours de « magie » que les enfants prennent du temps à démystifier (VIII, 154-155). Avant eux, c'est le corps arrondi de Chrétienne Sauvage qui ne cesse d'intriguer le petit Wole, avant que la naissance de son frère ne vienne expliquer ce soudain changement (VII, 138). Certains ordres parentaux sont aussi « des plus mystérieux », ou certains

L'anaphore associative, elle, ne correspond pas ici à la reprise d'un déjà dit (comme le suppose l'acception courante du terme d'« anaphore »), mais repose sur une implication lexicale. Deux éléments sont implicitement associés par le lecteur, et dès lors, un nouveau lien s'établit entre les deux phrases, renforçant par là le jeu du passé simple et de l'imparfait. Voir Alain Rabatel, *La Construction textuelle du point de vue*, Lausanne, Delachaux et Niestlé, 1998, p. 30-55.

objets, tel cet « Alcool » dont use parfois Essay sans que l'enfant n'en comprenne l'utilité pratique, « pour se nettoyer les dents » (IV, 94, 95). Il n'y a plus généralement « ni justice ni logique dans le monde des adultes », comme il s'en lamente plus gravement après le « duel » qui l'oppose à son frère Dipo, et dont il sort réprimandé alors même que ce sont les adultes qui l'ont provoqué (VII, 151). Plusieurs mois plus tard, le souvenir d'une telle énigme reste vivace et laisse l'enfant « désemparé et décontenancé : ces grandes personnes savaient-elles jamais ce qu'elles voulaient ? » (VIII, 177).

Tout concourt ici à l'élaboration d'un point de vue (ou « focalisation ») interne, qui nous donne accès à l'intériorité d'un personnage ; le « foyer de perception », pour reprendre les termes de Gérard Genette, étant ici celui du petit Wole [1]. L'emploi mêlé du discours indirect libre et de la première personne du singulier contribue à cet effet, de même que l'emploi très fréquent au cours de l'ouvrage de ces « embrayeurs » du point de vue que sont les verbes de perception, associés au regard de l'enfant [2]. La « restriction de champ [3] » devient ici déplacement efficace, qui fait de l'enfant le sujet actif et non plus théorique de son propre récit, par les vertus de l'écriture et les choix de l'écrivain. Nous épousons ainsi le regard du petit Wole, entravé par la blessure qui lui fut accidentellement infligée à l'école maternelle (II, 62) :

> Lorsque j'entendis la voix de mon père, j'eus l'idée d'ouvrir l'œil indemne ; jusque-là je n'avais pas réfléchi au fait qu'un seul de mes yeux avait été touché. Essuyant le sang de mon œil gauche, je l'entrouvris. J'aperçus les maîtres debout en demi-cercle autour de la table ; ils me regardaient comme si j'étais déjà un masque, un opidan, prêt à se métamorphoser. Je me palpai pour m'assurer que j'étais bien toujours moi-même : toutes ces paires d'yeux m'observaient d'une façon tellement étrange…

Soyinka ne se contente pas de mentionner la perception par le biais des verbes (liés à la vue, à l'ouïe et au toucher). Il l'épouse en

1. Gérard Genette, *Nouveau Discours du récit*, Paris, Seuil, 1983, p. 43.
2. Alain Rabatel, *La Construction textuelle du point de vue*, *op. cit.*, p. 74.
3. Gérard Genette, *Nouveau Discours du récit*, *op. cit.*, p. 44.

la développant, afin que soient donnés à lire les différents aspects de ce qui est effectivement perçu [1]. Plus encore, ce sont différents regards qui se mêlent ici, l'enfant étant à la fois regardé et regardant lui-même le spectacle de sa propre exhibition. C'est bien pourtant par *son* regard de petit enfant que la scène nous est transmise : nous sommes nous-mêmes mis à la place du petit Wole, alors hagard et peu assuré de lui-même.

L'enfance aventureuse

Ce qui importe à chaque fois est le regard étonné que l'enfant porte sur le monde, sa propension à l'aventure et aux « bêtises » qui ne se limite pas qu'au seul domaine du jeu (les courses-poursuites contre l'intrépide Osiki à l'école maternelle, au chapitre II, les escalades intrépides du rocher qui se muent en aventures solitaires au chapitre V, par exemple), mais adopte les contours d'expériences bien plus diverses : de simples promenades, des visites familiales ou des expéditions marchandes avec Chrétienne Sauvage apparaissent comme autant de moments mystérieux, dont les enfants tirent « une certaine ivresse » et dont il leur reste « la vague impression d'avoir été emmenés voir quelque chose, d'avoir vécu une certaine expérience » (I, 34).

La première grande aventure vécue par le petit Wole est celle du chapitre III, à l'âge de quatre ans et demi, alors qu'après avoir suivi une joyeuse fanfare, il se trouve finalement perdu aux confins d'Abeokuta, bien loin de la mission d'Aké. On observe là encore que pour figurer le regard de l'enfant, tout est question de perspective (de celle, par exemple, qui lui faisait apparaître le chanoine comme un « géant » ; I, 36) et d'« échelle » : celle sur laquelle le petit Wole ne peut encore grimper donne accès à la contemplation d'un univers inconnu. Le deuxième paragraphe du chapitre joue alors pleinement des ressources de la focalisation interne pour évoquer l'étendue d'une telle révélation (III, 64-65) :

1. Cette « aspectualisation » des perceptions est le premier des trois grands paramètres linguistiques du point de vue distingués par Alain Rabatel dans *La Construction textuelle du point de vue*, *op. cit.*, p. 25-30.

> Et puis un jour Joseph se laissa fléchir et me hissa sur ses épaules d'où, pour la première fois, je pus regarder par-dessus le mur de notre cour. Je suivis des yeux le groupe des danseurs arrivant par la route qui passait devant le cénotaphe et derrière l'église avant de disparaître dans une direction que Joseph disait être celle du palais. J'avais reconnu l'église et le cénotaphe. J'avais également reconnu un autre trait du paysage, le grand portail de la mission. Je compris alors que les murs extérieurs de la mission étaient joints bout à bout, cédant la place en certains endroits à des portails ou à des fenêtres. Installé sur les épaules de Joseph, je suivis des yeux le mur contre lequel nous nous appuyions maintenant sur la gauche ; je le vis se fondre dans celui de la resserre où l'on gardait les pots [...]. Il m'apparut clairement que nous vivions isolés dans la mission comme dans une ville à nous et que le reste de ce que je voyais c'était Aké.

Nous « suivons des yeux » ici le jeune enfant comme ce dernier suit les danseurs, reconnaissant à travers ce parcours plusieurs éléments familiers qui lui permettront finalement d'identifier les contours de la mission, jusqu'alors inconnus de lui. L'illusion est ici totale : c'est bien l'écrivain qui se souvient, comme l'atteste la précision extrême de la remémoration, mais tout se passe comme si l'émerveillement qu'il cherchait à retranscrire était celui de l'enfant, qui ne cesse dès lors de vouloir poursuivre son exploration.

Le détail de ses sensations est alors très net, là encore : il « enten[d] venir des bruits », auprès desquels il se précipite pour découvrir des individus dont il n'avait « encore jamais vu les visages », une fois le portail de la mission franchi. La fanfare fait irruption, qui provoque en lui « une curieuse sensation ». Elle euphémise en réalité un bouleversement de tous les sens : « j'avais l'impression que les vibrations m'entraient dans l'estomac [...]. J'écoutais : j'avais cette sensation à chaque fois que venait le boum » (III, 66). Tout est détonation dans cette aventure qui voit bientôt surgir des espaces parfaitement nouveaux, comme l'enfant continue de le « voir » : « après la librairie, le mur s'en allait vers un territoire que je n'avais jamais encore vu. Bientôt, il s'éloigna tout à fait, dissimulé par des maisons et des boutiques, et il finit par disparaître pour de bon ». Le petit Wole embarque alors pour une odyssée loin d'Aké : « Le mur de la mission avait disparu mais cela n'avait plus d'importance » (III, 66-67).

Les îlots successifs en sont « des boutiques et des maisons à étages », la maison d'un photographe dont l'enfant comprend alors qu'il possède son propre commerce et ne se contente pas d'officier chez ses clients ; la « maternité Mc Cutter » (nouvelle occasion pour l'écrivain de retranscrire l'ingénuité comique de l'enfant qui jusqu'alors ne connaissait « la dame blanche amidonnée » que sous le nom visiblement déformé de « Mlle Makota »), le commissariat, l'école de couture et surtout le grand marché qui lui semble être le lieu de toutes les merveilles. « Ces étals s'étendaient à perte de vue », note-t-il, incrédule, avant de s'exclamer : « il paraissait impossible qu'il existât tant de *choses* au monde ! », « Des tas de piments de toutes formes et de toutes tailles s'élevaient à profusion », « des montagnes de *gari* », « des tas et des tas » de sels, « toutes sortes de tubercules, de légumes, de langoustes et de poissons séchés, puis les étals de bouchers » : l'accumulation rend compte de ce qui apparaît aux yeux de l'enfant comme une diversité stupéfiante, que nous découvrons avec lui pas à pas : « Je gagnai le bord de la fanfare pour voir plus loin. [...] J'entrai dans le marché, les yeux grands ouverts » (III, 71). Dans ce contexte, le boucher est « un personnage tout aussi magique que le tambour-major qui jonglait avec son bâton », avant du moins que n'apparaissent ces vieilles femmes impassibles qui lui font songer à des « sorcières » et qui finissent par le faire fuir (III, 72).

Autant d'étapes d'un parcours qui s'apparente donc à une épopée à hauteur d'enfant. Les adultes ne manqueront d'ailleurs pas de s'étonner de l'invraisemblable chemin parcouru pour un si petit être. Dipo rejouera une scène similaire plus loin dans le roman, dans un tout autre contexte et en miniature : il disparaît quant à lui après une punition, erre dans les rues d'Abeokuta pendant toute une partie de la journée, trouve le chemin de la gare routière avant d'essayer de monter dans un taxi de brousse, jusqu'à ce qu'un voyageur sur le départ le ramène finalement à la maison. Il en devient pour toute la maisonnée, exception peut-être faite de ses parents, « un héros » (VIII, 176-177).

L'enfance, un paradis perdu

À plusieurs reprises au cours du récit, cette mémoire aventureuse de l'enfance se heurte pourtant à la barrière du présent. L'enfance se présente dès lors comme un Éden perdu, et l'autobiographie devient une « entreprise de commémoration » qui cherche, pour reprendre les termes de Florence Godeau, « à préserver ce qui est voué à disparaître, ou, tout du moins, à restaurer, par l'écriture, ce qui a déjà disparu »[1]. Il s'agit alors d'en retrouver la valeur à tout prix, dans et par l'effort de remémoration et d'écriture.

Mémoire de l'enfance et présent déchu

C'est en effet tout un « espace de mémoire » que l'écrivain dit « habiter », comme il l'écrit dans l'adresse initiale qui ouvre son récit (I, 8). « [... L]'époque dont [il] parle », écrit-il, est son lieu de résidence, au sens spatial et métaphorique à la fois : une géographie mentale et terrestre. Sans doute pourrait-on parler d'une géographie céleste, tant elle semble parfois idéalisée. L'auteur évoque ainsi ce « Verger » qui trône en majesté « entre le flanc gauche de la maison du chanoine et les terrains de jeux de l'école », à mi-chemin entre les domaines céleste et terrestre, comme un jardin d'Éden revisité. L'emploi de la majuscule contribue à sacraliser cet espace d'emblée caractérisé par le jaillissement d'une beauté qui l'apparente aux Écritures, comme le note l'écrivain : « Il était trop varié, beaucoup trop touffu pour qu'on pût l'appeler un jardin, même un jardin fruitier. Et l'on y trouvait des plantes et des fruits qui en faisaient un prolongement des classes d'écriture sainte, des leçons de l'église et des sermons » (I, 21). En son sein réside un grenadier « étranger au pays des Noirs », dont les graines, explique le narrateur, furent semées par « un évêque d'autrefois, un Blanc » – en des

1. Florence Godeau (dir.), *Poétiques du récit d'enfance*, Paris, Puf, 2012, p. 10.

temps immémoriaux par conséquent. Or les enfants l'assimilent au « pommier qui avait fait perdre à Adam et Ève les joies du paradis » (I, 22) – dont le Verger apparaît bien comme un vestige extraordinaire au sein de la mission, emplie par la vie.

« À l'époque dont je parle », écrit ainsi Soyinka, « il ne se passait pas un jour où ne s'ouvrît au regard un enclos, une poche de rochers, un bosquet buissonnant, une colonie d'escargots ». Ce sont des lieux qui vibrent « au rythme des saisons », des jours et des heures. Y détonne tout juste une « carcasse de voiture » qui « trône » au sein du paysage et sert de réceptacle aux jeux des enfants. Tout y est donc empli de vie, jusqu'aux objets abandonnés qui constituent la richesse de cette nature revisitée, visiblement dépareillée car incluant en son sein des éléments disparates : un incinérateur abandonné voit pousser en son sein « des herbes touffues [...] où se glissaient des serpents aux corps luisants » – subtil et nouveau vestige du lieu édénique, dépossédé ici de sa valeur ténébreuse (I, 23).

Par opposition, c'est sur le mode de la lamentation que l'auteur aborde la chute d'Aké, au temps présent. « Il est arrivé malheur à la mission d'Aké », écrit-il ainsi sèchement juste après l'évocation du Verger, à présent disparu, avant qu'un rythme ternaire ne vienne illustrer solennellement, et tragiquement, son propos : « Le sol s'est érodé, les pelouses se sont dénudées et le mystère a été chassé des hauteurs autrefois si secrètes » (I, 22). Il s'agit donc d'un anéantissement : la carcasse de voiture n'est désormais « plus qu'une épave », et l'incinérateur « n'est plus signalé que par un monticule de boue ». Le tout début du chapitre V le signale encore : si la physionomie générale du paysage n'a pas changé, c'est loin d'être le cas « des choses les plus intimes » (V, 98) :

> Même le baobab a perdu de sa taille avec le temps ; et pourtant j'avais cru que ce rempart serait éternel, échapperait aux perspectives élargies d'une enfance disparue. Sa circonférence s'est rétrécie et ses branches ne donnent plus qu'un peu d'ombre. Le campanile de l'école avait un nom, une description du moins, une place au sein de la famille des objets physiques ; il me

> revenait sans effort : l'Enfant Unique du Lointain Clocher. Seulement maintenant, même la distance qui sépare le campanile du clocher a raccourci.

L'objet de la déploration réside ici moins dans la disparition effective de l'objet que dans le changement de perspective : là encore, tout est question de regard, et celui de l'enfant semblait doté d'une faculté de grandissement susceptible d'« éterniser » toute chose, là où le monde adulte est en réalité soumis au dépérissement lié à la sortie de l'espace édénique. Paradoxalement, les « perspectives élargies » de « l'enfance disparue » – celles du monde adulte –, apparaissent comme un rétrécissement : le baobab n'est désormais plus doté de sa dimension protectrice.

« On ne retrouve plus cette atmosphère », écrivait déjà l'auteur au début de l'ouvrage (I, 23). Elle a de fait été remplacée par la prétendue modernité d'un présent très sévèrement condamné, au chapitre X. Les « bruits » qui y résonnent ne sont plus que les « formes tordues délirantes des voix intimes, secrètes » du passé : une déformation qui a tout, là encore, du déchirement, sinon de la violence assumée d'une époque que l'auteur figure en barbarie guerrière et conquérante. « Les odeurs ont été vaincues », explique-t-il en effet, avant d'ajouter (X, 210) :

> Et leur vainqueur le bruit n'est pas même celui du carillon rythmé du clocher ou du défilé des egúngún, de la fanfare de la gendarmerie, des cris du marché ou du timbre des bicyclettes, mais un pot-pourri d'orchestres électroniques et le fracas rauque des clochettes annonçant des soldes de produits importés.

Le dépareillement du Verger n'a plus rien à voir avec ce « pot-pourri » dont l'inauthenticité est le maître mot. Dans un jeu d'opposition très marqué, les rythmes sonores des activités quotidiennes sont désormais remplacés par des bruits synthétiques ou par un « fracas rauque » qui désigne les méfaits accumulés de la société de consommation et de l'acculturation – l'une des obsessions étant celle des « crèmes à blanchir la peau » (X, 220). Le jardin d'Éden en ce sens est celui d'une terre des origines à laquelle l'écrivain oppose, à l'orée des années quatre-vingt qui sont pour lui celles du présent et de l'écriture, le miroir déformé d'une mondialisation immaîtrisée, encore objectivée par cette « collection de boutiques » dont l'objet est de « répand[re] les produits d'une industrie mondiale du gâchis » ; boutiques désormais accolées au mur de la mission. Une terrible accumulation vient insister sur l'imposture des biens qui y sont offerts à la convoitise, entre « châles salis de chiures de mouches » et « bijoux "en or" », dont les guillemets soulignent la nature douteuse (X, 210).

Les marchandes ambulantes de *moin-moin* qui laissaient jaillir leurs « chants lyriques » et par conséquent emplis de poésie, ont été quant à elles remplacées sur la promenade de Dayisi par un magasin dont la vitrine est « éclairée par des tubes à néon vert de mer », tout près des nouveaux promoteurs de nourriture industrielle ; le *moin-moin* des temps « modernes » étant réduit lui-même « à des morceaux de savon » (X, 218). Tout signale donc le triomphe de la déshumanisation dans ces quelques pages désabusées mais vibrantes qui prennent des résonances politiques, dans ce procès qui est intenté à la « recherche du profit rapide », aux conséquences sinistres : uniformité, dépérissement des « nouveaux habitants », qui « se gargarisent » de « chansons braillées par cent boutiques », « [l]es yeux vitreux, les mâchoires animées d'un mouvement d'automate », presque sans vie par conséquent, se nourrissant eux-mêmes de « cadavres de friands » (X, 220).

Par opposition, le temps révolu de l'enfance prend donc les traits d'un jardin d'Éden revisité, d'une nature dépareillée, sinon ambivalente, mais à préserver : en ce sens, Soyinka en fait un lieu à la fois poétique et politique. On notera toutefois qu'il n'est pas exempt de cruauté : le sort réservé à la dénommée Sorowanke, qui ouvre et ferme le chapitre, témoigne de l'éclatement toujours possible, mais signifiant, de la violence en cette « bulle » apparente de l'enfance. Nous y reviendrons.

Jardins des sens et préservation d'une âme native

En son sein, le petit Wole est traversé par des épreuves dont la violence est toutefois à relativiser au regard de l'érosion présente du sol, du dessèchement des pelouses et de l'évaporation plus générale des mystères accolés à l'espace enfantin désormais déchu. Or c'est précisément cette vie native (et naïve) qu'il s'agit de préserver. « Les murs » ont en effet « gardé leurs voix » : « [d]es voix familières qui surgissent, venues d'au-delà des chevrons » (V, 102). Pour retrouver cette âme native de l'enfance, il faut donc encore en évoquer les sensations : le passé est pour Soyinka un jardin des sens dont les traces au présent « résonnent encore en certains lieux d'Aké », mais de manière si fragile qu'il faut, semble-t-il, en restituer à tout prix la mémoire et la teneur par le biais de l'écriture.

Selon Senghor, le « Royaume d'enfance » relate une expérience avant tout sensorielle : « Des sons, des couleurs, des senteurs » [1]. Soyinka le revendique également, affirmant au cours d'un entretien l'importance « des odeurs et des bruits » qu'il a voulu ressusciter dans *Aké* [2]. Nous avons déjà insisté sur les verbes de perception, liés en particulier à la vue et à l'ouïe. Le panorama des sens est encore relayé par les saveurs et les odeurs partagées avec l'enfant au gré des espaces qu'il traverse, qui contribuent à la retranscription de toute une cartographie mentale à laquelle Soyinka cherche à se raccrocher : « l'odeur terreuse de la farine d'igname », les « arômes imprégnés d'huile » de l'*akara* vendu sur les marchés, l'« odeur d'*ori* et de camphre » de la chambre de sa mère (III, 71, 81 ; X, 215). « [L]'arôme, l'odeur et le toucher » sont aussi ce qui caractérise Isara aux yeux du petit Wole (IX, 182). On pourrait encore citer le goût du Lactogen, « le plus exquis » qui soit pour lui et dont il se délecte en secret (VI, 133), ou celui du ragoût qui rassemble en son sein « toutes les textures des marchés du matin et du soir » (X, 216), comme autant d'exemples exotiques de ces madeleines de Proust qui traversent l'autobiographie de part en part.

1. Léopold Sédar Senghor, *Poèmes perdus*, « Oubli », dans *Œuvre poétique*, Paris, Seuil, 2006, p. 346.

2. « Smells and sounds ». Son enfance, regrette-t-il alors, est « une période perdue, une ambiance perdue, un environnement perdu » (« a lost period, a lost ambience, a lost environment »). Voir Biodun Jeyifo (ed.), *Conversations with Wole Soyinka*, Jackson, University Press of Missisipi, 2001, p. 130.

Ce jardin des sens est un trésor, métaphorisé par le Verger ou, à une moindre échelle, le « jardin merveilleux » d'Essay, pour reprendre les termes d'Odejimi qui le profane en y cueillant indûment une rose (V, 109). Essay l'entretient avec un soin extrême, qu'il partage avec son fils bien que ce dernier ne défigure cet espace en un moment d'égarement, comme le relate la fin du chapitre. Il ne lui en réserve pas moins un soin jaloux, allant jusqu'à pourchasser les chèvres qui menacent de l'abîmer. Le domaine de l'enfance semble donc ici être celui de la nature, qui est son refuge et son lieu d'expérimentation majeure. Au début du livre, l'emploi du participe présent dans la traduction [1] implique ainsi une relation de cause à effet entre la sécurité de la nature fréquentée au sein de la mission et la liberté des jeux de l'enfance, abrités par un paysage dont l'accumulation traduit ici le caractère jaillissant : « Nous y sentant en sécurité », se souvient en effet Soyinka, « nous montions et descendions librement, passant de l'un à l'autre de ses niveaux enchevêtrés et emmêlés de feuilles, de ses falaises abruptes, de ses sous-bois, de ses bosquets inattendus d'arbres fruitiers cachés » (I, 20).

Aké, dans sa familiarité rassurante et sa nature préservée, présente de tels lieux propices au développement de l'imaginaire. Le chapitre V en distingue deux : le premier est le rocher dont le petit Wole a fait « [sa] demeure personnelle et privée » pour l'escalader et y « plonger », un espace infini qu'il retrouve en fin de semaine alors que les autres écoliers rentrent chez eux : « mon rocher à moi », écrit encore Soyinka, dont la maîtresse d'école fait un « bien public » en le désignant pour illustrer l'épisode biblique de Jonas avalé par la baleine, l'offrant par là même à la convoitise des autres enfants (V, 99). Le second est un goyavier spécifiquement identifié par le petit Wole : « [n]on pas l'arbre exubérant, généreux, de la

1. Le texte original est le suivant, qui implique une même relation de cause à effet : « Secure within it, we descended or climbed a twill into overlapping, interleaved planes, sheer rock-face drops, undergrowths and sudden hideouts of cultivated fruit groves » (*Aké, The Years of Childhood*, *op. cit.*, p. 2).

fontaine publique que dominait la résidence carrée et trapue du pasteur », mais un autre, « près de l'école des petits », affublé de vertus surnaturelles dont la plus remarquable semble être celle de pouvoir « échapper » au temps, de l'« avaler » et ainsi « d'en supprimer l'existence », tout comme le rocher (V, 100). Ces lieux-refuges acquièrent ainsi une dimension symbolique par-delà leur seule valeur topographique : ce sont pour l'enfant des repères, aux sens géographique et affectif, mais aussi, pour l'écrivain, des lieux d'éternité.

À travers ces espaces de vie, ce sont les charmes du passé florissant qui se déploient, animés par l'imagination de l'enfant, qu'il s'agit donc de préserver tout autant. Si au sein du Verger la carcasse de voiture n'est désormais « plus qu'une épave », l'auteur explique sa dégradation par le biais d'une description qui traduit non pas de supposées vertus propres de l'objet, mais son investissement par la merveilleuse inventivité ludique des enfants, aptes à animaliser ce qui relève de l'inerte, à l'ériger en espace aventureux : « ses yeux se sont changés en orbites rouillées, son visage de dragon s'est effondré, ses dents sont peu à peu tombées ». En ce sens, l'âme native de l'enfant s'apparente à celle d'un « visionnaire ». Pour avoir gagné peut-être en lucidité, l'adulte a perdu sa faculté d'émerveillement, qu'il tente pourtant de sauvegarder comme un bien précieux, dans et par le travail de remémoration. En ce sens, l'enfant apparaît connecté à un monde *autre* dont il se nourrit et se repaît, offrant par là même un modèle possible à l'écrivain et à son activité de fictionnalisation.

Des merveilles aux ténèbres de l'enfance : vers l'initiation

L'enfant est en effet porté par un imaginaire foisonnant, nourri de croyances qui ont joué un rôle majeur dans la formation et l'œuvre, en particulier théâtrale et poétique, de l'écrivain [1]. Ces

1. Voir le chapitre intitulé « La spiritualité d'un continent » dans Wole Soyinka, *De l'Afrique et autres essais*, présentés et traduits par Étienne Galle, Paris, L'Harmattan, 2018, p. 113-141.

figures relèvent du merveilleux mais renvoient aussi à des peurs archaïques auxquelles il s'agit de se confronter pour grandir.

Un univers de croyances

Le monde de l'imaginaire et des mythes

L'imagination, cette « Reine des facultés » selon Baudelaire, est un don d'enfance [1]. Elle l'apparente à un créateur de mondes, et par là même à l'écrivain. Même affaibli par une blessure qui a affecté l'un de ses yeux, l'enfant dit « v[oir] en imagination » son ami Osiki continuer à courir, inconscient et « léger comme le vent » : cette « vision » le fait sourire et soulage immédiatement sa douleur (II, 63). Cet imaginaire se déploie dans le contexte particulier de l'enfance nigériane, qui est celui d'un merveilleux syncrétique, comme l'est le double univers de croyances qui entoure l'enfant : élevé au sein de la mission dans la religion catholique, le petit Wole n'en est pas moins très sensible au panthéon yoruba. Soyinka présente ainsi dès les premières pages de son autobiographie tout un univers de figures surnaturelles, dont il renseigne la signification dans une série de notes informatives. Le monde des esprits est ainsi celui des « ghommides », génies des arbres, ou des *iwin* ghommides, « esprits des bois » censés vivre quant à eux sous terre (I, 20, 27). L'*àbikú* est pour sa part un « enfant qui naît, meurt, renaît et meurt à nouveau en un cycle continu » (I, 38), et les *egúngún* des « ancêtres masqués », esprits des morts célébrés chaque année : la famille d'Osiki, camarade de jeu du petit Wole, possède ainsi un masque à l'effigie du sien, qui participe au défilé rituel. Ces êtres connaissent des variations nombreuses, dont Osiki fait part à son camarade intrigué : « ceux qui étaient dangereux, pleins de maléfices, et qui pouvaient vous frapper d'épilepsie ou pire ;

1. Aussi le génie est-il, selon les mots fameux du poète, « l'enfance retrouvée à volonté ». Voir Charles Baudelaire, *Salon de 1859* (III, « La Reine des facultés »), et *Le Peintre de la vie moderne* (III, « L'Artiste, Homme du monde, Homme des foules et Enfant »), dans *Critique d'art*, Paris, Gallimard, « Folio », 1998, p. 279 et 350.

ceux qui étaient furieux et qu'il fallait maîtriser avec de grosses cordes ; les *opidan* qui grâce à leurs tours de magie se métamorphosaient en alligators, en serpents, en tigres et en béliers, puis reprenaient leur aspect d'origine » (II, 58, 59). Professant cette typologie savante, étonnante venant d'un tout petit enfant, Osiki finit toutefois par trahir sa propre innocence, lorsqu'il fait des acrobates une ultime catégorie d'*egúngún*. Ce florilège relève donc à la fois d'une mythologie bien ancrée et de sa réappropriation par l'enfant, qui y trouve l'occasion d'une explication plausible des merveilles supposées du quotidien.

Pour le petit Wole, élevé dans la foi catholique, la figure de Dieu semble plus familière, mais n'en relève pas moins du merveilleux. La mission d'Aké est placée d'emblée sous les auspices d'un Dieu débonnaire, qui a visiblement ses habitudes dans « son propre lieu saint », comme nous le décrit le tout début de l'autobiographie : rejoindre l'église Saint-Pierre et la mission « pour prendre le thé avec le chanoine », fréquenter l'office du matin mais réserver « sa présence la plus protocolaire et la plus exotique pour l'office du soir qui, en son honneur, se faisait toujours en langue anglaise » (I, 19). Dans ce contexte, la messe est une école qui ouvre la voie d'une réalité jugée plus authentique que celle du quotidien, en ce qu'elle relève de la fable, dans l'univers-refuge auquel l'enfant croit et dans lequel il se fond spontanément. « C'était à l'école du dimanche », explique-t-il ainsi, « que l'on racontait les vraies histoires, les histoires qui vivaient dans les événements eux-mêmes, franchissaient les limites des dimanches et des pages de la Bible pour entrer dans l'univers des pays, des femmes et des hommes fabuleux » (I, 21). Un univers infini, donc, qui excède les limites de l'ici et maintenant.

L'imaginaire biblique nourrit ainsi les jeux de l'enfant comme la puissance de son imaginaire. Le petit Wole dénomme ainsi « son » rocher Jonas, en se référant à l'épisode évoqué par sa maîtresse d'école. Cette dernière, dit-il alors, a maladroitement transformé ce compagnon « en personnage de "conte de fées" », « un monde de fables, de fantaisies, celui de la lampe d'Aladin et du Sésame-ouvre-toi » (V, 100). Le petit Wole en est profondément déçu : la présence « débordante, enveloppante » du rocher suffisait au déploiement de son imaginaire. La liste qu'il lui accole n'en témoigne pas moins de l'univers foisonnant du merveilleux qui est le sien, profondément syncrétique – Soyinka évoquera même, dans un entretien, les rapprochements qu'il effectua dès ses plus jeunes années entre le panthéon yoruba et celui des dieux grecs [1] ; la Bible et les contes orientaux se mêlant aussi dans ce recueil d'histoires merveilleuses. Le grenadier du Verger dans lequel il voit l'arbre défendu du jardin d'Éden le transporte ainsi « jusque dans le monde illustré des Belles Histoires de la Bible » ; mais il ouvre aussi « la caverne d'Ali Baba, réussi[t] à faire sortir le génie de la lampe d'Aladin, pin[ce] les cordes de la harpe qui calmait la folie de David, divis[e] les eaux du Nil et remplit [la] mission de l'encens du temps obscur de Jérusalem » (I, 22).

Le syncrétisme le plus marquant dans l'histoire de l'enfant reste toutefois celui qui mêle religion chrétienne et Orisha. D'emblée dans l'autobiographie, la « sonorité sombre » de l'orgue faisait écho au « mystère » plus inquiétant d'Aké, « les recoins les plus secrets de la mission elle-même » offrant un premier contrepoint à la présence chrétienne en terre Egba (I, 19). Certes parfois, les deux s'opposent. L'évangélisation du Nigeria s'est en effet largement appuyée sur une intégration du dialecte et des traditions yorubas. Elle fut menée par Samuel Crowther, lui-même né en pays yoruba et vendu comme esclave avant d'être libéré, baptisé et instruit par

1. « J'ai grandi avec la mythologie grecque. Elle a fait partie de mon enfance, parce que j'ai lu un grand nombre de ces livres qui racontent les mythes d'Hercule, de Persée, du Minotaure, de Prométhée. Je m'en suis complètement imprégné. Ajoutez à cela mes propres mythes traditionnels… Ogun, Shango font aussi partie de mon imaginaire. Et d'aussi loin que je puisse me souvenir, j'ai toujours été frappé par les similitudes entre le panthéon grec et le panthéon yoruba. » Voir Boniface Mongo-Mboussa, *Désir d'Afrique*, « Wole Soyinka : le Nobel, les dieux yorubas et l'Afrique », Paris, Gallimard, 2001, p. 61-62. Dans sa pièce intitulée *The Bacchae of Euripides* (1973), le modèle antique permettra encore à Soyinka de rapprocher les divinités grecques (comme Dionysos) et yorubas (comme Ogun).

des missionnaires anglicans, envoyé en Angleterre en 1842 avant d'être ordonné prêtre l'année suivante. Il prononça sa première messe en yoruba en 1844 et, après plusieurs voyages préparatoires, installa la mission à Abeokuta, d'où allait commencer l'évangélisation de l'ouest du Nigeria, puis de tout le sud du pays. En 1852, il fait paraître une *Grammaire* et un *Vocabulaire* yorubas, et traduit aussi progressivement la Bible [1]. Religion et politique se mêlent alors dans l'opposition entre les tenants des deux fois : dans l'autobiographie, Chrétienne Sauvage s'oppose aux « prêtres et prêtresses des différents cultes » en « prêchant la parole de Dieu sur les places des marchés » avec ses coreligionnaires, célébrant par là même « l'anniversaire de l'arrivée des missionnaires en pays egba », « leur but étant de perpétuer », poursuit Soyinka, « l'esprit de ces missionnaires et d'amener quelques païens supplémentaires dans le bercail chrétien » (IX, 196-197).

Les évêques cependant « n'aim[ent] guère défier les esprits », ce qui implique que ces derniers appartiennent à leur univers de croyances, comme à celui de Chrétienne Sauvage qui confie aussi les redouter. Elle raconte ainsi dès le premier chapitre de l'autobiographie comment le révérend J.J. chassa un *egúngún* alors qu'elle n'était elle-même qu'une enfant : l'esprit défunt aurait alors tranquillement quitté l'église avant de la détruire (I, 25, 29). Dans l'esprit du petit Wole, nourri par de tels contes, les deux mondes sont donc bien mêlés. Quand Osiki fait des *egúngún* le seul apanage du monde yoruba (puisqu'il n'a « jamais entendu dire » qu'un chrétien ait connu un tel privilège), il provoque la plus grande incrédulité chez son ami. Ce dernier se demande aussi si Monseigneur Crowther lui-même n'était pas un *oro*, capable de communiquer avec les esprits, et si « les trois Blancs habillés de longues robes » qu'il voit sur les vitraux de l'église ne sont pas eux-mêmes des *egúngún* : il se trouve qu'il s'agit de missionnaires, ce qui pour l'enfant n'est en rien contradictoire (I, 28 ; II, 59).

1. Voir Alain Ricard, *Livre et communication au Nigeria*, « L'évêque et l'alphabet », Paris, Présence africaine, 1975, p. 36-40.

Les peurs de l'enfance

Dans le récit qu'elle fait de son enfance au chapitre I, Chrétienne Sauvage évoque le fait que son oncle Sanya ait brandi sa Bible pour faire fuir un *iwin*. Quand elle regrette alors que « [l]e temps de la foi [soit] passé », on ne peut s'empêcher de penser qu'elle désigne autant la foi des « premiers chrétiens », celle qui « donne la vraie force », que la foi dans la puissance du récit merveilleux qu'elle évoque et invoque comme le reflet d'un temps perdu – et qui correspond précisément chez elle au temps de son enfance. Les enfants sont d'ailleurs suspendus au récit qu'elle leur propose alors : dans tout ce passage, les enfances se mêlent par-delà les générations et s'inscrivent dans une mémoire accumulée de merveilles et de frissons, dont l'auteur insiste ici sur la transmission. Sans doute n'est-ce donc pas un hasard si cette mise en abyme intervient très tôt dans l'autobiographie.

C'est ainsi « par le trou de la serrure » que le lecteur et les (futurs) enfants de la petite Chrétienne Sauvage observent l'arrivée d'un étrange émissaire (I, 26). Le regard inquiet de la petite fille est alors l'unique point de vue qui nous est proposé : le lecteur n'a, là encore, d'autre solution que d'adopter, à travers lui, celui de l'enfant. Quelques pages plus loin, l'insistance sur la perception (l'ouïe et la vue) est très nette, le lecteur épouse littéralement les sensations de l'enfant absorbée par le spectacle d'Oncle Sanya (I, 30) :

> Tout à coup, elle entendit Sanya qui parlait avec quelqu'un sur un ton animé. Après avoir écouté quelques instants elle l'appela, mais il ne répondit pas. On n'entendait que sa voix à lui, et pourtant il semblait bavarder sur un ton amical et plein d'intérêt avec quelqu'un d'autre. Elle glissa donc un œil à travers les buissons et aperçut Oncle Sanya assis par terre en train de causer avec quelqu'un qu'elle ne pouvait pas voir. Elle scruta les buissons environnants mais les bois paraissaient vides, à part eux deux. C'est alors que son regard se posa sur son panier.

Chrétienne Sauvage « entend » ici l'Oncle Sanya et « gliss[e] un œil à travers les buissons » pour essayer de l'apercevoir en train de parler « avec quelqu'un qu'elle ne pouvait pas voir », mais avec qui il « sembl[e] bavarder ». L'emploi du modalisateur contribue à la tonalité fantastique du passage, qui culmine dans un effet de suspense tout entier déterminé par ce que s'apprête à voir le jeune personnage, avec effroi. Le monde des esprits, de fait, « pourchass[e] » jusque chez eux les enfants qui s'aventurent « trop profondément » dans les bois : face à eux, la maison du chanoine est un rempart qui empêche les morts « de prendre des libertés avec le monde des humains » (I, 20).

L'univers merveilleux des contes suscite ainsi la crainte : il renvoie aux peurs archaïques de l'engloutissement et de la mort, qui n'ont aucune limite. Ainsi, le monde chrétien lui-même n'est pas exempt de ténèbres : Monseigneur Ajayi Crowther se transforme dans l'esprit du petit Wole en monstre qui le fait fuir (I, 24), tout comme le feront fuir les vieilles marchandes aux « mains desséchées » qui tiennent « l'alignement d'étals le plus étrange de tout le marché » et lui font songer à des « sorcières ». Les potions qu'elles vendent semblent tout droit sorties de leur corps, « car il était impossible de concevoir que du sang y coulât ». En dépit du sourire que lui adresse l'une d'entre elles, l'enfant reste impressionné par son visage « qui ne ressemblait pas à celui des vivants ». La dernière mention qui les concerne renvoie à la crainte de la mort, et à l'angoisse de séparation qui lui est liée : les crânes d'animaux qu'elles offrent au regard des passants sont soupçonnés d'être « des crânes de jeunes enfants qui avaient été trop stupides pour s'aventurer trop près » de leurs baraques (III, 72-74). Un tel motif est récurrent, puisqu'on le retrouve encore au chapitre X, où l'écrivain se souvient qu'il chantait sur la promenade Dayisi, la nuit venue, non par agrément mais, au sein d'un « arsenal d'incantations contre l'inconnu », pour se « donner du courage face aux dangers de l'obscurité » et, plus précisément, face à « des esprits ou des voleurs d'enfants ». Les « sorcières et les voleurs d'enfants » sont encore évoqués quelques pages plus loin, au même titre que les *ewèle*, esprits malfaisants de la brousse (VI, 210, 213).

Pour l'enfant, de tels éléments surnaturels sont donc d'autant plus redoutables qu'ils ont leurs émissaires terrestres, toujours susceptibles de les enlever au profit des *ogboni* qui, chargés au sein du palais d'exécuter les sentences, font eux-mêmes peur aux plus jeunes : « [p]armi les chuchotements et les murmures », explique ainsi le narrateur, « on nous donnait à entendre qu'ils envoyaient des gens enlever des enfants dont le corps était indispensable à certains de leurs rites et cérémonies ». Leur « enclave secrète » réactualise tout l'univers du panthéon yoruba, qui se présente dans ce passage sous son jour le plus inquiétant. L'écrivain, qui prend alors le relais de l'enfant, délivre les figures principales de cet « univers ancestral », visiblement encore fasciné, comme le soulignent les points de suspension qui concluent sa liste : « La connaissance des noms vint plus tard », dit-il en effet : « Sango, les yeux d'Ifa, les prêtres devins, Ogun, Obatala, Erinle, les verges de fer d'Osanyin avec leurs anneaux surmontés d'oiseaux divinatoires... » (XIV, 278-280).

Le « monde ligué de l'enfance » apparaît ainsi dans l'ouvrage comme également uni face aux peurs ancestrales, communiquées d'âge en âge. L'effroi suscité par de telles images a bien sûr une valeur formatrice : il préserve et incite à la prudence. Il n'en dit pas moins les peurs enfouies, dont l'expression est nécessaire au développement de l'enfant, qui anticipe et rejoue à travers lui les épreuves redoutées de la mort [1].

L'épreuve de la douleur et du deuil

Le petit Wole a l'intrépidité de son âge : le chapitre III nous en a donné un exemple probant. Ses aventures le soumettent aux accidents : on songe encore au chapitre II, où deux blessures, dont la seconde aurait pu l'aveugler en partie, sont évoquées comme autant de petits drames de l'enfance soumise aux dangers de sa propre impétuosité. Mais à l'exception près du rite initiatique auquel il est livré à Isara, la douleur dans l'autobiographie de Soyinka relève avant tout des affects : elle prolonge et amplifie les

1. Tel est aussi, du reste, le rôle des contes de fées qui, selon Bruno Bettelheim, « pren[nent] très au sérieux » les angoisses de l'enfant. Voir *Psychanalyse des contes de fées* (1976), traduit de l'anglais par Théo Carlier, Paris, Pocket, 1999, p. 23.

craintes liées à la séparation et à la mort. Trois figures sont à envisager plus particulièrement au sujet de la confrontation de l'enfant à la question de la douleur et du deuil.

La maladie d'Essay

L'une d'elles est celle d'Essay, qui dans sa fonction paternelle constitue l'un des grands repères attendus de l'enfant, comme on l'a vu. Le plus court chapitre de l'autobiographie, et sans doute l'un des plus poignants, évoque une maladie dont il fut victime, et dont tout le récit, jusqu'en son terme plus heureux, nous fait supposer qu'il n'y échappera pas. Et si au terme du chapitre, « l'ombre s'écart[e] » et permet le retour « des vieilles habitudes, le progrès du bruit, de la gaieté, des plaisanteries », si finalement tout rentre apparemment dans l'ordre et permet « [u]n sentiment de libération, un soulagement psychique profond », l'enfant reconnaît néanmoins et dans le même temps un « nouvel ordre » bâti sur la connaissance plus aiguisée des forces de l'épreuve qui règnent sur nos vies : il éprouve ainsi, écrit Soyinka au terme du chapitre, « un sentiment de gratitude à l'endroit d'une Force invisible qui nous avait délivrés d'une Menace entrevue mais demeurée sans nom » (XI, 227).

Au chapitre VI, Essay a été caractérisé par sa rigueur et par son entretien physique : accoutumé aux travaux du jardin par lesquels son fils noue un lien avec lui, il se livre aussi quotidiennement à des exercices de gymnastique dont la contemplation matinale est devenue le « passe-temps » favori du petit Wole (VI, 116). Or c'est une tout autre image qui apparaît de lui au début du chapitre XI. Si « [r]ien n'avait changé dans son apparence », comme le note l'écrivain (XI, 224), de menus changements affectent pourtant bien le quotidien : les visites sont moins fréquentes et, quand elles ont lieu, sont bien plus rapides que par le passé. Chrétienne Sauvage abandonne sa boutique pour rester auprès de son époux, animée de mouvements peu lisibles pour l'enfant : « Elle passait une bonne partie de la journée à entrer et sortir de sa chambre, lui apportant de la nourriture, du thé, conversant avec lui à voix basse. » D'une manière générale, l'impression est celle d'un grand silence au sein de l'espace auparavant effervescent : il s'agit donc d'un épisode radicalement nouveau pour l'enfant habitué à plus de mouvement. Tout y est comme feutré, confiné et endormi dans l'attente de jours plus enjoués ; Soyinka évoque « [u]n nuage de somnolence général » qui « envelopp[e] » alors la maison, dans une atmosphère qui, paradoxalement, n'est pas sans sérénité : « un climat de paix excluant les voix dures », étrangement consenti par les enfants.

Rien ne leur est communiqué ici du mal dont souffre Essay, mais tout se passe comme si l'irruption d'un changement visiblement pesant induisait de leur part l'acceptation tacite de nouvelles règles, jusqu'à rendre obsolètes les habitudes mouvementées du passé : « faire l'école buissonnière », « flâner en faisant les courses » ou « rejoindre furtivement nos camarades pour de folles aventures ». « Inconsciemment » et par opposition, écrit Soyinka, l'enfant qu'il était se replie sur la sphère familiale, perçue comme une bulle (qu'Essay cherchera d'ailleurs à graver sur la toile concrète de photographies qu'il commande auprès d'un spécialiste) : il se hâte de rentrer chez lui après l'école, comme mû par une compréhension intuitive de la gravité du moment. L'idée du cocon protecteur que constitue l'espace familial est là encore reliée aux sensations puisque l'enfant, note l'écrivain, est « poussé par un besoin d'être avec la famille, de partager l'intimité tranquille du toucher, des regards, dans un rapprochement palpable de chacun de nos actes », comme s'il s'agissait pour lui, ainsi, de contrer l'intensité nouvelle de l'épreuve.

« Et pourtant je comprenais à peine », note Soyinka immédiatement après cette mention. Dans un premier temps, l'enfant ne peut que noter les changements d'habitude de son père : « Tout ce que je remarquais, c'était qu'il restait de plus en plus dans sa chambre, qu'il mangeait moins souvent mais y prenant la plupart de ses repas, et que lorsqu'il sortait il paraissait nous regarder d'un œil plus aigu en secouant tristement la tête. » Essay apparaît alors comme un reclus, lui le directeur de l'école qui officiait en son domaine et dont on annonce désormais pudiquement aux visiteurs qu'il « se repose ». Il pose aussi un regard plus attentif sur ceux qu'il imagine perdre bientôt, quand il ne se laisse pas divaguer en son jardin, « le regard perdu de plus en plus dans les lointains ». S'agit-il déjà là de l'ailleurs céleste ? Le dialogue qu'Essay entretient avec lui-même désigne une mort dont l'enfant, témoin secret de ces paroles répétées et « claires », finit par entrevoir la menace : « Sur son visage jouait un sourire à demi navré, à demi contrarié, et aussi peut-être un rien de curiosité et d'anticipation, mais les paroles ne prêtaient à aucune confusion » (XI, 225). Dans ce moment solennel de dévoilement de l'épreuve, l'enfant gagne en compréhension et en maturité : il devient rétrospectivement le père de son père en songeant à ce dernier comme à l'« enfant précoce et capricieux » qui se réprimandait de ses propres lamentations.

La mort de Folasade

Le tout début du chapitre XI faisait écho aux changements imperceptibles qui traversent alors le quotidien de l'enfant. Ces « changements » avaient déjà été longuement évoqués au chapitre VII, qui relatait la mort de Folasade : un lien implicite est ainsi noué entre les deux épisodes marquants de l'autobiographie. Alors que les changements se manifestaient auparavant par leur caractère éphémère, mineurs ou parfois mystérieux, ces deux moments de transition se distinguent quant à eux par leur caractère durable et d'autant plus perturbant : celui qui affecte Folasade peu après sa naissance est même dit « permanent » (VII, 140).

Du jour au lendemain, l'enfant déjà très calme par opposition à Dipo qui la précédait au sein de la fratrie se met à crier « du matin au soir », sous l'impulsion de crises qui tiennent toute la maison en éveil. À l'âge de dix mois à peine, elle mange avec beaucoup de difficultés, manifestement victime de douleurs qui laissent les adultes impuissants. Elle est finalement hospitalisée, et revient dans la maisonnée le corps ceint d'un corset de plâtre qui semble la soulager un moment. Mais elle reste alors étrangement impassible : « les flaques silencieuses de ses yeux » ne semblent pas voir les regards qui lui sont adressés (VII, 141). Nous en sommes là encore réduits à suivre les indices disséminés par l'enfant, tels qu'évoqués par l'écrivain : le petit Wole voit la servante pleurer, niant avoir laissé tomber le bébé, provoquant la fureur de Chrétienne Sauvage qui finit par la congédier après un « interrogatoire » de plusieurs heures (VII, 142). Nous sommes ainsi amenés à penser que Folasade a été victime de négligence ou de maltraitance. Essay et Chrétienne Sauvage consultent alors une nouvelle fois les services hospitaliers. Quand ils reviennent avec le bébé, rien ne change, et nulle explication n'est donnée à l'enfant, là encore.

L'irruption du charpentier et d'une « petite caisse en bois de forme carrée », « [u]n matin », finit par annoncer brutalement l'enterrement du bébé. Dans la traduction, le passage du passé simple à l'imparfait offre alors un nouvel exemple de mise en relief et d'anaphore associative, qui signalent le point de vue de l'enfant [1] : « Il y eut une discussion brève, confuse ; puis on nous appela./ Folasade était couchée dans une longue robe blanche qui lui couvrait son plâtre et lui cachait les pieds. Ses yeux étaient clos et elle était tout aussi immobile que depuis des semaines » (VII, 143). C'est bien ici l'enfant qui voit, comme le confirmera d'ailleurs le verbe de perception qui suit immédiatement : « Je regardai Tinu qui restait là, debout, impassible » ; le point de vue étant d'ailleurs ici multiple et très finement élaboré puisque l'on observe le petit Wole regardant sa sœur qui observe elle-même le corps défunt du bébé. Tous ces regards mêlés et éteints d'adultes et d'enfants impuissants provoquent enfin un déchirement, évoqué en termes brefs : « Soudain tout se brisa en moi » (VII, 143). Rien n'annonce alors le hurlement de l'enfant : « Les larmes m'avaient envahi », explique ainsi Soyinka, « je me sentais aspiré vers un lieu de malheur dont la cause et les limites demeuraient insaisissables » (VII, 143). L'enfance et la mort tragiques de Folasade, décédée le jour de son premier anniversaire, constituent un mal d'autant plus

1. Voir *supra*, note 1, p. 181. Le texte original est le suivant :
« There was a brief, mumbled discussion, and then we were summoned.
Folasade was laid out in a long white dress which covered her plaster and stretched over her feet. Her eyes were closed and she was just as still as she had been for several weeks past » (*Aké, The Years of Childhood*, *op. cit.*, p. 97).

terrible qu'il n'est à aucun moment verbalisé ni partagé : si l'enfance est l'âge des merveilles possibles, c'est aussi celui des « catastrophe[s] », « plus douloureuse[s] encore de n'être point explicable[s] » selon Florence Godeau [1], ni expliquées. Soyinka semble le souligner en rapportant les propos de sa mère, que la réaction de l'enfant laisse incrédule tant elle est persuadée qu'il ne « peut comprendre » la situation (VII, 143). À leur mesure respective, ce sont donc plusieurs tragédies de l'enfance qui se superposent ici.

*L'enfant, témoin de l'invisible : la figure ambivalente de l'*àbikú

La figure spectrale de Folasade est celle de la mort, étrangement assimilée ici à l'enfance, fût-elle perdue. Sa disparition, le jour même de son premier anniversaire, est soulignée comme un fait étrange et remarquable par l'écrivain, comme si l'enfant appartenait déjà au monde des esprits et avait « choisi » de s'en aller en ce jour symbolique (VII, 143). Pour le grand-père paternel du petit Wole, passeur des rituels ancestraux comme nous le verrons plus loin, Folasade était d'ailleurs *abami*, c'est-à-dire étrange, euphémisme pudique qui en dit long sur ses doutes à l'égard de la véritable nature de l'enfant (IX, 205).

Avant elle dans l'autobiographie, la petite Bukola désignait également, quoique d'une manière différente, cet état incertain de l'enfance, témoin de l'invisible et des croyances qui lui sont liées. Il nous est précisé, dès son apparition au chapitre I, qu'elle « n'appartenait pas à notre monde ». Elle est victime de crises subites qui lui révulsent les yeux, « les dents serrées, le corps inerte », au terme desquelles elle rayonne « d'une étrange beauté » (I, 40). De telles crises s'apparentent à des crises d'épilepsie ; mais Bukola est perçue comme un « être surnaturel », qui « faisa[it] la navette entre les deux mondes » : un *àbikú*, « enfant qui naît, meurt, renaît et meurt à nouveau en un cycle continu » selon les croyances yorubas, comme Soyinka l'explique en note (I, 38). Il consacre à

1. Florence Godeau (dir.), *Poétiques du récit d'enfance*, *op. cit.*, p. 10.

cette figure intermédiaire, omniprésente dans la littérature du Nigeria [1], un poème (*Abiku*), et lui offre les traits du personnage nommé « Half-Child » dans sa pièce intitulée *A Dance of the Forests*. Ce personnage symbolise alors un pays africain dans lequel on peut reconnaître le Nigeria postcolonial, enfant instable et soumis à des crises provoquées par l'influence de forces démoniaques. Le mythe sert alors un discours politique [2].

La situation est très différente dans l'autobiographie. Bukola y est parée d'amulettes, d'anneaux de chevilles et de bagues censés l'attacher à la terre et l'éloigner des esprits qui « ne cess[ent] de l'importuner » pour qu'elle vienne jouer avec eux. Les deux petites cicatrices qu'elle porte sur le visage font aussi partie des stratagèmes « utilisés pour s'opposer aux séductions de ses compagnons de l'autre monde », ce qui n'est pas sans lui valoir quelques privilèges : « [c]omme tous les *àbikú* », note Soyinka, « elle était choyée », ses parents n'osant pas « la gronder trop fort ni trop longtemps », de crainte sans doute de provoquer une nouvelle crise (I, 38-39).

Deux visages de l'*àbikú*, et à travers eux deux visages de l'enfance, se dessinent alors. Il nous est dit d'une part que le petit Wole trouve en Bukola un réconfort car, contrairement aux autres enfants, elle « savait être silencieuse » : « Même lorsqu'elle parlait », explique le narrateur, « elle transmettait un monde de silence où je trouvais ma place ». Et d'ajouter (VII, 146) :

> Elle ramassait des cailloux et les soupesait dans ses mains d'un air pensif. Lorsqu'elle mangeait, on aurait dit qu'elle était en compagnie d'autres gens. Je l'observais intensément, cherchant quelque chose qui répondait à des questions à peine formulées. Elle glissait sur le sol comme un être qui daignait tout juste s'accommoder de la présence des autres. Auprès d'elle, je trouvais un peu de paix.

1. Par exemple dans *Things Fall Apart* de Chinua Achebe (1958), ou dans *The Famished Road* de Ben Okri (1993).
2. Voir, sur ce point, l'article de Oyin Ogunba, « Aké as Background to Soyinka's Creative Writings », dans Oyin Ogunba (ed.), *Soyinka. A Collection of Critical Essays*, Ibadan, Syndicated Communications Ltd., 1994, p. 11.

Notons que ce passage, qui appartient au même chapitre, suit de peu la mort de Folasade. Les « questions à peine formulées » que l'enfant se pose renvoient donc de manière implicite aux interrogations sur la mort qui l'ont laissé seul et désemparé. À travers l'*àbikú*, Soyinka remotive donc ici la figure romantique de l'enfant « visionnaire », passeur et témoin de l'invisible, relié à un au-delà du monde sensible et revisité par le détour africain. L'autobiographie, depuis les « compagnons invisibles » de l'Oncle Sanya au chapitre I, nous en a déjà proposé plusieurs exemples. Dans ce contexte, les compagnons imaginaires de l'enfance s'inscrivent bien dans un domaine plus large que celui du seul espace ludique : ils renvoient à cette faculté qu'ont les enfants de rêver et, par là même, de créer tout un monde, à la manière de l'écrivain à qui ils servent de modèle. Soyinka se souvient d'ailleurs lui-même qu'il était un enfant rêveur, ce que sa mère assimile à un mal dont il faudrait le « guérir » (V, 106). Elle tient un peu plus loin le même raisonnement, suggérant alors que cette tendance à la rêverie se serait aggravée depuis la mort de Folasade. Mais en se rapprochant de Bukola, le petit Wole essaie précisément de se confronter aux mystères de la mort.

Cette dimension rêveuse et introspective de l'enfance ne saurait faire oublier le versant plus violent des crises auxquelles l'*àbikú* est soumis, et qui permettent à Bukola d'obtenir ce qu'elle veut. On ne sait trop alors quelle est la part de comportement psychotique et de manipulation quand elle s'appuie sur ses compagnons invisibles pour menacer ses parents qui refusent de lui céder : « Ils disent ça et alors je sens que je veux m'en aller. Vraiment je *veux* m'en aller. C'est ce que je dis toujours à mes parents : je vais partir, je vais partir si vous ne faites pas ça et ça. S'ils refusent, je m'évanouis. » Le petit Wole se désole alors de voir Mme B. ainsi « affligée d'une enfant aussi impossible », et le libraire soumis « à la tyrannie de cette enfant » : « Cela avait beau sembler naturel », écrit encore Soyinka, « j'éprouvais une vague inquiétude à la pensée qu'une enfant pût exercer un tel pouvoir sur ses parents » (I, 41, 42). Ce qui point alors ici est le fantasme enfantin de la toute-puissance : le petit Wole ne sera-t-il pas lui-même convaincu au chapitre suivant que toute la maisonnée se plierait à ses exigences en fêtant royalement l'anniversaire de ses trois ans ?

La figure de l'*àbikú* révèle ainsi une dimension plus pulsionnelle, violente, et potentiellement inquiétante de l'enfance. Pour le faire « sortir de lui-même » et l'exhorter à l'action, après la mort de Folasade, Chrétienne Sauvage provoquera d'ailleurs un duel entre ses deux fils, au terme duquel le petit Wole se déchaîne sans même s'en rendre compte, suscitant le malaise de sa mère et de tous les adultes présents. L'incident ne fait pas de lui un *àbikú*, mais il est soupçonné par sa mère d'avoir été possédé « par l'esprit du diable », *èmí èsù*, ce par quoi elle essaie d'appréhender à sa manière le déchaînement de violence pulsionnelle, inexplicable en apparence, de son enfant. Un autre exemple en était la destruction des rosiers du jardin d'Essay, que Chrétienne Sauvage vit en son temps comme une nouvelle illustration des rêveries de son fils, aux funestes conséquences : « Il faut absolument faire quelque chose avant que tu ne te tues ou que tu ne mettes le feu à la maison », dit-elle alors (V, 115).

Ces conflits, ces douleurs et ces morts accumulés sur le terrain apparemment enjoué de l'enfance nous invitent à en signaler un visage plus inquiétant, dont l'exemple le plus frappant est le déchaînement de violence des enfants qui se mettent à lapider la « sorcière » Sorowanke, à la toute fin du chapitre X, comme en un nouvel exutoire où ils trouvent cette fois la pleine complicité des adultes. Mais si la lapidation de Sorowanke marque un défoulement collectif et semble anticiper la déchéance d'Aké telle que l'écrivain vient de l'évoquer tout au long du chapitre X, une dimension plus nettement cathartique de la mort apparaît dans le passage du chapitre VI où Soyinka évoque les processions funéraires de son enfance. La mort en elle-même est, de fait, ambivalente : elle n'est pas sans être paradoxalement rattachée aux forces de vie. Malgré la douleur des vivants, le spectacle, montre-t-il alors, n'est pas sans magie : des trompettes y apparaissent « comme par enchantement » et les vivants finissent par se briser « en danses extatiques », dont l'enfant est le témoin (VI, 128). L'ensemble relève du rite, confirme la voie plus générale d'une initiation de l'enfance qui passe par l'épreuve de la douleur et de la mort, dont on sort finalement, et malgré tout, grandi.

Le rite initiatique

Isara, lieu des origines et des croyances ancestrales

Les Soyinka se rendent à Isara pour les fêtes de Noël et de la nouvelle année, comme l'indique le tout début du chapitre IX. En tant qu'enfants du directeur, les « enfants d'Ayo » sont alors amenés à rencontrer des parents, des amis de la famille, de même que « d'antiques et noueuses figures d'Isara », parmi lesquelles « des chefs, des faiseurs de roi, des prêtres et des prêtresses, des anciens d'*osugbo* », équivalents des *ogboni* d'Egba en pays ijebu (IX, 181). Ces derniers transpercent les enfants du regard puis reculent « dans l'attente de l'hommage habituel conforme à la coutume » – que le petit Wole se targue de ne pas respecter, nous y reviendrons. L'espace et la temporalité d'Isara semblent ainsi très éloignés du cadre familier d'Aké : avec eux, c'est tout un monde *autre* qui apparaît dans le roman, pétri de traditions et de croyances mystiques qui s'y déploient avec bien plus de force que dans la mission, avant tout caractérisée par la primauté de la foi chrétienne.

Isara se présente donc comme le lieu des origines et des croyances ancestrales. De vieilles marchandes en apportent avec elles « l'arôme, l'odeur et le toucher » au sein de la mission, de même que de nouvelles sonorités, le « dialecte grave d'Ijebu », que les enfants ne comprennent guère. Ces figures sont teintées de mystères, à l'image du « chant funèbre » qu'elles psalmodient de nuit pour célébrer un « culte étrange » qui rappelle celui des *ogboni* (IX, 182-183). Quand l'enfant se rend à Isara avec les membres de son foyer, il y retrouve le langage de ces « femmes sombres » qui, en dépit de leur hospitalité et de leur empressement à présenter « leur monde » aux nouveaux venus, font l'objet des soupçons de Chrétienne Sauvage : « Nos parents d'Ijebu », explique en effet Soyinka, « avaient, semblait-il, la réputation d'être des empoisonneurs et aussi de pouvoir nuire à leurs ennemis par mille et un procédés magiques », dont ils connaissent par conséquent les secrets (IX, 184). Le fait même de tendre la main aux étrangers est donc interdit aux enfants, car « différentes formes de mal pouvaient vous être transmises » par ce biais. Isara suscite donc aussi la peur, que les enfants tentent de déjouer en faisant preuve d'inventivité dans leurs techniques de dérobade.

Ces dangers sont toutefois contrebalancés par la figure imposante de « Père », le grand-père paternel du petit Wole qui incarne à lui seul le monde des croyances ancestrales. Il restera « jusqu'à sa mort », souligne Étienne Galle dans sa préface, le « maître à vivre » de l'écrivain (17). Il est à l'Orisha ce que le chanoine est au monde chrétien : les deux hommes de foi sont d'ailleurs explicitement rapprochés dans le chapitre IX. Ce qui distingue toutefois Père est l'énergie rayonnante de son corps et de ses traits (IX, 196) :

> Il était, de sa personne, beaucoup plus petit que son fils, mais chaque pouce de son corps rayonnait d'une telle puissance qu'il dominait tous ceux qui l'approchaient. On en parlait à peine, mais je savais qu'il appartenait à ce royaume de croyances qui comptait aussi parmi ses sujets les *ogboni* d'Aké […].

Une certaine autorité le distingue donc des autres, qui n'empêche pas qu'une certaine complicité l'unisse à son petit-fils, dont la candeur l'amuse. Le petit Wole éprouve par conséquent quelques craintes pour lui : le monde d'Isara, dans son étrange rayonnement, est un monde de croyances fragiles, susceptible d'être renversé par « l'assaut des forces d'Aké », qui constitue par opposition à lui une relative modernité (IX, 197). La « discussion tranquille » d'Essay et les silences « lourds de sens » de Chrétienne Sauvage préparant les festivités chrétiennes de la Nativité excluent, de fait, la figure de Père, qui seul contre son propre fils affirme la primauté d'Ogun sur le Dieu des chrétiens, et transmet en ce sens son univers de valeurs autant que de croyances au petit Wole.

Figures de l'initiation

Isara devient donc le lieu d'une initiation, destinée à transformer l'enfant. Elle connaît un prélude au chapitre IX, où Père ne peut emmener au champ son petit-fils comme ce dernier le souhaitait : cette excursion aura lieu en compagnie de Yemi et de Broda Pupa, voisin des Soyinka. « Je n'avais jamais été aussi prêt », souligne alors le narrateur, comme pour annoncer le caractère décisif des événements à venir. Dans ce récit rétrospectif enchâssé, nouvelle aventure suffisamment développée pour nous suggérer qu'elle ait quelque implication dans la suite du chapitre, les personnages sont confrontés à un serpent qu'ils abattent et dont ils finissent par faire un savoureux repas, au grand étonnement de l'enfant. Pour autant, « l'école n'était pas terminée pour ce jour-là », indique le narrateur (IX, 194). Les trois compagnons croisent en effet peu après un individu au visage boursouflé, attaqué par des abeilles.

Or de retour au récit principal d'Isara, « à peine deux semaines » plus tard, nous apprenons la manière dont l'enfant a lui-même échappé, en ces lieux ancestraux, à un essaim de frelons. Soyinka explicite alors le lien entre les deux épisodes : « je sentis que Broda Pupa pouvait être fier de moi ». L'escapade au champ et l'apprentissage qui lui est lié lui semblent alors relever d'un exercice préparatoire et « providentiel », le résultat probant d'une initiation au sein de la nature portant sur la nécessaire confrontation des hommes à ses forces endogènes : le narrateur s'y félicite d'avoir suivi les termes d'une leçon « dont l'à-propos tenait de l'augural », multipliant alors les termes à connotation spirituelle. Songeant à son mentor, l'enfant ressent aussi « l'exultation de [se] voir l'objet d'une protection spéciale », et rapproche cette impression de celle qu'il éprouve plus généralement au sein de l'espace ancestral : « À Isara, c'était un sentiment constant, indiscutable, et que rien ne pouvait menacer d'ébranler. » Broda Pupa est alors explicitement comparé à la figure de Père (et non à celle d'Essay à qui il est à nouveau opposé ici), immédiatement et significativement évoqué tout juste après ce passage. De retour chez lui, il exhibe ses blessures

« à cet autre père », dont il est devenu « le compagnon d'inspiration », et qui « incarnait véritablement l'esprit mâle d'Isara en cette force rude et mystérieuse dont les marchandes étaient le complément féminin » (IX, 196).

C'est alors qu'intervient l'épisode central du chapitre. On ne peut certes y reconnaître une initiation rituelle à proprement parler, la première différence majeure en étant la durée, relativement courte ici. Mais l'on peut en distinguer plusieurs grands aspects. Mircea Eliade définit l'initiation comme l'équivalent d'une « mutation ontologique du régime existentiel ». « À la fin de ses épreuves », explique-t-il, le novice « jouit d'une tout autre existence qu'avant l'initiation : il est devenu autre [...] ». L'initiation l'introduit alors « dans la communauté humaine et dans le monde des valeurs spirituelles. Il apprend les comportements, les techniques et les institutions des adultes, mais aussi les mythes et les traditions sacrées de la tribu » : il est admis à la révélation des « mystères » cachés, inaccessibles par la seule voie de la raison [1]. Le mot grec qui désignait le candidat à l'initiation est intéressant, dans le contexte de l'autobiographie : c'est le « néophyte », littéralement la « nouvelle plante », celle qui vient de germer depuis la graine enfouie sous la terre.

Dans l'autobiographie, nulle vérité cachée n'est révélée à l'enfant, qui n'en demeure pas moins soumis à un rituel structuré, censé le révéler à lui-même en faisant émerger un nouvel être. Trois grandes étapes s'y succèdent, qui font songer à celles de l'initiation telle qu'analysée par Simone Vierne : la préparation, le voyage dans l'au-delà, et la nouvelle naissance [2]. Avant de l'entamer, le petit Wole est en effet soumis à un interrogatoire de la part de son grand-père, d'emblée placé sous le signe divin de la figure d'Ogun, mobilisée comme on l'a vu contre le Dieu des chrétiens : il s'agit d'en référer à l'espace des croyances spécifiques d'Isara. Le but

1. Mircea Eliade, *Naissances mystiques : essai sur quelques types d'initiation* (1959), Paris, Gallimard, 1992, p. 12.

2. Simone Vierne, *Rite, roman, initiation* (1973), Grenoble, Presses universitaires de Grenoble, 2000, p. 15.

affiché est d'aguerrir l'enfant, en adoptant un protocole précis qui n'aura plus rien à voir avec celui du duel improvisé contre Dipo, aux conséquences fâcheuses en effet : « Ils ont essayé de faire une bonne chose, mais ils s'y sont mal pris », se contente de commenter l'Ancien (IX, 199). Le rite initiatique a donc été prévu cette fois en concertation avec Essay. Il ne restait plus qu'à en fixer la date, qui sera finalement celle du lendemain : il est grand temps pour le grand-père de « veiller sur » le petit Wole (IX, 202). Sa première étape, la préparation solennelle, requiert des rites préliminaires, car comme le souligne Simone Vierne, cette phase d'attente doit mettre le novice, qui est tenu à l'écart des autres et a par conséquent perdu ses repères courants, dans un état particulier, une gravité qui lui permettra de se rendre disponible à l'épreuve et à la transformation. Le petit Wole reçoit ainsi pour la première fois l'ordre formel de passer la nuit chez son grand-père, et non dans la maison qu'il occupait avec ses parents. Ces derniers, apprendrons-nous à la fin du chapitre, ont été envoyés au loin.

Chez son grand-père, l'enfant est réveillé en pleine nuit par deux inconnus : un homme d'un certain âge et l'enfant qui lui servira d'assistant. Il est alors invité à se laver, ce qui correspond à l'étape préparatoire de la purification. Il « obéi[t] » alors de manière un peu mécanique, comme le narrateur le répète à deux reprises, impressionné par l'étrange solennité du moment (IX, 204). À son retour, la pièce a été disposée d'étrange manière. Un siège tout en hauteur, construit dans un tronc de palmier, était disposé d'ordinaire contre un mur ; il se trouve désormais au centre de la pièce : cet espace sacralisé comporte ainsi un élément qui le rattache à la cosmologie du peuple qui l'a dressé, y figurant par son élévation le lien entre le monde humain et celui des esprits, comme Simone Vierne en indique la nécessité. Père a rejoint les lieux et demande à son petit-fils de ne pas pleurer, redoublant alors l'angoisse de ce dernier. L'épreuve qu'il s'apprête à affronter est bien symboliquement reliée à la mort, comme le suggère alors le rappel de la disparition de Folasade.

Le siège sur lequel il est désormais installé est environné d'un « étrange assortiment d'instruments » que le jeune assistant est en train d'organiser avec soin, avant d'appliquer sur la cheville du petit Wole un tampon imbibé d'un liquide inconnu. C'est alors qu'a lieu l'incision violente de la cheville de l'enfant qui se met à hurler, fermement maintenu des mains par son grand-père. La scène, que nous vivons là encore en pleine immersion par le biais de verbes de perception, nous est relatée dans toute son horreur : « [c]omme en rêve », l'enfant « baiss[e] les yeux et v[oit] la même lame plonger dans le plat et sur [sa] cheville », avant de s'attaquer à ses poignets. Un tel épisode s'apparente à un « rituel initiatique de mise à mort », ou à une « descente aux enfers », que Simone Vierne reconnaît comme des formes du « voyage dans l'au-delà » vécu par l'initié. La conscience évaporée de l'enfant finit alors par observer les incisions rituelles qu'il subit de manière toujours douloureuse, mais comme désormais distanciée.

Il semble bien en effet que l'épreuve aboutisse enfin à une nouvelle naissance, au moins symbolique. Les indices temporels acquièrent ici une dimension métaphorique évidente : l'initiation, entamée de nuit, s'achève alors qu'apparaissent les premiers rayons du soleil. L'enfant est félicité pour son courage : il s'est comporté selon son grand-père « comme un vrai *Akin* », c'est-à-dire comme l'homme qu'il est désormais devenu (IX, 206). Il semble d'ailleurs doté de forces nouvelles : malgré sa douleur, tous ses sens sont en éveil ; son ouïe a plus particulièrement acquis « une acuité folle » (IX, 207). On comprend mieux en ce sens pourquoi le chapitre suivant s'ouvre immédiatement sur le point de vue présent de l'écrivain, regrettant comme on l'a vu le paradis perdu d'Aké, qui est aussi celui de son enfance, si durablement marquée par l'initiation à Isara. Dans son ouvrage de 1986, Roger Chemain écrit ainsi que « les pratiques initiatiques constituent une réalité sociale encore largement répandue [en Afrique noire], même si elle est en régression face au développement de la société moderne de type urbain [1] ». Peut-être est-ce à ce premier âge du monde africain que

1. Roger Chemain, *L'Imaginaire dans le roman africain d'expression française*, III, « Initiation et roman initiatique », préface de Gilbert Durand, Paris, L'Harmattan, 1986, p. 246.

Soyinka rend hommage ici, et dont il célèbre aussi la coïncidence avec le monde de son enfance : les tout derniers mots du chapitre voient d'ailleurs l'enfant sourire et le narrateur dire son acquiescement à l'épreuve qu'il vient de traverser. Ogun, écrira-t-il encore en 2012, est depuis resté son « principe compagnon [1] ».

Si, au terme du chapitre IX, l'enfant n'a pas perdu son ingénuité, comme le souligne sa curiosité persistante et l'amusement de son grand-père, un dernier mouvement s'ouvre dans l'autobiographie : la maladie d'Essay, qui fait elle-même écho aux peurs liées à la mort de Folasade comme on l'a vu, y apparaîtra comme une nouvelle épreuve. Le chapitre XI est aussi celui d'une nouvelle initiation, dans un sens plus général. Y est figuré comme un passage de témoin entre le père et son fils : en réitérant ses ambitions pour ce dernier (intégrer le Lycée National en obtenant une bourse), Essay l'astreint prospectivement au rôle d'« homme de la famille » que son statut d'aîné de sexe masculin lui enjoint d'occuper. Il y trouve l'occasion d'une leçon de vie et de sagesse, formulée dans la plus grande solennité : ne pas se « laisser accabler par l'inattendu », faire preuve de détermination et ne pas négliger ses prières (XI, 226). La forte fièvre dont l'enfant est pris cette nuit-là et durant toute la journée du lendemain s'inscrit à nouveau dans la symbolique initiatique du passage : littéralement, l'enfant est appelé à renaître après cette « importante transition » (XI, 225). Ce sera ensuite le moment d'essayer d'intégrer le lycée et de fréquenter le Syndicat des femmes, à travers lequel le petit Wole s'apprête à vivre son ultime formation.

Une enfance au temps colonial : la formation d'un regard et d'une conscience

À travers l'autobiographie, Soyinka retrace également, discrètement puis de manière plus évidente à la fin du récit, son parcours

1. Wole Soyinka, *De l'Afrique et autres essais, op. cit.*, p. 133.

vers une prise de conscience sociale et déjà politique. En ce sens, dans *Aké*, l'enfance au temps des colonies est loin de se réduire à la nostalgie d'un temps épargné par les violences de l'Histoire. Elle s'inscrit bien au contraire dans l'œuvre engagée de Soyinka : l'autobiographie y devient un *Bildungsroman* en suspens, remotivé par le contexte colonial.

L'école coloniale et le savoir livresque : aliénation ou émancipation ?

L'école coloniale est le lieu de formation de l'enfant. Wole Soyinka y a suivi une scolarité brillante, jusqu'à intégrer le prestigieux Lycée National, comme le souligne la fin de l'autobiographie. Cette école n'en reste pas moins le lieu d'une confrontation entre différentes représentations de l'apprentissage et des ambitions consacrées à l'enfance. Il s'agit pour certains d'un lieu de coercition et possiblement d'aliénation de l'enfance, encore renforcé par le contexte colonial.

L'école coloniale et les livres en question

Trois figures « paternelles » s'imposent sur le front des représentations de l'institution scolaire. La première est celle de Père, selon qui « [l]e monde est plus vaste que le monde des Chrétiens, ou que le monde des livres » (IX, 202). À travers lui, l'auteur se réfère à la nature ségrégative de l'institution coloniale, telle qu'elle se révèle dans et par l'espace scolaire : « sa conversation avec son grand-père », souligne Alioune Sow, « met l'accent sur le mépris et l'indifférence de l'école coloniale pour le savoir et les réalités locales ainsi que sur la partition et le déficit dans la formation qu'une telle discrimination entraîne » ; ce procès de l'école étant du reste une constante plus générale de la production littéraire africaine. En effet, « [d]ans les mécanismes d'individuation tels qu'ils sont rapportés dans les lettres africaines, l'école est souvent [...] considérée comme une force perturbatrice, une institution coercitive qui menace à la fois le format, la stabilité et la cohérence de la formation, activant une perte d'identité, et se traduisant par une position conflictuelle voire aliénante dans la communauté », encore exacerbée par les inégalités liées au contexte colonial [1].

La manière dont Père présente l'Orisha à son petit-fils et l'initiation qu'il lui fait subir sont, comme on l'a vu, des événements capitaux pour l'enfant. Ce dernier croyait jusqu'alors qu'Ogun était « le diable des païens qui tue les gens et qui se bat avec tout le monde » – bien peu rassurant par conséquent (IX, 197). Or Ogun apparaît à travers Père comme un dieu protecteur qui ne s'embarrasse pas de « voies mystérieuses » pour protéger les siens, au contraire du Dieu des chrétiens. Il appartient au monde divin, mais tend à occuper un rôle concret auprès des hommes. Sa protection comme son enseignement invitent à l'action : il n'est pas violent en soi mais sait recourir à la force dans un monde qui n'est pas dénué de dangers.

Or, pour se confronter à de telles menaces, l'éducation pour le père d'Essay doit d'abord être celle du corps et non celle de l'esprit, ce en quoi il s'oppose à son propre fils et aux valeurs que ce dernier souhaite transmettre à son enfant : Essay, affirme-t-il ainsi, « ne croit pas qu'il faille laisser les enfants mûrir dans leur corps avant de forcer leur esprit » (IX, 199). C'est donc selon lui par un coup de force que l'« esprit » des enfants serait trop précocement investi. Le déploiement des facultés intellectuelles devrait reposer au contraire sur un travail préalable et nécessaire de maturation du corps, ce qui implique à nouveau d'envisager l'aventure vécue auprès de Broda Pupa comme partie prenante de l'initiation : c'est dans et par l'expérience de la nature que l'enfant doit s'aguerrir en se confrontant aux dangers de la vie (la double confrontation au reptile et aux abeilles, qui offre à chaque fois l'occasion d'un enseignement), mais aussi en trouvant dans le dépassement de cette épreuve une gratification qui prend notamment la forme de plaisirs inattendus, reliés à une nouvelle expérience des sens (le régal que constitue finalement le serpent).

1. Alioune Sow, *Vestiges et vertiges : récits d'enfance dans les littératures africaines*, *op. cit.*, p. 50.

La nature est ici une « école » dont l'enseignement est bien plus profitable que celui de l'« institution » coloniale et des livres qui y sont promus comme accès privilégié à la connaissance : le monde de ces livres est un « champ de bataille » autrement plus dur, selon Père, « que ceux auxquels nous avons été habitués » ; le présupposé étant ici celui que ce primat de l'intellect sur le sensible, de la raison sur le corps, serait l'effet de la domination des autochtones, dénaturés par les « Blancs ». L'apprentissage par les livres est donc selon Père un apprentissage stérile pour préparer les enfants à affronter les difficultés de la vie : « l'étude des livres, et surtout le succès dans l'étude des livres » ne font pour lui « que créer d'autres batailles » (IX, 201).

Des lieux d'apprentissage et d'émancipation

L'opposition entre le discours de son grand-père et celui d'Essay a tout pour décontenancer le petit Wole, qui s'interroge en effet : « J'étais maintenant vraiment inquiet. Une occupation honnête, se fourrer la tête dans les livres et réussir aux examens, prenait des proportions sinistres. » De fait, les livres ne constituent pas pour Essay un « champ de bataille », mais bien une voie d'émancipation. Il partage cet avis avec Ransome-Kuti, le proviseur du lycée d'Abeokuta : tous deux tiennent l'école en haute estime. Dans l'autobiographie, le réquisitoire contre l'école coloniale est ainsi bien vite dépassé, peut-être parce que si l'institution scolaire ne reste à cette époque ouverte qu'à une minorité, elle est cependant bien enracinée dans le contexte social et familial du petit Wole.

La réussite scolaire de son fils prime ainsi avant tout aux yeux d'Essay, le directeur de l'école Saint-Pierre. S'il est momentanément dépossédé de lui-même à Isara, et cesse d'y « appartenir à la famille d'Aké », s'il y réintègre les obligations de son village natal, auquel toute une partie de lui, de fait, continue d'adhérer (IX, 203), il s'est aussi éloigné de cet espace ancestral dont il tient aussi, avec son épouse, les rituels ancestraux à distance – bien qu'ils aient visiblement tous deux consenti à l'initiation de leur enfant (Essay lui-même a d'ailleurs vécu le rituel de l'incision au même âge que son fils, comme ce dernier le comprend à la fin du chapitre IX). Son objectif principal, affiché jusqu'à la fin du récit, est que son fils intègre le Lycée National en obtenant une bourse. Même pendant la révolte des femmes, à laquelle son fils participe activement, il prend « grand soin que [son] travail scolaire ne [soit] jamais négligé » (XIII, 267). L'enfant doit pour ce faire être un élève « méritant », et suivre par conséquent rigoureusement les règles de l'institution scolaire (IX, 225).

Ransome-Kuti est, quant à lui, l'oncle de l'enfant. Tout le monde l'appelle Daodu, car ce nom, explique l'auteur, « convenait bien à son allure, à sa voix grave et à ses gestes énergiques » (III, 75). Il bénéficie de fait d'un certain prestige au sein d'Abeokuta. Ce qui le caractérise est son inflexible rigueur à l'égard du respect des règles au sein de son établissement, notamment en ce qui concerne le fait de couper l'herbe de la concession d'Aké, qui « faisait partie intégrante de la formation scolaire ». Le petit Wole et ses camarades n'en maîtrisent guère les subtilités, ce qui leur vaudra des coups de baguette, encore d'usage dans le contexte du récit, et dont le proviseur défend jusqu'au bout la portée éducative. Son attitude ne l'empêche toutefois pas d'être apprécié de l'enfant. « Avec lui », explique en effet Soyinka, « la "discipline" devenait une aventure » (XII, 239), de même que la quête de justice, quand les lois du lycée venaient à ne pas être respectées.

L'enfant le regarde avec admiration, tout comme les habitants d'Abeokuta, qui reconnaissent en lui un opposant de premier ordre au régime colonial. De sa mission en Angleterre il revient ainsi « auréolé de ses exploits » : il s'est en effet « opposé aux projets britanniques de ne créer qu'une seule université pour toutes les colonies de l'Afrique de l'Ouest, en insistant pour qu'il y en eût une dans chaque pays » (XII, 233). Un hymne en son honneur est même créé en cette occasion, que l'enfant ne cesse de chanter à sa gloire. C'est en ce sens qu'il offre aux yeux de Soyinka un troisième modèle d'éducateur, idéalement détaché de la tutelle coloniale : l'école doit à ses yeux former l'esprit, mais au bénéfice des Noirs et par leur propre entremise. S'il « admire les lycées nationaux » et se montre pour cette raison d'une curiosité « sans limite » quand le petit Wole revient d'Ibadan après son premier entretien, il doute « de la capacité des professeurs blancs de donner une éducation valable aux Africains » (XIII, 263). Il leur reproche de ne pas « forme[r] le caractère » – ce qui était aussi l'un des objectifs du grand-père paternel – et de chercher au contraire à l'« affaiblir », sinon à le « détruire », à un âge où les enfants sont « impressionnables » : ne leur apprennent-ils pas à les appeler « Sir », comme seuls le font « les esclaves » ? Et ne font-ils pas un usage parcimonieux des coups de baguette, ce qui pour Daodu constitue assurément « une erreur grave », ces coups étant destinés à « former le caractère » (XIII, 264) ?

Motivé par ses deux mentors, le petit Wole ne semble pas perturbé par les préventions de son grand-père. L'institution scolaire est pour lui la source d'une constante fascination. Il y voit comme un nouvel univers de merveilles, où les élèves turbulents se mettent soudain en ordre, autorisant alors l'arrivée de son père qui y surgit « comme par enchantement » (II, 46). C'est un univers de « rites mystérieux » que l'enfant observe et convoite bien avant d'y avoir accès, dès l'âge de trois ans. Il ruse donc pour s'y rendre, avec la ferme volonté d'y rester. L'étonnement amusé des maîtres et du responsable de la section des petits le plonge alors dans la plus grande perplexité (II, 49-50) :

> Je le regardai avec stupéfaction. Ne pas avoir envie d'aller à l'école ! Les cartes en couleurs, les images et tout ce qui était accroché aux murs, les jetons colorés, les craies, les ardoises, les encriers dans de jolis trous ronds, les crayons de couleur et les cahiers de dessin, une étagère pleine de modelages d'animaux et d'êtres humains, d'outils, d'objets en raphia et en osier à divers stades de fabrication, et même les tableaux noirs, la craie et le chiffon… Je n'avais encore jamais vu une salle de jeux aussi attirante. Et puis j'avais fait le lien, vaguement, intuitivement, entre l'école et les piles de livres avec lesquelles mon père semblait s'entretenir si religieusement dans la pièce de devant et qu'il avait fallu constamment m'arracher dès le moment où mes mains avaient pu les atteindre sur la table.

L'accumulation traduit ici l'étendue des merveilles que constitue pour l'enfant le quotidien encore inconnu de l'école. Un lien du reste est établi entre cet attrait précoce de l'enfant et l'amour d'Essay pour la connaissance, le savoir et l'éducation, tels que figurés par le thème de la lecture. Au chapitre VI, Soyinka se souviendra encore de sa fascination pour la bibliothèque de son père, où il satisfait sa « fringale de lecture » en puisant dans le « trésor » des étagères bien rangées. Il se charge même du ménage de cette pièce qu'il voit comme un sanctuaire, afin de pouvoir en « dévorer les rayons » (VI, 120). Les livres sont alors pour lui autant de fenêtres ouvertes sur le monde.

Après l'école élémentaire, les lycées d'Abeokuta et d'Ibadan jouiront d'un prestige similaire à ses yeux. Il découvre le premier, émerveillé, dès l'âge de trois ans, à l'occasion de son échappée auprès de la fanfare : il a immédiatement envie de rejoindre le bâtiment majestueux orné de bougainvillées (IV, 74). Quand il y entre enfin, il y subit des « événements initiatiques » qui semblent en trahir la dimension quasi sacrée : parmi eux, le vol d'une partie de ses fournitures scolaires dont il était si fier l'affecte en particulier (XII, 229). Ce lieu n'en reste pas moins celui d'un temps béni : on est plus généralement tenté de voir dans ces lycées des remotivations du jardin d'Éden, aux yeux de l'enfant. Le prestigieux Lycée National est investi d'un tel imaginaire : « S'il lui manquait les rochers d'Abeokuta », précise ainsi Soyinka, « cela était largement compensé par ses bois, ses vergers, ses ruisseaux, ses champs et son petit gibier » (XIII, 258). Les croyances irrationnelles en sont cependant expulsées : les manigances d'un jeune Ijebu qui prévoyait d'user d'un charme surnaturel pour l'emporter sur les autres sont rapidement déjouées.

Les rumeurs de l'Histoire et du monde social

L'enfant est donc marqué par trois grandes figures d'éducateurs (Père, Essay et Daodu). Partagés entre la formation du corps et celle de l'intellect, contre la domination coloniale ou en cherchant à s'appuyer sur ses ressources et ses bénéfices supposés, ces figures s'opposent en réalité moins qu'elles ne se répondent et se complètent les unes par rapport aux autres. Le résultat en est un apprentissage qui n'est finalement pas moins « syncrétique » que l'imaginaire dont les apports mêlés du christianisme et de l'Orisha dotent l'enfant. Le parcours de ce dernier, on le voit bien ici, est extrêmement singulier.

Cet apprentissage n'en reste pas moins ancré dans l'Histoire de son temps, tout entier projeté vers l'avenir de la cité. Le petit Wole est ainsi fréquemment exposé aux débats politiques qui ont cours à son domicile, et qui concernent des régions et des réalités qui transcendent les frontières d'Abeokuta et du Nigeria, informant sa conscience en voie de formation.

Les rumeurs de l'Histoire

Il en est ainsi, tout d'abord, des rumeurs de l'Histoire qui parviennent jusqu'à lui. « La nouvelle que Hitler se lançait à la conquête du monde commençait à nous parvenir », écrit en effet Soyinka au chapitre VII – peu après le récit de la mort de Folasade. La menace, pour inquiétante qu'elle soit, reste lointaine : l'enfant n'a guère plus de cinq ans quand éclate le second conflit mondial. Son frère est d'ailleurs affublé du surnom d'Almani sur un mode encore ludique, car son intrépidité est rapprochée de la « réputation guerrière et redoutable » des Allemands (VII, 148). Dès le chapitre suivant pourtant, on voit que la menace se rapproche, qu'elle ne se contente plus d'investir les imaginaires mais devient tangible. La guerre est alors explicitement rattachée à l'inquiétude qu'elle fait naître au sein du foyer, et plus spécifiquement chez les enfants. L'arrivée de la radio chez les Soyinka offre ainsi l'occasion d'évoquer cette irruption de la violence historique au sein de l'espace préservé d'Aké (VIII, 157) :

> Hitler se mit à monopoliser la boîte. Il avait son programme à lui et, je ne sais comment, si lointaine que parût cette guerre voulue par son caprice, nous étions entraînés de plus en plus dans l'arène grandissante de la menace. Hitler se rapprochait de chez nous de jour en jour.

Cette approche a des effets concrets, comme ces nouvelles coupes de cheveux inventées par les coiffeurs en guise de ralliement à la résistance politique. Les enfants, eux, regardent fascinés le « miracle » du premier aéroplane qui apparaît un jour dans le ciel d'Abeokuta. Cette apparition n'en « alourdi[t] » pas moins l'atmosphère qui règne alors en ces lieux : l'aéroplane laisse entendre « un vrombissement puissant » qui évoque aux croyants la fin du monde et les précipite dans les églises où ils se réfugient pour prier et « retenir le courroux de Dieu ». Un autre jour, les nouvelles rapportent l'explosion d'un navire dans le port de Lagos, qui semble également indiquer l'arrivée imminente de Hitler, lui-même annonciateur d'une apocalypse à venir : « L'explosion avait brisé les vitres, arraché les toits et secoué l'île », rapporte ainsi le narrateur. « La lagune était en flammes et les habitants de Lagos s'étaient rassemblés sur la plage, stupéfaits devant cet étrange augure des grandes flammes folles qui bondissaient à la surface de l'eau » (VII, 157).

On apprend ainsi que les vitres des maisons sont « passées au noir », à l'exception de petites enclaves qui y demeurent pour qu'on puisse « jeter un coup d'œil au dehors, et peut-être pour voir suffisamment tôt quand Hitler arriverait par le sentier » ; la menace, croit-on encore, est telle que des chefs de famille sont « traînés au tribunal » et qu'une amende leur est infligée « pour avoir laissé une lumière allumée la nuit sans camouflage » (VII, 157). Ces menaces amplifient l'inquiétude des adultes, dont tout le passage suggère qu'ils transmettent leur angoisse aux plus jeunes, même si la tonalité générale de ces passages est encore empreinte d'humour ; les enfants, évidemment impressionnés par ce climat de défiance généralisée, déformant et décuplant volontiers les craintes de leurs aînés. L'irruption au sein du foyer de l'Oncle Dipo et de son uniforme d'officier leur fait ainsi croire « que Hitler était bel et bien là et qu'il n'allait pas tarder à [les] embarquer comme esclaves ». Ils se jettent par conséquent sur le toit, « prêts à plonger de l'autre côté si Hitler [les] poursuivait » (VIII, 173-174). Le petit Wole avait trouvé quelques pages auparavant en Paa Adatan, « furieux que personne ne le prît pour l'envoyer affronter Hitler », un héros dont la croyance irrationnelle en ses amulettes « magiques » est à la mesure des sombres angoisses nées pour l'enfant de la menace du conflit (VII, 158).

L'influence d'Essay et de Ransome-Kuti, là encore, s'avère majeure. L'enfant observe la progression de la menace à travers le nouveau tour que prennent les discussions du premier et de ses invités : « Bientôt », explique en effet le narrateur, « le salut "Gagner-la-Guerre" remplaça certains des propos bruyants qu'échangeaient Essay et ses amis » (VII, 157). Avec Moâ-même, dont les enfants moquent la prétention, il engage aussi « un débat paisible ou passionné sur les événements politiques du jour, les nouvelles ou les rumeurs de guerre, ou sur quelque agitation locale », témoin de son intérêt pour l'actualité (VIII, 166). Daodu pour sa part revient tout auréolé de sa mission en Angleterre, au chapitre XII, où il apparaît autant comme un opposant politique que comme un héros guerrier : durant son voyage, il a dû en effet « brav[er] les sous-marins de Hitler qui, au dire de tous, ne faisaient pas de différence entre les navires de guerre et les navires marchands ». Il a « survécu aux bombardiers démons de Hitler, [a] traversé les mers sans encombre deux fois en dépit des mines infâmes semées sur les routes maritimes », dont il revient donc agrandi d'une aura quasi sacrée, comme le souligne son retour éclatant à Aké (XII, 233). Avec Daodu et Beere, peut-être plus qu'avec Essay, l'enfant est généralement invité à se questionner « sur l'évolution du monde, sur la pluralité des expériences africaines et sur les signes tangibles de l'effervescence politique qui marque cette période, tels que les revendications pour l'autonomie et le développement du syndicalisme [1] ». À la fin de l'ouvrage, sa discussion avec Daodu, et notamment ses sous-entendus sur l'éducation des jeunes Noirs par les Blancs du Lycée National, a rétrospectivement quelque chose d'amusant. Mais elle incite surtout l'enfant à la réflexion. Face à ses parents, il se comporte en « raisonneur » et ne cesse de leur poser des questions pour provoquer, dans le meilleur des cas, la discussion. Daodu, lui, traite spontanément les enfants en sujets pensants : son épouse et lui sont « toujours prêts » à discuter avec eux, explique

1. *Ibid.*, p. 61-62.

Soyinka, « comme ils le faisaient avec les adultes ». Et d'ajouter au sujet de Daodu (XV, 309-310) :

> Daodu me prenait souvent au collet, même si j'étais en train de lire tranquillement dans le salon ou dans la salle à manger ; il m'interrogeait pour savoir si j'étais au courant de telle ou telle nouvelle récente de Lagos ou d'ailleurs et il me demandait mon avis. Ce pouvait être l'agitation ouvrière, la formation d'une association, des projets d'alliance dans la guerre en cours, une nouvelle invention scientifique... Si je n'avais pas entendu parler de cette nouvelle, il hochait la tête d'un air de reproche.
>
> – Il faut que tu t'intéresses à ces choses ! Ne te contente pas de fourrer le nez dans ce livre mort que tu es en train de lire. Tu ne vois pas ? Si Mussolini a pu saper l'indépendance de l'Abyssinie, quelle chance le nouveau Conseil du Nigeria et du Cameroun a-t-il d'obtenir une certaine autonomie ? Ces gens qui ont réussi à vaincre Mussolini, est-il pensable qu'ils abandonnent jamais ce qu'ils possèdent déjà ? Que penses-tu de Winston Churchill ?

Face à Daodu, l'enfant n'a donc pas besoin de poser des questions. Il est entraîné dans le courant stimulant de celles que lui pose déjà son interlocuteur, qui lui enjoint de dépasser le confort quotidien pour appréhender les réalités d'une Histoire en cours, dont le point culminant au cours du récit est, nous le verrons, l'explosion de la bombe nucléaire au Japon. Cette éducation au monde est une invitation à la compréhension des enjeux sociaux et politiques du présent : elle ne saurait se contenter d'une éducation livresque (ce « livre mort »), dont l'insuffisance est stérilité si elle n'est pas complétée par la nécessité de l'analyse et de l'action qui doit en découler.

La prise de conscience des hiérarchies sociales

L'éducation par les livres n'est donc pas tout. L'observation du monde et de ses enjeux, le repérage des stratifications sociales et des injustices afférentes fait aussi partie de la formation de l'enfant et du futur écrivain militant. L'autobiographie en donne un aperçu très net puisque très vite, l'enfant se montre conscient des privilèges qui sont les siens et de ceux du monde dans lequel il évolue :

Daodu, qu'il appelle son oncle, possède l'une des rares voitures de la cité, Essay lui-même jouit d'un prestige qui bénéficie jusqu'à ses enfants que tout le monde cherche à saluer lorsqu'ils arrivent à Isara. Le petit Wole refuse même de s'y prosterner face aux Anciens, s'adressant à l'un d'entre eux avec une assurance qui dit à quel point il se sent étranger à ce monde. À Isara encore, il apprend de son grand-père que les études au lycée, qui constituent pour lui la suite naturelle de son parcours, ne sont destinées qu'à une élite dont il fait partie. C'est la raison pour laquelle ses condisciples y seront bien plus âgés que lui : à Isara, souligne ainsi son grand-père, « les gens ne vont pas à l'école secondaire tout de suite après l'école primaire. Ils ne peuvent pas se le permettre » (IX, 200). La société est donc aussi un « champ de bataille », et non un espace préservé comme l'enfant aurait pu le croire au sein d'Aké.

De fait, c'est à Isara que la prise de conscience sociale du petit Wole est la plus nette : le lieu des croyances ancestrales trouve alors un ancrage social qui le fait apparaître sous un jour différent. On est bien loin d'Aké et du jardin d'Éden : ce qui frappe d'emblée l'enfant dans le village de son grand-père est, en plus de la pauvreté, la saleté, ainsi que la poussière envahissante des rues, qui « vous collait aux vêtements, aux cheveux et à la peau, sans même que vous ayez à vous traîner par terre, ou de mettre le nez dans une flaque d'urine humaine ou canine » (IX, 181). Un assez long développement est consacré aux problèmes d'hygiène à Isara, qui offre aussi l'occasion de portraiturer une autre enfance, soumise à la pauvreté. Les plus jeunes comme les adultes évoluent en effet dans des terrains vagues souillés d'excréments, ce qui, pour les enfants Soyinka, est « une source constante de stupéfaction », que le spectacle magnifique des orfèvres et de leurs sculptures d'or et d'argent ne permet pas d'oublier : « De retour dans les rues », souligne ainsi Soyinka, « les bruits et les odeurs étaient une véritable déchéance après le silence et la pureté de leurs mouvements » (IX, 185-186). Le petit Wole suggère donc à son père d'inviter à Isara ces inspecteurs de la santé publique « qui faisaient sans s'annoncer des descentes dans les maisons d'Aké », y garantissant le respect d'un certain nombre de normes en matière d'hygiène. Gêné comme en témoigne le regard inquiet qu'il lance alors autour de lui, Essay ne décline pourtant pas l'idée.

Il n'a de fait plus rien à voir à présent avec ces tantes qu'il ne considère d'ailleurs plus comme telles et dont l'enfant ignorait l'existence avant de les rencontrer pour la première fois. Quand les enfants les retrouvent à Isara, ces vieilles marchandes ne sont plus ces êtres mystérieux dont les chants lugubres les impressionnaient. Le petit Wole prend la mesure de leur éprouvant quotidien : elles vivent dans la misère, effectuent à pied et durant toute une journée un interminable voyage qu'ils mèneront pour leur part à bord de différents véhicules. « Maintenant que nous leur rendions visite chez elles », se souvient ainsi Soyinka, « je voyais avec tristesse se dissiper leur mystère ». Et d'ajouter un peu plus loin : « Derrière la joie de notre présence, nous sentions maintenant l'effort pour simplement survivre [...] » (IX, 185). C'est en leur nom que l'enfant s'inscrira aussi dans la lutte épiphanique et politique qu'il mène, au terme de son récit d'apprentissage, auprès des femmes.

L'enfant sur le départ : le Syndicat des femmes, contexte et enjeux

À partir de la fin du chapitre XII, le récit d'enfance se concentre sur un épisode crucial du mouvement de contestation qui précéda l'indépendance du Nigeria. Aux « composantes domestiques et privées [...] traditionnellement convoquées dans les récits d'enfance » se substituent alors, note Alioune Sow, les « éléments et événements relatifs à la familiarisation » de l'enfant « avec les questions collectives et publiques » [1], sur lesquelles le récit insiste alors comme une composante essentielle du parcours de l'écrivain.

Au nom des femmes et des enfants : un militantisme social et politique

Dans l'autobiographie, l'un des sujets d'étonnement de l'enfant est celui de la répartition des rôles genrés au sein du foyer : si, en

1. *Ibid.*, p. 48.

raison de son âge, Tinu précède le petit Wole à l'école, l'écrivain se souvient que leurs occupations n'étaient pas les mêmes : à lui l'espace paternel et privilégié du jardin, à Tinu celui de la cuisine, qu'il ne rejoint quant à lui que de manière « symbolique » (V, 107). Il se souvient du reste que son père aimait à dénigrer les résultats scolaires de sa sœur, « relativement moins brillants » que les siens. Une telle attitude n'est pas sans provoquer son « ressentiment » : « je ne comprenais pas qu'Essay jugeât nécessaire de lui poser des questions dont le but évident était de la prendre en défaut », explique-t-il ainsi, considérant que ses devoirs et ceux de sa sœur devaient être tenus pour équivalents (VI, 120).

Dans le même temps pourtant, les femmes sont dotées d'une puissance bien marquée : le qualificatif « sauvage » accolé au surnom d'Eniola Soyinka le suggérait déjà. Malgré son dos réconfortant mais déjà « vaste » comme un monde, Mme B. s'apparente aussi à une ogresse, une figure de la dévoration : la voyant plutôt « corpulente », à la différence de son mari, l'enfant a parfois la certitude qu'elle « avait tout simplement avalé » ce dernier quand celui-ci venait à s'absenter (I, 38). Une telle représentation de la puissance féminine trouve des échos dans la mythologie yoruba elle-même, où Yemoja, déesse de l'eau, des fleuves et de la mer, aussi appelée « la mère des sorcières », donne naissance à Ogun, dieu de la guerre et du fer, avec qui elle enfante des dieux féroces. « Le pouvoir féminin, celui de Yemoja et de ses prêtresses, comme celui des femmes, d'une manière générale, est fondamentalement ambivalent », explique ainsi Alfred Adler :

> D'un côté, les séductions de la beauté et la puissance de la fécondité, de l'autre, la sorcellerie qui apporte la maladie, la stérilité et fait œuvre de mort. La réunion des forces de vie et des forces de mort dans le pouvoir féminin est une forme de la toute-puissance ; on peut dire qu'elle protège, mais en même temps, elle étend sa menace du domaine de la sexualité (qui est son lieu propre) à celui de l'économique où le rôle prépondérant des femmes sur les marchés, leur capacité à s'enrichir et à dominer par l'argent, est frappé d'ambiguïté [1].

1. Alfred Adler, *Roi sorcier, mère sorcière : parenté, politique et sorcellerie en Afrique noire. Structures et fêlures*, Paris, Le Félin, 2006, p. 190.

Les femmes du peuple entreront ainsi en résistance à la fin de l'autobiographie pour contrer l'impuissance de leurs « fainéant[s] de mari[s] » (XIII, 252). Ce mouvement est d'abord initié par un cercle féminin privilégié, dont le narrateur note d'emblée le caractère bourgeois : elles se rencontrent et bavardent autour d'un thé, sont « toutes chrétiennes », et leurs maris exercent des professions « libérales », qui assurent au foyer des revenus et une situation confortables : « enseignants, pasteurs, pharmaciens et autres » (XII, 245). Les questions traitées sont essentiellement d'ordre domestique : les problèmes d'hygiène publique, l'inflation des prix côtoient alors les projets d'anniversaires. Le « grand souci » des femmes est de deux ordres : aider ces jeunes épouses de leur entourage qui ont du mal à faire face au « monde des responsabilités domestiques », mais aussi s'occuper du sort « des enfants mourant en bas âge », en invitant les femmes « à fréquenter davantage les centres de protection maternelle et infantile » (XII, 246).

C'est sous l'impulsion de Daodu, qui les écoute et suspend un jour leurs conversations, qu'elles prennent conscience du caractère très restreint de leurs actions. Elles ne sont en effet que des *oníkaba*, des « femmes en robe », uniquement préoccupées par leurs problèmes « de raffinements mondains », alors que celles qu'elles voudraient aider sont des *aróso*, des « femmes en pagne », pauvres et illettrées, paysannes pour la plupart (XII, 247). Décision est donc prise de convier ces dernières à leurs rassemblements. L'espace domestique ne suffit plus : les réunions se tiendront désormais dans la cour des Ransome-Kuti. Les femmes qui s'y pressent rappellent alors au petit Wole les vieilles vendeuses d'Isara : elles ont en commun une même « lassitude intérieure », qui traduit leurs difficultés. Elles sont exploitées parce que illettrées, comme le fait à nouveau remarquer Daodu : il faut donc les alphabétiser. Certaines viendront de très loin pour être formées, témoignant ainsi de leur « avidité d'apprendre » (XIII, 250). Une très grande solidarité se tisse de fait entre ces femmes de milieux divers, entraînées par un enthousiasme fédérateur et commun.

Or certaines *aróso* cessent bientôt de venir, victimes des « agents de l'Impôt » qui leur réclament des taxes qu'elles ne peuvent plus payer. C'est le début de ce que le narrateur appelle « le Grand Soulèvement » (XIII, 250), dont les majuscules soulignent le caractère héroïque et mythifié. Les femmes ne sont plus les seules concernées : si celles du pays d'Egba « sont habituées à travailler dur », c'est qu'elles le font pour leurs enfants, qui sont aussi et par là même les sujets d'une ambition nouvelle, dont Soyinka souligne à travers le combat de leurs mères les implications politiques : « C'est à cause de ces enfants qu'elles refusent de rester assises chez elles à attendre [...] », comme le souligne Kemberi, l'une des intervenantes, avant d'ajouter (XIII, 252-253) :

> Elles se sont mises à travailler et elles ont donné leurs petites économies pour payer des études à leurs enfants. Et à cause de ces petites choses que nous avons apprises ensemble ces bons à rien d'enfants ne rentrent plus à la maison en mentant, en disant qu'ils sont premiers en classe alors que tout ce qu'ils ont fait, c'est l'école buissonnière, et qu'ils ont eu un zéro rond comme un œil de poisson. Au moins maintenant, certaines d'entre nous savent la différence entre cent et zéro, entre premier et trente-quatrième. Lorsque le bulletin arrive à la maison, même si certaines ne savent pas lire, elles peuvent en lire assez sur le bulletin pour savoir si cet enfant est en train de gaspiller leur argent. Et si elles ne savent pas lire, elles savent où elles peuvent apporter le bulletin : ICI !

C'est un autre témoignage qui provoquera la marche des femmes au palais de l'Alake : celui d'une vieille femme en charge de ses treize petits-enfants et qui, pour subvenir à ses besoins, en est réduite à ne les scolariser qu'« un à la fois », pour que les autres puissent l'aider à travailler dans les champs – dont les rendements sont alors immédiatement amputés par l'impôt (XIV, 275). Face à l'Alake, enfin, c'est encore au nom des enfants que Kemberi prendra la parole pour le convaincre d'intervenir en leur faveur. « [...] les femmes d'Egba en ont assez », explique-t-elle en effet avant d'ajouter : « Elles meurent de faim, leurs enfants meurent de faim, ils sont malades, ils n'ont aucun espoir de pouvoir faire des études et d'avoir un avenir meilleur, et pourtant, leurs mères sont de plus en plus accablées de fardeaux » (XIV, 284). L'obstacle de l'impôt et des « sangsues » qui le récoltent est donc à lever. Cette ambition est une vague : « [u]n tumulte d'approbation débord[e] sur la cour » au terme du discours enflammé de Kemberi. Cette vague prend de plus en plus d'ampleur : « La vie quotidienne à la mission », résume ainsi le narrateur, « tournait de plus en plus autour du Mouvement » qui prendra bientôt le nom de « Syndicat des femmes Egba » (XIII, 254, 256).

Le projet féminin est donc celui d'une émancipation globale, qui voit dans l'enfance un nécessaire horizon d'espoir et d'élévation. Au terme du chapitre consacré à la marche sur l'Aafin, la naissance d'une petite fille acquiert une symbolique évidente : après les violences qui se sont abattues contre les *ogboni*, la « nouvelle atmosphère de communion et de cohésion » culmine dans la naissance de l'enfant de sexe féminin, dont le petit Wole est le témoin : « Il ne pouvait pas se produire d'augure plus favorable que cette naissance d'un enfant, d'une fille ! » (XIV, 297).

La contestation des pouvoirs en place : le peuple colonisé, peuple infantilisé

Ce qui est révélé à travers le mouvement des femmes est alors une double oppression, qui traduit et trahit aussi le double univers de référence de l'enfant, amené à le dénoncer à la lumière des événements vécus : le pouvoir local et ses formes traditionnelles, mais aussi le pouvoir colonial, qui tient tout un peuple en tutelle, et face auquel l'écrivain se montre, de fait, sans concession.

Le premier est marqué par les mystères de l'« enclave secrète » des *ogboni*, qui porte en elle toute la mémoire ancestrale de l'Orisha. Les *ogboni* font ainsi « grand peur » aux enfants (XIV, 278), mais le récit disloque leur puissance au moment où l'un d'entre eux intime aux femmes l'ordre de s'occuper « de [leurs] marmites et de [leurs] enfants », les reléguant par là même à l'espace domestique dont elles s'étaient justement extraites. Les *ogboni* sont alors pourchassés dans un renversement des forces marquant, qui voit les femmes s'approprier le culte de l'*oro* réservé aux hommes, et s'attaquer alors à eux sans distinction de fonction. Un tel renversement touche jusqu'à la figure royale de l'Alake, qui fait preuve d'écoute, promet de saisir le Conseil du gouvernement, mais ne répond pas aux attentes du rassemblement qui reconnaissait en lui la seule autorité légitime. À travers le mouvement des femmes, c'est tout un peuple infantilisé qui trouve à s'émanciper (puisque les hommes et même les enfants se sont ralliés à leur cause). L'Alake s'adresse en effet à ses interlocutrices « avec une urbanité paternelle » qu'elles reçoivent avec prudence. Plus mesurée encore, Chrétienne Sauvage hésite à lui répondre car, dit-elle, elle ne considère pas que le mouvement des femmes soit constitué d'*agba-igba*, c'est-à-dire d'« anciens pleins d'expérience », mais d'« enfants » confrontés à l'autorité de leur maître (XIV, 287). Sur l'invitation de l'Alake lui-même, sans doute trop confiant dans son propre rayonnement, elle finit pourtant par lui demander de réagir, allant même jusqu'à remettre en cause son influence (XIV, 288).

Dans tout ce segment du récit, l'enfant assiste donc à un affranchissement progressif des femmes et du peuple à l'égard des croyances naïves dans l'autorité des représentants « sacrés » de l'Orisha. Lui-même en vient d'ailleurs à interroger la puissance surnaturelle de ces figures. Toujours ingénu, mais non sans pertinence, il remet en cause le discours des *ogboni* lorsqu'ils prétendent finalement avoir anticipé le soulèvement : « Si tout était prédit et qu'ils le savaient, comme ils le prétendaient, pourquoi alors n'avaient-ils pas prévu les mauvais traitements que les femmes leur avaient infligés ? » (XV, 302). Ces *ogboni* se révèlent face à lui pleutres et impuissants, confrontés à la fureur vengeresse des femmes. Même l'Alake fait l'objet d'un tel désinvestissement : « Je n'arrivais pas », se souvient Soyinka, « à l'imaginer en train de manger le cœur ou le foie » de son prédécesseur, comme l'Orisha le lui imposait pourtant pour devenir roi, et comme nous le rapportait le chapitre précédent. L'Alake finit par être considéré comme un « scélérat », en qui l'enfant voit un homme « seul et terrorisé », finalement impuissant, bien loin des attributs sacrés qu'il croyait être les siens (XIV,

281 ; XV, 299-300). Ladapo Samuel Ademola (1872-1962) sera ainsi contraint à l'exil en 1948, lâché par les Anglais.

Il apparaît comme un jouet aux mains du pouvoir colonial et des « Blancs », marqués d'emblée par leur violence au sein du récit, comme le soulignent dès le chapitre I ces canons que l'enfant découvre dans la résidence luxueuse de l'un des leurs, et dont sa mère lui explique la vocation guerrière (I, 34). Face aux femmes au chapitre XIV, le *District Officer* apparaît immédiatement après le retrait de l'Alake, à qui Chrétienne Sauvage vient de répondre si vertement. Il se montre bouffi d'orgueil et adopte une attitude défensive dont témoigne la présence de policiers à ses côtés. Les femmes commencent par l'aborder avec confiance, mais il les traite avec un mépris qui a pour effet de redoubler la colère. Il est humilié par Beere qui vient aussi de rejoindre le rassemblement, et c'est alors à son tour d'être désigné comme un enfant insolent quand son interlocutrice lui assène : « Sans doute êtes-vous né, mais vous n'avez pas été élevé. Parleriez-vous à votre mère sur ce ton ? » Le *District Officer* en reste alors « bouche bée » (XIV, 289). Il doit finalement quitter l'enceinte du palais. Ce qui apparaît alors comme une répudiation signale là encore un renversement qui ne s'effectuera pas sans violence, comme l'illustre la suite immédiate du chapitre : tout un peuple dominé, infantilisé, affirme sa valeur et revendique son espace propre, la présence du colon étant perçue comme une « abomination, non seulement pour les femmes, mais pour le palais qui appartenait au peuple d'Egba » (XIV, 290).

Nous suivons toutes ces étapes à travers le regard de l'enfant. C'est parce qu'il dispose d'une formation « syncrétique », d'un double univers de référence, que ce dernier peut du reste percevoir et comprendre la richesse du mouvement, qu'il rattache spontanément au double univers qui est le sien, yoruba et chrétien, indigène et colonial : le discours enflammé de Kemberi qui réclame la fin de l'impôt lui fait songer « à la déclaration d'un allié d'une de ces guerres civiles qui paraissait constituer le tissu de l'histoire yoruba comme celui de l'histoire anglaise des manuels ». Entre ces deux univers de référence, l'enfant affine et ajuste un regard singulier sur la complexité du monde environnant, pour saisir à son tour les enjeux d'une nécessaire émancipation. Son expérience témoigne ainsi « de la nécessité et de la possibilité d'inaugurer de nouveaux protocoles d'apprentissage », où « le mode d'action requis n'est plus commandé par l'acquisition et la répétition des formes de connaissances privilégiées jusqu'alors ni par l'adoption précipitée et exclusive de l'instruction coloniale », mais doit plutôt « inaugurer et concrétiser l'instauration de nouvelles relations entre elles » : « [i]l s'agit », poursuit Alioune Sow, « d'accorder l'apprentissage du sujet avec l'atmosphère politique de la période, lui conserver tout son sens et sa pertinence, l'investir d'une nouvelle signification et lui conférer un objet qui est d'affronter et de contredire le projet initial de l'administration coloniale » [1].

Une formation militante et augurale

Le mouvement des femmes a, en ce sens, tout d'un événement fondateur et augural. L'enfant, qui a désormais onze ans, y fait l'apprentissage de la contestation et acquiert les fondements du militantisme politique, dans ce qu'il comporte d'élan mais aussi de bouleversements, à la mesure de la violence infligée. Certes, il fait depuis longtemps preuve d'un sens critique qui le pousse à interroger les évidences assénées. Dans ses reparties souvent comiques, il interroge les usages, par exemple cette coutume qui encourage les plus jeunes à participer aux châtiments publics des voleurs de bas étage. Chrétienne Sauvage, qui défend le principe et veut s'en inspirer au sein du foyer, lit alors la désapprobation sur le visage de son fils qui s'apprête à plaider, non sans pertinence : « Après tout, la viande, il l'a mangée, et ce n'est pas la danse et le fouet qui la lui feront rendre » (VI, 132). Plus gravement à Isara, il frôle le crime de lèse-majesté quand il cherche à justifier son refus de se prosterner face à un homme « qui se donnait des allures de roi » : « Si je ne me prosterne pas devant Dieu, pourquoi est-ce que je me

1. Alioune Sow, *Vestiges et vertiges : récits d'enfance dans les littératures africaines*, *op. cit.*, p. 60.

prosternerais devant vous ? Vous n'êtes qu'un homme comme mon père, non ? » (IX, 181). Chrétienne Sauvage lui reproche ainsi d'être « trop raisonneur » ; et cet agacement se généralise à tous ceux qui ne peuvent contrer ses reparties : Nubi, qui considère ainsi qu'il pose « trop de questions » ; Joseph, qui le considère comme un « mioche raisonneur » ; et Lawanle, qui se plaint aussi de ce qu'elle considère comme une posture insupportable et faussement précoce : « Pourquoi faut-il toujours que tu continues tes questions ? C'est ça qui ne va pas chez toi : tu aimes trop discuter, tu t'imagines être un autre Papa, hein ? » (V, 102 ; VI, 123 ; XIII, 257). Cet aspect de sa personnalité lui provient-il en effet de son père ? En grande partie sans doute : Essay comme Chrétienne Sauvage sont des figures fortes qui n'hésitent pas à s'imposer et qui jouissent d'un certain prestige au sein de la mission. Le premier n'hésite pas à débattre avec son fils, et fait preuve alors d'une « infinie patience », qui sans doute a valeur formatrice (IV, 88).

Cette précocité trouve un lieu d'épanouissement privilégié dans l'urgence politique de la fin du récit. Tout le protocole militant, empiriquement éprouvé, lui est alors exposé : les règles de prise de parole, les emballements, les processus de délibération et de décision, l'impression et la distribution de tracts, « presque tous les jours » (XIV, 272). Dès le début il reste auprès des femmes et leurs propos font écho en lui à des souvenirs marquants, qu'il n'ose pas partager avec elles : un tel souvenir insiste pourtant sur son engagement et confirme son statut de « raisonneur » (XII, 245-246). On l'observe alors observant, et devenant peu à peu acteur impliqué dans les enjeux du mouvement : « Les jours de réunion », se souvient-il, « je montais à l'étage, écoutais et observais » (XIII, 248). C'est donc par le biais de son regard, « du haut du balcon », que l'on suit l'avancée des travaux. Il s'accroche peu à peu au groupe « comme une moule au rocher » (XIII, 252) : il sent clairement la force du rassemblement naissant et lors du discours enflammé de Kemberi, il saisit intuitivement le caractère historique du moment. Il est alors bouleversé : « Il n'était pas question pour moi de rentrer à la maison ce soir-là ; je sentais qu'un événement inhabituel se préparait et l'émotion m'empoignait » (XIII, 253). Il s'investit en participant à la formation des femmes illettrées, dont l'injuste impôt lui apparaît comme « un affront personnel » (XIII, 254). Il ne cherche plus à éviter la boutique de sa mère, devenue lieu de rassemblement : « en fait », se souvient-il alors, « on ne pouvait plus m'en arracher ». C'est qu'il y vit un apprentissage nouveau, qui excède celui du monde de l'école et des livres qu'il abandonne d'ailleurs « précipitamment » pour escorter les nouvelles venues (XIII, 255).

L'indépendance à venir est donc en germe dans ce récit d'enfance qui raconte l'accession de l'écrivain à la conscience d'un double monde, existentiel et politique. Lorsque Beere se met à sillonner le pays pour y obtenir des appuis, le narrateur souligne à quel point la révolte des femmes s'inscrit dans un mouvement qui la dépasse : ce mouvement, « qui avait commencé devant des tasses de thé et des sandwiches » devient non seulement « un mouvement populaire et à l'échelle de la nation », mais il est pris aussi, et surtout, « dans celui des forces qui cherchaient à mettre un terme à la domination des Blancs sur le pays » : « De jeunes nationalistes radicaux se faisaient emprisonner pour sédition, et la sédition, cela signifiait maintenant que l'on exigeait des Blancs qu'ils nous laissent nous diriger nous-mêmes. » Il s'agit désormais d'exiger bien plus que « des institutions d'un niveau supérieur pour tous les pays coloniaux » : « la fin du gouvernement par les Blancs ». Les enfants, et non plus le seul Wole comme le souligne alors l'emploi de la première personne du pluriel, se sentent pleinement partie prenante d'un tel mouvement et jouent là encore un rôle, à la mesure de leurs moyens. Ils s'inscrivent dans la révolution collective en donnant leur argent de poche, « avec le sentiment que même [leurs] pièces de cinq centimes pouvaient servir la grande cause » (XIV, 274). Une telle mention ne semble alors pas ironique de la part du narrateur.

Cet apprentissage du militantisme et du monde politique, enjeu de forces historiques dont l'enfant est le témoin et même, à sa mesure, le sujet actif, ne peut aussi se comprendre qu'à travers un regard nouveau porté sur les adultes parents, non plus seulement perçus comme des êtres énigmatiques, « irrationnels » comme le répétera encore la toute dernière phrase du récit, mais comme révélés dans leur complexité. Le quatuor parental formé par les Soyinka et les Ransome-Kuti le souligne en particulier. Les hommes jouent un rôle non négligeable dans la victoire de leurs épouses : Daodu leur offre une impulsion de départ salutaire puis ses conseils tout au long de leur combat ; Essay lui aussi discute avec sa femme et la conseille, quand il n'offre pas son appui logistique au rassemblement (XIII, 256). Chrétienne Sauvage apparaît aussi aux yeux de l'enfant sous un nouveau jour. Elle parvient à raisonner les femmes et à pacifier leur rage devenue incontrôlable face aux *ogboni*, au grand étonnement de son fils qui y voit « une révélation stupéfiante » : sa haine de la violence, alors qu'il la jugeait jusqu'alors si sévère et véhémente. Sa mansuétude à l'égard des *ogboni*, sa retenue comme l'efficacité dont elle fait preuve pour apaiser la révolte des femmes la font apparaître dans sa pleine humanité (XIV, 292).

Funmilayo Ransome-Kuti (1900-1978) joue enfin dans le soulèvement des femmes un rôle historique et déterminant, désormais bien documenté [1]. Son retour d'Angleterre est fêté comme celui d'une héroïne, et elle continue d'agir avec détermination tout au long du mouvement. À la toute fin de l'autobiographie, l'enfant la surprend en pleine conversation téléphonique avec le nouveau *District Officer* : « Elle parlait d'un ton irrité », se souvient alors Soyinka, « Je ne l'avais jamais vue aussi furieuse » (XV, 304). Seuls ses propos nous sont rapportés : ceux de l'Anglais, que l'enfant n'entend pas, sont symboliquement tenus à distance. Elle dénonce le racisme systémique des Blancs tel qu'il s'est exprimé, montre-t-elle, à travers l'explosion de la bombe atomique au Japon. C'est en présence du petit Wole qu'elle finit par asséner les propos suivants à son interlocuteur, à l'égard de qui elle discute ici d'égale à égal, et non plus

1. Voir en particulier Cheryl Johnson-Odim, Nina Emma Mba, *For Women and the Nation. Funmilayo Ransome-Kuti of Nigeria*, Chicago, University of Illinois Press, 1997.

telle un sujet colonisé : « Je connais votre mentalité à vous, les Blancs : Japonais, Chinois, Africains, nous sommes tous des sous-hommes. Vous lanceriez une bombe atomique sur Abeokuta ou sur n'importe laquelle de vos colonies si cela vous arrangeait ! » Elle souligne pourtant que le peuple d'Egba ne se laissera pas impressionner (XV, 304).

Nourri de ces diverses (in)formations, l'enfant peut donc s'envoler vers de nouveaux horizons : la toute fin de l'autobiographie le montre sur le départ, désormais prêt à quitter la mission d'Aké. Il est à noter qu'il n'est alors pas avec ses parents, mais avec le couple Ransome-Kuti, qui a tant servi ce dernier moment de son parcours. Plus peut-être que son mari, dont les interrogations au sujet du Lycée National et des règles qui y sont imposées résonnent encore de manière assez comique, Beere se présente alors comme une ultime interlocutrice. La connivence qui l'unit à l'enfant semble à la mesure des liens noués au cours de l'apprentissage militant. N'a-t-elle pas cherché à lui redonner courage au moment le plus impressionnant du soulèvement en le désignant comme un *oogun*, un « bagarreur » combattant ? (XIV, 290). À l'entendre affirmer, à la suite de sa conversation téléphonique avec le nouveau *District Officer*, qu'« [i]l y a un raciste en tout homme blanc », l'enfant se demande alors s'il n'a pas commis une erreur en rejoignant le Lycée National, ce en quoi le couple Ransome-Kuti finit par le rassurer : ses deux années passées au lycée d'Abeokuta, sans compter la précieuse éducation prodiguée par ses parents, lui permettront de « faire face » (XV, 312). La fin du récit semble alors coïncider avec celle de l'enfance : Wole sent « peser sur lui le poids de [ses] années », comme soumis à un mouvement intérieur, rétrospectif et prospectif à la fois.

Conclusion
Question d'enfances

Dans son autobiographie, Soyinka nous permet d'embrasser le regard de son enfance, nourrie d'impressions et de sensations. Les grands repères spatio-temporels, mais aussi ceux d'une famille élargie aux multiples intervenants, d'une enfance heureuse et choyée structurent son récit composé de petites scènes apparemment très simples, mais dont l'ambition narrative est de retranscrire tout un monde perdu : un véritable jardin d'Éden, qui laisse transparaître en creux la médiocrité d'un présent voué aux affres de la mondialisation et de l'acculturation. Par contraste, Soyinka révèle l'importance dans la construction de l'enfant du double univers de croyances qui fut le sien : élevé dans la foi chrétienne, le petit Wole n'en reste pas moins profondément imprégné par les merveilles du panthéon yoruba, qui traduiront aussi chez lui les peurs archaïques qu'il doit affronter pour en sortir grandi. Les épreuves de la douleur et du deuil traversent en effet cette période que l'on ne peut réduire à la seule innocence, sinon en ses toutes premières années. Ces épreuves constituent autant d'étapes nécessaires au développement de l'enfant : la mort de Folasade, la maladie d'Essay sont en ce sens des lieux de passage qui le laissent désemparé, mais révèlent aussi ses facultés de rebond. La figure de l'*àbikú*, telle que représentée par le personnage de Bukola, laisse alors apparaître le double visage de l'enfance : inventive et ludique, elle use de ses facultés introspectives et « visionnaires » pour se connecter à des mondes imaginaires auxquels elle donne vie, s'apparentant en ce sens à la figure de l'écrivain lui-même. Mais, animée d'un sentiment de toute-puissance, elle se montre aussi pulsionnelle et potentiellement violente, présentant en cela un visage plus inquiétant. Il s'agit alors de l'encadrer et de l'initier : le rite que l'enfant subit à Isara auprès de son grand-père le place sous l'auspice du dieu Ogun, à travers qui il s'apprête à affronter la violence du monde.

L'autobiographie offre aussi un visage historique : les rumeurs du second conflit mondial ne peuvent manquer d'affecter les enfants qui les voient comme une menace à la fois lointaine et redoutable. L'autobiographie s'apparente, de fait, à un roman d'apprentissage en suspens, soumis au terme des onze premières années du petit Wole. Ce dernier y prend conscience des hiérarchies sociales, s'inscrit pleinement dans une institution scolaire où il mène une scolarité exemplaire, mais qui n'en fait pas moins l'objet d'un questionnement quant à son rôle dans la formation des enfants. La fonction parentale s'avère ici primordiale : Essay transmet à son fils sa passion des livres et du savoir ; Chrétienne Sauvage lui reproche ses qualités de « raisonneur », dont il fait pourtant bon usage dans le « Syndicat des femmes Egba » où elle joue un rôle prééminent aux côtés de Beere Ransome-Kuti. Or c'est bien sur cet épisode fondateur que s'achève l'autobiographie : la genèse d'une conscience militante qui demeure celle de l'écrivain.

En ce sens, l'enfance n'est pas qu'une bulle, une parenthèse enchantée pour Soyinka. Elle est une ouverture progressive au monde dans ses enjeux complexes, traversée par les affres de la mort et de la violence historique, auxquels elle oppose aussi, dans son innocence et son ingénuité, une forme de rempart. Si Soyinka a en effet contesté que son expérience carcérale ait été à l'origine de la rédaction d'*Aké*[1], force est de constater pourtant que la mémoire de l'enfance est bien présente dans *Cet homme est mort*, y insufflant sa puissance de vie : les souvenirs de l'école, par exemple, et celui de son grand-père, qui voulut déjà lui donner la force de combattre les épreuves de l'existence lors de l'initiation à Isara[2]. L'autobiographie se termine d'ailleurs en 1945 : Beere Ransome-Kuti y dénonce avec véhémence l'explosion de la bombe nucléaire au Japon, dans laquelle elle voit l'aboutissement logique et le nouveau signe de l'impérialisme des Blancs, sous le regard médusé de l'enfant. Ce moment solennel signe la fin d'un monde et d'une innocence, mais aussi le début d'une nouvelle ère qui vient se superposer, dans le récit rétrospectif, à celle que s'apprête à connaître l'enfant. À Ibadan, il ne tardera pas à voir s'épanouir le mouvement inéluctable de la décolonisation, dont Soyinka anticipe ici l'effondrement à travers l'opposition des femmes et du peuple Egba.

1. Voir Biodun Jeyifo (ed.), *Conversations with Wole Soyinka, op. cit.*, p. 150.
2. Voir Wole Soyinka, *Cet homme est mort* (1972), traduit de l'anglais par Étienne Galle, Paris, Belfond, 1986, p. 147, 173.

De quelle(s) enfance(s) est-il donc question dans cette autobiographie ? On a vu qu'il s'agissait d'une enfance plurielle, réfractée dans les figures du petit Wole, de sa sœur Tinu et de son frère Dipo, de la défunte Folasade, de ses amis Bukola et Osiki, de l'intrépide Iku au lycée d'Abeokuta, mais aussi de ces enfants anonymes qui poursuivent la fanfare au chapitre III, accompagnant Wole dans son périple. Cette enfance est aussi polysémique : elle s'apparente généralement à l'insouciance mais renvoie aussi à la mort, désigne la pauvreté la plus grande au village d'Isara ou dans ces campagnes où l'enfance soumise à la misère est l'une des causes majeures de la révolte des femmes. D'aucuns pourront y voir enfin l'enfance d'un monde voué à la chute, comme le suggère du reste le chapitre X.

Si l'on en croit Soyinka toutefois, l'enfance est surtout celle de ceux qui s'acharnent à ignorer et même à bafouer les trésors du monde ainsi dévoilé. Cinq ans après *Aké*, son discours de réception du prix Nobel est assez clair à ce sujet. Il y dénonce toutes les formes d'oppression dont le continent noir a été – et continue d'être – victime, depuis la domination coloniale jusqu'à l'apartheid, toujours en vigueur en Afrique du Sud en 1986, alors même que l'auteur prononce son discours : ce dernier est d'ailleurs adressé à Nelson Mandela, qui ne sera libéré qu'en 1990. Son propos, écrit alors l'écrivain, « n'est pas vraiment d'accuser le passé », mais d'attirer l'attention « d'un présent suicidaire et anachronique », que la métaphore filée de l'enfant permet alors de désigner : « De dire à ce présent monstrueux ; Tu es l'enfant de ces siècles de mensonges, de déformation, d'opportunisme en haut lieu et jusque dans le saint des saints de l'objectivité intellectuelle. » « Le monde est en train d'atteindre l'âge adulte », ajoute-t-il, « tandis qu'obstinément tu demeures un enfant – un enfant têtu, œuvrant à sa propre perte, doué de pouvoirs destructeurs, mais un enfant tout de même ». Et de conclure enfin : « Notre propos est de parler au monde qui soutient la précoce malfaisance de cet enfant, d'attirer son attention sur l'époque historique des mensonges où certains se perpétuent. » [1]

1. Wole Soyinka, *Que ce passé parle à son présent*, *op. cit.*, p. 33.

Les colons, expliquait-il auparavant, n'ont cessé d'exercer leur violence à l'encontre de « civilisations qui existaient depuis des siècles et qu'il fallait détruire », dans un effort de déshumanisation qui vise à annihiler l'idée selon laquelle le Noir pouvait « *aussi* être un être humain » [1]. La littérature vient alors au secours d'une telle entreprise, et l'autobiographie, là encore, s'inscrit parfaitement dans ce projet. L'enfant s'y émerveille en effet de la diversité des cultures africaines qu'il découvre et que l'auteur nous invite à observer à travers lui : les commerçants haoussas, dont les marchandises le fascinent, le dialecte grave d'Ijebu et ses représentants des contrées d'Isara, les « bras et les jambes tatoués, le visage couvert de cicatrices raciales » de certaines femmes venues rejoindre le mouvement de contestation (III, 78-79 ; IX, 183 ; XIII, 255). Face à cet univers de cultures immémoriales, l'enfance du monde, suggère Soyinka, n'est peut-être pas celle que l'on croit.

1. *Ibid.*, p. 23. Chinua Achebe, autre grand écrivain nigérian, tiendra des propos similaires, mais d'une manière plus provocatrice pour sa part, en s'exclamant : « L'Afrique, ce sont des gens ! » Voir Chinua Achebe, *Éducation d'un enfant protégé par la Couronne* (2009), traduit de l'anglais par Pierre Girard, Arles, Actes Sud, 2013, p. 179.

Comparaison des œuvres

L'exigence des concours est celle d'une excellente maîtrise des œuvres au programme qui serviront à nourrir les dissertations et la réflexion plus générale, personnelle et éclairée, sur le thème de l'année. La fréquentation régulière de l'*Émile* (Livres I et II), des *Contes* d'Andersen et de *Aké, les années d'enfance* de Soyinka est donc requise : les analyses qui précèdent ont pour but de vous accompagner dans cet effort. L'étude ne saurait toutefois se contenter d'envisager les œuvres indépendamment les unes des autres : il faut les confronter en repérant des enjeux communs, liés aux grandes problématiques attachées à la question de l'enfance. Le parcours que l'on en présentera ici, et qui n'a bien sûr rien d'exhaustif, proposera donc différentes synthèses à même de guider votre propre pratique de la comparaison [1].

La société

L'enfance s'inscrit dans un espace social qui la détermine en grande partie, que la société l'aide à s'épanouir ou qu'elle tende au contraire à briser ses facultés. Les écrivains ne sont donc pas sans observer attentivement les caractéristiques et l'influence de la société sur les êtres en formation.

Dans sa simplicité apparente, le conte peut ainsi interroger la société. Andersen a lui-même connu une enfance malheureuse. Ses

1. Nous utiliserons les éditions indiquées plus haut pour nous référer à Andersen et à Soyinka. Les références paginées à l'*Émile* renverront en revanche ici à l'édition Folio (2008).

parents, d'origine modeste, ne s'intéressaient guère à lui. Son père meurt alors qu'il n'a que onze ans : l'enfant s'exile deux ans plus tard et rejoint la capitale, où il vit dans un quartier mal famé et multiplie les expériences. De riches protecteurs lui permettent toutefois de se former et de se lancer dans l'écriture. Ses contes, dont on a souvent noté la dimension autobiographique, ne sont pas sans refléter les hiérarchies sociales : le merveilleux n'y empêche pas le portrait des bas-fonds ou des autorités. « La petite fille aux allumettes » se distingue ainsi par son réalisme qui vise à dénoncer la misère sociale du XIXe siècle. Le contexte oppressant d'un « froid terrible » y est d'emblée convoqué pour dessiner l'enfance en proie au malheur : « Dans ce froid et cette obscurité », écrit en effet Andersen, « une petite fille pauvre marchait dans la rue, la tête et les pieds nus », « tout rougis et bleuis par le froid » (p. 213). Les pantoufles qu'elle a perdues appartenaient à sa mère et étaient donc trop grandes pour elle : l'une d'elles a été trouvée par un autre enfant qui s'en est opportunément saisi. Elle ne peut trouver refuge chez elle, de peur d'être battue par son père. Son envolée finale atténue à peine le malheur d'une telle représentation. Par opposition, d'autres contes font briller les cours et les palais. Le château du prince aimé de la petite sirène est construit de « pierres brillantes » et possède « de grands escaliers de marbre », « [d]e superbes coupoles dorées » qui provoquent l'émerveillement (p. 65). Le lieu des merveilles est pourtant funeste : il est aussi lieu de vanités, comme le soulignait déjà « Les nouveaux habits de l'empereur ». Tout n'y est que mensonges, faux-semblants et vanités, confinant à l'absurde : jusqu'à la fin de la procession royale, les chambellans continuent de porter une traîne qui n'existe pas. La société apparaît ainsi comme un lieu de désordre, symbolique et matériel, à l'image de la capitale, Copenhague, et à travers elle de toutes ces grandes villes qui, dans « La goutte d'eau », sont confondues avec le grouillement d'une goutte observée à la loupe : un spectacle « affreux » de créatures qui se tiraillent et se bousculent dans le plus grand des désordres.

La société n'est pas vertueuse en effet, selon Rousseau. Dans l'*Émile* et dans le *Contrat social*, il envisage donc les conditions d'une refondation de l'homme, à partir d'une réflexion sur l'enfance qui ouvre elle-même sur un véritable projet politique. Si l'homme est né libre mais qu'il est « partout dans les fers », comme l'indique le tout début du *Contrat*, cela signifie qu'aucun régime ne garantit actuellement la liberté. Il va donc falloir concevoir une politique républicaine, démocratique et sociale qui soit fondée sur un contrat qui ne doit surtout pas reconduire à la domination des uns sur les autres. La société telle qu'elle se présente aux yeux du philosophe est celle d'un monde adulte inhumain, coupé de la nature : elle « a fait l'homme plus faible, non seulement en lui ôtant le droit qu'il avait sur ses propres forces, mais surtout en les lui rendant insuffisantes » (p. 145). « Avant que les préjugés et les institutions humaines aient altéré nos penchants naturels, le bonheur des enfants ainsi que des hommes consiste dans l'usage de leur liberté ; mais cette liberté dans les premiers est bornée par leur faiblesse », poursuit-il un peu plus loin, avant d'ajouter : « Chacun de nous, ne pouvant plus se passer des autres, redevient à cet égard faible et misérable. Nous étions faits pour être hommes ; les lois et la société nous ont replongés dans l'enfance. Les riches, les grands, les rois sont tous des enfants qui, voyant qu'on s'empresse à soulager leur misère, tirent de cela même une vanité puérile, et sont tout fiers des soins qu'on ne leur rendrait pas s'ils étaient hommes faits » (p. 146). Rousseau cherche donc à repenser la formation de l'enfant, pour que l'adulte en société ne soit pas un être puéril, avant tout préoccupé par les faux-semblants. À la différence de Hobbes, auquel il s'oppose, le pacte social selon lui ne peut donc en aucun cas être envisagé comme un pacte d'assujettissement des uns aux autres. Quand s'achève le Livre II, Émile se montre déjà prêt à adopter ce contrat, bien qu'il lui faille encore poursuivre son apprentissage pour entrer de plain-pied dans le monde des adultes ; l'idée étant que se forment peu à peu dans son esprit « les idées des relations sociales, même avant qu'il puisse être réellement membre actif de la société ». Le point de vue adopté sera alors celui d'un esprit ouvert à des vues égalitaristes : si Émile « a besoin de quelque assistance, il la demandera indifféremment au premier qu'il rencontre : il la demanderait au roi comme à son laquais : tous les hommes sont encore égaux à ses yeux » (p. 257-258). Rousseau fait ainsi de l'enfance le point d'origine à partir duquel il peut penser la société et la politique justes qu'il appelle de ses vœux.

Une juste ambition sociale est aussi placée au cœur de l'autobiographie chez Soyinka. Toutes les strates sociales y sont évoquées : depuis l'élite urbaine et politisée à laquelle appartiennent les Soyinka ou les Ransome-Kuti, jusqu'à la misère du village d'Isara, que l'enfant observe avec stupéfaction. Dans l'ouvrage, l'enfant est très conscient des privilèges affectés à son milieu : Essay et Ransome-Kuti sont respectivement directeur de l'école Saint-Pierre et proviseur du lycée d'Abeokuta. À Isara, l'enfant apprend du reste que les études au lycée, qui constituent pour lui la suite naturelle de son parcours, ne sont destinées qu'à une élite dont il fait partie. La société est donc aussi un « champ de bataille », et non un espace préservé comme il aurait pu le croire au sein d'Aké. De fait, c'est à Isara que la prise de conscience sociale du petit Wole est la plus nette : le lieu des croyances ancestrales trouve alors un ancrage social qui le fait apparaître sous un jour différent. L'enfant y est marqué par la saleté et la poussière envahissante des rues. Un assez long développement y est consacré aux problèmes d'hygiène, qui offre aussi l'occasion de portraiturer une autre enfance, soumise à la pauvreté. Le petit Wole prend enfin la mesure de l'éprouvant quotidien de ses vieilles tantes marchandes : « Maintenant que nous leur rendions visite chez elles », se souvient en effet Soyinka, « je voyais avec tristesse se dissiper leur mystère ». Et d'ajouter un peu plus loin : « Derrière la joie de notre présence, nous sentions maintenant l'effort pour simplement survivre [...] » (IX, 185). C'est en leur nom que l'enfant s'inscrira aussi dans la lutte épiphanique et politique qu'il mène, au terme de son récit d'apprentissage, auprès des femmes. C'est sous l'impulsion de Daodu, qui les écoute et suspend un jour leurs conversations, que ces dernières prennent conscience du caractère très restreint de leurs actions. Elles ne sont en effet que des *oníkaba*, des « femmes en robe », uniquement préoccupées par leurs problèmes « de raffinements mondains », alors que celles qu'elles voudraient aider sont des *aróso*, des « femmes en pagne », pauvres et illettrées, paysannes pour la plupart (XII, 247). Décision est donc prise de convier ces dernières à leurs rassemblements. Les femmes qui se pressent alors chez Beere rappellent au petit Wole les vieilles vendeuses d'Isara : elles ont en commun une même « lassitude intérieure » qui traduit leurs difficultés. Elles sont exploitées parce que illettrées, comme le fait à nouveau remarquer Daodu : il faut donc les alphabétiser. Une très grande solidarité se tisse de fait entre ces femmes de milieux divers, entraînées par un enthousiasme fédérateur et commun.

La nature

Dans les œuvres au programme, la nature apparaît bien souvent comme un idéal, et même un éden perdu. Si elle n'est pas toujours dénuée d'ambiguïtés, elle joue un rôle important dans la formation de l'enfant, qui s'inscrit volontiers en elle pour se livrer au jeu ou à la contemplation.

La nature apparaît comme un lieu enchanteur chez Andersen. Loin de la société des hommes et de ses pièges qu'il faut cependant endurer, elle se manifeste souvent par sa splendeur qui par contraste laisse apparaître la médiocrité ou les vanités humaines. La « deuxième sœur » de la petite sirène contemple ainsi le coucher du soleil quand elle a pour la première fois la possibilité de monter à la surface des eaux, le jour de ses quinze ans. Elle y assiste au plus merveilleux des spectacles : « Tout le ciel ressemblait à de l'or, dit-elle, et quant aux nuages, eh bien, elle ne se lassait pas de voir leur beauté ! » (p. 58). Pour les autres sœurs, la société des hommes ne sera pas sans charmes non plus, mais elle s'avérera plus mortifère, on le sait, pour la petite sirène. Dans « Le vilain petit canard », le règne animal n'est pas quant à lui empreint d'une grande bienveillance, sans doute parce qu'il tend un miroir cruel au monde des hommes et à son intolérance. La nature en revanche est d'emblée caractérisée par la fraîcheur et les couleurs de l'été : « Il faisait si bon à la campagne ! » commence ainsi le conte. « Les blés étaient jaunes, l'avoine verte, le foin avait été ramassé en tas dans les vertes prairies [...]. Les champs et les prairies étaient entourés de grandes forêts, il y avait des lacs profonds. Oui, vraiment il faisait bon à la campagne ! » Face aux aléas de la vie, elle se distingue par une permanence rassurante, en dépit du changement des saisons : même l'automne et ses « nuages lourds » laissent apparaître la splendeur du coucher du soleil, écho là encore d'une possible transcendance – le petit « canard » observe alors les cygnes, ces « grands oiseaux superbes » qu'il rejoindra bientôt (p. 127, 135). Dans « Le rossignol » surtout, la nature vient s'opposer aux vanités du monde, et les condamner : elle prolonge « les fleurs les plus merveilleuses » du château, qui ne sont rien comparées à elle. « Si on continuait à marcher », note en effet le narrateur, « on arrivait dans la plus ravissante forêt, dans laquelle on trouvait des arbres et des lacs profonds. La forêt descendait jusqu'à la mer, qui était bleue et profonde ». Y règne surtout un rossignol dont le chant est le plus mélodieux qui soit. Or les gens de cour n'y comprennent rien : ils confondent ce chant avec le mugissement des vaches ou le coassement des grenouilles, avant de comprendre leur méprise. Plus encore, le rossignol accueilli d'abord avec les plus grands égards est bientôt remplacé par un petit automate inscrit dans une boîte sertie de pierres précieuses. Il finit même par être banni du territoire impérial. Plusieurs années plus tard, l'empereur mourant retrouve cependant la force de vivre auprès de lui. Le rossignol, qui a retrouvé sa pleine liberté, se fait alors le porte-voix des vérités du monde : « Je chanterai au sujet de ceux qui sont heureux et de ceux qui souffrent ! Je chanterai au sujet du bien et du mal qui t'entourent et qu'on te cache ! » (p. 115, 126).

« Tout est bien sortant des mains de l'Auteur des choses, tout dégénère entre les mains de l'homme. Il force une terre à nourrir les productions d'une autre, un arbre à porter les fruits d'un autre ; il mêle et confond les climats, les éléments, les saisons ; il mutile son chien, son cheval, son esclave ; il bouleverse tout, il défigure tout, il aime la difformité, les monstres ; il ne veut rien tel que l'a fait la nature, pas même l'homme [...] », écrit ainsi Rousseau en guise d'introduction à l'*Émile* (p. 81). On accuse pourtant la nature d'être à l'origine des vices et des passions de l'homme, de manière éhontée. L'homme est au contraire un être dénaturé : il lui faut retrouver la voie de la nature, et s'inscrire dans ce projet dès sa plus tendre enfance. L'opposition de l'être et du paraître, sur laquelle s'établit la société, avait déjà nourri l'argumentation de son *Discours sur l'origine et les fondements de l'inégalité parmi les hommes* (1755), où il ne critiquait pas seulement les effets du mal social, mais remontait à sa source en choisissant de raconter la genèse des sociétés humaines : « Ô homme [...] voici ton histoire, telle que j'ai cru la lire, non dans les livres de tes semblables qui sont menteurs, mais dans la nature qui ne ment jamais. » « En dépouillant cet être, ainsi constitué, de tous les dons surnaturels qu'il a pu recevoir » par l'établissement de la société, « [e]n le considérant, en un mot, tel qu'il a dû sortir des mains de la Nature », Rousseau voit alors un être « organisé le plus avantageusement de tous », « se rassasiant sous un chêne, se désaltérant au premier ruisseau, trouvant son lit au pied du même arbre qui lui a fourni son repas », dans une pleine et entière satisfaction. La formation de l'enfance se joue dans cet état de nature, même si le modèle visé n'est pas celui du rustre paysan et de ses tâches mécaniques, mais bien plutôt celui du « bon sauvage » inscrit dans un espace-temps béni de ressources susceptibles de corriger les dérives de l'état civil : un âge d'or à reconquérir. Il faut donc inviter l'enfant à suivre ce « doux guide » qu'est la nature, et laisser virevolter son esprit « à sauts et à gambade », pour reprendre l'expression de Montaigne. Selon Rousseau, la nature a ainsi « pour fortifier le corps et le faire croître » des moyens « qu'on ne doit jamais contrarier » : « Il ne faut point » en effet « contraindre un enfant de rester quand il veut aller, ni d'aller quand il veut rester en place. Quand la volonté des enfants n'est point gâtée par notre faute, ils ne veulent rien inutilement. Il faut qu'ils sautent, qu'ils courent, qu'ils crient, quand ils en ont envie » (p. 148). La nature se présente ainsi comme un espace de liberté.

Dans l'une de ses pièces les plus connues, *La Danse de la forêt* (1960), Soyinka s'appuie sur les mythes yorubas pour traiter de la violence faite aux hommes et plus généralement à la nature. La plainte des palmiers, des pierres précieuses, des éléphants, des rivières et finalement des fourmis s'y élève au nom de tous les damnés d'ici-bas. La nature apparaît en ce sens comme un monde perdu qui correspond pour partie au moins, dans l'autobiographie, à celui de l'enfance. L'auteur y évoque ainsi le « Verger » qui trône en majesté au sein de la mission, comme un jardin d'Éden revisité. L'emploi de la majuscule contribue à sacraliser cet espace d'emblée caractérisé par le jaillissement d'une beauté qui l'apparente aux Écritures, comme le note l'écrivain : « Il était trop varié, beaucoup trop touffu pour qu'on pût l'appeler un jardin, même un jardin fruitier. Et l'on y trouvait des plantes et des fruits qui en faisaient un prolongement des classes d'écriture sainte, des leçons de l'église et des sermons » (I, 21). « À l'époque dont je parle », écrit ainsi Soyinka, « il ne se passait pas un jour où ne s'ouvrît au regard un enclos, une poche de rochers, un bosquet buissonnant, une colonie d'escargots ». Ce sont des lieux qui vibrent « au rythme des saisons », des jours et des heures. Tout y est donc empli de vie, jusqu'aux objets abandonnés qui constituent la richesse de cette nature revisitée, visiblement dépareillée : un jardin des sens, encore remotivé par le « jardin merveilleux » d'Essay (V, 109), auquel l'enfant aussi accorde un soin jaloux. Le domaine de l'enfance semble donc bien être celui de la nature, qui est son refuge et son lieu d'expérimentation majeure. Au début du livre, l'emploi du participe présent dans la traduction implique ainsi une relation de cause à effet entre la sécurité de la nature fréquentée au sein de la mission et la liberté des jeux de l'enfance, abrités par un paysage dont l'accumulation traduit ici le caractère jaillissant : « Nous y sentant en sécurité », se souvient en effet Soyinka, « nous montions et descendions librement, passant de l'un à l'autre de ses niveaux enchevêtrés et emmêlés de feuilles, de ses falaises abruptes, de ses sous-bois, de ses bosquets inattendus d'arbres fruitiers cachés » (I, 20). Et c'est au contact de cette nature que l'enfant doit avant tout évoluer, pour se former, comme en témoigne l'aventure vécue par le petit Wole auprès de Yemi et de Broda Pupa : elle annonce l'initiation rituelle en ce qu'elle privilégie la formation du corps à celle de l'esprit, s'opposant par là même aux savoirs de la ville et au primat de l'intelligible sur le sensible.

Éducation et apprentissage

L'enfant est un être en formation. Les trois œuvres au programme envisagent cette dimension initiale qui fait du tout-petit un être en germe, susceptible, au terme de son parcours, de s'engager pleinement et justement dans le monde adulte.

Le sujet de l'*Émile* est clairement indiqué par son « sous »-titre : il s'agit d'un volume d'éducation qui ne sera pas un traité théorique, abstrait, mais un manuel qui s'appuiera sur le développement concret de l'enfant, nourri d'expériences et d'impressions diverses. Le but visé par cette éducation ne fait pas de l'apprentissage une fin en soi, mais l'outil d'une émancipation pour le citoyen à venir, qui trouvera dans la formation ainsi envisagée une voie d'acquisition de la liberté. À cette époque où l'on valorise avant tout l'accès à l'âge de raison, à la majorité, qui correspond à celui du sujet politique docile et soumis à un ordre sans faille, l'école n'est pas un lieu géré politiquement par l'État, mais plutôt de manière privée, par la famille, si tant est qu'elle en ait les moyens. On ne demande alors aucune spontanéité à l'enfant. Pour Rousseau, il faut au contraire éveiller en lui ses pleines facultés d'inventivité. Au Livre III, Émile aura alors peu de connaissances, mais celles qu'il a sont véritablement siennes. Contrairement à Platon, à qui il rend hommage mais qui considère avant tout le monde des Idées éternelles échappant au cours sensible et relatif des choses, Rousseau, quant à lui, accorde une place majeure au corps et à son expérience sensitive : cette démarche remotive le rapport entre le sensible et l'intelligible, le concret et l'abstrait, la sensibilité et la conceptualisation, la seconde étant alors perçue comme en germe ou dans le strict prolongement de la première. L'action intéresse donc davantage Rousseau que les bavardages, tels qu'ils peuvent par exemple se présenter dans les livres. Ces derniers font l'objet d'un examen sévère, à l'exception de *Robinson Crusoé* qui témoigne justement du parcours d'un homme placé par les circonstances à l'école de la nature : il est alors amené à y faire retour, non sans un laborieux effort de déconstruction des habitudes inculquées. L'enfant doit donc commencer par expérimenter le monde à l'aide de ses cinq sens pour appréhender ce qui lui convient en propre et en venir à cultiver son esprit critique, en pensant par lui-même et non en conformité avec ce qui lui aura été enseigné de manière verticale : aux savoirs imposés qui ne lui appartiennent pas et qu'il ne comprend d'ailleurs pas toujours, il faut préférer le travail d'observation à partir duquel pourront être élaborées les hypothèses les plus diverses, qui ouvrent le champ des possibles. L'enseignement tel qu'il s'exerce s'apparente au contraire à un dressage savant, absurde et même cruel, où les enfants singent les adultes ou répètent mécaniquement des savoirs figés qui ne leur sont d'aucun secours : à cela s'adjoignent des châtiments corporels qui mêlent à la torture cérébrale une torture physique qui affecte des êtres sans défense.

Dès l'enfance, le conte fait aussi plus que divertir et enchanter : il est un espace de formation. Les prodiges qui y ont cours le dotent, en effet, d'un pouvoir de saisissement qui plonge le lecteur dans un état de stupéfaction propice à l'apprentissage : à chaque nouvelle merveille correspond un point d'interrogation qui, éveillant l'imaginaire, amorce une réflexion plus ou moins consciente, de manière d'autant plus efficace et ouverte que rares sont les contes qui présentent une morale vraiment nette chez Andersen. « Le vilain petit canard », par exemple, peut être lu comme un récit d'apprentissage, qui informe et enseigne également le lecteur à chaque étape de sa vie. Composé après l'échec de l'une de ses pièces de théâtre, on peut y voir pour Andersen une manière de se confronter à une difficulté et de la dépasser, ou un reflet de ses aspirations vers la haute société, finalement comblées. Les contes présentent en ce sens une dimension initiatique à ne pas négliger, vers une quête de la connaissance, du monde et de soi. Certains font alors plus largement écho à la théorie platonicienne de la réminiscence : dans « Le crapaud », une jeune crapaude qui vit au fond d'un puits en remonte accidentellement un jour avec un saut et y retombe non sans avoir entre-temps aperçu le monde extérieur. Animée par ce souvenir, elle quitte le puits afin d'explorer le monde et, après quelques aventures, souhaite gagner l'Égypte, à l'image des cigognes. Son amour de la lumière motive une telle quête, en apparence impossible. Une telle voie d'ascension est peut-être plus nette encore dans « La petite sirène » où, parce qu'elle a vu une fois le monde d'en haut, le personnage féminin consent à tous les sacrifices pour le rejoindre à nouveau : elle finit par intégrer le monde des « filles de l'air », qui comme elles cherchent à se doter d'une « âme immortelle » (p. 80). L'échec de la sirène s'avère donc masquer une réussite plus significative puisqu'en accédant à l'éternité, elle est amenée non pas à aimer, mais à contempler l'idée même de l'amour, dans toute son éternité. La transformation du corps, l'émancipation vis-à-vis de ses proches et de son univers familier, la découverte de l'amour, et la confrontation aux échecs amplifient aussi plus prosaïquement la dimension formatrice du conte, qui peut être en ce sens envisagé comme la reconfiguration métaphorique d'interrogations existentielles qui ne sont pas sans toucher les enfants, puis les adolescents.

Plusieurs représentations de l'éducation et des apprentissages se confrontent dans le parcours de Soyinka. L'éducation pour son grand-père doit d'abord être celle du corps et non celle de l'esprit, ce en quoi il s'oppose à son propre fils et aux valeurs que ce dernier souhaite transmettre à son enfant : Essay, affirme-t-il ainsi, « ne croit pas qu'il faille laisser les enfants mûrir dans leur corps avant de forcer leur esprit » (IX, 199). C'est donc selon lui par un coup de force que l'« esprit » des enfants serait trop précocement investi. Le déploiement des facultés intellectuelles devrait reposer au contraire sur un travail préalable et nécessaire de maturation du corps : c'est dans et par l'expérience de la nature que l'enfant doit s'aguerrir en se confrontant aux dangers de la vie. La nature est donc ici une « école » dont l'enseignement est bien plus profitable que celui de l'« institution » coloniale et des livres qui y sont promus comme accès privilégié à la connaissance : le monde de ces livres est un « champ de bataille » autrement plus dur, selon « Père », « que ceux auxquels nous avons été habitués » ; le présupposé étant ici celui que ce primat de l'intellect sur le sensible, de la raison sur le corps, serait l'effet de la domination des autochtones, dénaturés par les « Blancs ». L'apprentissage par les livres est donc selon « Père » un apprentissage stérile pour préparer les enfants à affronter les difficultés de la vie : « l'étude des livres, et surtout le succès dans l'étude des livres » ne font pour lui « que créer d'autres batailles » (IX, 201). Les livres en revanche ne constituent pas pour Essay un « champ de bataille », mais bien une voie d'émancipation. Il partage cet avis avec Ransome-Kuti, le proviseur du lycée d'Abeokuta : tous deux tiennent l'école en haute estime. Dans l'autobiographie, le réquisitoire contre l'école coloniale est ainsi bien vite dépassé, peut-être parce que si l'institution scolaire ne reste à cette époque ouverte qu'à une minorité, elle est cependant bien enracinée dans le contexte social et familial du petit Wole. L'objectif principal d'Essay, affiché jusqu'à la fin du récit, est que son fils intègre le Lycée National en obtenant une bourse. Même pendant la révolte des femmes auquel son fils prend une part active, il prend « grand soin que [son] travail scolaire ne [soit] jamais négligé » (XIII, 267). L'enfant doit pour ce faire être un élève « méritant », et suivre par conséquent rigoureusement les règles de l'institution scolaire.

Imagination et merveilleux

L'imagination est un don d'enfance : elle est selon Baudelaire la « reine des facultés », dont la persistance créatrice à l'âge adulte fait pour lui la singularité du génie. Le monde empli de merveilles que l'enfant construit l'apparente ainsi à une figure créatrice.

Les contes lui sont semble-t-il avant tout destinés. Ils constituent d'ailleurs un genre longtemps considéré comme mineur, à l'image de ceux à qui ils sont censés s'adresser, alors même que l'imaginaire y fourmille, et que la créativité y règne en maîtresse. La pleine intelligence du lecteur y est sollicitée : simplement, elle ne saurait se borner à la seule rationalité, de très loin dépassée. Le dispositif repose alors sur la pleine adhésion du lecteur face aux instruments magiques et aux êtres surnaturels. Les contes ouvrent ainsi le champ des possibles : d'emblée chez Andersen, l'usage d'un mystérieux briquet permet la réalisation de tous les vœux. De menus objets acquièrent une épaisseur insoupçonnée pour ceux qui savent encore observer le monde en dépassant les apparences du commun. « La princesse sur le pois » n'érige ainsi ni le prince ni la princesse en héros, mais paradoxalement ce petit pois qui finit par occuper une place démesurée dans la « logique » et l'économie générale du récit, puisque c'est sur lui que repose tout entière la validation du statut princier. L'humour ne saurait alors masquer la prise de distance à l'égard de la pure rationalité : l'enfant, lui, est doté d'un imaginaire qui lui fait observer ce que le monde adulte ne considère pas, ou plus. À travers une simple « goutte d'eau » peut ainsi se dessiner tout un monde inattendu, « un millier d'animaux bizarres », objets de curiosité. Et si Andersen s'amuse à en faire un monde de fous, qui trahit la violence du monde, il le fait sur un mode ludique, mobilisant en ce sens plusieurs niveaux de significations. Le parti pris du merveilleux, travaillé par l'imagination, est ainsi à l'origine celui de vouloir « toujours tirer le meilleur parti de tout », quitte pour cela à avoir « recours à la magie » (p. 211). « Personne ne savait cela ou ne le sait encore, jusqu'à maintenant », écrit encore Andersen au terme d'« Une histoire des dunes », avant d'ajouter : « C'est la tempête qui m'a chanté cette histoire entre les dunes » (p. 325). Ce dénouement attire alors l'attention sur un savoir dont seuls les destinataires du conte, les enfants ou ceux qui en ont conservé l'esprit, peuvent encore atteindre par le biais de la rêverie, attentifs qu'ils sont au sens poétique que nous diffuse la nature. Cette dernière chante le conte qui fait signe et se trouve doté d'un sens inaccessible aux adultes. Aussi faut-il voir plus loin que les apparences : en ce sens, l'imagination de l'enfance l'érige bien en figure « visionnaire ». Il n'est alors pas tant question d'inventivité que de regard : il faut chausser les bonnes lunettes. Celles de la guérisseuse de « Ce qu'on peut inventer » permettent au jeune écrivain de voir parler une pomme de terre ou un prunellier (p. 350-351). Il s'agit alors d'un bien d'autant plus précieux qu'il est fragile : le monde de l'imaginaire n'est-il pas voué à disparaître avec l'enfance qui le porte ? « L'invalide » suggère ainsi que la littérature traditionnelle, associée aux contes, est en péril : le savoir scientifique que l'instituteur transmet au petit Hans lui semble « encore plus merveilleux que tout ce qui était écrit dans le livre des contes » (p. 423).

Même affaibli par une blessure qui a affecté l'un de ses yeux, l'enfant dit « v[oir] en imagination » son ami Osiki continuer à courir, inconscient et « léger comme le vent » : cette « vision » le fait sourire et soulage immédiatement sa douleur (II, 63). Cet imaginaire se déploie dans le contexte particulier de l'enfance nigériane, qui est celui d'un merveilleux syncrétique, comme l'est le double univers de croyance qui entoure l'enfant : élevé au sein de la mission dans la religion catholique, le petit Wole n'en est pas moins très sensible au panthéon yoruba. Soyinka présente ainsi dès les premières pages de son autobiographie tout un univers de figures surnaturelles, dont il renseigne la signification dans une série de notes informatives. Les *egúngún*, esprits des morts célébrés chaque année, connaissent en particulier de nombreuses variations, dont Osiki fait part à son camarade intrigué : « ceux qui étaient dangereux, pleins de maléfices, et qui pouvaient vous frapper d'épilepsie ou pire ; ceux qui étaient furieux et qu'il fallait maîtriser avec de grosses cordes ; les *opidan* qui grâce à leurs tours de magie se métamorphosaient en alligators, en serpents, en tigres et en béliers, puis reprenaient leur aspect » d'origine (II, 58, 59). Professant cette typologie savante, Osiki finit toutefois par trahir sa propre innocence lorsqu'il fait des acrobates une ultime catégorie d'*egúngún*. Ce florilège relève donc à la fois d'une mythologie bien ancrée et de sa réappropriation par l'enfant, qui y trouve l'occasion d'une explication plausible des merveilles supposées du quotidien. Pour le petit Wole, élevé dans la foi catholique, la figure de Dieu semble plus familière, mais n'en relève pas moins du merveilleux. La messe devient alors une école qui ouvre la voie d'une réalité jugée plus authentique que celle du quotidien, en ce qu'elle relève de la fable, dans l'univers-refuge auquel l'enfant croit et dans lequel il se fond spontanément. Le petit Wole dénomme ainsi « son » rocher Jonas, en se référant à l'épisode évoqué par sa maîtresse d'école. Cette dernière, dit-il alors, a maladroitement transformé ce compagnon « en personnage de conte de fées », « un monde de fables, de fantaisies, celui de la lampe d'Aladin et du Sésame-ouvre-toi » (V, 100). Le petit Wole en est profondément déçu : la présence « débordante, enveloppante » du rocher suffisait au déploiement de son imaginaire. La liste qu'il lui accole n'en témoigne pas moins de l'univers foisonnant du merveilleux qui est le sien, profondément syncrétique. Le grenadier du Verger dans lequel il voit l'arbre défendu du jardin d'Éden le transporte ainsi « jusque dans le monde illustré des Belles Histoires de la Bible » ; mais il ouvre aussi « la caverne d'Ali Baba, réussi[t] à faire sortir le génie de la lampe d'Aladin, pin[ce] les cordes de la harpe qui calmait la folie de David, divis[e] les eaux du Nil et remplit [la] mission de l'encens du temps obscur de Jérusalem » (I, 22).

Un tel univers n'est pas sans inutilité dans la formation d'Émile. Le précepteur chez Rousseau parie en effet sur les ressources de l'imagination pour mener à bien l'éducation de son élève. Au Livre II, on peut pourtant lire que si « [l]e monde réel a ses bornes, le monde imaginaire est infini ; ne pouvant élargir l'un rétrécissons l'autre ; car c'est de leur seule différence que naissent toutes les peines qui nous rendent vraiment malheureux » (p. 141). Ainsi dans l'*Émile*, selon Paola Sosso, « le rationalisme de Rousseau l'emporte sur toute apologie des chimères », et cet ouvrage est « sans aucun doute l'œuvre de Rousseau où l'imagination est présentée de la façon la plus négative : elle s'identifie avec la prévoyance et avec un désir effréné, créant un obstacle au bonheur, auquel l'individu doit aspirer »[1]. Dans le même temps, « le pouvoir immense de l'imagination » y est bien évoqué. L'imagination est en réalité paradoxale, d'abord parce qu'elle « est toujours déjà transgression de la nature », comme l'explique Éric Zernik : elle est « l'activation de la perfectibilité qui rompt l'harmonie fusionnelle entre l'homme et la nature. Elle ouvre un horizon d'attente et substitue à la présence pleine de l'immédiateté l'ordre de la médiation et de la représentation ». Toutefois, poursuit-il, « c'est le régime de l'imagination qui départage les instructions de la nature et les instructions des hommes. Et ce double régime comprend à la fois une orientation et un rythme. Dans un cas, le désir forme son image au fur et à mesure qu'il s'éveille, c'est-à-dire lentement, selon un rythme fixé par la nature. Dans l'autre cas c'est l'image qui "excite le désir" et qui l'éveille avant l'heure »[2]. L'émerveillement de l'enfant, sa propension à vivre dans un monde de chimères qui lui permet d'éprouver des bonheurs simples peuvent donc être entretenus, et même projetés sur le monde adulte. Ces capacités que l'on croit être l'apanage des enfants doivent être non seulement maintenues, mais aussi nourries, chez l'adulte, de nouvelles manières. Au lieu d'importer les vices du monde adulte dans l'enfance et de le corrompre par là même, il faut donc partir de l'enfance pour construire une société et une politique plus justes. La « Reine des facultés » est donc peut-être là encore celle de l'imagination, et avec elle la curiosité, l'ingéniosité, l'audace, le jeu des métamorphoses. Le règne du seul *logos* s'achève pour partager ses droits avec ceux du merveilleux, du rêve et de l'utopie, qui sont loin d'être condamnés, bien au contraire : le conte éveillé, la belle romance d'amour et les projections imaginaires à partir du réel sont décisifs pour construire l'homme comme être du possible et du potentiel.

1. Paola Sosso, « Imagination », *in* Raymond Trousson et Frédéric S. Eigeldinger (dir.), *Dictionnaire de Jean-Jacques Rousseau*, Paris, Honoré Champion, 1996, p. 436-438.

2. Éric Zernik, « Le statut de l'imagination dans l'*Émile* », *in* André Charrak et Jean Salem (dir.), *Rousseau et la philosophie*, Paris, Éditions de la Sorbonne, 2004, p. 57. L'*Émile*, écrit du reste aussi Paola Sosso qui parle à ce sujet d'un « équilibre guidé », constitue donc « un pivot pour l'analyse de la faculté imaginative dans l'œuvre de Rousseau ». Voir *Jean-Jacques Rousseau. Imagination, illusions, chimères*, Paris, Honoré Champion, 1999, p. 111.

L'art du récit

Les œuvres au programme ne sont pas toutes des récits d'enfance : le traité de Rousseau est avant tout un manuel d'éducation et dans bien des contes d'Andersen, dont on s'est d'ailleurs demandé s'ils s'adressaient bien aux enfants, de telles figures sont absentes. Le point de vue et la spontanéité de l'enfance apparaissent toutefois dans ces récits charmants.

« Et alors, ma muse vient me visiter ; elle me raconte d'étranges contes de fées, me montre d'amusants personnages de la vie quotidienne – des seigneurs aussi bien que des gens du commun –, disant : Regarde ces gens, tu les connais ; dépeins-les et… ils vont vivre ! C'est beaucoup demander, je sais, mais c'est ce qu'elle dit. » Tels sont les propos que tient Andersen à son amie Henriette Wulff, en décembre 1835 [1]. Il se plonge alors dans les délices du succès rencontré par ses contes, un succès qui tient, écrit-il ici, à leur qualité poétique, étant inspirés par la muse. « Il y a des quantités de choses de toutes sortes sur lesquelles on peut écrire et raconter des histoires, à condition qu'on sache raconter », dit aussi l'étrange guérisseuse au jeune écrivain de « Ce qu'on peut inventer » (p. 350). Chez Andersen, tout un monde apparaît littéralement sous nos yeux, incarné par le conteur. Ses plus grandes figures occupent bien souvent une place privilégiée dans l'imaginaire collectif (la princesse sur le pois, la petite sirène, le vaillant soldat de plomb, la petite fille aux allumettes), ou gagnent à être (re)découvertes à la lecture de notre programme (la reine des neiges ou, plus méconnus encore, le sapin, le lutin chez le charcutier, jusqu'à ce « faux col » personnifié que le conteur s'imagine dialoguer avec une jarretière…). Les traductions, soulignent de concert Régis Boyer [2] et Marc Auchet, peinent à rendre compte des subtilités et des trouvailles du danois : « [l]a quasi-totalité des traductions françaises »,

1. Cité dans Hans Christian Andersen, *Œuvres*, tome I, Introduction de Régis Boyer, Paris, Gallimard, « Bibliothèque de la Pléiade », 1992, p. L.

2. *Ibid.*, p. LI.

note ainsi Marc Auchet, « a cherché à fondre le texte original dans le moule rigide du langage académique », alors que ces contes ont avant tout été « conçus pour être lus à haute voix ». Il faut donc en restituer, et en comprendre, les audaces stylistiques : répétitions à valeur comique ou didactique, interventions et commentaires du narrateur, ruptures syntaxiques propres au langage parlé, onomatopées, parmi bien d'autres procédés (p. 21-23). L'art et le plaisir du récit tiennent donc à la fidélité à une voix, une attention au jeu de la parole, qui s'autorise à être poétique.

Soyinka utilise quant à lui toutes les ressources du récit. Dans son autobiographie, il ne s'agit pas pour lui de retranscrire absolument tout ce qu'il a vécu : le souvenir échappe à la saisie, et l'écrivain, qui s'en est confié au cours d'un entretien, peut inventer sans trahir sa mémoire [1]. Les trois derniers chapitres constituent une unité forte construite autour du Syndicat des femmes, amorcée au chapitre XII. Mais avant eux, chaque chapitre fonctionne comme une unité restreinte, avec un effet de clausule qui permet de considérer les différentes étapes du parcours de l'enfant : Sorowanke est ainsi évoquée au début et à la fin du chapitre X, comme au chapitre VII la notion fondamentale de « changement ». Soyinka trouve à chaque fois l'occasion de redonner vie à des figures qu'il évoque avec un art consommé du portrait : les membres de sa famille (ses parents Essay et Chrétienne Sauvage, sa sœur Tinu et son petit frère Dipo, mais aussi les Ransome-Kuti et son grand-père paternel à Isara) comme des figures plus ponctuelles et drôles (Paa Adatan, Moâ-même, par exemple). Il se plaît aussi à raviver les saveurs de son enfance : « l'odeur terreuse de la farine d'igname », les « arômes imprégnés d'huile » de l'*akara* vendu sur les marchés, l'« odeur d'*ori* et de camphre » de la chambre de sa mère (III, 71, 81 ; X, 215). On pourrait encore citer le goût du Lactogen, « le plus exquis » qui soit pour lui et dont il se délecte en secret (VI, 133), ou celui du ragoût qui rassemble en son sein « toutes les textures des marchés

1. Voir Biodun Jeyifo (ed.), *Conversations with Wole Soyinka*, Jackson, University Press of Mississippi, 2001, p. 130.

du matin et du soir » (X, 216) comme autant d'exemples exotiques de ces madeleines de Proust qui traversent l'autobiographie de part en part.

Rousseau pour sa part est déjà un romancier à succès quand il publie l'*Émile* : *La Nouvelle Héloïse* lui a valu une certaine renommée. Son traité d'éducation n'est certes pas un roman, mais Rousseau y développe un style enchanteur, qui voit les maximes entrecoupées d'anecdotes, de confidences, de dialogues, de portraits, où l'auteur synthétise soudain sa pensée en ménageant à chaque fois ses effets. Il se met en scène, interrompt son récit pour évoquer un épisode de sa propre jeunesse, susceptible d'éclairer sa pensée : « En vieillissant », écrit-il alors, « je redeviens enfant, et je me rappelle plus volontiers ce que j'ai fait à dix ans qu'à trente ». Il s'adresse directement au lecteur pour introduire la remémoration, au nom du plaisir – celui du récit : « Lecteurs, pardonnez-moi donc de tirer quelquefois mes exemples de moi-même ; car, pour bien faire ce livre, il faut que je le fasse avec plaisir » (p. 221). En ce sens encore, il refuse l'abstraction des systèmes mornes et plats : il préfère à ce type d'écriture la légèreté d'une promenade, en assumant la tournure romanesque de son écriture philosophique : « Si j'ai dit ce qu'il faut faire », écrit-il ainsi au Livre V, « j'ai dit ce que j'ai dû dire : il m'importe fort peu d'avoir écrit un roman. C'est un assez beau roman que celui de la nature humaine » (p. 613). Peut-être s'agit-il d'ailleurs de la meilleure forme qui soit pour parler de l'enfance. Elle en adopte en effet la nécessaire liberté de ton, s'épanouit en tâtonnements et en découvertes. Jean-Louis Lecercle voit ainsi dans l'art du récit de l'*Émile* une tournure résolument romanesque qu'il explique par le souci « d'exposer ses idées sous une forme imagée ». Ce livre important doit toucher un large public que la pure abstraction éloignerait en effet ; mais plus encore, la « pente vers le romanesque » est pour le philosophe « irrésistible » : jamais Rousseau n'éloigne totalement « ses idées de sa personne », si bien figurée ici, tour à tour en homme solitaire, en homme à paradoxes, libéré de tous préjugés. Face à lui se présente la nécessité d'un « élève imaginaire » dont Rousseau voit bien l'utilité pratique, méthodologique et pédagogique, même si la question de son appartenance au domaine romanesque est plus complexe : il ne s'agit en effet pas tant d'un individu que d'un « être générique », « une sorte de propriété indivise entre Rousseau et son lecteur » [1].

Les peurs

L'enfance est traversée de peurs archaïques : animaux inquiétants, foudres et mystères de la nature labyrinthique, ogres, sorcières et autres figures surnaturelles travestissent les angoisses de mort, de séparation ou d'engloutissement. L'enfant doit pourtant s'y confronter pour grandir.

Les contes leur donnent une forme symbolique et bien tangible à la fois, comme l'a bien montré Bruno Bettelheim. Selon lui, « [l]e mythe est pessimiste, alors que le conte de fées est optimiste, si terrifiant que puissent être certains passages de l'histoire [2] ». Si cette distinction interroge l'appartenance des histoires d'Andersen à de « simples » contes (Bettelheim rappelant d'ailleurs que « La petite fiancée » ou « Le vilain petit canard » sont « très beaux mais extrêmement tristes »), elle n'en met pas moins en évidence le passage de la terreur à la fin heureuse qui se manifeste dans de telles histoires : ces dernières proposent en ce sens un modèle possible de confrontation nécessaire et de dépassement des peurs enfouies. Ces récits ne sont donc pas à mettre entre toutes les mains : la mention « racontés pour les enfants » disparaît d'ailleurs de la nouvelle série de recueils de contes d'Andersen, en 1843 : s'agit-il alors seulement de vouloir toucher un public plus large ? À travers le parcours du « Vilain petit canard » se jouent en effet les angoisses répétées de l'échec, la difficulté à s'inscrire dans le monde. La déraison s'immisce plus sombrement encore dans le sous-texte de « La Reine

1. Jean-Louis Lecercle, *Rousseau et l'art du roman* (1969), Troisième partie, « Émile », Genève, Slatkine, 1979, p. 318.

2. Bruno Bettelheim, *Psychanalyse des contes de fées* (1976), Paris, Pocket, 1999, p. 60.

des neiges » où, avant le dénouement heureux, domine le « règne polaire de la folie [1] ». Gerda doit affronter cette immobilité sans vie, où l'emprise de la Reine devient symboliquement celle de la schizophrénie. Parfois même, les figures terrifiantes se déchaînent chez Andersen sans ressort ni issue possible : à la différence de la fable, comme asservie à la nécessité de délivrer une morale, le conte se fait alors plus insinuant. Bien qu'il soit finalement transformé en petit cœur, on ne peut ainsi oublier que le vaillant soldat de plomb a traversé de terribles épreuves, « avalé » pour un temps par un gros poisson dont il ne sort que parce que ce dernier a été tranché « avec un grand couteau ». Il est surtout jeté au feu et y éprouve « une chaleur horrible », dont il ne sait trop si elle s'apparente à l'amour : de la « petite demoiselle » dont il s'était épris et qui désormais fond avec lui, il ne reste plus rien que la paillette « calcinée, noire comme du charbon », comme le dit abruptement le dénouement du « conte » (p. 92-94). Restent alors la peur et ce qu'on en fait : que dire encore en effet de ces chiens et de leurs yeux démesurés, absorbants, qui ouvrent le recueil et offrent la toute-puissance à un soldat dont le seul fait d'armes ici est d'avoir coupé la tête d'une vieille sorcière pour lui subtiliser son briquet magique ? Bien souvent les peurs restent ainsi irraisonnées, vécues dans la solitude de l'enfant troublé.

Soyinka a beau les évoquer avec une distance amusée, on observe également chez lui le désir d'embrasser de tels effrois et d'en révéler l'ampleur aux yeux de l'enfant qu'il fut. Il s'agit de tout un monde secret de peurs à surmonter. Le monde chrétien de l'enfant n'est lui-même pas exempt de ténèbres : monseigneur Ajayi Crowther se transforme dans l'esprit du petit Wole en monstre qui le fait fuir (I, 24), tout comme le feront fuir les vieilles marchandes aux « mains desséchées » qui tiennent « l'alignement d'étals le plus étrange de tout le marché » et lui font songer à des « sorcières ». La dernière mention qui les concerne renvoie à la crainte de la mort,

1. François Flahaut, *L'Extrême Existence : essai sur des représentations mythiques de l'intériorité*, Paris, Maspero, 1972, p. 105.

et à l'angoisse de séparation qui lui est liée : les crânes d'animaux qu'elles offrent au regard des passants sont soupçonnés d'être « des crânes de jeunes enfants qui avaient été trop stupides pour s'aventurer trop près » de leurs baraques (III, 72-74). Un tel motif est récurrent, puisqu'on le retrouve encore aux chapitres VI et X. Pour l'enfant, de tels éléments surnaturels sont d'autant plus redoutables qu'ils ont leurs émissaires terrestres, toujours susceptibles de les enlever au profit des *ogboni* qui, croient les enfants, « envoyaient des gens enlever des enfants dont le corps était indispensable à certains de leurs rites et cérémonies ». Leur « enclave secrète » réactualise tout l'univers du panthéon yoruba, qui se présente dans ce passage sous son jour le plus inquiétant. « Sango, les yeux d'Ifa, les prêtres devins, Ogun, Obatala, Erinle, les verges de fer d'Osanyin avec leurs anneaux surmontés d'oiseaux divinatoires… » (XIV, 278-280). Le « monde ligué de l'enfance » apparaît ainsi dans l'ouvrage comme également uni face aux peurs ancestrales, communiquées d'âge en âge. L'effroi suscité par de telles images a bien sûr une valeur formatrice : il préserve et incite à la prudence ; il n'en dit pas moins les peurs enfouies, dont l'expression est nécessaire au développement de l'enfant, qui anticipe et rejoue à travers lui les épreuves redoutées de la mort.

L'univers volontairement préservé de l'*Émile* présente peu de place apparemment à ce type de figures inquiétantes. Il s'agit non pas d'en protéger l'enfant, mais de forger son caractère par la douce et stimulante fréquentation de la nature. L'enfant dans l'*Émile* est contenu dans ses velléités de toute-puissance : son gouverneur ne doit pas céder à ses caprices ni manifester alors de colère. Au lieu de le contrecarrer pour des raisons abstraites auxquelles l'enfant ne comprend rien, il faut lui montrer par l'expérience sensible l'intérêt qu'il peut trouver à nouer des pactes, dans une confiance mutuelle. Il en va de même face aux peurs. Ces dernières sont d'ordre multiple pour l'enfant : les araignées, les éclairs, la nuit sombre et les frayeurs qui lui sont liées. Pour y habituer l'enfant, il faut l'y soumettre dès le plus jeune âge : la fréquentation régulière des objets initialement effrayants réduira peu à peu l'appréhension. « Le seul choix des objets qu'on lui présente » est ainsi « propre à le rendre timide ou courageux ». L'enfant mal éduqué se sent en effet « si faible qu'il craint tout ce qu'il ne connaît pas ». Au contraire, « l'habitude de voir des objets nouveaux sans en être affecté détruit cette crainte » : « les enfants élevés dans des maisons propres, où l'on ne souffre point d'araignées, ont peur des araignées et cette peur leur demeure souvent étant grands ». Rousseau veut donc habituer l'enfant « à voir des objets nouveaux », sans éviter les « animaux laids, dégoûtants, bizarres », afin que « peu à peu, de loin, jusqu'à ce qu'il y soit accoutumé, et qu'à force de les voir manier à d'autres, il les manie enfin lui-même ». « Si, durant son enfance », conclut-il alors, « il a vu sans effroi des crapauds, des serpents, des écrevisses, il verra sans horreur, étant grand, quelque animal que ce soit. Il n'y a plus d'objets affreux pour qui en voit tous les jours » (p. 118-119). Au Livre II par ailleurs, le précepteur évoque la peur de la nuit : « Ne raisonnez donc pas avec celui que vous voulez guérir de l'horreur des ténèbres », dit-il alors ; « menez l'y souvent, et soyez sûr que tous les arguments de la philosophie ne vaudront pas cet usage. La tête ne tourne point aux couvreurs sur les toits, et l'on ne voit plus avoir peur dans l'obscurité quiconque est accoutumé d'y être ». Son propre exemple et le souvenir de la nuit passée chez M. Lambercier illustrent alors une nouvelle fois la nécessité de la prise de recul, de la confiance et même du rire comme arme face aux peurs (p. 220).

L'innocence

L'innocence est désignée comme un lieu commun de l'enfance, qui apparaît alors préservée de la corruption des hommes. Mais de quoi cette innocence attribuée aux enfants nous parle-t-elle exactement ?

Elle constitue pour Rousseau un lieu privilégié. Le thème de l'innocence, souligne Jean Terrasse, apparaît chez lui selon une triple modalité. Dans les écrits autobiographiques, elle « revêt une importance proportionnée à l'angoisse du complot » : l'innocence de Rousseau se prouve alors « par sa franchise à avouer le mal comme le bien ». Elle renvoie plus généralement à la « bonté originelle, en tant qu'elle régit les rapports entre les hommes et l'âge primitif ». Le mot est enfin synonyme de simplicité « quand il caractérise un mode de vie qui rappelle les mœurs du premier temps » [1]. À l'image du « bon sauvage » inscrit dans l'état de nature, l'enfant se situe, en effet, en deçà du bien et du mal. Il ne peut faire le mal, encore moins le vouloir, puisqu'il ne dispose pas encore de conscience morale. Il représente donc bien un état d'innocence, et se tient tout entier dans un rapport salutaire de soi à soi, que Rousseau nomme indépendance. Il n'entre pas encore dans un rapport de soi aux autres envieux, et de soi à soi égoïste : dans l'état de nature, chacun s'occupe de ses besoins propres sans soumettre les autres à ses caprices et sans vouloir les dominer. De telles caractéristiques apparaissent notamment à travers le jeu, dont l'*Émile* fait un spectacle charmant à la fin du Livre II : « Qu'il s'occupe ou qu'il s'amuse, l'un et l'autre est égal pour lui ; ses jeux sont ses occupations, il n'y sent point de différence. Il met à tout ce qu'il fait un intérêt qui fait rire et une liberté qui plaît [...]. N'est-ce pas le spectacle de cet âge, un spectacle charmant et doux, de voir un joli enfant, l'œil vif et gai, l'air content et serein, la physionomie ouverte et riante, faire en se jouant, les choses les plus sérieuses, ou profondément occupé des plus frivoles amusements ? » (p. 259). L'innocence de l'enfant se déploie en toute liberté au sein de l'espace ludique qui, comme on le voit ici, n'est pas dénué d'apprentissage. Il faut donc tâcher de la préserver. « Sur cette terre, dont la nature eût fait le premier paradis de l'homme, craignez d'exercer l'emploi du tentateur en voulant donner à l'innocence la connaissance du bien et du mal », écrit en effet Rousseau avant d'ajouter : « ne pouvant empêcher que l'enfant ne s'instruise au dehors par des exemples, bornez toute votre vigilance à imprimer ces exemples dans son esprit sous l'image qui lui convient » (p. 163).

1. Jean Terrasse, « Innocence », *in* Raymond Trousson et Frédéric S. Eigeldinger (dir.), *Dictionnaire de Jean-Jacques Rousseau*, *op. cit.*, p. 444-445.

Par son intégrité et son innocence, l'enfance idéalisée semble aussi s'inscrire dans l'espace édénique chez Andersen. À travers lui, le conteur nous invite à retrouver l'enfance de l'humanité, dont le regard privilégie les sens par rapport à la raison, et demeure sensible à l'émerveillement. Ce n'est pas tant une question d'âge qu'une question de regard et d'esprit : l'homme adulte peut être doté d'« Un caractère gai », d'une simplicité qui lui permet d'éprouver un contentement de tous les instants, par opposition aux impasses et vanités des esprits retors, prétentieux, avares ou méchants dont il observe les tombes au cimetière (p. 231). Conformément à l'adage biblique selon lequel « les derniers seront les premiers », les êtres les plus innocents que sont les enfants triompheront ainsi au royaume des cieux. La petite fille aux allumettes y est emportée par sa défunte grand-mère, en un mouvement symboliquement ascendant : « elles s'envolèrent toutes les deux joyeuses au milieu de ce rayonnement », écrit en effet le conteur, « bien haut, bien haut, là où il n'y avait plus ni froid, ni faim, ni angoisse : elles étaient auprès de Dieu » (p. 215). L'enfant n'est alors pas très loin d'une figure sainte. Il s'oppose en ce sens aux vanités du monde, que son regard singulier observe et dénonce. Dans « Les nouveaux habits de l'empereur » par exemple, personne n'est dupe de la nudité du puissant. Mais chacun s'affaire à ne pas la révéler, de crainte de passer pour un idiot. La fin du conte voit ainsi tous les sujets de l'empereur en pleine simulation : ils feignent de s'extasier devant des habits qui n'existent pas. Une seule voix s'élève, celle d'un « petit enfant », bientôt suivie des autres, qui trouvent enfin le courage de s'appuyer sur « la voix de l'innocent » (p. 87). Face à eux, l'empereur et ses chambellans en sont réduits à poursuivre leur ridicule mascarade : ils sont tous mis à nu. La voix innocente de l'enfant est donc voie de révélation et de vérité.

Chez Soyinka, le regard innocent de l'enfant voit tout en nouveauté : la distance réflexive et analytique de l'adulte n'est plus ici de mise. Soyinka la fait taire pour laisser libre cours à la parole contraire d'une âme naïve, peu sensible aux phénomènes d'homonymie : la confusion, et l'incompréhension qui s'ensuit, entre le nom du chanoine (*canon* en anglais) et les canons guerriers que l'enfant rapproche spontanément de lui, par exemple (I, 35). L'effet comique qui en résulte traduit une forme d'attachement et de mélancolie à l'égard de ce paradis perdu que constituent, là encore, les jeunes années. L'innocence de l'enfant n'en reste pas moins aussi dotée d'une fonction révélatrice : elle dénonce les faux-semblants du monde adulte, dit civilisé. Dans ses reparties souvent drôles, le petit Wole interroge ainsi les usages, par exemple de cette coutume qui encourage les plus jeunes à participer aux châtiments publics des voleurs de bas étage. Chrétienne Sauvage, qui défend le principe et veut s'en inspirer au sein du foyer, lit alors la désapprobation sur le visage de son fils qui s'apprête à plaider, non sans pertinence : « Après tout, la viande, il l'a mangée, et ce n'est pas la danse et le fouet qui la lui feront rendre » (VI, 132). Le petit Wole en viendra même à interroger la puissance supposément surnaturelle des *ogboni* lorsqu'ils prétendent finalement avoir anticipé le soulèvement : « Si tout était prédit et qu'ils le savaient, comme ils le prétendaient, pourquoi alors n'avaient-ils pas prévu les mauvais traitements que les femmes leur avaient infligés ? » (XV, 302). L'innocence s'apparente donc là encore à une vertu, née d'un regard sincère porté sur le monde, apte à dénoncer et à déjouer les mensonges.

SECONDE PARTIE
Outils

Citations commentées des œuvres

Citations commentées d'*Émile ou De l'éducation*

« On ne connaît point l'enfance : sur les fausses idées qu'on en a, plus on va, plus on s'égare. Les plus sages s'attachent à ce qu'il importe aux hommes de savoir, sans considérer ce que les enfants sont en état d'apprendre. » (Préface, p. 32)

Jean-Jacques Rousseau rappelle le caractère polémique de son approche de l'enfance, proprement révolutionnaire par rapport à celle qui a cours à son époque. Celle-ci était centrée sur l'adulte, rationnel. Il la déplace en la recentrant sur l'enfant, sensible.

★

« On croira moins lire un traité d'éducation que les rêveries d'un visionnaire sur l'éducation. » (Préface, p. 32)

Rousseau ne souhaite pas produire sur le thème de l'enfance une théorie, un système abstrait, cohérent et linéaire, objectif et rationnel. Il souhaite travailler sur le registre de l'utopie. Il nous livre une vision de l'enfance, par projection imaginaire. Le réalisme en la matière ne l'intéresse pas. Il ne veut pas adapter la conception de l'enfance à ce qui est, mais rêver à ce qu'elle pourrait être, à ce qu'elle devrait être. Toutefois, cette utopie est fondée sur la nature bien comprise. En un sens, elle est donc paradoxalement plus réaliste qu'elle n'en a l'air, car il suffit de suivre le chemin de la nature pour comprendre l'enfance.

★

« Proposez ce qui est faisable, ne cesse-t-on de me répéter. C'est comme si l'on me disait : Proposez de faire ce qu'on fait ; ou du moins proposez quelque bien qui s'allie avec le mal existant. » (Préface, p. 33)

Voltaire se moque de l'optimisme de Rousseau, qui lui semble ridicule. Mais Rousseau retourne l'objection contre ses détracteurs : c'est décrire l'enfance telle qu'elle est qui est ridicule et absurde, car il ne sert à rien d'en faire un documentaire n'ajoutant rien à ce qui existe déjà.

★

« Tout est bien sortant des mains de l'Auteur des choses, tout dégénère entre les mains de l'homme. » (Livre I, p. 35)

Au lieu de louer la nature, Rousseau semble ici invoquer Dieu. Son déisme sera pris pour un athéisme par ceux qui n'apprécient pas sa conception naturelle de la religion. Rousseau n'emploie toutefois jamais l'expression de Spinoza, Dieu ou la nature, et n'identifie pas l'un à l'autre.

★

« [...] il ne veut rien tel que l'a fait la nature, pas même l'homme ; il le faut dresser pour lui, comme un cheval de manège ; il le faut contourner à sa mode, comme un arbre de son jardin. » (Livre I, p. 35)

Rousseau souligne l'écart entre dressage et éducation. On dresse des animaux, on éduque les enfants. Il n'y a pas de place pour la discipline mécanique dans l'instruction donnée aux enfants, contrairement à ce que proposent Locke et Kant, qui associent une part de discipline des penchants naturels à l'élévation à la raison morale. Rousseau se moque au passage de la pratique des jardins à la française, qui obéissent à une géométrie ridicule. Lorsqu'il invoque la nature, ce n'est jamais pour la dominer et la maîtriser par la technique, mais toujours pour la laisser être.

★

« On façonne les plantes par la culture, et les hommes par l'éducation. » (Livre I, p. 36)

Bien plus qu'il n'oppose les deux, Rousseau dresse ici un parallèle entre la manière dont une plante est encouragée à porter des fruits et la manière dont on doit guider l'enfant à développer ses dispositions naturelles. L'enfance est comme le germe d'une plante, qui contient tout ce qu'il lui faut pour croître, si l'on en prend soin.

★

« On se plaint de l'état de l'enfance ; on ne voit pas que la race humaine eût péri, si l'homme n'eût commencé par être enfant. » (Livre I, p. 36)

Rousseau loue l'enfance au lieu d'y voir un âge méprisable, à dépasser le plus rapidement possible.

★

« Nous naissons faibles, nous avons besoin de force ; nous naissons dépourvus de tout, nous avons besoin d'assistance ; nous naissons stupides, nous avons besoin de jugement. Tout ce que nous n'avons pas à notre naissance et dont nous avons besoin étant grands, nous est donné par l'éducation. » (Livre I, p. 36-37)

L'éducation négative donnée à l'enfant ne consiste paradoxalement pas à ne rien faire, mais à permettre activement de laisser faire la nature. Il s'agit de prémunir activement contre toute dénaturation en portant assistance à l'enfant le temps que ses forces croissent.

★

« Cette éducation nous vient de la nature, ou des hommes ou des choses. » (Livre I, p. 37)

Cette triple source de l'éducation, loin d'être bénéfique, peut conduire à des contradictions. Il va falloir régler l'éducation des hommes et des choses sur l'éducation qui nous vient de la nature.

★

« Nous naissons sensibles, et, dès notre naissance, nous sommes affectés de diverses manières par les objets qui nous environnent. » (Livre I, p. 38)

Les affects sont une source d'enseignement. Loin d'être passive, la sensibilité à l'environnement est un exercice éminemment actif, un processus pour se connaître et connaître son milieu.

★

« [...] il faudrait, en un mot, connaître l'homme naturel. » (Livre I, p. 41)

L'enfance est le moment de la vie où l'on peut saisir ce qu'est un homme naturel et c'est dans son prolongement strict que l'homme civilisé doit se construire, et non en opposition à lui. Pas d'opposition véritable, chez Rousseau, entre nature et culture.

★

« Dans l'ordre naturel, les hommes étant tous égaux, leur vocation commune est l'état d'homme. » (Livre I, p. 41)

L'égalité est prônée par la conception politique de Rousseau. Il la lit dans la nature même. L'état de nature n'est pas conçu comme un rapport de force inégal et violent qu'il faudrait réduire par l'entrée dans l'état civil, mais comme un idéal régulateur pour corriger les dérives d'un état civil entraînant des privilèges et une domination illégitime des uns sur les autres.

★

« Avant la vocation des parents, la nature l'appelle à la vie humaine. Vivre est le métier que je lui veux apprendre. » (Livre I, p. 42)

La philosophie de Rousseau est une philosophie de la vie. L'enfance est le moment où l'on apprend à vivre. C'est un métier au sens où c'est un art, l'art de vivre étant le plus difficile à acquérir.

★

« [...] vu la mobilité des choses humaines, vu l'esprit inquiet et remuant de ce siècle qui bouleverse tout à chaque génération, peut-on concevoir une méthode plus insensée que d'élever un enfant comme n'ayant jamais à sortir de sa chambre, comme devant être sans cesse entouré de ses gens ? » (Livre I, p. 42)

Comme Montaigne, Rousseau est sensible à la dynamique de la nature et aux renversements culturels. Loin de déplorer cette évolution, ce progrès, il s'agit de l'accompagner en témoignant d'un esprit plastique, inventif, créatif. L'ingéniosité ne peut se cultiver entre les quatre murs d'une chambre fermée sur la réalité du monde véritable.

★

« Toute notre sagesse consiste en préjugés serviles ; tous nos usages ne sont qu'assujettissement, gêne et contrainte. L'homme civil naît, vit et meurt dans l'esclavage : à sa naissance on le coud dans un maillot ; à sa mort on le cloue dans une bière ; tant qu'il garde la figure humaine, il est enchaîné par nos institutions. » (Livre I, p. 43)

Cette citation rappelle le début du *Contrat social*, qui souligne le paradoxe selon lequel l'homme est né libre, en droit, mais est dans les fers, en fait. Les institutions créent en l'homme une seconde nature : elles devraient le rendre plus libre encore qu'il n'était à l'état de nature, mais paradoxalement, elles induisent des mécanismes encore plus asservissants que les contraintes produites par la nature.

★

« À peine l'enfant est-il sorti du sein de la mère, et à peine jouit-il de la liberté de mouvoir et d'étendre ses membres, qu'on lui donne de nouveaux liens. » (Livre I, p. 43)

L'emmaillotement des bébés devient chez Rousseau le symbole de l'absurdité de la manière dont on asservit l'homme au lieu de l'émanciper.

★

« [...] la sollicitude maternelle ne se supplée point. » (Livre I, p. 46)

Le soin apporté par la mère à l'enfant ne peut être confié sans dommage à une tierce personne, aussi aimable soit-elle. La famille apparaît comme un premier modèle de société idéal, car guidé par l'instinct et l'amour.

★

« Point de mère, point d'enfant. Entre eux les devoirs sont réciproques ; et s'ils sont mal remplis d'un côté, ils seront négligés de l'autre. L'enfant doit aimer sa mère avant de savoir qu'il le doit. » (Livre I, p. 48)

La disposition morale doit être préparée par les liens affectifs entre l'enfant et ses parents, ainsi qu'avec son gouverneur. La conception du devoir est seconde par rapport aux sentiments et doit en naître, comme d'un sol nourricier. Sans ce sol des affects, la morale reste abstraite et n'a pas de sens pour l'enfant.

★

« On en sort encore par une route opposée, lorsqu'au lieu de négliger les soins de mère, une femme les porte à l'excès ; lorsqu'elle fait de son enfant son idole. » (Livre I, p. 49)

Aimer un enfant ne consiste pas à l'estimer davantage qu'il ne le mérite. On peut souvent avoir l'impression que l'enfant que décrit Rousseau est parfait, exceptionnel. Mais en réalité, il doit être simple. Il doit apparaître tel qu'il est, sans écart entre l'être et l'apparence.

★

« Observez la nature, et suivez la route qu'elle vous trace. Elle exerce continuellement les enfants ; elle endurcit leur tempérament par des épreuves de toute espèce ; elle leur apprend de bonne heure ce que c'est que peine et douleur. » (Livre I, p. 49)

Comme les épicuriens, Rousseau pense que le plaisir est le moteur et la fin de toute vie humaine. Mais il est réaliste quant à la douleur : elle existe indéniablement. Il faut accepter les contraintes naturelles comme une forme de nécessité, de même que l'idée de la mort.

★

« [...] trempez-les dans l'eau du Styx. » (Livre I, p. 49)

Le Styx est un fleuve des Enfers. Achille y fut trempé par sa mère pour gagner son immortalité. L'enfance ne doit pas être un âge que l'on préserve de tout contact avec le danger, car la vie est dangereuse, mais un âge où l'on apprend à affronter les dangers.

★

« Nous plaignons le sort de l'enfance, et c'est le nôtre qu'il faudrait plaindre. Nos plus grands maux nous viennent de nous. » (Livre I, p. 50)

Rousseau rend l'homme responsable entièrement des maux qui lui arrivent. La nature fait tout bien, c'est ce que l'homme lui surajoute qui en détruit l'élan salutaire. Misère de l'homme à l'âge adulte ! Gloire de l'homme quand il est encore un enfant ! L'étude de l'enfance sert à Rousseau pour critiquer les défauts de la société inégalitaire de son temps.

★

« Ainsi ses premières idées sont celles d'empire et de servitude. Avant de savoir parler il commande, avant de pouvoir agir il obéit ; et quelquefois on le châtie avant qu'il puisse connaître ses fautes, ou plutôt en commettre. C'est ainsi qu'on verse de bonne heure dans son jeune cœur les passions qu'on impute ensuite à la nature, et qu'après avoir pris peine à le rendre méchant, on se plaint de le trouver tel. » (Livre I, p. 50-51)

Rousseau déplore tout rapport de servitude et de soumission entre les hommes, qu'ils soient enfants ou adultes. Certains auteurs défendent que les enfants doivent obéir et être châtiés pour leurs fautes sans ménagement. Rousseau pense qu'il n'est jamais trop tôt pour s'affranchir des rapports de hiérarchie et des rapports de force. La force ne fait jamais droit, même et surtout auprès d'enfants, fussent-ils turbulents.

★

« Il n'y a qu'une seule science à enseigner aux enfants : c'est celle des devoirs de l'homme. » (Livre I, p. 55)

L'éducation et la politique se résument à la morale. L'enfance est le lieu où peut germer la disposition intérieure permettant de sentir l'intérêt de contracter des accords, de s'engager auprès d'autrui. Les devoirs ne doivent pas être accomplis pour paraître bon, mais parce que l'on a compris de l'intérieur l'intérêt qu'il y a pour les uns et pour les autres à les respecter.

★

« Au reste, j'appelle plutôt gouverneur que précepteur le maître de cette science, parce qu'il s'agit moins pour lui d'instruire que de conduire. Il ne doit point donner de préceptes, il doit les faire trouver. » (Livre I, p. 55)

La morale ne se résume pas à une liste de préceptes abstraits ou de maximes universelles. Chacun doit sentir ce qui lui convient, dans son rapport à soi-même, à autrui et au monde. Comme Socrate demande à son interlocuteur de penser par lui-même plutôt que de se plier à ses vues, le gouverneur doit faire naître chez son élève la capacité à penser par lui-même, à agir par lui-même, à s'investir de manière autonome dans la production des lois auxquelles il va choisir de se soumettre.

★

« Ce sont les médecins avec leurs ordonnances, les philosophes avec leurs préceptes, les prêtres avec leurs exhortations, qui l'avilissent de cœur et lui font désapprendre à mourir. » (Livre I, p. 60)

Philosopher, c'est apprendre à mourir, soutient Socrate, et Montaigne poursuit en disant qu'il sied à mourir qu'à ceux qui se sont vraiment plu à vivre. La peur de la mort n'a pas de réelle efficace et ne doit pas être prise au sérieux. Alors que certains penseurs, comme Pascal, font de l'idée de la finitude le commencement de leur conception de la vie humaine, Rousseau balaye en bon épicurien cette idée. La religion n'est pas la clé pour aimer la vie, sauf s'il s'agit d'une religion que Rousseau nomme naturelle, loin des cultes extérieurs, ne nécessitant que le cœur. C'est pour de tels propos que l'ouvrage fut censuré et que Rousseau dut s'exiler.

★

« Envoyez donc vos enfants se renouveler, pour ainsi dire, eux-mêmes, et reprendre, au milieu des champs, la vigueur qu'on perd dans l'air malsain des lieux trop peuplés. » (Livre I, p. 66)

La campagne apparaît comme ressource pour l'homme. De manière romantique, la nature est conçue comme lieu de promenade, d'ouverture au sens esthétique, lieu de rêverie. La campagne symbolise l'authenticité des rapports, tandis que la ville symbolise l'hypocrisie de la société.

★

« Nous naissons capables d'apprendre, mais ne sachant rien, ne connaissant rien. [...] Supposons qu'un enfant eût à sa naissance la stature et la force d'un homme fait, qu'il sortît, pour ainsi dire, tout armé du sein de sa mère, comme Pallas sortit du cerveau de Jupiter ; cet homme-enfant serait un parfait imbécile, un automate, une statue immobile, et presque insensible. [...] Les premières sensations des enfants sont purement affectives ; ils n'aperçoivent que le plaisir et la douleur. » (Livre I, p. 68-70)

Contre la théorie des idées innées, Rousseau conçoit l'importance de l'expérience, et celle-ci est avant tout sensible. Mais il ne parle pas comme Locke de l'âme comme d'une tablette de cire vierge. D'une part, l'enfant est capable d'être affecté comme tout vivant par ce qui l'entoure et il interprète spontanément ce qui lui est utile ou nuisible, ce qui convient ou non à son métabolisme. L'enfant ne dispose encore pleinement ni de la raison, qui suppose la capacité à établir des rapports, ni de la conscience, qui consiste pourtant en une forme d'instinct, capable de manière innée de sentir le juste et l'injuste.

★

« La seule habitude qu'on doit laisser prendre à l'enfant est de n'en contracter aucune. » (Livre I, p. 71)

Rousseau est contre l'idée selon laquelle la culture devrait consister en habitudes, elles-mêmes conçues comme seconde nature. Il faut que l'individu demeure plastique, ingénieux, ouvert à toute occasion, capable d'inventer face à l'inédit.

★

« Toutes nos langues sont des ouvrages de l'art. On a longtemps cherché s'il y avait une langue naturelle et commune à tous les hommes ; sans doute qu'il y en a une ; et c'est celle que les enfants parlent avant de savoir parler. » (Livre I, p. 74)

Locke, Leibniz, Condillac se posent la question de trouver une langue originaire, naturelle, une caractéristique universelle, une grammaire parfaite qui permette de pallier les défauts des langues conventionnelles. Mais la solution ne peut être du côté d'une langue adamique, en suivant la Bible, ou du côté de l'indo-européen, en suivant des considérations relevant du comparatisme linguistique. La langue naturelle est celle du corps, des expressions, des sentiments et des affects : c'est donc celle des enfants. Nous continuons à la parler adultes, quand nous témoignons de transparence et d'authenticité.

★

« Les premiers pleurs des enfants sont des prières : si l'on n'y prend garde ; ils deviennent bientôt des ordres. » (Livre I, p. 76)

Rousseau n'idéalise pas les enfants : si les premiers pleurs doivent être écoutés pour suppléer aux besoins de l'enfant, incapable encore de caprices, il faut changer de méthode quand ils expriment le caprice. Le gouverneur doit donc bien observer à quel stade de l'enfance se trouve son protégé, passant de l'*infans* (Livre I) au *puer* (Livre II).

★

« Un enfant veut déranger tout ce qu'il voit : il casse, il brise tout ce qu'il peut atteindre ; il empoigne un oiseau comme il empoignerait une pierre, et l'étouffe sans savoir ce qu'il fait. » (Livre I, p. 77)

Comme le « bon sauvage » à l'état de nature, l'enfant n'est ni moral ni immoral. Il est en deçà de la morale. Il ne sert donc à rien de le responsabiliser ou pire, de le châtier s'il est encore incapable de saisir le sens des idées morales.

★

« Cette inattention de notre part au véritable sens que les mots ont pour les enfants me paraît être la cause de leurs premières erreurs. » (Livre I, p. 86)

Les enfants ne sont pas capables d'abstraction. Ils n'ont accès qu'aux images des choses, non encore à leur idée.

★

« […] les mots *infans* et *puer* ne sont pas synonymes. Le premier est compris dans l'autre, et signifie *qui ne peut parler.* » (Livre II, p. 89)

Rousseau rappelle ici l'étymologie du terme latin de l'enfant, la question de l'accès ou pas au langage étant l'une des clés pour bien saisir l'enfance. Réfléchir au langage, c'est se donner la capacité de bien comprendre l'enfance, tant les deux domaines de réflexion sont liés. On remarque que dans l'histoire des idées, la réflexion sur le langage s'accentue au XVIIIe siècle, en même temps que la révolution de la pédagogie, en témoigne l'œuvre de Wilhelm von Humboldt en Prusse, linguiste et fondateur de l'université qui porte son nom à Berlin.

★

« Notre manie enseignante et pédantesque est toujours d'apprendre aux enfants ce qu'ils apprendraient beaucoup mieux d'eux-mêmes, et d'oublier ce que nous aurions pu seuls leur enseigner. » (Livre II, p. 90)

Rousseau plaide ici pour l'éducation négative. L'enfant doit apprendre davantage de ses propres expériences que de la récitation extérieure d'une quelconque leçon donnée par un maître à penser.

★

« Avec leur force se développe la connaissance qui les met en état de la diriger. C'est à ce second degré que commence proprement la vie de l'individu ; c'est alors qu'il prend la conscience de lui-même. La mémoire étend le sentiment de l'identité sur tous les moments de son existence ; il devient véritablement un, le même, et par conséquent déjà capable de bonheur ou de misère. Il importe donc de commencer à le considérer ici comme un être moral. » (Livre II, p. 91)

Plus encore que la découverte du monde, l'enfance apparaît comme la découverte de soi. On découvre son tempérament, le tempérament des autres. On relie par la mémoire des événements passés en les assimilant comme nous constituant, comme le souligne Locke dans l'*Essai sur l'entendement humain*. Il est étonnant que Rousseau identifie ce moment à la naissance de la personne morale, car on pourrait défendre contre lui que cette reconnaissance n'intervient que plus tard, à l'âge de raison ou à l'accès à la majorité. Cette naissance de la personne et du début de la moralité est

Citations

associée non pas tant à la dignité et au respect qu'au bonheur, imbriqué dans l'attitude morale. Il y a là une différence avec Kant qui dissocie sans cesse la morale du bonheur, dont on ne peut qu'espérer se rendre digne et qui ne fonde pas l'action morale.

★

« Hommes, soyez humains, c'est votre premier devoir ; soyez-le pour tous les états, pour tous les âges, pour tout ce qui n'est pas étranger à l'homme. Quelle sagesse y a-t-il pour vous hors de l'humanité ? Aimez l'enfance ; favorisez ses jeux, ses plaisirs, son aimable instinct. Qui de vous n'a pas regretté quelquefois cet âge où le rire est toujours sur les lèvres, et où l'âme est toujours en paix ? » (Livre II, p. 92)

La nostalgie de l'enfance habite ici Rousseau. L'enfance, qui doit être guidée par l'amour entre l'élève et ses parents, et avec son gouverneur, doit elle-même être aimée comme une forme d'âge d'or. La formule « Hommes, soyez humains » présente un paradoxe et est pleine d'ironie : si nous sommes des hommes, comment pourrions-nous être inhumains ? C'est pourtant ainsi que l'homme apparaît, défiguré, monstrueux.

★

« L'humanité a sa place dans l'ordre des choses ; l'enfance a la sienne dans l'ordre de la vie humaine : il faut considérer l'homme dans l'homme, et l'enfant dans l'enfant. » (Livre II, p. 93)

Rousseau travaille ici pour une reconnaissance de la spécificité de l'enfance. Elle ne doit en aucun cas être étalonnée à l'aune de valeurs ou de normes provenant de l'âge adulte. On ne doit pas y plaquer ce que l'on constate dans un autre âge. Le monde de l'enfance est un monde complet et autonome.

★

« Tout n'est que folie et contradiction dans les institutions humaines. » (Livre II, p. 96)

Rousseau critique ici la civilisation qu'il lit comme un déclin, mais il prétend dans le *Contrat social* proposer une réforme des institutions telle qu'elles puissent offrir à l'homme une forme de liberté inédite, la liberté civile, qui vaut autant que la liberté naturelle.

★

« [...] le premier de tous les biens n'est pas l'autorité, mais la liberté. » (Livre II, p. 99)

Contre Thomas Hobbes, qui fait de la sécurité et de la soumission de tous les membres du corps social à un Léviathan la clé du vivre-ensemble pacifique, Rousseau voit dans la liberté la finalité de la politique.

★

« Maintenez l'enfant dans la seule dépendance des choses, vous aurez suivi l'ordre de la nature dans le progrès de son éducation. » (Livre II, p. 101)

La seule dépendance dans laquelle il faut accepter de rester est celle qui nous fait dépendre des choses, des lois de la nature qui nous contraignent, quoi qu'on veuille. La dépendance aux hommes est supportable si l'enfant est encore trop faible pour suppléer à ses besoins, mais dès lors qu'il se fortifie, la dépendance à autrui doit intégralement cesser.

★

« Savez-vous quel est le plus sûr moyen de rendre votre enfant misérable ? C'est de l'accoutumer à tout obtenir. » (Livre II, p. 103)

Ne pas châtier l'enfant ne signifie pas céder à tous les caprices de l'enfant et ne pas lui faire comprendre que le caprice ne lui est pas utile. Bien au contraire. Sans punir, il faut faire comprendre les conséquences néfastes pour l'enfant lui-même d'une vie de caprices.

★

« Comment concevrais-je qu'un enfant, ainsi dominé par la colère et dévoré des passions les plus irascibles, puisse jamais être heureux ? Heureux, lui ! c'est un despote ; c'est à la fois le plus vil des esclaves et la plus misérable des créatures. » (Livre II, p. 104)

Rousseau ne demande pas à l'enfant de se rendre maître de ses passions par la raison, dont il ne dispose pas encore, ou par la soumission à un maître autoritaire. Il faut que l'enfant comprenne de lui-même que les conséquences de sa colère vont lui être néfastes.

★

« Ainsi les mots d'obéir et de commander seront proscrits de son dictionnaire, encore plus ceux de devoir et d'obligation ; mais ceux de force, de nécessité, d'impuissance et de contrainte y doivent tenir une grande place. » (Livre II, p. 106)

On peut s'étonner que Rousseau ne parle pas de l'enfance comme d'un âge où il faut apprendre à obéir. Dès son plus jeune âge, l'enfant doit s'éveiller à la liberté, et la liberté est antagoniste avec tout rapport de force. Ce n'est pas seulement du vocabulaire de l'enfant que les mots d'obéir et de commander doivent être proscrits, mais également du vocabulaire de l'adulte. Vivre en démocratie ne sera pas autre chose qu'obéir à soi-même et le contrat social n'a rien d'une soumission, car chacun, se donnant à tous, ne se donne par conséquent à personne, l'aliénation étant totale, c'est-à-dire l'individu ne conservant aucun privilège et donc aucune autorité sur les autres.

★

« Le chef-d'œuvre d'une bonne éducation est de faire un homme raisonnable : et l'on prétend élever un enfant par la raison ! C'est commencer par la fin, c'est vouloir faire l'instrument de l'ouvrage. Si les enfants entendaient raison, ils n'auraient pas besoin d'être élevés. » (Livre II, p. 106-107)

La raison est latente en l'enfant, enfouie. Elle ne peut être un levier pour lui faire saisir ce qu'il doit faire. Mais cela ne signifie pas qu'il n'y ait dans la conception de Rousseau aucune place accordée à la raison. Au contraire, c'est parce que sa venue est préparée de loin, avec une lenteur voulue, que la raison va pouvoir être ce qu'elle doit être : non pas un calcul hypocrite, mais la capacité à saisir de justes rapports.

★

« La nature veut que les enfants soient enfants avant que d'être hommes. » (Livre II, p. 108)

Rousseau souligne l'intérêt de suivre la marche de la nature, sans précipiter l'éducation. C'est en adoptant une forme de lenteur que l'on va bien laisser mûrir les dispositions naturelles.

★

« Ne donnez à votre élève aucune espèce de leçon verbale ; il n'en doit recevoir que de l'expérience : ne lui infligez aucune espèce de châtiment, car il ne sait ce que c'est qu'être en faute : ne lui faites jamais demander pardon, car il ne saurait vous offenser. » (Livre II, p. 110-111)

La philosophie de Rousseau est une philosophie de l'action. Certes, étudier le langage a une importance, mais c'est pour renoncer à un savoir livresque, pédant, abstrait et pour retourner au corps, son expression naturelle, son authenticité. L'enfance est action, non théorie. Elle repose sur l'expérience en première personne, loin de tout système.

★

« Posons pour maxime incontestable que les premiers mouvements de la nature sont toujours droits. » (Livre II, p. 111)

Rousseau ne nous demande de lui accorder qu'un seul axiome : la nature fait tout bien. Cela semble peu exiger de son lecteur, mais en réalité, cela est révolutionnaire, car les théologiens de son époque défendent souvent l'idée selon laquelle l'homme aurait un penchant naturel à faire le mal et qu'il faudrait lutter par l'esprit contre le corps et le mouvement naturel des passions. Il construit ce qu'il appelle la nature et donc, en un sens, il glisse dans ce qu'il nomme état de nature ce qu'il juge tel. Est-ce une pétition de principe ? Ou une certaine clarté jetée sur ses prémisses ?

★

« [...] la plus utile règle de toute l'éducation ? ce n'est pas de gagner du temps, c'est d'en perdre. » (Livre II, p. 112)

L'éloge de la lenteur est surprenant, car on essaie souvent d'obtenir des enfants des prouesses dont ils témoigneraient avant les autres, et dont on pourrait se vanter. Comme l'enfant doit apprendre par lui-même selon la méthode qu'il préconise, cela prend plus de temps, mais la solidité de ce qui est par là bâti compense la longueur de l'attente. Les fruits de l'éducation doivent mûrir longtemps et l'éducateur doit être patient pour les récolter.

★

« [...] soyez raisonnable, et ne raisonnez point avec votre élève. » (Livre II, p. 113)

Paradoxe que propose ici Rousseau : c'est la raison qui doit nous faire renoncer à la raison face aux enfants. Pascal soutient la même chose : il y a des raisons que la raison ignore. Mais au lieu de conduire au mépris de la raison et à l'éloge du cœur, c'est-à-dire de la foi et de s'en remettre à la religion comme Pascal, Rousseau veut faire émerger lentement la raison à partir des sentiments et des affects. Rousseau ne dénigre nullement la raison, mais il n'est pas rationaliste si par là on entend ne jurer que par la seule raison, car pour lui, l'éloge de la raison passe par un éloge premier des sentiments et des affects, et l'un n'est pas exclusif de l'autre.

★

« Exercez son corps, ses organes, ses sens, ses forces, mais tenez son âme oisive aussi longtemps qu'il se pourra. » (Livre II, p. 113)

Là encore, Rousseau ne défend pas le seul matérialisme et ne pense pas que l'âme soit un effet de surface, sans consistance. Mais il faut partir du corps, nourrir ses forces pour seulement dans un second temps y faire fleurir la raison et la conscience.

★

« [...] laissez mûrir l'enfance dans les enfants. » (Livre II, p. 113)

La métaphore de la plante pour décrire la croissance de l'individu est décisive, car l'homme est réinscrit dans la vaste nature.

★

« [...] pour être le maître de l'enfant, il faut être son propre maître. » (Livre II, p. 117)

Dans la conception de Rousseau, le gouverneur doit apprendre davantage encore que l'enfant. Il doit montrer l'exemple, refréner sa colère, son emportement. De même, sur le plan social et politique, le législateur devra avoir des qualités pour que les lois soient bien formées. Il ne s'agit jamais de maîtriser les autres, il faut se maîtriser soi-même.

★

« Nos premiers devoirs sont envers nous ; nos sentiments primitifs se concentrent en nous-mêmes ; tous nos mouvements naturels se rapportent d'abord à notre conservation et à notre bien-être. » (Livre II, p. 118)

L'enfance est le lieu d'une autoréflexion : nous sommes rapportés à nous-mêmes plus qu'à autrui et c'est cela que Rousseau voit comme une occasion d'authenticité.

★

« [...] vos leçons doivent être plus en actions qu'en discours. » (Livre II, p. 121)

On remarque à nouveau que la philosophie de Rousseau est davantage pratique que théorique, comme c'est le cas dans la philosophie antique, épicurienne ou stoïcienne.

★

« Maîtres, laissez les simagrées, soyez vertueux et bons, que vos exemples se gravent dans la mémoire de vos élèves, en attendant qu'ils puissent entrer dans leurs cœurs. » (Livre II, p. 127)

Là encore, on reconnaît l'intérêt antique pour l'*exemplum*. L'homme sage doit incarner la règle, dit Aristote. C'est sa saisie des occasions favorables, sa capacité à agir sans cesse avec tempérance et médiété qui nous donnent envie de l'imiter. Il ne sert à rien de fournir à son élève des codes abstraits, soi-disant universels.

★

« La seule leçon de morale qui convienne à l'enfance, et la plus importante à tout âge, est de ne jamais faire de mal à personne. » (Livre II, p. 128)

Si l'abstraction ne signifie rien pour l'enfant, il reste qu'il sait ce que veut dire plaisir et souffrance et donc qu'il peut saisir par l'expérience en première personne ce que peut vouloir dire faire du mal. Cela est donc à sa portée que de saisir qu'il ne faut pas faire de mal à autrui, aussi petit soit-il.

★

« Comme il y a des hommes qui ne sortent jamais de l'enfance, il y en a d'autres qui, pour ainsi dire, n'y passent point, et sont hommes presque en naissant. » (Livre II, p. 129)

Les hommes qui ne sortent jamais de l'enfance sont ici stigmatisés, car ils demeurent mineurs toute leur vie, dépendants des autres qui les gouvernent. Ceux qui naissent hommes en naissant sont ici loués, car ils ont accès spontanément à une action juste. C'est chose rare et cela témoigne d'un naturel exceptionnel. Rousseau parle de temps à autre du génie de l'enfance pour indiquer la spontanéité dont il témoigne.

★

« Respectez l'enfance, et ne vous pressez point de la juger, soit en bien, soit en mal. » (Livre II, p. 131)

Rousseau ne souhaite ni critiquer l'enfance comme l'âge des caprices et des passions égoïstes, puisque l'enfant est au contraire plein de richesses à faire croître, ni la louer, car on risque de faire de l'enfant une idole et d'oublier de contrecarrer ses caprices.

★

« Avant l'âge de raison l'enfant ne reçoit pas des idées, mais des images. » (Livre II, p. 132)

La raison est la capacité à se faire des idées des choses, c'est-à-dire à élaborer des rapports. Une image est œuvre de l'imagination et de la mémoire, facultés qui se nourrissent directement de l'expérience vécue en première personne. La raison intervient à un niveau second.

★

« Émile n'apprendra jamais rien par cœur, pas même des fables, pas même celles de La Fontaine, toutes naïves, toutes charmantes qu'elles sont. » (Livre II, p. 139)

Rousseau s'inscrit ici en faux contre l'apprentissage par cœur, car la mémoire ne fonctionnera que de manière extérieure, pour que l'enfant se donne en spectacle aux autres. Au lieu d'en rester à l'amour de soi, l'enfant glisse vers l'amour-propre et l'égoïsme, qui sont dommageables. L'apprentissage des fables est moqué, car les enfants ne peuvent saisir la subtilité et les sous-entendus qu'il faudrait comprendre pour en tirer vraiment les leçons : ils adorent le renard menteur et faux au lieu de plaindre le pauvre corbeau.

★

« Vous ne parviendrez jamais à faire des sages si vous ne faites d'abord des polissons. » (Livre II, p. 149)

On peut s'étonner de l'éloge des polissons. Mais Rousseau n'est pas sans accepter des citoyens une vigilance constante, voire une résistance aux lois qui réintroduiraient subrepticement des privilèges. Le polisson est indépendant, débrouillard, plein d'astuce, comme le jeune Spartiate de l'Antiquité, qui doit vivre de rapine.

★

« Exercer les sens n'est pas seulement en faire usage, c'est apprendre à bien juger par eux, c'est apprendre, pour ainsi dire, à sentir. » (Livre II, p. 167)

Les cinq sens sont mis à l'honneur par Rousseau : la vue, le toucher, l'ouïe, apportent chacun un enseignement spécifique et leur comparaison fait naître les sentiments puis, dans leur continuité, les idées. Si pour Kant, penser, c'est juger, pour Rousseau, penser, c'est sentir.

★

« En vieillissant, je redeviens enfant, et je me rappelle plus volontiers ce que j'ai fait à dix ans qu'à trente. » (Livre II, p. 171)

Dans une sorte de cycle naturel, la vieillesse rejoint l'enfance, car on perd ses forces et on redevient dépendant des autres pour pallier cette faiblesse.

★

« [...] l'instruction des enfants est un métier où il faut savoir perdre du temps pour en gagner. » (Livre II, p. 180)

On retrouve l'idée d'un rythme à trouver pour s'adapter à celui de l'enfant.

★

« […] tout ceci n'est ou ne doit être que jeu. » (Livre II, p. 188-189)

L'éloge du jeu et du divertissement est récurrent chez Rousseau, hédoniste. Contrairement à Blaise Pascal qui y voit un détournement dommageable de l'essentiel, à savoir de la conscience de la finitude, Rousseau, comme Montaigne, y voit un enrichissement essentiel, voire le cœur de l'existence. Il aimait beaucoup les échecs et en était passé maître, dit-on.

★

« Chaque âge, chaque état de la vie a sa perfection convenable, sa sorte de maturité qui lui est propre. Nous avons souvent ouï parler d'un homme fait ; mais considérons un enfant fait ; ce spectacle sera plus nouveau pour nous, et ne sera peut-être pas moins agréable. » (Livre II, p. 202-203)

L'enfance peut être un âge complet et parfait en lui-même, et l'enfant peut être accompli, selon sa norme et sa mesure propre.

Citations commentées des *Contes*

« Elle coupa la langue de la petite sirène, qui était maintenant muette, et ne pouvait ni chanter ni parler. » (« La petite sirène », p. 72)

C'est un épisode particulièrement traumatisant pour les enfants qui entrent pour la première fois dans ce conte, « La petite sirène ». Difficile de s'identifier avec un personnage qui doit payer ainsi l'obtention de son vœu le plus cher. On notera d'ailleurs que le pacte avec la sorcière est pour le moins léonin : si elle réussit, elle épousera le prince, mais restera à jamais muette, mais si elle échoue, elle mourra. On peut s'étonner que l'initiation au monde de cette petite créature se fasse dans une violence aussi poussée, avec une mort symbolique effective, la perte de la parole, et une mort réelle prévisible. Andersen ne donne aucune clé pour comprendre une telle situation : lui aussi reste muet. Alors, esquissons une interprétation : comme beaucoup de ses contemporains, Andersen a eu partie liée avec la franc-maçonnerie et a toujours été attiré par l'ésotérisme. L'initiation maçonnique repose elle aussi sur un épisode considéré par beaucoup des admis comme violent ; mais surtout les frères qui accèdent au temple sont liés pour la vie par le respect d'un absolu silence. On est frappé dans les contes par le nombre de personnages qui doivent à un moment se taire : on peut par exemple évoquer ici « Les cygnes sauvages ». La quête de la petite sirène est une forme d'initiation, d'ascension vers un monde supérieur, un monde de la vérité et de la beauté. Fille de l'eau, elle ne sera pas une fille de la terre mais une fille de l'air. Finalement, le conte ne nous raconte pas ce qui est le plus important, ce qui ne se dit pas, l'ineffable. Ce n'est pas non plus la parole du conte qui… compte le plus, mais ce que le lecteur va imaginer à partir des paroles imparfaites, à partir des silences, des non-dits, des sous-entendus.

★

« Voilà, c'était une vraie histoire ! » (« La princesse sur le pois », p. 44)

La fin de « La princesse sur le pois » est révélatrice de l'humour qu'adopte souvent Andersen dans sa narration. Rien n'est plus extraordinaire que ce conte, à la fois très réaliste et complètement invraisemblable. C'est un conte de fées qui se terminent bien, mais sans la moindre fée. Assez paradoxalement, le « personnage principal », celui qui finit littéralement au musée, auréolé de notre mémoire, c'est le petit pois. En quoi y a-t-il une vérité là-dedans ? Andersen, qui choisit la voie mineure du conte, se charge de réhabiliter en permanence les petits riens qui font ou même changent l'existence : des choses, des signes que personne ne regarde comme importants finissent par occuper une place démesurée, parce qu'ils sont en réalité décisifs. Les adultes, dans leur rationalité, les oublient, mais les enfants, qui ont un champ de vision différent et un imaginaire plus développé, ont tendance à leur accorder beaucoup plus d'importance… Il fallait donc donner du poids au pois, faute de quoi on passe à côté de l'essentiel. Derrière l'humour, la subtile démarche didactique d'Andersen apparaît, inopinément, comme dite en passant.

★

« Petit soldat, tu seras notre roi, tu auras la charmante princesse ! » (« Le briquet », p. 41)

« Le briquet », parmi les tout premiers contes qu'écrit Andersen, est un récit complètement déréglé. Dans un conte traditionnel, le personnage principal, en proie à de nombreux obstacles, finit grâce à son mérite, sa vaillance, sa vertu par obtenir gain de cause et triompher de toutes ces épreuves. Ici, nous avons presque l'inverse : le personnage cynique, terriblement mécanique, obtient tout ce qu'il veut en devenant un véritable tyran, sans la moindre limite. Comment comprendre que les contes d'Andersen s'établissent sur une telle base ? L'élément mystérieux, démoniaque, n'en apparaît que davantage : Andersen n'impose pas une interprétation, ne donne pas une clé pour comprendre mais cherche au contraire à étonner, à provoquer, parfois peut-être à scandaliser. Il n'écrit pas des contes pour endormir les enfants, mais plutôt pour réveiller les adultes. On a beaucoup glosé sur l'importance de l'inconscient, le poids des souvenirs autobiographiques transposés dans les contes. On pourrait tout autant voir dans ces récits le désarroi, la révolte d'un auteur confronté aux injustices de son temps et qui finit par réussir, dans sa vie d'auteur, au-delà de toutes les espérances, alors même qu'il choisit un genre littéraire qu'il considère lui-même comme de second ordre. Il sent bien qu'il va devenir le maître d'un genre, il devine qu'il va, par cette voie, devenir un « grand écrivain », alors qu'il a choisi délibérément le petit, le minuscule, alors qu'il a été humilié et attaqué dans toutes ses tentatives pour « faire grand ». À quoi bon vouloir grand quand il suffit d'être petit ? Derrière cette mauvaise conscience, on peut déceler un certain cynisme : à un moment de sa vie, Andersen fera Andersen ; il le sait, c'est le destin de tout artiste. C'est peut-être cette lumière, blafarde, que diffuse le précieux briquet.

★

« Et les chambellans continuèrent à porter la traîne qui n'existait pas. »
(« Les nouveaux habits de l'empereur », p. 88)

Un enfant est visionnaire : il voit souvent ce que les adultes finissent par ne plus regarder. Inversement, les adultes, dans la vie sociale, cultivent la vanité : ils accordent de l'importance à ce qui n'a aucune importance, à ce qui n'a pas vocation à exister, parfois même à ce qui n'existe pas. Telle est l'implacable leçon des « Nouveaux habits de l'empereur » : les enfants sont capables d'être sensibles aux apparitions, les adultes se réfugient avec acharnement dans les apparences. Ce conte absurde mais très didactique a au moins deux sources d'inspiration. La première se trouve dans l'Ecclésiaste, un livre poétique de l'Ancien Testament. « Vanité des

Citations

vanités, tout est vanité et poursuite du vent [...]. Ce qui est courbé ne peut se redresser [...]. Ce qui manque ne peut être compté [...]. Et celui qui augmente sa science augmente sa douleur. » Les hommes ont un gouffre en eux, une béance : l'infinie séparation d'avec Dieu, mais ils veulent combler ce vide infini par du fini : le savoir, le plaisir, le pouvoir, bref un monde de vanité, car rien de ce qui est fini ne peut jamais combler un infini. Telle est la leçon de saint Augustin[1] à partir du poème biblique. L'autre source d'inspiration est bien sûr Rousseau : la société civile est fondée sur un mensonge, l'appropriation, et met en place un monde d'artifices à la fois inutiles et nuisibles. Le *Discours sur les sciences et les arts* remet déjà ainsi en cause quantité d'occupations humaines d'une totale vacuité. Cette leçon est particulièrement amusante quand on sait combien Andersen a cherché toute sa vie à fréquenter la fine fleur du monde aristocratique. Mauvaise conscience, autodérision, cynisme ?

⋆

« Le savant n'entendit rien de tout cela car on l'avait tué. » (« L'ombre », p. 209)

« L'ombre » est un de ces contes d'Andersen qui se dérobent le plus, presque par définition, à une approche rationnelle. Le conte jusqu'au bout garde sa part... d'ombre. Admettons donc que cette dernière phrase soit une sorte de miroir tendu au lecteur. On peut chercher à expliquer un texte, à le décortiquer, à l'analyser. On peut en chercher le sens, les sens, l'essence, mais pour Andersen une telle démarche va contre la *poésie* qu'il cultive. Comme l'a dit Paul Valéry, « la poésie, c'est *ne pas* dire qu'il pleut ». Tout n'est pas une affaire de raison, de savoir, de science : l'intuition, le sentiment, l'imagination, peut-être aussi l'inconscient, sont tout aussi didactiques que l'exercice d'un froid calcul. Peut-être Andersen nous

1. Saint Augustin, *La Cité de Dieu*, livre XIV.

suggère-t-il ici un modèle de lecture qui vise les critiques littéraires de son temps ? Peut-être craint-il l'utilisation scolaire que l'on pourrait faire de ses contes, comme on le fait de son vivant des *Fables* de La Fontaine, des *Contes* de Perrault et même de ceux de Grimm ? La lecture n'est pas une dissection. Un chef-d'œuvre n'est jamais une œuvre pleinement achevée, elle est une « œuvre ouverte », recréée en permanence par les lecteurs, les lectures. Un livre n'apporte pas de certitudes, il ne porte pas un message, un mot d'ordre, une « lumière » : quelque chose d'invinciblement caché, de complexe, d'insaisissable sera toujours là et fera écran. On ne fait jamais le tour d'un chef-d'œuvre. Inutile besogne du savant, du critique, du professeur, qui s'épuise à chercher un sens qui se dérobe en permanence. Échec aussi d'une civilisation fondée sur la rationalité, au détriment de l'imaginaire : on comprend pourquoi André Breton, dans son premier *Manifeste du surréalisme*, est aussi enthousiaste à l'égard des contes.

★

« En réalité c'est une histoire en deux parties que nous présentons ici. La première aurait fort bien pu être laissée de côté, mais elle fournit des connaissances préalables et celles-ci sont utiles ! » (« Une peine de cœur », p. 237)

Encore un exemple de l'humour, de l'autodérision que cultive Andersen dans sa narration… Ce début du conte « Une peine de cœur » comporte une antithèse manifeste, un exemple de « discours de dénégation ». En effet, si on peut laisser de côté une partie, c'est qu'elle est *a priori* inutile ; or le narrateur affirme exactement le contraire : cette partie apporte « des connaissances ». Comment résoudre une telle contradiction ? Précisément, il faut nous souvenir que pour Andersen, les connaissances, parfois utiles, ne sont pas l'essentiel : on ne comprend pas le monde en se réfugiant dans une attitude savante. Certes, un tel conseil peut avoir un sens quand on affronte la lecture des contes : ne cherchons pas en vain un didactisme rationnel et moraliste qui se dérobera toujours ; adoptons plutôt le regard de l'enfant, sensible à l'imaginaire, moins centré sur ce qui est objectif et froid. Voyons également dans ce début de conte peut-être une volonté de se mettre à distance d'une époque marquée par le positivisme. Le positivisme, ou encore le scientisme, est une doctrine scientifique et philosophique, théorisée en France par Auguste Comte, mais qui découle en réalité des Lumières et de la révolution industrielle : le monde serait « écrit en langage mathématique ». On peut tout expliquer, *poser* en équation : c'est ce qui explique le terme « positivisme ». De nombreux artistes du XIXe siècle ont cultivé l'ésotérisme, l'occultisme, ont résisté à ce développement des sciences et des techniques : songeons en France à Hugo, à Baudelaire, à Nerval… et bien sûr à Andersen !

★

« "Chaque chose à sa place !" et c'est ce qui arrive ! L'éternité est longue, plus longue que cette histoire ! » (« Chaque chose à sa place », p. 250)

Il serait facile, pour éclairer le conte « Chaque chose à sa place », de renvoyer à l'amertume qu'a pu éprouver longtemps Andersen. Sa jeunesse a été marquée par de profondes humiliations, le sentiment de n'être jamais pleinement « à sa place », ni dans sa famille, ni dans la société, ni même dans le monde littéraire. On pourrait y ajouter certainement aussi une difficulté à se situer sur le plan de la sexualité. Il faut du temps, beaucoup de temps pour trouver sa place, son « assiette stable » comme dirait Montaigne dans ses *Essais*, un titre lui-même révélateur ; peut-être même n'est-on vraiment à sa place qu'une fois mort : la postérité a su en effet mettre les *Contes* d'Andersen à leur place, très importante, dans la production littéraire de son époque. Par ailleurs, on peut voir dans cette expression « chaque chose à sa place » le prolongement d'une théorie typiquement stoïcienne selon laquelle, dans le grand *cosmos*, chaque chose et chaque être ont une place bien définie qu'il faut chercher et trouver par toutes les voies de la connaissance et de l'expérience. Pendant longtemps, Andersen a vécu dans la disconvenance, et il a pu savourer progressivement le fait de trouver sa place. C'est finalement l'écriture, et l'écriture de ses contes, qui était le moyen de cette fin. « Patience et longueur de temps font plus que force ni que rage », aurait dit La Fontaine…

★

« Laisse donc le monde dire : "Elle n'était bonne à rien !" » (« Elle n'était bonne à rien », p. 269)

Vérité d'expérience, certainement, pour Andersen, dont la carrière académique puis littéraire a été marquée par de très nombreux échecs et des moments de désespoir total. Plaidoyer *pro domo* : les contes sont certes une voie, ou une voix, mineure dans la grande littérature du XIXe siècle, mais ils ne sont pas « bons à rien » : ils sont un contrepoint salutaire au positivisme ambiant. Avec Andersen, nous assistons à la révolte de la « littérature sans grade », qui parvient non seulement à l'immortalité mais également, du vivant de l'auteur, à une rare mondialisation du succès. Les contes d'Andersen constituent une des œuvres les plus traduites, diffusées, adaptées dans le monde, et ce, encore aujourd'hui.

★

« Personne ne savait cela ou ne le sait encore jusqu'à maintenant… C'est la tempête qui m'a chanté cette histoire entre les dunes. » (« Une histoire des dunes », p. 325)

Savoir d'enfant manifestement : seuls les enfants sont encore capables, par la rêverie, d'être sensibles au sens symbolique, poétique que nous diffuse la nature, que nous apportent de petits objets qui nous font des signes, totalement oubliés par les adultes. Alors qu'Auguste Comte, le théoricien du positivisme, considère dans sa loi des trois états que l'histoire de l'humanité est passée de l'enfance, âge théologique, à l'adolescence, âge philosophique, puis à l'état adulte, âge scientifique, Andersen nous propose une régression assumée, signifiante : il faut revenir aux forces primitives, à l'enfance de l'humanité, du regard, privilégier les sens par rapport à la raison, être sensible à l'émerveillement comme peut l'être un enfant. Le symbolisme plutôt que le rationalisme, tel semble être le credo esthétique et philosophique d'Andersen.

★

« Il avait pris les choses au pied de la lettre, et on ne doit pas tout prendre au pied de la lettre. » (« Le moulin à vent », p. 338)

Cette fin du « Moulin à vent » constitue évidemment un conseil de lecture : il serait absurde de prendre au premier degré la parole souvent allégorique d'un conte. Mais, d'une manière générale, Andersen nous met en garde contre une trop grande confiance faite au langage, aux mots, à la rhétorique. On trouve ce soupçon dans le *Phèdre* [1] de Platon, mais surtout dans la Seconde Épître aux Corinthiens de saint Paul, apôtre, parce qu'il y est question de la lettre de l'esprit : « la lettre tue, l'esprit vivifie ». Chercher un sens à la lettre, c'est se priver de ce qu'il y a entre les lignes, de l'implicite, du caché qui, pourtant, est si présent. Il faut chercher l'esprit et se méfier de ce qui est écrit, qui peut toujours être reçu de manière dogmatique. La foi, plutôt que la loi : la référence christique est manifeste. Mais pour lire entre les lignes, encore faut-il savoir lire les lignes : il se peut que les contes d'Andersen ne soient donc

1. « Lors donc qu'un orateur ignorant le bien et le mal trouve ses concitoyens dans la même ignorance, et entreprend de les persuader, non pas en louant l'ombre d'un âne sous le nom de cheval, mais en louant le mal sous le nom de bien, et lorsque ayant étudié les préjugés de la multitude il arrive à lui persuader de faire le mal au lieu du bien, à ton avis, quels fruits la rhétorique récoltera-t-elle de ce qu'elle a semé ? », Platon, *Phèdre*, 260c.

finalement accessibles qu'à des adultes maîtrisant suffisamment les règles de la lecture pour s'en jouer…

★

« Nous n'avons pas encore des yeux qui nous permettent de plonger le regard dans toute la splendeur que Dieu a créée, mais nous en aurons sûrement un jour, et ce sera le plus beau conte, car nous serons nous-mêmes dedans ! » (« Le crapaud », p. 347)

Andersen ne partage pas dans « Le crapaud » l'optimisme du XIXe siècle à l'égard du savoir, de la science. Celui qui recherche la lumière en regardant le soleil s'aveugle. Jamais Andersen n'a été aussi proche de l'analyse de Pascal, dans un fragment des *Pensées* intitulé « Disproportion de l'homme ». Pascal considère qu'il est ridicule de chercher à avoir le point de vue de Dieu et que nous devons nous contenter de contempler en silence l'infini de la nature plutôt que de chercher à l'expliquer « avec présomption ». Pascal entre ici ouvertement dans une polémique avec Descartes, qui considère au contraire que notre entendement humain est un « soleil », qu'il peut éclairer toute chose. À cette belle espérance du rationalisme scientifique, Andersen en oppose une autre, qui est plus de l'ordre de la foi : le cœur y est plus important que la raison et le conte peut remplacer le froid discours scientifique. Le comble du savoir chez l'homme ne sera pas dans une vision mathématique de l'existence mais dans une vision poétique dont nous serons tous acteurs. Avec Andersen, nous avons en permanence une apologie de la naïveté.

★

« Il y avait un jeune homme qui faisait des études pour être écrivain, […] et, selon lui, il suffisait d'inventer, mais il n'arrivait pas à inventer. Il était né trop tard. Tous les sujets avaient été épuisés avant qu'il vienne au

Citations

monde. On avait fait de la poésie et écrit à propos de tout. » (« Ce qu'on peut inventer », p. 349)

Ce début de « Ce qu'on peut inventer » est très étonnamment une réécriture du début des *Caractères* de La Bruyère : « Tout est dit, et l'on vient trop tard depuis plus de sept mille ans qu'il y a des hommes et qui pensent. Sur ce qui concerne les mœurs, le plus beau et le meilleur est enlevé ; l'on ne fait que glaner après les anciens et les habiles d'entre les modernes [1]. » Mais il est toujours possible de le dire autrement, finit par dire La Bruyère, lui-même traducteur de Théophraste. Ce qu'Andersen pourrait reprendre à son compte…

★

« Maintenant, tu peux y réfléchir ! » (« Le jardinier et ses maîtres », p. 383)

« Le jardinier et ses maîtres » se termine ainsi, brutalement, avec cette exhortation presque humoristique : on voit donc bien comment Andersen évite l'énoncé didactique, la moralité dogmatique. Un conte est une œuvre ouverte : l'auteur-jardinier sème, mais c'est au lecteur de récolter. En quelque sorte, l'auteur est mort pour son livre, ses écrits sont « lettres mortes » s'il n'y a pas l'activité des lecteurs. Étonnante modernité d'Andersen, puisque c'est la thèse même de Maurice Blanchot dans *Le Livre à venir.* On peut aussi y voir un clin d'œil à la très énigmatique fin du *Candide* de Voltaire : « il faut cultiver notre jardin ».

★

« Chaque clé a son histoire et il y a beaucoup de clés […]. Nous pourrions dire quelque chose au sujet de toutes ces clés, mais nous ne

1. Jean de La Bruyère, *Les Caractères*, « Des ouvrages de l'esprit », Paris, L'Aventurine, 2000, p. 57.

parlerons maintenant que de la clé de la porte d'entrée du chambellan. » (« La clé de la porte d'entrée », p. 403)

Les *Contes* d'Andersen sont des textes à clé, qui suggèrent de nombreuses interprétations et ne peuvent être épuisés par une seule. La parole du narrateur est en jeu, est un jeu : elle nous fait croire, mais en même temps en permanence nous fait douter ; elle affirme, mais en même temps interroge ; elle s'adresse à notre esprit, mais en même temps à notre cœur, à notre imagination. Comme un mythe, la parole du conte ne nous offre que des facettes, à l'infini. C'est pourquoi les *Contes* Andersen peuvent être lus de manière différente à des âges différents. C'est ce que suggère cette ouverture de « La clé de la porte d'entrée ».

★

« Tout va dans le tonneau. » (« Tante Mal-aux-dents », p. 442)

Le papier sur lequel tout s'écrit peut bien devenir du papier d'emballage, et finir à la poubelle : malheur à celui qui fétichise la parole d'un auteur. Humilité du narrateur à la fin du dernier conte du corpus… Rappel aussi de la fragilité de la culture et de la poésie face au prosaïsme de notre existence moderne.

Citations commentées d'*Aké, les années d'enfance*

« Enclose de ses murs grossièrement crépis, des murs de derrière aveugles de ses maisons et d'un amoncellement de rochers que des arbres géants tentaient en vain de dissimuler, la mission d'Aké, avec ses toits de tôle ondulée, donnait l'impression d'une forteresse. Nous y sentant en sécurité, nous montions et descendions librement, passant de l'un à l'autre de ses niveaux enchevêtrés et emmêlés de feuilles, de ses falaises abruptes, de ses sous-bois, de ses bosquets inattendus d'arbres fruitiers cachés. » (I, 20)

Dans le souvenir d'enfance, la mission d'Aké, qui donne son titre à l'autobiographie, apparaît comme un lieu-refuge. En dépit de l'apparente précarité de ses « toits de tôle ondulée », elle apparaît comme une place forte, où l'enfant se sent en sécurité. Ce lieu peut donc abriter les jeux du petit Wole, qui s'y déploie en toute liberté. L'enfance apparaît dans ce domaine comme un âge insouciant, relié aussi à la nature dont les différents éléments sont des occasions d'explorations inattendues, propices à l'éveil de l'imaginaire.

★

« La femme du libraire était l'une de nos nombreuses mères ; si nous avions voté, elle serait arrivée en tête de toutes les autres, y compris la vraie. [...] De tous les dos sur lesquels j'étais porté, aucun n'était aussi sûr ni aussi confortable que celui de Mme B. Il était vaste, doux et rassurant, il rayonnait de la même quiétude et de la même gentillesse que son visage. » (I, 38)

L'affection que l'enfant éprouve à l'égard de Mme B. témoigne de la « parenté élargie » qu'il reconnaît comme étant la sienne. Elle n'est pas biologique, mais sociale : elle étend le domaine familial à tous ceux qui partagent le même espace. Pour les enfants de la mission, Mme B. est donc une mère, au même titre, et peut-être même plus aux yeux du petit Wole ici, que leur mère de naissance. Elle les nourrit, les accueille dans sa maison pour y dormir comme le souligne en particulier la fin du chapitre III. Elle assume également la fonction essentielle du portage, qui fait du dos « rayonnant » un espace d'apaisement et de découverte du monde pour le tout jeune enfant.

★

« Le bourdonnement des voix, lorsque les élèves se trouvaient dans les bâtiments, prenait des tonalités mystérieuses. Par les fenêtres ouvertes de la classe j'apercevais des visages concentrés, la silhouette majestueuse d'un maître qui passait et repassait en marmonnant des incantations par-dessus les têtes de son auditoire attentif. » (II, 47)

L'école apparaît ici comme un lieu de rituels fascinants pour le jeune enfant. Dès l'âge de trois ans, le petit Wole est subjugué par le calme impérial qui règne en ces lieux, et tranche si vivement avec l'agitation de ses jeux. L'école acquiert ainsi une dimension quasi sacrée à ses yeux, comme le souligne l'emploi du terme d'« incantations », attribué aux paroles du maître, dont la silhouette « majestueuse », et l'attention extrême des élèves souligne l'autorité.

★

« Ne pas avoir envie d'aller à l'école ! Les cartes en couleurs, les images et tout ce qui était accroché aux murs, les jetons colorés, les craies, les ardoises, les encriers dans de jolis trous ronds, les crayons de couleur et les cahiers de dessin, une étagère pleine de modelages d'animaux et d'êtres humains, d'outils, d'objets en raphia et en osier à divers stades de fabrication, et même les tableaux noirs, la craie et le chiffon… Je n'avais encore jamais vu une salle de jeux aussi attirante. Et puis j'avais fait le lien, vaguement, intuitivement, entre l'école et les piles de livres avec lesquelles mon père semblait s'entretenir si religieusement dans la pièce de devant et qu'il avait fallu constamment m'arracher dès le moment où mes mains avaient pu les atteindre sur la table. » (II, 49-50)

L'accumulation traduit ici l'étendue des merveilles que constitue pour l'enfant le quotidien encore inconnu de l'école. Ces merveilles ne semblent pas avoir de fin, comme le souligne l'emploi des points de suspension. Le responsable de la section des petits lui propose alors de ne venir qu'occasionnellement (le petit Wole n'est en effet âgé que de trois ans), ce qui le plonge dans la plus grande perplexité. Un lien du reste est établi entre cet attrait précoce de l'enfant et l'amour d'Essay pour la connaissance, le savoir et l'éducation, tels que figurés par le thème de la lecture. Si le petit Wole ne voit encore dans les éléments cités que des promesses de jeu, il est dans le même temps fasciné par les livres, qu'il voit son père manipuler « religieusement », comme s'il dialoguait avec eux.

★

« Lorsque j'entendis la voix de mon père, j'eus l'idée d'ouvrir l'œil indemne ; jusque-là je n'avais pas réfléchi au fait qu'un seul de mes yeux avait été touché. Essuyant le sang de mon œil gauche, je l'entrouvris. J'aperçus les maîtres debout en demi-cercle autour de la table ; ils me regardaient comme si j'étais déjà un masque, un *opidan*, prêt à se métamorphoser. Je me palpai pour m'assurer que j'étais bien toujours moi-même : toutes ces paires d'yeux m'observaient d'une façon tellement étrange... » (II, 62)

Ce passage illustre bien la manière dont Soyinka nous immerge littéralement dans le point de vue de l'enfant. À plusieurs reprises, en effet, les perceptions de l'enfant sont retranscrites et semblent guider la narration. L'emploi de nombreux verbes de perception est l'une des techniques narratives dont use l'écrivain pour nous faire voir et ressentir ce que voit et ressent l'enfant. Il embrasse ainsi la scène en la développant, afin que soient donnés à lire les différents aspects de ce qui est effectivement perçu. Plus encore, ce sont différents regards qui se mêlent ici, l'enfant étant regardé et regardant aussi lui-même le spectacle de sa propre exhibition. C'est bien pourtant par *son* regard de petit enfant que la scène nous est transmise : nous sommes nous-mêmes mis à la place du petit Wole, alors hagard et peu assuré de lui-même.

★

« Je savais que les *egúngún* étaient les esprits des morts. Ils parlaient d'une voix gutturale et ils étaient encore plus redoutables que les voleurs d'enfants. Et pourtant j'avais remarqué que beaucoup d'entre eux avaient un caractère enjoué et qu'ils plaisantaient avec les petits. » (II, 58)

Le monde des croyances ancestrales est un univers merveilleux qui imprègne fortement la culture de l'enfant. Soyinka lui rend un hommage appuyé, dans *Aké* comme dans bien d'autres œuvres qu'il a rédigées. C'est un univers à la fois sacré et très proche : ses figures semblent s'inscrire dans le quotidien des croyants, traversant jusqu'aux jeux des enfants. Elles n'en demeurent pas moins redoutables : elles réactivent les craintes liées à la mort et à la séparation, tout en offrant à l'enfant l'occasion de s'y confronter pour apprendre à les dépasser.

★

« Et puis un jour Joseph se laissa fléchir et me hissa sur ses épaules d'où, pour la première fois, je pus regarder par-dessus le mur de notre cour. Je suivis des yeux le groupe des danseurs arrivant par la route qui passait devant le cénotaphe et derrière l'église avant de disparaître dans une direction que Joseph disait être celle du palais. J'avais reconnu l'église et le cénotaphe. J'avais également reconnu un autre trait du paysage, le grand portail de la mission. Je compris alors que les murs extérieurs de la mission étaient joints bout à bout, cédant la place en certains endroits à des portails ou à des fenêtres. Installé sur les épaules de Joseph, je suivis des yeux le mur contre lequel nous nous appuyions maintenant sur la gauche ; je le vis se fondre dans celui de la resserre où l'on gardait les pots [...]. Il m'apparut clairement que nous vivions isolés dans la mission comme dans une ville à nous et que le reste de ce que je voyais c'était Aké. » (III, 64-65)

L'univers de l'enfance est un univers réduit, soumis aux limites de son propre regard. En se hissant sur les épaules de Joseph, le petit Wole change littéralement d'échelle : là encore, nous sommes conviés à « suiv[re] des yeux » l'enfant comme ce dernier suit les danseurs, reconnaissant à travers ce parcours plusieurs éléments familiers (l'église, le cénotaphe, le grand portail de la mission) qui lui permettront finalement d'identifier les contours d'Aké, jusqu'alors inconnus de lui. L'illusion est ici totale : c'est bien l'écrivain qui se souvient, comme l'atteste la précision extrême de la remémoration, mais tout se passe comme si l'émerveillement qu'il cherchait à retranscrire était celui de l'enfant, qui ne cesse dès lors de vouloir poursuivre son exploration. Ce regard nouveau porté sur le monde est l'occasion d'une première grande aventure pour le petit Wole, qui va bientôt se lancer à la poursuite de la fanfare, jusqu'aux confins d'Abeokuta.

★

« Même le baobab a perdu de sa taille avec le temps ; et pourtant j'avais cru que ce rempart serait éternel, échapperait aux perspectives élargies d'une enfance disparue. Sa circonférence s'est rétrécie et ses branches ne donnent plus qu'un peu d'ombre. Le campanile de l'école avait un nom, une description du moins, une place au sein de la famille des objets physiques ; il me revenait sans effort : l'Enfant Unique du Lointain Clocher. Seulement maintenant, même la distance qui sépare le campanile du clocher a raccourci. » (V, 98)

La nostalgie point ici dans les propos du narrateur, qui parle en son nom propre, au temps présent. L'objet de la déploration réside ici moins dans la disparition effective de l'objet que dans le changement de perspective : là encore, tout est question de regard, et celui de l'enfant semblait doté d'une faculté de grandissement susceptible d'« éterniser » toute chose, là où le monde adulte est en réalité soumis au dépérissement lié à la sortie de l'espace édénique. Paradoxalement, les « perspectives élargies » de « l'enfance disparue » – celles du monde adulte – apparaissent comme un rétrécissement : le baobab n'est désormais plus doté de sa dimension protectrice.

★

« Tinu était ma plus proche camarade de jeux, et un lien de protection mutuelle s'était établi entre nous, lien qui ne se manifestait que lorsqu'elle était blessée ou menacée. » (VI, 120)

Soyinka dit à plusieurs reprises le lien très fort qui l'unit aux membres de sa famille. Sa sœur aînée rejoint l'école avant lui, et il vit cette séparation comme une injustice, sinon une trahison : son ancienne camarade de jeu a désormais « une nouvelle base à [sa] disposition ». Mais il est blessé quand son père dénigre les résultats scolaires de son aînée : il n'hésite pas pour l'aider à l'accompagner dans ses devoirs. Avec Tinu comme avec Dipo, qui les amuse tous deux par ses facéties, c'est tout le « monde ligué de l'enfance » et d'une fratrie bien soudée qui transparaît à travers le souvenir.

★

« Un petit événement ou, plus fréquemment, rien du tout, rien qu'il me fût donné de remarquer, encore moins de comprendre, et brusquement tout changeait ! Les visages familiers apparaissaient différents, agissaient autrement. Des détails surgissaient là où ils n'existaient pas avant, disparaissaient là où, auparavant, ils étaient inséparables de notre existence. Tous les êtres humains avec lesquels nous entrions en contact, Tinu et moi, CHANGEAIENT ! Même Tinu changeait, et je me mis à me demander si moi aussi je changeais, sans le savoir, comme tout le monde. » (VII, 137)

Le monde de l'enfant est le monde du jaillissement permanent : tout y apparaît en nouveauté. La moindre habitude modifiée est vécue comme un changement que l'enfant finit par considérer comme une entité qui le transcende. C'est là encore une manière habile pour Soyinka de retranscrire le point de vue de celui qu'il fut : le narrateur ne relate pas la croissance en l'envisageant de l'extérieur, elle est comme vécue dans l'intériorité du jeune sujet pensant qui, observant l'impermanence du monde, en vient à se demander si lui-même ne « change » pas. En ce sens, l'enfance est l'âge du présent permanent : la conscience du temps qui passe ne lui vient que progressivement, comme un nouveau lieu d'étonnement.

★

« Dipo avait vu tous les membres de la famille subir l'une ou l'autre forme de punition comme quelque chose de tout naturel. Le monde ligué des enfants avait formé son innocence à avouer des délits qu'il n'avait jamais commis, parce qu'il était trop jeune pour être puni. Lorsque les choses changèrent, Dipo ne comprit pas tout de suite que c'était la fin de son immunité ; pour lui, ce devait être une erreur. Mais cela se renouvela et il sentit que le temps de l'existence bénie était à jamais révolu. » (VIII, 176)

Là encore, différentes étapes de son parcours apparaissent aux yeux de l'enfant : Dipo, le jeune frère du petit Wole, était auparavant protégé des punitions ; il ne l'est plus désormais en raison de son âge plus avancé. Une telle protection est ici présentée comme une « immunité » : le vocabulaire juridique dit avec une ironie amusée l'importance que l'enfant accorde à son statut protégé, lui qui se sait dorénavant condamné. Mais à travers ce passage aussi, c'est le « monde ligué de l'enfance », animé d'intentions dérisoirement délictuelles, qui point à la mémoire de l'écrivain : une « existence bénie » aussi.

★

« Ayo ne croit pas qu'il faille laisser les enfants mûrir dans leur corps avant de forcer leur esprit. [...] Ayo est comme ça, plein d'ambition pour toi. Il veut envoyer son fils à la bataille et, crois-moi, le monde des livres est un champ de bataille ; c'est même un champ de bataille plus dur que ceux auxquels nous avons été habitués. Et comment est-ce qu'il le prépare ? En lui bourrant la tête de livres. Mais l'étude des livres et surtout le succès dans l'étude des livres ne font que créer d'autres batailles. Est-ce que tu sais ça ? » (IX, 199, 201)

Selon le grand-père paternel du petit Wole, l'institution scolaire, que représente Essay, le directeur de l'école Saint-Pierre, dénature les enfants. Il faut selon lui les éprouver dans leur corps avant de chercher à former leur esprit. Deux grandes représentations de l'apprentissage s'opposent donc au sein de l'autobiographie : celle défendue par le grand-père qui voit les livres d'un mauvais œil, comme les responsables pseudo-savants de batailles incessamment renouvelées, et celle de l'institution coloniale. La nature est pour lui une « école » dont l'enseignement est bien plus profitable que celui de l'« institution » coloniale et des livres qui y sont promus comme accès privilégié à la connaissance : le monde de ces livres est un « champ de bataille » autrement plus dur, selon « Père », « que ceux auxquels nous avons été habitués » ; le présupposé étant ici celui que ce primat de l'intellect sur le sensible, de la raison sur le corps, serait l'effet de la domination des autochtones, dénaturés par les « Blancs ».

★

« Les odeurs ont été vaincues. Et leur vainqueur le bruit n'est pas même celui du carillon rythmé du clocher ou du défilé des *egúngún*, de la fanfare de la gendarmerie, des cris du marché ou du timbre des bicyclettes, mais un pot-pourri d'orchestres électroniques et le fracas rauque des clochettes annonçant des soldes de produits importés. » (X, 210)

Le dépareillement du Verger qui trônait au sein de la mission, évoqué dès le premier chapitre de l'autobiographie, n'a plus rien à voir avec ce « pot-pourri » dont l'inauthenticité est le maître mot. Dans un jeu d'opposition évident, les rythmes sonores des activités quotidiennes sont désormais remplacés par des bruits synthétiques ou par un « fracas rauque » qui désigne les méfaits accumulés de la société de consommation et de l'acculturation – l'une des obsessions étant celle des « crèmes à blanchir la peau » (X, 220). En ce sens, l'espace édénique de l'enfance est une terre des origines à laquelle l'écrivain oppose, à l'orée des années quatre-vingt qui sont pour lui celles du présent et de l'écriture, le miroir déformé d'une mondialisation immaîtrisée.

★

« Je chantais pour me donner du courage face aux dangers de l'obscurité, aux silhouettes qui y glissaient et qui, à ma connaissance, auraient bien pu être des esprits ou des voleurs d'enfants. » (X, 210)

Ce sont les ombres de la nuit telles qu'elles sont redoutées par l'enfant qui sont ici convoquées. L'univers nocturne acquiert à ses yeux une épaisseur énigmatique et dangereuse : cet espace renvoie aux peurs enfouies de la mort et de la séparation, les esprits des croyances ancestrales étant ici mêlées aux « voleurs d'enfants », dont le spectre menaçant apparaît à plusieurs reprises au cours du récit.

★

« Puis, si graduellement qu'en fait cela se fit sans que je l'eus remarqué, l'ombre s'écarta. Peu à peu, j'observai le retour des vieilles habitudes, le progrès du bruit, de la gaieté, des plaisanteries, des visites dans la pièce de devant et des absences normales de la maison de Chrétienne Sauvage partie pour sa boutique. Lorsque tout fut rentré dans l'ordre, je me mis à penser que tout n'avait été qu'une hallucination de ma fièvre. » (XI, 227)

Ce passage appartient au chapitre, le plus bref de l'ouvrage et l'un des plus poignants, qui évoque la maladie d'Essay et le désarroi dans lequel cet événement plonge les enfants, de manière d'autant plus intense que, comme auparavant lors de la mort de Folasade, rien ne semble leur avoir été expliqué. L'enfant se retrouve donc seul avec ses craintes encore amplifiées par la solitude feutrée qui semble alors avoir empli la maison. Il n'est pas étonnant dès lors que la guérison soit vécue sur un mode quasi miraculeux, et la maladie passée considérée, après coup, comme un mauvais rêve.

★

« Mme Ransome-Kuti reçut mandat pour présenter une expédition demandant l'abolition de l'impôt pour les femmes au *District Officer* et à l'Alake d'Abeokuta ainsi qu'à son Conseil de Chefs. Jamais les femmes n'avaient tenu une réunion aussi longue, et le Groupe poursuivit ses discussions en haut longtemps après le départ de la foule. Il n'était pas question pour moi de rentrer à la maison ce soir-là ; je sentais qu'un événement inhabituel se préparait et l'émotion m'empoignait. » (XIII, 253)

L'urgence politique de la fin de l'autobiographie nous est relatée de l'intérieur, à travers le regard et les perceptions de l'enfant. Toute l'intensité du moment est évoquée par l'écrivain : il s'agit pour le petit Wole d'une étape historique dont il ne veut rien manquer. Tout ici relève d'une intuition guidée par la solennité des discussions, la gravité de ces femmes qui continuent à discuter après le départ du plus grand nombre. À travers elles, l'enfant s'initie à l'action politique dans ce qu'elle a de plus noble : son œuvre et son parcours d'écrivain engagé suggèrent bien qu'un tel épisode ait été décisif.

★

« Le moment était venu d'entreprendre les mutations mentales nécessaires pour accéder à un nouvel univers d'adultes irrationnels et à leur discipline. » (XV, 313)

Cette réflexion, la toute dernière de l'autobiographie, paraît constituer un ultime passage pour l'enfant qui s'apprête à quitter le foyer familial et à rejoindre le Lycée National à Ibadan. Dans cette dernière scène, il n'est d'ailleurs pas auprès de ses parents, mais avec le couple Ransome-Kuti, qui l'a tant accompagné durant ce dernier segment de son parcours. La fin du récit semble alors coïncider avec celle de l'enfance : l'enfant désormais âgé de onze ans sent « peser sur lui le poids de [ses] années ». Et s'il désigne à nouveau les adultes comme des êtres « irrationnels », on peut sans doute voir ici comme une distance à l'égard d'un tel caractère, et de ses effets : l'enfant qui dans les chapitres précédents ne comprenait, en effet, pas la « logique » de ses aînés, monde énigmatique à décrypter, ne l'envisage désormais plus avec inquiétude, mais comme une étape à laquelle il lui faut s'ajuster à nouveau, tranquillement. Tel est le résultat, apparemment probant, de sa formation, et le signe implicite de la réussite à venir.

Technique du résumé et de la dissertation

Nature de l'épreuve

Elle diffère suivant les concours, en nature (résumé + dissertation ou seulement dissertation) et en durée (4 heures ou 3 heures).

Filières MP/PC/PSI/TSI

Écrits ENS	Dissertation sur programme (note ne comptant que pour l'admissibilité) Durée : 4 heures
Écrits X-Polytechnique	Dissertation sur programme Durée : 4 heures
Écrits Concours commun Mines-Ponts	Dissertation sur programme Durée : 3 heures
Écrits Centrale	Résumé + dissertation sur programme Durée : 4 heures
Écrits CCP	Résumé + dissertation sur programme Durée : 4 heures
Écrits E3C	Dissertation sur programme Durée : 3 heures
Oral X-Polytechnique	Résumé et commentaire d'un texte hors programme Durée : 1 heure (30 minutes préparation – 30 minutes passage)

Oral Concours commun Mines-Ponts	Analyse et commentaire d'un texte hors programme d'après 1945 Durée : 1 heure (30 minutes préparation – 30 minutes passage)
Oral CCP	• Entretien de personnalité et motivation Durée : 30 ou 45 minutes
TPE et EIVP	• Analyse et commentaire d'un texte hors programme d'après 1945 Durée : 1 heure

Filières PT

Français A	Dissertation sur programme Durée : 4 heures
Français B	Résumé + dissertation Durée : 4 heures

Filières BCPST

Agro Véto	Dissertation sur programme Durée : 3 heures
G2E	Dissertation sur programme Durée : 3 heures
TBE	Analyse + développement sur programme Durée : 3 heures

L'épreuve de français-philosophie forme un tout composé d'un résumé et d'une dissertation pour la banque d'épreuves Centrale et CC-INP, l'ensemble étant à réaliser en 4 heures.

Pour le concours Centrale-Supélec, le texte à résumer et le résumé sont plus longs que pour le concours CC-INP.

Le texte type Centrale-Supélec comporte entre 1 000 et 1 200 mots et est à résumer en 200 mots pour les MPSI et PCSI et en 150 mots pour les TSI. De plus, il faut que la dissertation du concours Centrale-Supélec comporte moins de 1 800 mots. L'esprit de synthèse est explicitement encouragé dans l'intitulé du sujet de ce concours, ainsi que l'appel à des citations précises des textes du corpus, ce qui est moins explicitement souligné dans d'autres banques d'épreuves. Il est à noter que vous n'aurez aucun ouvrage à votre disposition le jour de l'épreuve. Il vous faudra donc apprendre des citations par cœur. Le résumé et la dissertation sont notés globalement en une seule et unique note pour le concours Centrale-Supélec.

Le texte type CC-INP compte quant à lui entre 700 et 900 mots et est à résumer en 100 mots pour toutes les filières. Il n'y a dans ce cas-là pas de limite haute du nombre de mots pour la dissertation. Pour ce concours, le résumé est noté sur 10 points et la dissertation sur 20 points, chaque exercice étant noté de manière séparée.

Pour ce qui est de la qualité des textes et du type de textes choisis, il est à remarquer que les textes donnés sont souvent récents (XXe et XXIe siècles), et assez généraux pour aborder de manière transversale tous les aspects du thème et éclairer l'ensemble du corpus. Ce ne sont que très rarement des textes usant d'un vocabulaire technique et proposant des argumentations spécifiques et pointues.

NB : On peut, en droit, tomber sur le programme de la première année de classes préparatoires, mais dans les faits cela n'arrive que très rarement. Néanmoins, il faut garder en tête cette éventualité, en relisant ses cours de première année avant le concours.

Méthodologie du résumé de texte

Remarques préliminaires

L'organisation du temps

Il s'agit d'un point décisif de l'épreuve car il vous faut répartir l'exécution de plusieurs tâches en un temps somme toute restreint. Il est donc très important d'avoir, dès les entraînements réalisés au long de l'année, une organisation stricte du temps imparti et une bonne gestion des priorités.

Il faut réserver environ une heure et demie sur quatre à la lecture du texte et à la rédaction du résumé. Pas moins d'une heure et demie, en effet, sinon la lecture et la compréhension du texte risquent d'être bâclées et le hors-sujet vous guette pour la dissertation, ainsi que la perte de points liée à un résumé rédigé à la va-vite. Mais pas plus d'une heure et demie non plus, car sinon la rédaction complète de la dissertation en sera compromise. Il faut réserver en effet au moins deux heures et demie à la dissertation. Plus précisément, pour le brouillon de la dissertation, on réservera quarante minutes, pour la rédaction de la dissertation, on comptera une heure et demie et pour la relecture au minimum vingt minutes.

La lecture complète de tout le sujet

Avant toute chose, il convient de commencer par une lecture complète du sujet, c'est-à-dire du texte et du sujet de dissertation, avec sa consigne précise. Soulignez bien les exigences précises formulées dans le sujet. Il est souhaitable de prendre connaissance du sujet de dissertation avant de faire le résumé, bien qu'elle ne soit réalisée que dans un second temps. En effet, on peut, tout en travaillant sur le résumé, se faire une petite fiche au brouillon avec des concepts clés repérés dans le texte en vue de la dissertation. Cela nourrira le corps de votre développement et vous permettra de ne pas oublier des pistes à exploiter pour étoffer vos paragraphes une fois votre plan de dissertation élaboré. La lecture attentive du sujet de dissertation peut en outre aiguiller sur le sens global du texte, son intérêt. Les concepteurs du sujet mettent en avant pour la dissertation une des phrases essentielles du texte, ou une de celles les plus en lien avec le thème annuel d'une part et avec le corpus d'autre part, afin que le candidat se positionne face à la thèse soutenue par l'auteur dans cet extrait précis. La lecture du sujet de dissertation peut aider à saisir ce qu'il faut mettre en relief dans le texte à résumer.

Faire le résumé, c'est se donner les moyens de maîtriser le texte, c'est-à-dire ses concepts clés, sa progression. C'est aussi anticiper la dissertation et l'argumentation que l'on va développer pour débattre avec l'auteur. La réalisation du résumé et celle de la dissertation sont intimement liées. Qui a bien réalisé son résumé réussira souvent bien sa dissertation et réciproquement, qui a lu le sujet de dissertation avant de faire le résumé pour anticiper sur la suite réussira à coup sûr mieux son résumé.

À titre préliminaire, on peut conseiller, à la fin de la première lecture du texte, de toujours bien noter le titre de l'ouvrage d'où il est extrait, ainsi que la date de parution, et si on connaît l'auteur, d'imaginer quelle importance cela peut avoir pour ne pas oublier dans le développement de la dissertation d'exploiter ces données. Si l'auteur est un homme politique célèbre, un romancier… cela peut avoir son importance de le souligner. Parfois, le titre du texte offre une réelle clé de compréhension, en faisant surgir un concept qui n'est pas explicitement inscrit dans le texte, mais qu'il faut utiliser pour éclairer le texte ou en synthétiser des parties, car implicitement, le texte tourne autour de cette notion que le titre nous révèle.

Définition du résumé

Une contraction du texte

Le résumé doit être une contraction du texte, autrement dit une réduction, une maquette ou un modèle réduit. C'est un point de méthode très important à intégrer, car cela est spécifique par rapport à d'autres types de résumé que vous auriez pu avoir à faire par ailleurs au collège ou au lycée, par exemple de la synthèse de documents divers en cours d'histoire ou un dossier sur un thème. Il ne faut donc ni commenter le texte, ni l'analyser, ni le critiquer dans le résumé, car ces tâches sont réservées à la dissertation. Il ne faut pas ajouter d'éléments, hormis des liens logiques permettant de restituer la progression des arguments du texte. Vous ne devez jamais écrire : « L'auteur… dans son œuvre… dit que… »

Vous devez conserver les personnes utilisées par l'auteur (dites « je », si l'auteur dit « je », dites « nous », s'il dit « nous », « on », s'il dit « on »…), les temps employés (gardez les mêmes temps et les mêmes modes, indicatif si c'est indicatif, subjonctif si c'est subjonctif, etc.), les moyens rhétoriques (s'il y a des adresses au lecteur, vous pouvez les restituer), la tonalité (lyrique, emphatique, critique, polémique…). S'il y a un exemple et qu'il est long et décisif, vous pouvez choisir de le maintenir en le raccourcissant, bien évidemment. S'il y a une longue liste d'exemples, vous pouvez choisir de conserver l'idée de liste, d'énumération, mais en plus restreinte.

Reformuler la pensée d'autrui sans la dénaturer

Bien comprendre l'objectif de l'exercice est primordial. En tant que futur ingénieur ou dirigeant d'entreprise, en tant qu'enseignant-chercheur en biologie ou vétérinaire, on veut savoir si vous savez restituer correctement la pensée d'autrui sans la travestir, sans la juger, sans la dénigrer, avec une forme de neutralité absolue à son égard. Il faut donc respecter absolument la pensée de l'auteur, y être fidèle, ne pas s'en écarter, s'y tenir. On veut aussi mesurer la qualité de votre langue française, votre maîtrise des subtilités de la grammaire, votre usage des synonymes, la pertinence des liens logiques que vous faites surgir.

Reformuler suppose de construire un nouveau texte et c'est la qualité de chaque nouvelle phrase qui compte. Un résumé est par nature bref. Tout y prend par conséquent de l'importance, y compris la ponctuation. Une seule phrase bancale peut vraiment venir ruiner tout votre résumé, ce qui n'est pas le cas pour la dissertation, où le correcteur pardonne volontiers une tournure malheureuse.

Il ne faut pas déformer la pensée de l'auteur en la rendant floue, vague, imprécise. Il ne s'agit pas de dire « mal » ce que l'auteur a si « bien » dit. Il faut donc éviter soigneusement les mots « chose », « quelqu'un », « des personnes pensent que », « depuis la nuit des temps », « depuis toujours », « il y a des gens qui... ». Le mot « chose » peut être par exemple utilement remplacé par « état », « élément », « facteur », « fonction », suivant le sens de la phrase. Utilisez des ressorts comme les pronoms relatifs « duquel », « auquel », « dont » qui élèvent, bien employés, la qualité de la langue.

Le résumé doit au maximum consister en une reformulation avec vos expressions propres, du texte initial. Il ne s'agit pas d'appauvrir le niveau de langue du texte ou de trop le simplifier, nous l'avons dit. Au contraire, vous devez rester très précis et choisir la formule adéquate. Vous ne devez pas vous contenter de sélectionner les phrases importantes et de les coller « bout à bout ». Il faut absolument éviter de faire un « patchwork » du texte, assemblage maladroit dont se contentent souvent trop facilement les candidats, omettant une partie de l'exercice, à savoir la reformulation. Il ne suffit pas de réduire les idées du texte, il faut aussi les retraduire par des synonymes, des mots qui résument bien tout un pan de phrase initiale.

Parfois, certains mots ne peuvent pas être reformulés sans obscurcir le sens. En ce cas, il faut absolument les maintenir, les modifier serait une erreur. C'est souvent le cas des notions phares du programme autour desquelles tournent les textes proposés au concours. Les conserver est ici judicieux.

La clarté du résumé

Du point de vue de la clarté et du style, il faut éviter les « phrases fleuves ». On veut dire par là qu'il ne faut pas se laisser aller à écrire « au fil de la plume », à passer « du coq à l'âne », mais au contraire surveiller constamment le sens précis de chaque phrase, contrôler systématiquement la production de l'enchaînement des mots dans la phrase et des phrases entre elles.

Dans le même ordre d'idées, doivent être évitées les « phrases à rallonge » où le correcteur, même avec de la bonne volonté, se perd. Pensez ici à vérifier la ponctuation, pour faire respirer la phrase aux bons endroits.

Les « phrases à tiroirs » ou « en cascade » doivent également être prohibées. Par exemple, une cascade de « qui », et de « que » est à éviter, car le lecteur finit par ne plus savoir ce qui est qualifié. Le mieux est bien souvent, quand on sent une phrase s'alourdir, de faire deux petites phrases au lieu d'une, en les reliant correctement par un lien logique précis. Une idée par phrase bien souvent suffit, à moins de parfaitement maîtriser la grammaire française et de connaître l'art rhétorique, mais n'est pas Victor Hugo qui veut... La modestie en la matière, si elle garantit la maîtrise parfaite de ce que vous dites et voulez dire, sera appréciée, ou en tout cas ne prêtera pas le flanc à la critique. Pour faire bref sur ce point important, il vaut mieux faire deux phrases courtes bien solides qu'une phrase plus longue mais présentant une construction grammaticale incorrecte. Essayez de bien évaluer le niveau d'expression qui est le vôtre et de ne pas viser trop haut : en voulant mieux faire, vous feriez pire. D'autres moins audacieux vous passeraient alors devant... À vous de savoir être bon stratège en connaissant votre niveau, en sachant manier vos armes.

Préférez les liens logiques forts (« toutefois », « néanmoins », « or », « mais », « par contraste »...) aux liens logiques faibles (« puis », « ensuite »...), qui juxtaposent simplement les idées, les collent les unes aux autres, mais sans donner la véritable logique de l'articulation du propos, sans en éclairer la progression, alors que c'est précisément ce à quoi doit tendre votre résumé.

Pour finir, évitez les « phrases bancales », qui offrent par exemple une proposition relative sans la subordonnée, ou qui annoncent un balancement qui ne vient pas (« tandis que... »). Évitez encore les phrases « en style télégraphique », ainsi que les phrases nominales, sans verbe conjugué. Ce n'est pas au correcteur de finir vos phrases. Toute abréviation est formellement interdite, ainsi que l'indication de numérotation pour vos parties de résumé ou de dissertation. Tout doit être rédigé. Évitez dans le même ordre d'idées les tirets ou astérisques, que certains croient possible d'utiliser pour indiquer plusieurs points ou plusieurs arguments pour leurs résumés. On ne fait ni une fiche de résumé de cours, ni une « carte mentale » du texte. Le résumé doit être un texte complet dont toutes les phrases tiennent par elles-mêmes et sont bien reliées entre elles. Des phrases qui laisseraient le sens en suspens, flottant, et qui contribueraient à créer du flou, alors que l'on cherche la clarté de l'expression, sont à retravailler jusqu'à l'entière satisfaction du candidat.

Atouts d'un bon résumé

Restituer toutes les idées centrales du texte

Les critères d'un bon résumé sont, dans l'ordre d'importance, tout d'abord la restitution de *toutes* les idées principales du texte, y compris *celles de la fin du texte*, souvent omises par absence de vue d'ensemble et par mauvaise gestion du temps. De plus, les idées principales doivent occuper dans le résumé la même proportion que dans le texte initial. Le contenu est donc primordial. Le résumé n'est pas qu'un exercice formel, creux, vide, superficiel. Il indique le mouvement du texte, ses points forts, ses inflexions, et aide à comprendre ce que défend son auteur et la manière dont il s'y prend.

Atteindre la clarté

Compte en second lieu la clarté du résumé produit, qui devrait en droit être compris par quelqu'un qui n'a pas lu le texte initial. Par conséquent, évitez toute allusion vague au texte. Vérifiez cela en vous demandant si une personne lambda comprendrait ce que vous dites.

Viser la justesse de l'expression

La justesse de l'expression en découle, au titre de troisième critère. Comme dans un mots-croisés, qui constitue soit dit en passant un excellent entraînement à l'enrichissement de votre vocabulaire pour faire de bons résumés, il faut « se creuser la tête » pour trouver le bon mot, la meilleure expression, celle que l'on nomme « l'expression consacrée », autrement dit le bon mot-clé ou le concept parfait.

Il faut ensuite vérifier les prépositions, restituer les tournures adéquates, vérifier la concordance des temps. Pour garantir que l'on a trouvé la bonne préposition, on peut sortir l'expression de la phrase du résumé : par exemple, on dit « se consacrer à », « aspirer à », « se satisfaire de », « se souvenir de »... Sortir l'expression de la phrase permet parfois de rectifier une préposition initialement mal choisie qui va obscurcir le sens de votre texte.

La correction orthographique est prise en compte et a une grande importance, ce qui est toujours rappelé dans les intitulés des sujets et dans les rapports de jury. On peut souvent facilement corriger, en y réfléchissant quelques minutes, les accords sujet/verbe, nom/adjectif... Encore faut-il s'en donner la peine. Un résumé sans aucune faute au milieu d'un océan de résumés qui en sont truffés constitue un véritable bain de jouvence pour votre correcteur, qui sera prêt à être indulgent sur d'autres points.

Adopter des tournures élégantes

L'élégance du style, pour finir, se gagne en travaillant à cela tout au long de l'année. Ne craignez jamais d'user d'un vocabulaire trop raffiné ou de vous rendre ridicule en usant d'un « nonobstant le fait que », « d'une part... d'autre part... », « de manière générale... plus particulièrement... », car on attend précisément de vous que vous jouiez le jeu de l'élégance stylistique. Cela fera la différence avec ceux qui en restent à des formulations banales, « bateau », plates, naïves, enfantines... Réussir un concours consiste bien souvent non pas à faire différemment des autres, mais à faire simplement mieux que les autres, à dire plus finement ce que d'autres ont dit trop grossièrement.

On entend par l'élégance stylistique la légèreté de l'écriture, la rareté de son vocabulaire, sa précision. La capacité à faire du résumé un tout unifié, organique, où chaque élément trouve sa juste place. On veut un texte qui progresse de manière limpide, sans aucun « cheveu sur la soupe ».

Utilisez des métaphores, des comparaisons, si cela s'y prête, des expressions travaillées. Usez d'une ponctuation ne négligeant pas l'usage des points-virgules. Le candidat ne doit pas écrire comme il parle. Évitez tout langage commun, toute expression familière, toute apostrophe qui donne l'impression d'oralité, ainsi que les expressions « forcément », « bien sûr », « et bien », « et oui », qui doivent être remplacées respectivement par « nécessairement », « évidemment », « en l'occurrence », « certes ». Vous ne devez de manière générale jamais, au cours de la copie, vous adresser directement au correcteur. Ne lui faites aucun clin d'œil, ne faites aucun sous-entendu (« vous l'avez bien compris »...) et ne témoignez d'aucune familiarité (« vous tomberez en cela d'accord avec moi »...).

Organiser la rédaction du résumé

Pour le résumé, il est possible de procéder en trois temps. Certes, d'autres méthodes pertinentes sont toujours possibles et il vous faut suivre celle qui vous convient le mieux, en prenant en compte les conseils et les astuces de votre professeur ainsi que votre propre personnalité. Néanmoins, en règle générale, employer toujours la même méthode toute l'année, que ce soit en DS, en concours blanc ou au véritable concours, est vivement recommandé. Il ne faut en effet pas improviser la méthodologie le jour J, pas « changer de monture » en cours de route. Votre méthode de résumé, quelle qu'elle soit, doit être parfaitement rodée avant le concours et contribuer à vous rassurer le jour J et à vous permettre de rester bien lucides et concentrés lors de l'exercice. Vous ne devez pas être en train de vous demander par où commencer. Toutes les étapes à suivre doivent vous être au contraire bien connues. Vous devez suivre le jour du concours la méthode à laquelle vous faites confiance pour réussir, en vous mettant comme sur une sorte de rail. Si l'oubli d'une idée centrale est sanctionné, il est à noter que des résumés assez différents peuvent très bien restituer le texte initial. Les idées centrales peuvent être restituées différemment. Il existe de nombreux bons résumés d'un même texte.

N'oubliez pas que les mots sont à compter avec précision et qu'il faut bien indiquer leur nombre final clairement en fin de résumé et ce sans se tromper, ainsi que marquer par des barres les groupements de 20 ou 40 mots, suivant ce que le sujet exige dans ses consignes. Il convient de bien souligner ces consignes, pour ne pas oublier de le faire en fin de résumé, et de suivre scrupuleusement ce qui est demandé sans ratures. Pour les mots composés, soyez bien attentifs, car on compte autant de mots que d'unités de sens dans le mot : « c'est-à-dire » compte par exemple 4 mots, car les 4 petits mots qui composent cette expression ont chacun un sens pris à part, et cette expression n'est donc pas très efficace, car elle emploie beaucoup de mots pour peu d'effet ; « aujourd'hui » compte pour sa part seulement 1 mot, car « hui » ne signifie rien pris isolément.

Le premier résumé : comprendre la logique du texte

Le premier jet du résumé doit permettre de relever les idées essentielles sans les reformuler, ou en les reformulant le moins possible pour être efficace. Il faut aller assez vite dans cette première démarche, en élaguant au maximum. L'idée est un peu de traverser la « jungle du texte » comme avec une « machette » : il faut délimiter, supprimer des éléments, « tailler » le chemin du texte, pour y voir clair dans sa progression et ses étapes.

Si à la première lecture vous ne comprenez pas une partie du texte, laissez-la en suspens dans un premier temps. Ne forcez pas son interprétation immédiate, surtout si ce que vous comprenez dans ce morceau de texte vous semble incohérent par rapport à l'ensemble, car c'est certainement le signe d'un contresens de votre part. Formulez diverses hypothèses au brouillon sans refermer le sens. Essayez d'éclairer ce passage par ceux qui l'entourent, rétrospectivement, après la lecture de l'ensemble. Avancer dans la lecture d'un texte, c'est sans cesse modifier le sens de ce qui a déjà été lu en fonction de ce qui vient d'être lu. Il convient de ne pas avoir les idées trop vite arrêtées sur une seule interprétation fermée, mais de garder en tête les diverses possibilités de compréhension qui se présentent d'abord à vous. Si vous ne comprenez pas du tout un morceau du texte après diverses tentatives infructueuses, essayez de formuler une idée proche qui, quant à elle, vous semble vraiment claire et cohérente par rapport à ce qui encadre cette partie que vous ne saisissez pas bien. À défaut de bien comprendre, et pour ne pas céder à la panique, il s'agit alors de recomposer en quelque sorte le maillon qui vous manque par déduction logique et de vous rassurer sur le fait que vous avez tout de même globalement saisi le texte. Le résumé ne doit en aucun cas contenir un passage obscur. En dernier recours, il vaut donc mieux escamoter une phrase mal comprise et fournir tout de même un ensemble cohérent faisant sens que de laisser une phrase que l'on sent soi-même obscure au beau milieu de son résumé, en espérant que le correcteur n'y verra que du feu. Ce serait donner le bâton pour se faire battre, car si ce n'est pas clair pour vous, il y a de très grandes chances pour que cela le soit encore moins pour votre correcteur. Il ne faut à aucun moment de la progression se bloquer psychologiquement, mais clarifier petit à petit son interprétation, avancer pas à pas, se conforter dans l'idée qu'on avance dans la tâche à accomplir. Rome ne fut pas faite en un jour…

Essayez à cette étape de regrouper les paragraphes qui enchaînent une même idée ou contiennent la même idée, par exemple en plaçant des accolades dans la marge.

Comptez le nombre de mots obtenu pour chaque groupe d'idées ainsi formé. Fixez ensuite pour chaque paquet un nombre de mots idéal à atteindre, pour que l'ensemble final fasse bien le nombre de mots global attendu (plus ou moins 10 %). Par exemple, si « idée 1 » + « idée 2 » occupent, dans le premier résumé, 42 mots, on peut se fixer 30 mots dans l'idéal pour résumer cette partie ; si « idée 3 » occupe 54 mots, on peut raisonnablement fixer 40 mots pour le résumé final, car on sent qu'on pourra beaucoup gagner en synthèse pour cette partie, etc., cela de sorte que l'ensemble des projections chiffrées soit bien égal au nombre total de mots autorisé (100/150/200 mots). L'avantage de cette méthode est de se fixer des sous-objectifs faciles à remplir, de bien avoir en tête les proportions pour chaque idée et de ne pas se retrouver à recompter sans cesse l'ensemble des mots.

Ensuite, soulignez les morceaux de phrases qui vous semblent, au terme de cette première étape, faciles à réduire pour le second résumé, c'est-à-dire soulignez les éléments non essentiels, à ôter définitivement : les exemples inutiles à la compréhension de l'argumentation générale, les idées qui apparaissent rétrospectivement secondaires, une fois le premier jet terminé, les citations d'un auteur que ferait l'auteur du texte et qu'il serait lourd de conserver, le nom d'un auteur dont parle le texte, une description à rallonge... Vous pouvez aussi souligner les éléments qui peuvent facilement être rassemblés en un seul mot-clé qui les résumerait bien. Pensez aux mots-clés et au vocabulaire technique vus pendant vos cours, notamment les cours d'introduction générale au thème, car ils peuvent habilement synthétiser un groupe d'idées tout en montrant que vous maîtrisez le vocabulaire spécifique au thème annuel. Soulignez également les éléments qui témoignent de répétition et pourront être synthétisés pour encore gagner en nombre de mots à l'étape suivante.

Le second résumé : reformuler au maximum

Au second jet, vous essayez de reformuler *tous* les passages possibles à reformuler, au maximum. Vous devez sans cesse vous demander : puis-je trouver un synonyme pour ce mot sans perdre son sens initial ? Y a-t-il un concept technique approprié pour décrire le phénomène dont parle l'auteur dans ce paragraphe ?

Il ne suffit pas d'inverser l'ordre des propositions d'une phrase pour atteindre l'objectif de reformulation. Vous devez d'ailleurs veiller au maximum à conserver l'ordre des idées du texte. Mais si un parallèle est systématiquement établi entre deux termes dans tout un paragraphe du texte initial, et que ce parallèle se poursuit au paragraphe suivant, vous pouvez tenter de rassembler tout ce qui est dit pour qualifier le premier élément d'un côté et tout ce qui est dit pour qualifier le second élément de l'autre, avec un lien logique fort permettant de saisir le contraste, le parallèle, la balance, la tension, etc. entre les deux éléments. Cela évitera en effet de répéter les sujets des phrases plusieurs fois et montrera que vous avez compris sur quel contraste majeur le texte est construit.

Pour reformuler, on sera très attentif à éviter toute répétition. Le correcteur mesure votre esprit de synthèse, votre capacité à la concision sans perte de qualité du propos. Utilisez des pronoms de rappel appropriés (« ils », « ceux-ci », « ces derniers », « ceux-là », « les premiers », « lui », « y », « en »...). Veillez à ce que chaque pronom soit bien à la bonne personne et au bon nombre, et vérifiez que chaque pronom de rappel renvoie bel et bien à un terme mentionné auparavant dans le résumé, et ce sans figurer trop loin de lui, pour ne pas créer d'ambiguïté. Le résumé ne doit en aucun cas devenir un jeu de piste énigmatique. « Celui-ci » désigne le groupe nominal le plus proche dans la phrase précédente (équivalent de « ce dernier »), « celui-là », le groupe nominal qui est le plus éloigné (équivalent de « le premier »).

Vous pouvez habilement réduire le nombre de mots en remplaçant une subordonnée relative par un adjectif qualificatif apposé au sujet (par exemple « cette femme qui a le courage de vivre dans l'adversité... » → « Courageuse, cette femme... »). Faites attention, ce faisant, à ne pas trop cumuler d'idées dans une même phrase. Évitez de manière générale tout « agglomérat » d'idées, c'est-à-dire des idées présentées sans liant, sans ciment, sans articulation entre elles, « collées » les unes aux autres. Vous ne devez pas apporter à votre correcteur tout votre matériel de construction « en tas », empilé, entassé, comme les candidats se contentent souvent de le faire : à vous au contraire d'indiquer où se tracent vos fondations et de monter vous-mêmes les murs.

Apprenez à aller au bout de votre idée et à poursuivre jusqu'aux finitions. Souvent, les candidats ont bien trouvé les bonnes idées, mais beaucoup ne font pas l'effort d'aller jusqu'au bout pour les transmettre correctement au correcteur. Or c'est bien là l'essentiel de tout processus de communication, quel qu'il soit. Ce n'est pas au correcteur d'imaginer ce que vous vouliez dire, de même que ce ne sera pas à vos futurs collaborateurs de deviner vos sous-entendus. Ce n'est pas au correcteur de déchiffrer vos rébus ou de tenter d'interpréter ce que vous avez peut-être eu comme idée. Il n'a pas le temps pour cela et vous pénalisera s'il doit sans cesse chercher derrière ce que vous dites ce que vous avez « voulu dire ». Une bonne copie se lit d'une traite, car le correcteur n'a à aucun moment à se demander ce que le candidat a bien voulu dire : cela coule de source.

Vous pouvez gagner des mots en remplaçant « c'est-à-dire » (4 mots) par « autrement dit » (2 mots), « par conséquent » (2 mots) par « donc » (1 mot), « en effet » (2 mots) par « car » (1 mot), « tandis que » (2 mots) par « quand » (1 mot)... Attention toutefois, en voulant économiser absolument le nombre de mots, à ne pas vous retrouver avec un style trop sec, ou même complètement aride. Il faut parfois préférer un « en effet » à un « car », s'il est plus fluide et permet de mieux comprendre précisément l'enchaînement des idées.

Il faut chercher longuement le synonyme approprié, pour être sûr de ne pas déplacer le sens du texte. Ce conseil est très important, car souvent, en reformulant, les étudiants font dériver le sens du texte vers un autre sens. Cela leur coûte alors un contresens, fatal le jour du concours. Si vous n'êtes pas sûr de votre synonyme, autant conserver l'expression du texte initial telle quelle. Ce ne sera certes pas très « glorieux », mais cela évitera au moins une note divisée par deux pour prix de ce contresens. Il faut vérifier que chaque phrase du résumé ait du sens, et ce, même pour un correcteur qui n'aurait pas connaissance du texte initial. En bref, il ne faut pas se contenter de faire des allusions vagues au texte initial, on l'a déjà dit, mais on ne saurait que trop le répéter. Il faut que quelqu'un qui n'ait pas lu le texte comprenne facilement tout ce que le résumé contient. Évitez par conséquent ce qui est dit de manière par trop « tortueuse ».

Il faut enfin à ce niveau du résumé ajouter des liens logiques entre les idées, pour qu'on comprenne bien la logique de l'enchaînement argumentatif (« toutefois », « certes », « or », « néanmoins »,

« tandis que », « par contraste », « a priori », « de fait », « en droit », « si », « alors »...).

On vérifie pour terminer cette seconde étape qu'on parvient bien au nombre de mots idéalement fixé dans la première étape pour chaque paquet d'idées. Si ce n'est pas le cas, on réestime à nouveau les proportions pour chaque groupement d'idées et on réajuste les objectifs finaux. Si un passage semble maladroit, on le souligne pour l'améliorer encore dans la troisième et dernière version, qui est la version finale.

Le troisième résumé : l'élégance du style

Le dernier jet peut se faire au brouillon si on pense qu'on a encore le temps pour cela, c'est-à-dire s'il reste bien une demi-heure sur l'heure et demie consacrée au résumé, une fois arrivé à ce stade. Si l'on constate que l'on n'a plus de temps pour faire les finitions au brouillon, on reformule directement cette troisième étape au propre, en n'allant toutefois pas trop vite, pour éviter de raturer le texte ou d'utiliser des effaceurs qui vont peut-être rendre votre copie illisible avec le passage du temps.

On peut aller plus vite pour compter le nombre de mots si on place à ce stade les mots dans une grille de 10 par 10, avec 10 mots par ligne, 1 mot par case. Mais la grille ne doit figurer qu'au brouillon, et non dans la version finale.

Lors de la dernière étape, une attention particulière sera portée au style et à la correction de la langue. On essaye de bien traduire ce que le texte dit avec des expressions élégantes, raffinées, bien choisies... On arrive avec précision au nombre de mots prévu. On rajoute un mot si cela rend le texte plus fluide, plus léger et qu'on peut se le permettre, en fonction du nombre de mots imparti. On ajoute la ponctuation adéquate pour rythmer la lecture du correcteur et l'aider à comprendre comment on groupe les mots.

Cette étape doit aller vite, par contraste avec la seconde, qui demande plus de temps que les deux autres.

Importance de la typographie et de l'écriture

Pour le résumé et la dissertation, la typographie est essentielle. Il convient de présenter d'abord le résumé sur la copie, en un seul « bloc », c'est-à-dire sans sauter de lignes au milieu du résumé, puis de la dissertation. Toutefois, il faut marquer des alinéas clairs pour pointer visuellement les articulations du texte, comme dans l'introduction de la dissertation. Pour un résumé de 100 mots, nous conseillons au maximum 3 alinéas ; pour un résumé de 200 mots, un maximum de 6 alinéas. Ne marquer aucun alinéa serait dommage. Il convient en effet de profiter de la typographie pour « dire » visuellement au correcteur comment les idées s'articulent entre elles, et la typographie permet de le faire sans augmenter le nombre de mots. Faire trop d'alinéas morcellerait abusivement le texte. Il n'est absolument pas judicieux de revenir à la ligne à chaque phrase, comme on voit certains candidats le faire mécaniquement, ne songeant pas à l'effet ruineux que cela a sur la compréhension même du propos et à l'agacement créé chez le correcteur qui n'arrive plus à déterminer quand commence et quand finit un paragraphe, quand commence l'introduction, quand elle finit.

Il ne faut ni écrire en utilisant tous les petits carreaux de la copie, votre écriture serait trop tassée, fatigante à déchiffrer, illisible, ni sauter trop de lignes, comme si vous attendiez une correction entre vos lignes. C'est un concours, votre copie ne sera pas corrigée comme pour un devoir habituel. Vous pourriez donner la malencontreuse impression au correcteur de vouloir « remplir de la page » et ce n'est en aucun cas l'objectif de l'épreuve, qui se joue sur la qualité du contenu. Il convient d'espacer tout simplement normalement les lignes. Parfois, vos correcteurs ont plus de deux cents copies à corriger, voire jusqu'à quatre cents, songez à leur fatigue ou à leur énervement si vous ne respectez pas cela. Ce qui peut vous sembler secondaire sur ce point sera de fait perçu comme un manque de maîtrise des codes élémentaires de communication par votre correcteur. Faire une bonne copie, c'est comprendre et suivre des règles : les connaître et les appliquer, cela fait partie de la note finale, comme une question de politesse entre candidat et correcteur.

De même, la qualité de l'écriture est à soigner. Il est certes difficile de modifier notre écriture, tant elle est attachée à notre personnalité. Mais on peut ici aussi faire des efforts en s'entraînant toute l'année. Gonflez bien les lettres si vous avez une écriture qui a tendance à se tasser sur elle-même, écrivez lisiblement les fins de mots, où se joue la vérification de l'orthographe (les accords), marquez les barres de *t*, les points en fin de phrase, les majuscules en début de phrase, les *p* doivent se distinguer des *r*, les *r* ne doivent pas s'effacer en *n*, les doubles consonnes (*nn*) doivent être apparentes, etc. Si vous recevez souvent des remarques quant à la lisibilité de votre écriture, écrivez plus lentement, souvent cela suffit à rendre une écriture lisible. Une certaine lenteur n'est pas un défaut au moment de la rédaction, car votre esprit de synthèse est particulièrement recherché, ainsi que la qualité de l'expression. On n'obtient pas une meilleure note pour une dissertation plus longue, bien qu'une certaine quantité de développement soit tout de même attendue, quel que soit le concours. On ne peut donner autant d'informations et faire preuve d'autant de nuances dans une copie de trois pages que dans une copie qui en compte six.

Résumés corrigés

Sujet n° 1

Sujet type Centrale (filières MP/PC/PSI) (4 heures, résumé en 200 mots + dissertation)

Voir page 371 pour la partie Dissertation du sujet.

Bruno Bettelheim, *Psychanalyse des contes de fées* [1]

Vous résumerez ce texte de Bruno Bettelheim en 200 mots (+/- 10 %).

L'enfant, parce que la vie lui semble souvent déroutante, a le plus grand besoin qu'on lui donne une chance de se comprendre mieux au sein du monde complexe qu'il doit affronter. Il faut donc l'aider à mettre un peu de cohérence dans le tumulte de ses sentiments. Il a besoin d'idées qui lui permettent de mettre de l'ordre dans sa maison intérieure et, sur cette base, dans sa vie également. Il a besoin – et il est inutile d'insister sur ce point à l'époque actuelle de notre histoire – d'une éducation qui, subtilement, uniquement par sous-entendus, lui fasse voir les avantages d'un comportement conforme à la morale, non par l'intermédiaire de préceptes éthiques abstraits, mais par le spectacle des aspects tangibles du bien et du mal qui prennent alors pour lui toute leur signification.

C'est grâce aux contes de fées que l'enfant peut découvrir cette signification. Comme beaucoup d'autres notions psychologiques

1. Paris, Éditions Robert Laffont, 1976, p. 15-19.

modernes, celle-ci a été depuis longtemps pressentie par les poètes. Schiller, par exemple, a écrit : « Je trouvais plus de sens profond dans les contes de fées qu'on me racontait dans mon enfance que dans les vérités enseignées par la vie. »

À force d'avoir été répétés pendant des siècles (sinon des millénaires) les contes de fées se sont de plus en plus affinés et se sont chargés de significations aussi bien apparentes que cachées ; ils sont arrivés à s'adresser simultanément à tous les niveaux de la personnalité humaine, en transmettant leurs messages d'une façon qui touche aussi bien l'esprit inculte de l'enfant que celui plus perfectionné de l'adulte. En utilisant sans le savoir le modèle psychanalytique de la personnalité humaine, ils adressent des messages importants à l'esprit conscient, préconscient et inconscient, quel que soit le niveau atteint par chacun d'eux. Ces histoires, qui abordent des problèmes humains universels, et en particulier ceux des enfants, s'adressent à leur moi en herbe et favorisent son développement, tout en soulageant les pressions préconscientes et inconscientes. Tandis que l'intrigue du conte évolue, les pressions du ça se précisent et prennent corps, et l'enfant voit comment il peut les soulager tout en se conformant aux exigences du moi et du surmoi.

L'intérêt que je porte aux contes de fées ne résulte pas de cette analyse technique de leurs mérites. Au contraire, il vient de ce que, au cours de mon expérience, je me suis souvent demandé pourquoi les enfants, normaux et anormaux, et à tous les niveaux d'intelligence, trouvent les contes de fées beaucoup plus satisfaisants que toutes les autres histoires qu'on peut leur proposer.

Plus j'essayais de comprendre pourquoi les contes réussissaient si bien à enrichir la vie intérieure de l'enfant, plus je me rendais compte que, plus profondément que tout autre matériel de lecture, ils débutent là où se trouve en réalité l'enfant dans son être psychologique et affectif. Ils lui parlent de ses graves pressions intérieures d'une façon qu'il enregistre inconsciemment et – sans minimiser les luttes intimes les plus sérieuses suscitées par la croissance – ils lui font comprendre par l'exemple qu'il existe des solutions momentanées ou permanentes aux difficultés psychologiques les plus pressantes.

Quand une donation de la fondation Spencer m'a fourni le loisir d'étudier la contribution que peut apporter la psychanalyse à l'éducation des enfants, constatant que la lecture (que l'enfant lise lui-même ou qu'on lui lise une histoire) joue un rôle essentiel dans cette éducation, il m'a paru judicieux de profiter de l'occasion pour explorer en détail et en profondeur l'apport inestimable des contes de fées folkloriques ; j'espère ainsi aider les parents et les éducateurs à mieux comprendre leurs mérites uniques et les inciter à leur rendre la place qu'ils ont tenue pendant des siècles et des siècles dans la vie des enfants.

Pour pouvoir régler les problèmes psychologiques de la croissance (c'est-à-dire surmonter les déceptions narcissiques, les dilemmes œdipiens, les rivalités fraternelles ; être capable de renoncer aux dépendances de l'enfance ; affirmer sa personnalité, prendre conscience de sa propre valeur et de ses obligations morales), l'enfant a besoin de comprendre ce qui se passe dans son être conscient et, grâce à cela, de faire face également à ce qui se passe dans son inconscient. Il peut acquérir cette compréhension (qui l'aidera à lutter contre ses difficultés) non pas en apprenant rationnellement la nature et le contenu de l'inconscient, mais en se familiarisant avec lui, en brodant des rêves éveillés, en élaborant et en ruminant des fantasmes issus de certains éléments du conte qui correspondent aux pressions de son inconscient. En agissant ainsi, l'enfant transforme en fantasmes le contenu de son inconscient, ce qui lui permet de mieux lui faire face. C'est ici que l'on voit la valeur inégalée du conte de fées : il ouvre de nouvelles dimensions à l'imagination de l'enfant que celui-ci serait incapable de découvrir seul. Et, ce qui est encore plus important, la forme et la structure du conte de fées lui offrent des images qu'il peut incorporer à ses rêves éveillés et qui l'aident à mieux orienter sa vie.

Chez l'enfant comme chez l'adulte, l'inconscient est un déterminant puissant du comportement. Quand il est refoulé, le conscient finira par être en partie envahi par des dérivatifs, faute de quoi l'individu sera contraint d'exercer sur ces éléments inconscients un contrôle si rigoureux, si compulsif, que sa personnalité se retrouvera gravement handicapée. Mais si le matériel inconscient *peut* à un certain degré accéder au conscient et se livrer à l'imagination, son potentiel de nocivité, pour nous-mêmes et pour les autres, est alors très réduit ; une partie de sa force peut être mise au service d'objectifs positifs. Cependant, la majorité des parents croit que l'enfant doit être mis à l'abri de ce qui le trouble le plus : ses angoisses informes et sans nom, ses fantasmes chaotiques, colériques et même violents. Beaucoup pensent que seule la réalité consciente et des images généreuses devraient être présentées aux enfants, pour qu'il ne soit exposé qu'au côté ensoleillé des choses. Mais ce régime à sens unique ne peut nourrir l'esprit qu'à sens unique, et la vie réelle n'est pas que soleil…

La mode veut que l'on cache à l'enfant que tout ce qui va mal dans la vie vient de notre propre nature : le penchant qu'ont tous les humains à agir agressivement, asocialement, égoïstement, par colère ou par angoisse. Nous désirons que nos enfants croient que l'homme est foncièrement bon. Mais les enfants *savent* qu'ils ne sont pas toujours bons ; et souvent, même s'ils le sont, ils n'ont pas tellement envie de l'être. Cela contredit ce que leur racontent leurs parents, et l'enfant apparaît comme un monstre à ses propres yeux.

La culture dominante, en ce qui concerne particulièrement les enfants, veut faire comme si le côté sombre de l'homme n'existait pas, et elle affecte de croire en un « méliorisme » optimiste. La psychanalyse elle-même est censée avoir pour but de rendre la vie facile… ce qui n'était pas du tout dans les intentions de son fondateur. Elle a été créée pour rendre l'homme capable d'accepter la nature problématique de la vie, sans se laisser abattre par elle et sans recourir à des faux-fuyants. Le précepte de Freud est que l'homme ne peut parvenir à donner un sens à son existence que s'il lutte courageusement contre ce qui lui paraît être des inégalités écrasantes.

Tel est exactement le message que les contes de fées, de mille manières différentes, délivrent à l'enfant : que la lutte contre les graves difficultés de la vie est inévitable et fait partie intrinsèque de l'existence humaine, mais que si, au lieu de se dérober, on affronte fermement les épreuves inattendues et souvent injustes, on vient à bout de tous les obstacles et on finit par remporter la victoire.

Corrigé

Premier résumé

Objectif : recherche des idées principales sans reformulation – fixation d'un nombre de mots idéal.

Dérouté, l'enfant a besoin d'aide pour se comprendre mieux au sein du monde complexe qu'il doit affronter. La cohérence ne peut provenir que d'une éducation morale imagée, comme les contes de fées en fournissent. Répétés, affinés, ils se sont chargés de significations, s'adressant à tous les niveaux de la personnalité humaine par des messages destinés au conscient, préconscient et inconscient. Ces histoires, abordant des problèmes humains universels, questionnent le moi en herbe et favorisent son développement, tout en soulageant les pressions préconscientes et inconscientes.

89 mots → idéal = 44 mots

Pourquoi les enfants les adorent-ils ? Ceux-ci débutent où se trouve l'enfant dans son être psychologique et affectif, lui parlant de ses pressions intérieures d'une façon qu'il enregistre inconsciemment et lui font entrevoir des solutions.

39 mots → idéal = 19 mots

La lecture étant décisive, explorons l'apport inestimable des contes de fées pour aider les éducateurs à comprendre leurs mérites. Pour régler les problèmes de la croissance, l'enfant doit comprendre ce qui se passe dans son être conscient et faire face à ce qui se passe dans son inconscient. Il ne peut acquérir cette compréhension en apprenant rationnellement la nature et le contenu de l'inconscient, mais en se familiarisant avec lui, en brodant des rêves éveillés. L'enfant transforme en fantasmes le contenu de son inconscient, ce qui lui permet de mieux faire face. La structure du conte lui offre des images qu'il peut incorporer à ses rêves éveillés et qui l'aident à s'orienter.

119 mots → idéal = 60 mots

L'inconscient nous détermine. Refoulé, le conscient est envahi par des dérivatifs. Cependant, la majorité des parents croit que l'enfant doit être mis à l'abri de ce qui le trouble, mais ne lui présenter que des images ensoleillées ne l'informe que partiellement. Nous désirons que nos enfants croient que l'homme est foncièrement bon. Mais ceux-ci savent qu'ils ne le sont pas toujours, et risquent de se voir comme des monstres s'ils se sentent en contradiction. On veut faire comme si le côté sombre de l'homme n'existait pas. Or, Freud défend que l'homme ne peut parvenir à donner un sens à son existence que s'il lutte contre ce qui lui paraît être des inégalités écrasantes. Tel est le message que les contes délivrent à l'enfant : si, au lieu de se dérober, on affronte fermement les épreuves inattendues et souvent injustes, on en vient à bout.

155 mots → idéal = 78 mots

Deuxième résumé

Objectif : reformulation maximale.

Perdu, l'enfant doit trouver assistance pour se construire dans un univers hostile. Les contes de fées lui offrent des images concrètes. Lourds de significations, ils parlent à tous les niveaux du psychisme. Nourris de problèmes, ils font progresser le moi, réduisant les pressions.

44 mots

Ils le prennent à son niveau, indiquant ses pressions intérieures. Il peut les enregistrer inconsciemment et entrevoir des solutions.

19 mots

La lecture des contes permet la croissance de l'enfant qui l'interprète pour affronter son inconscient, non rationnellement, mais par le fait de l'apprivoiser par l'imaginaire et le jeu sur les fantasmes. La structure du conte lui offre des images qui, insérées à sa rêverie, l'orientent.

50 mots

L'inconscient nous détermine. Refoulé, le conscient est submergé par des dérivatifs. Les parents croient nécessaire de protéger l'enfant, mais ne lui présenter que des images ensoleillées est insuffisant. Si l'homme est présenté naturellement bon et que les enfants sentent qu'ils ne le sont pas constamment, ils se déconsidèrent. On oblitère la méchanceté humaine. Or, on ne peut bien interpréter sa vie que par des combats contre les injustices. Les contes disent le courage qu'il faut pour y arriver.

83 mots

Résumé final

Objectif : élégance, atteindre le bon nombre de mots.

Perdu, l'enfant doit trouver assistance pour se construire dans un univers hostile. Or, les contes de fées lui offrent des images concrètes à interpréter. Lourds de significations, à tous les niveaux du psychisme, ils sont en effet nourris de problèmes récurrents, permettant le progrès du moi par la réduction des pressions inconscientes. Ils se mettent à son niveau, permettant un enregistrement inconsciemment et proposant des solutions.

La lecture des contes autorise donc la croissance de l'enfant qui lit son psychisme pour affronter son inconscient, non par le biais de la rationalité, mais par le fait d'apprivoiser ce dernier par l'imaginaire et le jeu sur les fantasmes. La structure du conte lui offre des images qui, insérées à sa rêverie, l'orientent.

L'inconscient détermine le comportement. Refoulé, le conscient est submergé par des dérivatifs. Les parents croient que l'enfant doit être protégé des dangers, mais ne lui présenter que des images ensoleillées est insuffisant. Si l'homme est présenté naturellement bon et que les enfants sentent qu'ils ne le sont pas constamment, ils se déconsidèrent à leurs propres yeux. On oblitère la méchanceté humaine. Or, on ne peut bien interpréter sa vie que par des combats contre les injustices. Les contes disent le courage qu'il faut pour y arriver sans la masquer.

Total : 219 mots

Sujet n° 2

Sujet type Centrale (filière TSI) (4 heures, résumé + dissertation)
Voir page 383 pour la partie Dissertation du sujet.

Emmanuel Kant, *Réflexions sur l'éducation* (1765-1766) [1]

Vous résumerez ce texte en 150 mots (+/- 10 %).

La discipline transforme l'animalité en humanité. Par son instinct un animal est déjà tout ce qu'il peut être ; une raison étrangère a déjà pris soin de tout pour lui. Mais l'homme doit user de sa propre raison. Il n'a point d'instinct et doit se fixer lui-même le plan de sa conduite. Or puisqu'il n'est pas immédiatement capable de le faire, mais au contraire vient au monde pour ainsi dire à l'état brut, il faut que d'autres le fassent pour lui.

L'espèce humaine doit, peu à peu, par son propre effort, tirer d'elle-même toutes les qualités naturelles de l'humanité. Une génération éduque l'autre. On peut chercher le premier commencement dans un état tout à fait inculte, ou dans un état parfait de civilisation. Mais si l'on admet que ce second état fut celui qui exista tout d'abord, il faut aussi admettre que l'homme est par la suite redevenu sauvage et est retombé dans la barbarie.

La discipline empêche que l'homme soit détourné de sa destination, celle de l'humanité, par ses penchants animaux. Elle doit par exemple lui imposer des bornes, de telle sorte qu'il ne se précipite pas dans les dangers sauvagement et sans réflexion. La discipline est ainsi simplement négative ; c'est l'acte par lequel on dépouille l'homme de son animalité ; en revanche l'instruction est la partie positive de l'éducation.

L'état sauvage est l'indépendance envers les lois. La discipline soumet l'homme aux lois de l'humanité et commence à lui faire

1. Traduit par Alexis Philonenko, Paris, Vrin, 1996, p. 70-74.

sentir la contrainte des lois. Mais cela doit avoir lieu de bonne heure. C'est ainsi par exemple que l'on envoie tout d'abord les enfants à l'école non dans l'intention qu'ils y apprennent quelque chose, mais afin qu'ils s'habituent à demeurer tranquillement assis et à observer ponctuellement ce qu'on leur ordonne, en sorte que par la suite ils puissent ne pas mettre réellement et sur-le-champ leurs idées à exécution.

Cependant l'homme, par nature, a un si grand penchant pour la liberté, que, s'il commence par s'habituer à elle quelque temps, il lui sacrifie tout. C'est pourquoi, comme on l'a dit, il faut avoir très tôt recours à la discipline, car s'il n'en est pas ainsi, il est par la suite très difficile de transformer l'homme. Il suivra alors tous ses caprices. En considérant les nations non civilisées on voit bien, si longtemps qu'elles restent au service des Européens, qu'elles ne peuvent s'habituer à leur manière de vivre. Ce n'est point chez elles, comme Rousseau et d'autres le veulent, un noble penchant à la liberté ; ce n'est qu'une certaine rudesse, puisqu'ici d'une certaine manière l'animal n'a pas encore développé en soi l'humanité. Aussi bien l'homme doit-il de bonne heure être habitué à se soumettre aux prescriptions de la raison. Si en sa jeunesse on laisse l'homme n'en faire qu'à sa volonté et que rien ne lui est opposé, il conserve durant sa vie entière une certaine sauvagerie. Et il ne sert en rien à certains d'être en leur jeunesse protégés par une excessive tendresse maternelle, car plus tard ils n'en rencontreront que plus de résistances et ils subiront des échecs dès qu'ils s'engageront dans les affaires du monde. C'est une faute habituelle dans l'éducation des grands que de ne jamais leur opposer dans leur jeunesse une véritable résistance, parce qu'ils sont destinés à régner. Chez l'homme, en raison de son penchant pour la liberté, il est nécessaire de polir sa rudesse ; en revanche, chez l'animal cela n'est pas nécessaire en raison de l'instinct.

L'homme a besoin de soins et de culture. La culture comprend la discipline et l'instruction. Aucun animal, autant qu'on le sache, n'a besoin de cette dernière. Car aucun animal n'apprend quelque chose de ceux qui sont plus avancés en âge, exception faite des oiseaux qui apprennent leur chant. Les oiseaux sont, en effet, instruits en ceci par leurs parents et il est touchant de voir, comme s'ils étaient dans une école, les parents chanter de toutes leurs forces avant leurs petits et ceux-ci s'efforcer de tirer les mêmes sons de leurs petits gosiers. Pour se convaincre que les oiseaux ne chantent pas par instinct, mais apprennent réellement à chanter, il vaut la peine d'en faire l'expérience et ainsi d'enlever à des serins la moitié de leurs œufs et d'y substituer des œufs de moineau, ou bien encore de mêler à leurs petits de tout jeunes moineaux. Qu'on place ceux-ci dans une cage où ils ne pourront entendre les moineaux au-dehors : ils apprendront le chant des serins et on obtiendra des moineaux qui chantent. En fait on peut vraiment s'étonner que chaque espèce d'oiseaux conserve à travers toutes les générations un certain chant fondamental et en ce monde la tradition du chant est bien la plus fidèle.

L'homme ne peut devenir homme que par l'éducation. Il n'est que ce que l'éducation a fait de lui. Il faut bien remarquer que l'homme n'est éduqué que par des hommes qui ont également été éduqués. C'est pourquoi le manque de discipline et d'instruction que l'on remarque chez quelques hommes fait de ceux-ci de mauvais éducateurs pour leurs élèves. Si seulement un être d'une nature supérieure se chargeait de notre éducation, on verrait alors ce que l'on peut faire de l'homme. Mais comme l'éducation d'une part ne fait qu'apprendre certaines choses aux hommes et d'autre part ne fait que développer en eux certaines qualités, il est impossible de savoir jusqu'où vont les dispositions naturelles de l'homme. Si du moins avec l'appui des grands de ce monde et en réunissant les forces de beaucoup d'hommes on faisait une expérience, cela nous donnerait déjà beaucoup de lumières pour savoir jusqu'où il est possible que l'homme s'avance. C'est une chose aussi triste pour un philanthrope que digne de remarque pour un esprit spéculatif, de voir la plupart des grands ne jamais songer qu'à eux et ne jamais participer à l'importante expérience de l'éducation, de telle sorte que la nature fasse un pas de plus vers la perfection.

Il n'y a personne qui, ayant été négligé dans sa jeunesse, ne soit capable d'apercevoir dans l'âge mûr en quoi il a été négligé, qu'il s'agisse de la discipline ou de la culture (car on peut nommer ainsi l'instruction). Celui qui n'est pas cultivé est brut, celui qui n'est pas discipliné est sauvage. Le défaut de discipline est un mal bien plus grand que le défaut de culture, car celui-ci peut se réparer plus tard ; mais la sauvagerie ne peut plus être chassée et une erreur dans la discipline ne peut être comblée. Il est possible que l'éducation devienne toujours meilleure et que chaque génération, à son tour, fasse un pas de plus vers le perfectionnement de l'humanité ; car c'est au fond de l'éducation que gît le grand secret de la perfection de la nature humaine.

Corrigé

Premier résumé

Objectif : recherche des idées principales sans reformulation – fixation d'un nombre de mots idéal.

La discipline transforme l'animalité en humanité. Par contraste avec l'animal, l'homme doit user de sa propre raison pour régler sa conduite. Venant au monde démuni, il lui faut d'abord l'assistance d'autrui, puis tirer par son propre effort ses qualités. Une génération éduque donc l'autre pour sortir l'homme de la barbarie. La discipline est la part négative de l'éducation, empêchant que l'homme soit détourné de sa destination par ses penchants animaux, tandis que l'instruction en est la partie positive.

89 mots → idéal = 40 mots

L'état sauvage est caractérisé par l'indépendance. La discipline doit soumettre le jeune enfant à la contrainte, notamment par l'école. Elle doit contrecarrer très tôt ses caprices et son esprit d'indépendance, sinon il prendra un mauvais pli impossible à défaire. L'homme doit s'habituer à se soumettre à la raison, au risque de demeurer sauvage. En outre, la mère ne doit pas trop couver son enfant, sinon il ne sera pas prêt pour affronter le monde.

80 mots → idéal = 42 mots

La culture comprend la discipline et l'instruction. Aucun animal n'en a besoin, dirigé qu'il est par l'instinct. L'exception en est l'apprentissage du chant des oiseaux. L'homme ne peut devenir homme que par l'éducation, car il n'est que ce que l'éducation a fait de lui. Mais le fait que l'éducateur ait lui aussi été éduqué est problématique, car certains éducateurs peuvent ne pas convenir. Il serait intéressant de voir jusqu'où un éducateur parfait pourrait mener l'enfant, et donc développer le potentiel de l'humain.

96 mots → idéal = 47 mots

Les adultes sentent ce qui a manqué dans leur enfance, le manque de discipline étant plus grave que le défaut d'instruction. Le progrès de l'éducation est la clé de la perfection de l'homme.

36 mots → idéal = 23 mots

Deuxième résumé

Objectif : reformulation maximale, liens logiques.

L'animal se contente de l'instinct. L'enfant doit être assisté, puis mobiliser sa raison, développer ses qualités propres pour sortir de la barbarie. Négative, la discipline empêche l'homme de retourner à l'animal, tandis que l'instruction constitue la partie positive.

44 mots

La discipline doit soumettre l'enfant par nature indépendant à la loi, en contrecarrant très tôt ses caprices, sous peine de mauvais pli. Sans l'habitude d'obéir, l'enfant demeurerait sauvage. Mais une mère trop protectrice le handicaperait tout autant.

41 mots

Discipline et instruction sont indispensables à l'homme qui, contrairement à l'animal, ne peut exister qu'ainsi. L'éducation nous forme mais l'éducateur ayant besoin d'être éduqué, on rencontre un cercle vicieux. Voir jusqu'où un éducateur parfait pourrait mener l'enfant et développer le potentiel de l'humain serait intéressant.

54 mots

Les adultes sentent les failles de leur enfance. La carence de discipline est plus grave qu'un manque d'instruction. Le progrès de l'éducation est la clé de la perfection.

31 mots

Résumé final

Objectif : lissage, regroupement des unités de sens, atteindre le bon nombre de mots.

Contrairement à l'animal, l'enfant doit être assisté, puis mobiliser sa raison, développer ses qualités seul. Négative, la discipline empêche l'homme de retourner à l'animal, tandis que l'instruction, positive, l'élève. La discipline doit soumettre l'enfant par nature indépendant à la loi, en contrecarrant très tôt ses caprices, sous peine de mauvais pli. Sans l'habitude d'obéir, l'enfant demeurerait sauvage. Mais une mère trop protectrice le handicaperait tout autant. La culture est indispensable à l'homme qui, à la différence de l'animal, ne peut devenir homme qu'ainsi. L'éducation nous forme mais comme l'éducateur a aussi besoin d'être éduqué, on rencontre un cercle vicieux. Voir jusqu'où un éducateur parfait pourrait mener l'enfant, et développer le potentiel de l'humain, serait précieux. Les adultes sentent les failles de leur enfance, mais la carence de discipline est plus grave qu'un manque d'instruction. Le progrès de l'éducation est la clé de la perfection.

Total : 166 mots

Sujet n° 3

Sujet type CC-INP (4 heures, résumé sur 10 points + dissertation sur 20 points)

Voir page 391 pour la partie Dissertation du sujet.

Charles Pépin, *La Confiance en soi : une philosophie*[1]

Vous résumerez ce texte en 100 mots (+/- 10 %).

La confiance en soi vient d'abord des autres. L'énoncé pourrait sembler paradoxal. Il ne l'est pas. Le nouveau-né humain est infiniment fragile, dépendant. Les premiers mois, il ne peut vivre seul. Le simple fait qu'il survive est la preuve qu'il a été pris en charge par d'autres humains. La confiance en lui est donc d'abord une confiance en eux : la confiance en soi est d'abord une confiance en l'autre.

C'est parce que nous naissons prématurés que nous avons tant besoin des autres. D'après les embryologistes, il faudrait à peu près vingt mois aux cellules de l'embryon pour arriver à maturité. Aristote l'avait déjà remarqué : nous naissons inachevés. Comme si la nature avait dysfonctionné, n'avait pas terminé son œuvre et nous jetait trop tôt dans l'existence, plus faibles et démunis qu'aucun autre mammifère. Nous naissons sans savoir marcher, et mettrons en moyenne un an à y parvenir, quand le poulain n'a besoin que de quelques heures, ou parfois de quelques minutes, pour commencer à gambader. Et il faudrait avoir confiance en soi ?

Alors, nous compensons cette déficience naturelle par la culture : par la famille, l'entraide, l'éducation. Grâce à notre art de la relation humaine, nous allons parachever le travail que la nature a laissé en plan, et gagner cette confiance que la nature ne nous a pas donnée.

1. Paris, Allary éditions, 2018, p. 15-19.

Petit à petit, l'enfant va prendre confiance en lui grâce à ces liens tissés avec les autres, aux soins qui lui sont prodigués, à l'attention dont il est l'objet, à l'amour inconditionnel qu'il reçoit. Le jeune enfant sent que cet amour n'est pas conditionné par ce qu'il entreprend ou réussit : il est aimé pour ce qu'il est et non pour ce qu'il fait. Voilà le socle le plus solide de la confiance qu'il aura plus tard en lui-même. Avoir été aimé et regardé ainsi nous donne une force pour la vie.

La conquête de la confiance en soi commence donc par cette lutte contre ce que Freud a nommé la détresse infantile. Si l'adolescent est désireux de partir à la découverte du vaste monde, si l'adulte est confiant et réussit à mettre en œuvre ses projets, c'est d'abord parce qu'ils ont eu la chance de trouver, dans les toutes premières années de leur vie, dans ce que Boris Cyrulnik appelle les « interactions précoces », cette « sécurité intérieure » dont les psychologues montrent l'importance.

À la différence de l'estime de soi, qui renvoie au jugement que nous portons sur notre valeur, la confiance en soi engage notre rapport à l'action, notre capacité à « y aller » malgré les doutes, à nous risquer dans un monde complexe. Pour trouver ce courage de s'aventurer au dehors, il faut une « sécurité intérieure ».

Dans son texte magistral sur le « stade du miroir », Jacques Lacan décrit les premiers instants de la conscience de soi de l'enfant. Âgé de quelques mois – entre six et dix-huit en moyenne –, il se reconnaît déjà dans la glace. Mais que se passe-t-il, au juste, la première fois ? L'enfant est dans les bras d'un adulte qui le présente au miroir. À peine croit-il s'y reconnaître qu'il se tourne vers l'adulte et lui adresse des yeux cette question : est-ce moi, est-ce bien moi ? L'adulte lui répond d'un sourire, d'un regard ou de quelques mots. Il le *rassure* : oui, c'est bien toi. Les implications philosophiques de cette première fois sont immenses : entre moi et moi-même, l'autre est là dès le début. Je n'ai conscience de moi qu'à travers lui. L'enfant ne fait confiance à ce qu'il voit dans le miroir que parce qu'il fait confiance à l'autre. C'est dans les yeux des autres qu'il cherche cette sécurité intérieure ; c'est dans les yeux des autres qu'il se cherche.

La même expérience a été réalisée avec des macaques, ces singes génétiquement très proches de nous. Elle révèle leur intelligence : très vite, ils vont utiliser le miroir pour observer des parties de leur corps qu'ils ne peuvent pas voir autrement, comme leur dos ou leurs fesses. Mais, face au miroir, ils ne se tournent pas vers les autres macaques présents dans la pièce : ils n'interrogent pas leurs congénères du regard. Les macaques sont certes des animaux sociaux, apprenant beaucoup des autres, mais, pour se développer, ils ne sont pas dépendants comme nous des relations tissées entre eux. Ils ne sont pas autant que nous des êtres de relations. Sans les autres, nous ne pourrions développer notre humanité : sans les autres, nous ne pourrions devenir qui nous sommes.

Regardez les enfants sauvages, ces enfants abandonnés à la naissance, recueillis par des bêtes (ours, loups, cochons…) auprès desquelles ils grandissent, et qui sont retrouvés des années après. Comme le montre le film de François Truffaut, *L'Enfant sauvage*, leur absence de relations aux autres humains a bloqué leur développement. Apeurés comme des bêtes traquées, incapables d'apprendre à parler, ils semblent perdus pour l'humanité. Dans le meilleur des cas, avec patience, avec douceur, les professionnels en charge de ces enfants réussissent à tisser quelques fragiles liens avec eux, et leur permettent de réaliser quelques progrès. Mais ils n'atteignent qu'une forme très précaire de confiance en eux, qui disparaîtra à la moindre contrariété. Dans les termes de la psychologie moderne, ces enfants sauvages souffrent d'un manque d'« attachement » à l'humanité. Jeunes, ils n'ont pas été « attachés » à d'autres humains qui les auraient protégés, rassurés, qui leur auraient parlé et les auraient regardés. Privés de la « sécurité intérieure » que donne cet attachement, il leur est désormais impossible de trouver cette confiance minimale grâce à laquelle le monde et les autres pourraient ne pas sembler hostiles.

Corrigé

Résumé

La confiance en soi nous vient d'abord de l'entourage. Contrairement aux autres animaux, le nourrisson a besoin d'assistance. Il doit avoir confiance dans ses protecteurs, tisser des liens avec eux, se sentir absolument aimé, au risque d'une profonde détresse l'interdisant d'avoir jamais confiance en lui. Son environnement doit donc être sécurisant.

Même la reconnaissance de soi dans un miroir suppose autrui : c'est dans le regard des parents que l'enfant apprend à s'aimer. Nous sommes des êtres de relation, plus que les autres. Les enfants sauvages souffrent de carence d'attachement et ne pourront donc jamais affronter sereinement le monde des adultes.

Total : 110 mots

Méthodologie de la dissertation

Remarques préliminaires

Éviter le spectre du hors-sujet

Avant de commencer l'analyse de votre citation, recopiez-la intégralement sur une feuille à part que vous garderez constamment à vos côtés, pour vérifier que vous ne glissez pas vers le hors-sujet et pour revenir sur les termes mêmes du sujet au début de chaque partie, au niveau des transitions et en conclusion. Ce conseil est un des principaux à retenir, voire le plus précieux. Vous ne devez jamais perdre de vue la citation qui vous est donnée, elle doit rester au cœur de l'attention, d'un bout à l'autre de votre copie. Vous ne devez en effet jamais faire de la citation un prétexte pour réciter des morceaux de cours qui n'ont rien à voir avec elle. Une dissertation n'est en aucun cas un cours et ne doit pas se présenter comme tel. Vous devez commenter chacun des mots de la citation, retraduire vos thèses en usant d'expressions de la citation, commenter sa lettre, interroger l'usage des adverbes (« très », « uniquement », « spécifiquement »...), commenter les modalités sur lesquelles joue l'auteur (constat/devoir-être/possibilité)...

Faire un brouillon efficace

Au brouillon, organisez-vous pour que votre esquisse soit très proche de la version finale. Vous n'aurez plus qu'à suivre votre brouillon si celui-ci ne s'éparpille pas dans tous les sens.

Pour préparer l'introduction, marquez nettement sur une page quatre alinéas, correspondant respectivement à : 1/ l'amorce ou l'accroche ; 2/ la citation intégralement recopiée avec son auteur et le titre de l'ouvrage dont elle est extraite et son analyse (avec quatre astérisques pour la reformulation, les définitions, le thème abordé et la thèse défendue par l'auteur) ; 3/ le problème/la problématique et le plan avec des liens logiques pour articuler les thèses entre elles ; 4/ les œuvres du corpus simplement mentionnées ou bien « épinglées » par une courte expression qui les « pousse » vers le sujet à traiter (titre souligné, auteur, éventuellement date, dans l'ordre chronologique de parution des ouvrages de préférence).

Vous pouvez remplir ces cases du brouillon de l'introduction dans le désordre, par exemple commencer par le 4/, facile à faire puisque vous connaissez bien les œuvres de votre corpus et que cela peut vous donner des idées, puis le 2/, central, puis le 3/, qui en découle directement, et ensuite imaginer le 1/, car on trouve souvent l'amorce après avoir analysé le sujet et trouvé la problématique. Pour finir, vous vérifiez l'enchaînement global et lissez le tout pour que ce soit cohérent.

En règle générale, et c'est un conseil décisif ici, il convient de faire remonter les bonnes idées trouvées à la fin du brouillon au début pour élever le niveau général de la copie et marquer votre correcteur dès la lecture de l'introduction. Cela vous permettra naturellement d'élaguer les idées trop vagues trouvées au début de la recherche. Donc attendez d'avoir votre plan détaillé finalisé au brouillon pour recopier votre introduction au propre.

L'introduction

L'amorce ou l'accroche

Elle doit former comme un cadre qui va mettre en relief le sujet posé, ou comme un arrière-plan sur lequel le sujet va venir se détacher. C'est comme un éclairage adéquat porté sur le texte : on allume la bonne lampe avant de lire la citation.

L'accroche ne doit pas être trop générale, auquel cas n'importe quel sujet pourrait être aussi bien introduit par celle-ci. Ce serait l'équivalent d'un vague néon qui n'éclaire rien. Il ne sert donc à rien d'apprendre une accroche bateau par cœur, ce serait toujours trop vague et donnerait l'impression d'être « plaqué » sur le sujet.

L'accroche permet une entrée en matière progressive, pour ne pas arriver trop brutalement à la citation. Elle peut être historique, si la citation y invite, c'est-à-dire mentionner des événements de l'histoire mondiale ou française célèbres, à portée symbolique ou universelle (la Seconde Guerre mondiale, la Révolution, la colonisation...). Elle peut par ailleurs être conceptuelle, auquel cas on amène progressivement une notion qui nous semble « phare » pour comprendre le sujet. Elle peut encore être fondée sur un exemple précis qui montre bien la complexité d'un problème, l'ambivalence d'une notion (la possibilité de la valoriser positivement d'un côté et négativement de l'autre). On peut aussi utiliser l'étymologie, si cela s'y prête, ou faire varier le sens d'un terme de la citation qui sera essentiel en montrant l'amplitude de sens qu'il peut avoir, sa déclinaison, son large spectre. Il faut choisir entre ces options d'accroche la plus percutante. C'est l'attaque de votre morceau.

Souvent, les étudiants veulent mobiliser une citation qu'ils ont apprise par ailleurs en cours ou vue en colle pour se rassurer en ayant une accroche toute prête. Mais ce n'est pas à conseiller, car elle arrive souvent « comme un cheveu sur la soupe ». Vous avez déjà une citation à commenter avec votre sujet, il ne faut pas vous en distraire ou vous en éloigner. Il vaut mieux garder votre citation apprise par cœur pour le développement qui viendra, au moment approprié, et à ce moment-là prendre le temps de bien montrer son lien précis et exact avec le sujet de la citation, l'utilité de cette citation pour éclairer celle qui est au cœur du sujet. Explicitez alors cette citation, évitez de faire des allusions vagues et illustrez-la avec les œuvres du corpus pour en faire réellement quelque chose. De manière générale, il faut vous focaliser sur la citation à expliquer, à discuter, et sur votre corpus. Mobiliser d'autres auteurs que celui qui vous est proposé et ceux du programme n'est de manière générale pas à conseiller, sauf pour certains concours où l'on veut au contraire mesurer la culture générale des candidats (bien se renseigner auprès de votre professeur sur l'esprit de chaque concours). Vous pouvez utiliser les concepts d'un autre auteur que celui au programme pour nourrir votre réflexion, mais sans vous « étaler » sur lui, voire sans mentionner son nom : retraduisez son concept dans le vocabulaire des œuvres de votre corpus et illustrez sa pensée par des exemples tirés du programme. Là, vous gagnerez en profondeur.

La citation et son analyse dans l'introduction

Pour cette étape qui suit l'amorce, vous devez recopier l'intégralité de la citation, ne pas la « tronçonner » en plusieurs morceaux. Vous devez mentionner le nom de son auteur et l'œuvre dont est tirée la citation, en soulignant le titre, sans guillemets (les guillemets sont réservés aux citations ou pour montrer une distance critique relativement à son propre propos).

Vous devez reformuler la pensée de l'auteur pour l'éclairer. Attention, il ne s'agit pas en cela d'en rester à la simple paraphrase ou à la tautologie. Pour le tester, vérifiez que chaque phrase ajoute bien une nouveauté, qu'elle apporte un plus en termes de précision, de distinction, par rapport à la citation telle quelle.

Expliciter consiste à repérer les concepts importants, à les définir, à faire surgir les concepts implicites. Vous devez dégager à la fois le thème de la citation (ce sur quoi porte la citation, son objet) et la thèse de l'auteur (ce qu'il défend sur ce thème, sa position, son angle d'attaque pour aborder ce thème). Pour expliciter, vous pouvez aussi donner un exemple court et parlant.

Pour être certain de bien comprendre la citation, il faut garder en tête l'ensemble du texte dont elle est tirée et la comprendre dans la continuité de celui-ci. Faites attention à ne pas vous focaliser sur un seul des aspects de la citation et vous jeter tête baissée vers la problématique et le plan, car on reprocherait alors à votre argumentation de n'avoir fourni qu'une analyse partielle de la citation. Vous devez relier les diverses thématiques qui surgissent en une thèse et ne pas laisser tomber un de ces aspects, même secondaire.

Tous les mots de la citation comptent, y compris et surtout les petits adverbes (« très », « nécessairement », « trop »...), sur lesquels il vous faudra jouer pour construire votre problématique et nuancer le propos de l'auteur. Vous pouvez aussi souligner la tonalité de la citation (emphatique, lyrique, polémique, ironique, théâtral...) et indiquer des champs lexicaux spécifiques, relever des figures de style (métaphore, comparaison, litote, oxymore…). N'oubliez pas d'en faire quelque chose, car souvent les candidats annoncent de belles idées dans l'introduction et oublient de les développer dans la suite, ce qui est bien dommage et déçoit le correcteur.

Si au brouillon, on trouve trop d'idées pour cette analyse, on sélectionne lors du passage au propre les idées essentielles et on garde les autres pour nourrir le développement, notamment les transitions.

La problématique et l'annonce du plan

La problématique doit découler de l'analyse. L'analyse met en effet au jour des tensions, des contradictions, des paradoxes, des difficultés, des décalages, des ambiguïtés dans la compréhension de tel ou tel terme. La problématique qui en découlera prendra par exemple cette forme : « Comment se fait-il que… alors que… ? » Énoncez les difficultés que présente la thèse de l'auteur avant de rassembler toutes les questions qui naissent dans une seule et même problématique qui va venir unifier solidement votre plan. Si vous trouvez plusieurs questions au brouillon au titre de candidat à la problématique, cherchez une formulation qui puisse les unifier sans être ni trop complexe, ni trop alambiquée, ou bien sélectionnez la plus générale, la plus simple et la plus claire, la plus proche de la citation, et conservez les questions secondaires pour relancer le questionnement au niveau des transitions de votre développement. Le questionnement ne doit en effet pas être réservé à l'introduction, il faut continuer à s'interroger tout au long de la dissertation. Si une question s'éloigne trop de la citation mais vous semble intéressante tout de même pour traiter la citation, c'est sans doute qu'il s'agit non pas de la problématique, mais de l'enjeu. Vous pouvez la garder en tête et y répondre en fin de troisième partie, à titre de prolongement ultime de la réflexion.

Une bonne problématique doit couvrir l'ensemble des thèmes abordés par la citation. Elle ne doit donc être ni trop large, ni trop étroite. Elle doit épouser parfaitement la citation. Pour reprendre le vocabulaire de Henri Bergson, elle ne doit pas être une « cote mal taillée ». Elle doit être bien ajustée à la citation. Elle doit également contenir une tension pour donner envie d'y répondre, montrer l'urgence d'un problème (exemple : « Faut-il aller jusqu'à défendre que… s'il est vrai que… ? »). Elle peut ouvrir sur plusieurs voies possibles, plusieurs thèses qui vont successivement être abordées par la suite dans votre plan (exemple : « Faut-il comprendre que… ou bien plutôt au contraire que… ? », « Ne faudrait-il pas mesurer les limites qu'il y a à soutenir que… ? »). Une bonne problématique est « grosse » du plan à venir. Le plan en découle directement, il en émerge, il en « naît » littéralement.

Le plan doit articuler des thèses plutôt que des thèmes, pour plus de clarté dans le propos. Il ne faut pas se contenter d'indiquer des « axes » de manière flottante. Des axes sont souvent interchangeables entre eux et ce n'est pas cela que l'on cherche pour bâtir une dissertation solide. Un plan thématique reste confus d'un point de vue argumentatif. C'est une argumentation qu'il faut produire, non pas un cours ou un commentaire libre. Si vous avez trouvé des thèmes ou des axes, incluez-les dans des thèses, autrement dit des prises de position qu'il est possible de défendre pour répondre à la problématique choisie. En bref, développez les thèmes trouvés (objets de réflexion) en thèses (défenses de position). Cela va vous permettre de mieux trouver les arguments pour étayer ces thèses ensuite.

Plusieurs plans sont tout à fait possibles. Mais on peut conseiller d'aller toujours d'abord dans le sens de la thèse soutenue par l'auteur de la citation. On lui fait confiance, on nourrit son propos, on l'expose dans toute son ampleur, on articule les concepts clés qu'il suggère, on l'illustre précisément avec le corpus, en comparant des extraits entre eux pour montrer la richesse de vue qu'apporte cette position. La première partie est comme une mini-explication de texte de la citation. Toutefois, on mesure dans un second temps, et ce sera l'objet de notre seconde partie, les limites à son propos. Ces limites peuvent provenir soit d'une trop grande généralité du propos, soit d'une ambiguïté dans la compréhension de tel ou tel mot, soit d'une occultation d'une partie du problème, partie que notre corpus au contraire vient précisément révéler, soit encore du danger de soutenir les conséquences ultimes de la thèse de l'auteur (pessimisme extrême, enthousiasme excessif, radicalité sans nuance). Vous pouvez jouer sur les modalités que sont : la « réalité » (« c'est bien le cas que... », « c'est un fait que... », « de fait... »), la « nécessité » (« il faut bien que... même si dans la réalité, ce n'est pas toujours le cas », « on devrait... », « il faudrait pourtant bien... »), la « possibilité » (« s'il le faut, comme on vient de le montrer, est-ce qu'on le peut toujours ? », « peut-on néanmoins imaginer qu'il soit possible de... ? »).

N'oubliez pas de mettre des liens logiques solides entre les parties de votre plan et non des liens logiques faibles de simple juxtaposition. Le plan le plus simple et qui fonctionne en général très bien s'articule ainsi : « *Certes*, dans un premier temps, on peut défendre avec notre auteur la thèse selon laquelle... *Toutefois*, sa thèse présente des limites, car on peut nuancer dans un second temps son propos en défendant au contraire que... Dans un dernier temps, nous verrons si tout l'intérêt de la citation ne réside pas *plutôt* dans le fait qu'elle pointe tel ou tel aspect décisif... » Dans ce plan, les deux premières parties s'opposent, la troisième creuse et approfondit un aspect que les deux premières parties n'avaient pas encore mis en lumière ; un angle de vue plus subtil et plus original sur la citation est adopté. On tire un fil qu'on n'avait pas encore tiré dans les deux premières parties.

Un autre plan est toutefois possible et facile à réaliser si la citation est longue et complexe, notamment en ce qui concerne les sujets des concours qui n'ont pas à aborder la partie « résumé » et ne consistent donc qu'en une discussion autour d'une longue citation (par exemple, pour la filière BCPST). On peut, si la citation est longue, choisir de défendre : I) dans un premier temps la première partie de la thèse défendue par la citation, II) renforcée et prolongée, dans un second temps, par la deuxième partie de la thèse de la citation, et prendre en III) la contrepartie à ces deux morceaux de thèse : « I) Certes, on peut défendre d'abord avec l'auteur que...,

II) parce qu'il a raison d'aller jusqu'à dire que…, III) toutefois, il convient de nuancer ces deux points, en soulignant que… »

Une dernière possibilité de plan consiste à défendre en I) la thèse de l'auteur de la citation, de montrer en II) à quoi peut conduire cette thèse poussée à l'extrême, de la rendre par conséquent insoutenable, ridicule, voire dangereuse, et III) à montrer l'intérêt de nuancer par conséquent le propos en posant les conditions strictes de sa validité (« l'auteur a bel et bien raison de soutenir cela, à condition toutefois de bien préciser que… »).

La mention des œuvres du corpus

En fin d'introduction, vous devez mentionner les titres des œuvres au programme, complets, sans fautes, soulignés, avec les auteurs de chaque œuvre, sans fautes à leur nom, et éventuellement les dates de leur parution. Vous devez les placer dans l'ordre chronologique de préférence.

Vous pouvez en une courte formule les « saisir », les « attraper » en les « poussant » vers le sujet précis posé, par exemple en faisant surgir un thème de la citation qu'ils abordent avec acuité. Attention, il s'agit d'un très bref résumé bien « circonstancié », c'est-à-dire réalisé en fonction du sujet précis posé. Aucune utilité de résumer l'œuvre en quelques mots qui n'auraient aucun lien avec le sujet posé, car on ne comprendrait pas pourquoi y avoir recours. Si l'on trouve que c'est trop long, on ne mentionne que les œuvres et on conserve les idées pour le développement.

Chercher à faire ce résumé très synthétique qui met en lien chaque œuvre du corpus avec le sujet précis posé permet de ne pas passer à côté de l'essentiel de ce que peut apporter chaque ouvrage. Car si on se lance dans la rédaction du plan détaillé et qu'ensuite on cherche des exemples précis, on risque de s'éparpiller et d'oublier la raison principale pour laquelle telle ou telle œuvre du corpus est extrêmement appropriée pour illustrer la citation proposée.

Dernier conseil concernant l'introduction : elle doit être recopiée sous forme d'un seul bloc, mais en respectant les quatre alinéas du brouillon pour indiquer typographiquement son articulation. Il faut absolument éviter le métadiscours, c'est-à-dire de commenter votre méthode (« nous en arrivons à notre problématique... », « nous suivrons donc un plan en trois parties... » : évitez ces tournures et contentez-vous de formuler votre problématique et votre plan). Suivez la méthode sans dire que vous la suivez, le correcteur comprendra bien ce que vous faites si vous le réalisez comme il faut. Le métadiscours est trop scolaire et alourdit le style. Cela rajoute des phrases inutiles. Or, tout doit être efficace.

La construction du plan détaillé et la rédaction du développement

Une fois ce brouillon d'introduction établi, prenez le temps de faire un plan détaillé. S'il est solide et précis, la rédaction sera rapide et vous serez confiant lors de sa progression, ce qui est décisif, car l'épreuve est également une épreuve de résistance psychologique. Il s'agit de ne jamais perdre ses moyens. Si l'on est convaincu de la solidité de son plan, on avancera sans s'arrêter sans cesse, sans effacer, sans tourner en rond.

Le plan détaillé doit comporter un ensemble clair de thèses I/II/III solidement articulées entre elles par des liens logiques. Les transitions peuvent être pensées dès cette étape. Encore une fois, vous irez plus vite à la rédaction si votre plan vous paraît solide et convaincant dès le brouillon, et la qualité des transitions y contribue grandement. Vous avancerez, assuré d'arriver au but, si vous avez installé et consolidé par avance les moyens d'avancer.

Formulez les I/II/III sous forme de thèses. Une thèse est une prise de position sur un thème, nous l'avons dit. C'est une réponse possible à la problématique. Ensuite, sous chaque thèse, formulez plusieurs arguments. Un argument est une raison de défendre cette thèse. Il est général. Puis, pour chaque argument, indiquez des exemples possibles tirés des œuvres. Il faut dans l'idéal trois grandes parties, chaque grande partie est défendue par trois arguments et chaque argument, par trois exemples. Souvent, les candidats énoncent leur thèse et ensuite en viennent directement à leurs exemples tirés des œuvres : il faut d'abord prendre le temps de formuler de manière générale l'argument qu'illustreront diversement ces exemples.

Pour augmenter la cohérence du plan, il est possible de faire en sorte que II) a) vienne nuancer I) a), II) b) vienne nuancer I) b), et II) c) vienne nuancer I) c), voire de retravailler les exemples donnés en I) pour les éclairer sous l'angle d'une nouvelle thèse, qui en approfondit le sens.

Il faut que toutes les œuvres du corpus soient citées dans une proportion égale. Les œuvres du corpus étudiées toute l'année doivent être mises à l'honneur pour éclairer diverses positions possibles, qui naissent elles-mêmes de la thèse contenue dans la citation proposée. Définir des thèses et des arguments généraux solides est une première chose, mais le choix des exemples tirés des œuvres est tout aussi décisif. Vérifiez que vos exemples sont bien les meilleurs pour illustrer tel argument. Si ce n'est pas le cas, il faut bouger l'exemple de place dans le plan : s'il ne convient pas bien pour le I), il viendra peut-être illustrer la position contraire ou nuancée du II).

Le plan doit avoir la rigueur, la solidité, la cohérence d'une dissertation de philosophie. Un test pour vérifier si votre plan est bon, c'est d'intervertir les parties entre elles, d'intervertir les arguments entre eux. S'ils ne peuvent être intervertis entre eux, c'est que le plan est solide. S'ils peuvent sans dommage être intervertis, c'est que vous n'avez pas encore assez pensé leur articulation logique, pas assez pensé leur ordre. Une vraie dissertation suit une méthode, un chemin, où chaque étape résulte de l'étape précédente. Veillez à l'ordre des arguments en créant une gradation entre eux, du moins fort au plus fort. Créez du lien logique entre vos arguments, de cause à conséquence notamment.

Les exemples doivent témoigner quant à eux de la finesse d'analyse de la littérature comparée. Il ne faut pas faire comme si le correcteur savait très bien ce dont vous parlez. Il a bien évidemment lui aussi lu les œuvres, mais il faut lui réexpliquer le contexte d'un exemple, dire qui sont tel ou tel personnage dont vous parlez, définir un concept clé, commenter les figures de style, s'attarder sur la manière dont le texte contribue à éclairer le thème (un poème n'a pas le même effet qu'une pièce de théâtre, un essai philosophique ne recourt pas aux mêmes moyens qu'un roman...). Contrastez les exemples pour montrer votre finesse d'analyse. Il faut surtout éviter l'impression de donner un pur catalogue d'exemples sans lien entre eux. Ne passez pas « du coq à l'âne ».

Il faut veiller à bien intégrer vos citations apprises par cœur dans le corps du développement, en usant de guillemets et en étant précis (« dans le chapitre 3 de... », dans le prologue de... »). Plusieurs manières de mettre à l'honneur les ouvrages du corpus et de montrer qu'on les a lus avec attention sont possibles. Soit, on connaît une citation longue, appropriée, on la mentionne et on l'explicite, on l'analyse. On profite de ce degré de précision qu'apporte une citation longue en ne passant pas trop vite à la suite. Soit, on ne se souvient que d'une courte partie d'une citation, d'une expression, et on l'utilise pour « colorer » notre référence. Cela apporte toujours un plus. Soit, on parle de manière plus large d'une péripétie dans un roman, on décrit la personnalité d'un personnage, ses réactions changeantes au cours du livre. Soit encore, on approfondit l'analyse stylistique au niveau de l'ensemble d'une des œuvres, par contraste avec les autres. On commente par exemple les ressources particulières d'un aphorisme philosophique par rapport à celles que recèle un sonnet... Plus on arrive à de la précision, mieux c'est. Attention toutefois à ne pas vouloir à tout prix « caser » une citation qui n'est pas judicieuse par rapport au sujet posé. Vous risquez, emporté par votre élan, de vous égarer vers le hors-sujet. Attention à ne pas traiter un sujet en se servant du corrigé d'un autre, cela risque de vous faire là encore glisser vers le hors-sujet.

Les transitions doivent tirer le bilan de la partie qui précède, montrer que cette dernière doit être dépassée, soit parce que certains termes compris dans un certain sens peuvent recevoir un nouveau sens, soit parce que la première thèse est trop générale, soit parce que la première thèse est trop partielle. La transition se détache typographiquement sous la forme d'un court paragraphe avec une ligne sautée avant et après. Elle creuse des définitions, relance la problématique. Elle mobilise des expressions de la citation pour montrer que l'on n'a jamais perdu de vue l'objectif qui consiste à l'éclairer. Ne pas se contenter ici d'une transition formelle, creuse, vide, sans contenu réel, sans apport.

La conclusion peut boucler la boucle en trois temps, avec trois alinéas, sans sauter de ligne. Elle revient en premier lieu sur la citation, en laissant entrevoir comment vous vous positionnez par rapport à la thèse de l'auteur : soit vous êtes intégralement en accord avec elle, soit vous la nuancez (ce qui est le cas le plus fréquent), soit vous vous y opposez car le propos tenu y reste vraiment trop partiel et ne vise pas l'essentiel, que pourtant le corpus met selon vous en lumière. En second lieu, vous redéfinissez le thème de manière subtile et nuancée pour montrer le degré de précision qu'a apporté votre argumentation. Enfin, en troisième lieu, vous montrez soit en quoi le corpus se trouve particulièrement bien éclairé par cet angle d'approche spécifique, soit, réciproquement, en quoi le corpus éclaire particulièrement bien l'aspect spécifique que la citation vous a conduit à mettre en lumière. Ainsi, vous mettez au jour combien citation donnée à commenter, thème et corpus de textes au programme entrent en résonance et forment un ensemble cohérent.

La relecture (10 à 20 minutes)

Il faut consacrer entre 10 et 15 minutes à la relecture pour une épreuve de 3 heures et entre 15 et 20 minutes pour une épreuve de 4 heures. Une première relecture sera consacrée de manière systématique aux accords (sujet-verbe, nom-adjectif) et aux prépositions (« à », « en », « de »). Cela éliminera plus de la moitié des fautes de votre copie. Une seconde relecture sera attentive aux mots manquants et à la pertinence des liens logiques, aux transitions manquantes à compléter par des astérisques. Compléter les mots manquants évitera l'impression d'un travail bâclé. Barrez tout paragraphe qui glisse vers le hors-sujet, ou bien reliez-le mieux au sujet par une phrase qui « raccroche les wagons » entre eux. Il vaut toujours mieux un paragraphe hors sujet barré qu'un paragraphe hors sujet. Il vaut mieux une transition ajoutée après coup grâce à un astérisque qu'une absence de transition entre deux parties. Une troisième relecture sera consacrée à la ponctuation. N'oubliez pas qu'il faut avoir recours à tous les points possibles, y compris le point-virgule, plus fort que la virgule pour marquer la respiration du texte. Le point d'exclamation est plutôt à prohiber, car il marque souvent trop d'emphase. Notez bien les points et les majuscules, y compris aux noms propres, aux noms de villes, de pays, à des mots comme l'État, les Français, les Allemands, les Japonais…

Le temps de relecture doit être prévu dans la gestion globale de l'épreuve, le négliger serait une grossière erreur. L'épreuve est aussi une épreuve d'expression, on teste votre orthographe autant que votre connaissance thématique et votre connaissance du corpus. Mal orthographier le nom d'un auteur au programme ou de personnages importants est un signe pour le correcteur que vous n'avez peut-être pas beaucoup ouvert les ouvrages en dehors des cours. Ne l'invitez pas à présupposer cela, surtout dès l'introduction ! Attention également à bien recopier sans fautes le nom de l'auteur de la citation, à ne pas faire de fautes en recopiant son propos. Les erreurs sont ici des marqueurs pour votre correcteur, qui sera plutôt enclin dès le début de sa lecture à placer votre copie dans le bas du panier. Même si la suite est convenable, vous risquez de ne pas atteindre la note escomptée.

Dissertations corrigées

Sujet n° 1

Sujet type Centrale (filières MP/PC/PSI) (4 heures, résumé en 200 mots + dissertation)

Voir page 339 pour la partie Résumé du sujet, qui comporte un extrait de l'ouvrage de Bruno Bettelheim cité dans la consigne ci-dessous.

Consigne

Vous traiterez le sujet de dissertation suivant : Bruno Bettelheim soutient dans *Psychanalyse des contes de fées* (1976) que l'enfant a besoin « d'une éducation qui, subtilement, uniquement par sous-entendus, lui fasse voir les avantages d'un comportement conforme à la morale, non par l'intermédiaire de préceptes éthiques abstraits, mais par le spectacle des aspects tangibles du bien et du mal qui prennent alors pour lui toute leur signification ». Vous évaluerez la pertinence de cette thèse sur la manière dont la morale peut être abordée lors de l'enfance en la confrontant aux œuvres du programme que vous avez étudiées.

Dissertation

Introduction

[Accroche] Les leçons de morale ont longtemps figuré comme des moments indispensables de l'éducation classique d'un enfant. Ce dernier a besoin de comprendre ce qu'est le bien et ce qu'est le mal et il faut donc lui exposer les principes et maximes qui doivent gouverner son action pour le vivre-ensemble. Un enfant suit ses penchants naturels et veut suivre le principe de plaisir plutôt que celui de réalité. Il ne doit pas être capricieux et doit contrôler ses pulsions violentes. Quand l'enfant ne parle pas encore ou qu'il n'a pas encore atteint l'âge de raison, l'entreprise consistant à lui transmettre des normes et des valeurs nécessairement abstraites et générales n'est pas chose facile.

[Analyse – problématique et annonce du plan] Il convient de trouver le moyen de tendre l'échelle à l'enfant en s'adressant davantage à ses sens, sa sensibilité, ses affects et ses sentiments qu'à sa raison ou sa conscience encore endormies. Dans *Psychanalyse des contes de fées* (1976), Bruno Bettelheim soutient que l'enfant a besoin « d'une éducation qui, subtilement, uniquement par sous-entendus, lui fasse voir les avantages d'un comportement conforme à la morale, non par l'intermédiaire de préceptes éthiques abstraits, mais par le spectacle des aspects tangibles du bien et du mal qui prennent alors pour lui toute leur signification ». Il défend une conception de l'enfance selon laquelle il s'agit d'un âge gouverné par la sensibilité, l'enfant étant incapable d'argumenter, d'accéder à l'objectivité de lois morales abstraites. Ne négligeant pas pour autant l'importance de l'éducation morale dès le plus jeune âge, il invite les gouverneurs de l'enfant à passer par la voie des images concrètes et non par celle des idées. Comment aborder la question du bien et du mal, nécessairement abstraits et généraux, en ce moment critique qu'est l'enfance, gouvernée par la sensibilité ? Nous défendrons dans un premier temps avec Bettelheim qu'il est *certes* indispensable de rendre sensibles le bien et le mal, le juste et l'injuste pour ne pas se perdre dans de vaines abstractions auxquelles les enfants ne peuvent rien comprendre et qui leur feront violence. *Toutefois*, nous verrons dans un second temps la difficulté qu'il y a à rendre sensibles les enfants à la morale, y compris en se gardant de toute abstraction, car l'enfance est l'âge des caprices, des bêtises et de la transgression. Dans un troisième temps, nous verrons si l'intérêt de l'examen de cette citation ne tient pas *plutôt* dans une interrogation profonde sur ce que doit être la morale, sur ce que peut signifier le fait de comprendre des lois et s'y intéresser de l'intérieur, sans nécessité même du châtiment et de la punition, c'est-à-dire de l'usage de la force.

[Annonce des œuvres du programme] Pour illustrer notre argumentation, nous nous appuierons sur *Émile, ou De l'éducation*, ouvrage philosophique publié en 1762 par Jean-Jacques Rousseau. Dans les Livres I et II, ce dernier questionne la manière de rendre son élève sensible à la morale, non par l'abstraction, mais par la sensibilité. Nous mobiliserons également les *Contes* d'Andersen, où les notions du bien et du mal, du juste et de l'injuste sont mises en images à travers des récits où l'imaginaire intervient plus que la rationalité. Enfin, nous nous intéresserons à la manière dont Wole, le narrateur d'*Aké, les années d'enfance*, raconte sa manière d'appréhender les valeurs sociales du vivre-ensemble au sein de sa famille, à l'école, à la mission Aké, mais aussi les valeurs morales et politiques, pris entre des exemples moraux tel son père, et des personnages espiègles et effrontés tel son frère, Dipo.

Développement

[Thèse I] L'enfance est fermée à toute approche abstraite, objective et universelle des valeurs, mais il est possible de faire comprendre de manière sensible aux enfants ce que signifie la morale et de leur faire appréhender le bien et le mal par la voie d'images et de modèles.

[Argument 1] L'enfance est fermée à toute abstraction, car l'enfant ne possède pas la raison et ne dispose pas de la conscience morale. L'enfance se situe en deçà du bien et du mal, l'enfant n'est pas tant immoral qu'amoral. *Exemple 1* : Dipo, le petit frère de Wole, est jugé trop jeune pour saisir la morale et pour être puni. Effronté, espiègle, il n'est pas encore redressé par ses parents pour ses « clowneries » dans le premier âge de sa vie. Il ne peut comprendre le bien et le mal, même s'il fait des actions turbulentes et frondeuses (*Aké*, VI, 148 ; VII, 176). *Exemple 2* : « La raison seule nous apprend à connaître le bien et le mal. La conscience qui nous fait aimer l'un et haïr l'autre, quoique indépendante de la raison, ne peut donc pas se développer sans elle. Avant l'âge de raison, nous faisons le bien et le mal sans le connaître [...]. Un enfant veut déranger tout ce qu'il voit : il casse, il brise tout ce qu'il peut atteindre ; il empoigne un oiseau comme il empoignerait une pierre, et l'étouffe sans savoir ce qu'il fait. » Rousseau considère que l'enfant n'est mû que par ses affects, sa sensibilité, ses intérêts immédiats et palpables (*Émile*, I, p. 77). « Elle coupa la langue de la petite sirène qui était maintenant muette, et ne pouvait ni chanter ni parler », lit-on dans le conte d'Andersen baptisé « La petite sirène » (p. 72). L'épisode est particulièrement traumatisant pour les enfants qui entrent pour la première fois dans ce conte, sans pouvoir comprendre cette forme d'injustice profonde. Il leur est difficile de s'identifier avec un personnage qui doit payer ainsi l'obtention de son vœu le plus cher. Le pacte avec la sorcière est pour le moins léonin : si elle réussit, elle épousera le prince, mais restera à jamais muette ; si elle échoue, elle mourra. On peut s'étonner que l'initiation au monde de cette petite créature se fasse dans une violence aussi poussée, avec une mort symbolique effective, la perte de la parole, et une mort réelle prévisible. Andersen ne donne aucune clé pour comprendre une telle situation : lui aussi reste muet. On peut se demander à quel point le conte peut, d'un point de vue moral, paraître intelligible aux enfants qui le découvrent, voire même si les enfants peuvent être les véritables destinataires de ce conte, dont la leçon de morale reste obscure.

[Argument 2] L'enfance est un âge où l'on ne saisit pas le sens de certains mots, car l'enfant n'en a pas encore fait l'expérience en première personne et donc ne voit pas l'intérêt de se plier à la morale autrement que pour éviter les châtiments et l'exercice de la force qui s'abat sur lui s'il transgresse les règles. *Exemple 1* : Rousseau fait l'analyse de la fable de La Fontaine intitulée « Le corbeau et le renard » et indique à quel point les enfants ne peuvent rien saisir à des concepts aussi abstraits. *Exemple 2* : dans le conte « La Reine des neiges », dans la première histoire, des diables, qui ont fabriqué un miroir qui enlaidit ce qui s'y reflète, veulent monter au ciel pour se moquer des anges. Alors qu'ils sont presque arrivés en haut, le miroir retombe sur terre et se brise en morceaux minuscules qui volent en tous sens et pénètrent dans les yeux des hommes pour ne leur faire voir des choses que ce qui est mauvais, et leur glacer le cœur. *Exemple 3* : grâce à la focalisation interne, Wole nous montre le monde des adultes à travers les yeux d'un enfant. Tout est donc déformé. Les ordres semblent mystérieux : il n'y a plus de justice et de logique apparente dans le monde des adultes pour Wole après le duel qui l'oppose à Dipo, dont il sort réprimandé alors même que ce sont les adultes qui l'ont provoqué (*Aké*, VII 151).

[Argument 3] Toutefois, il est possible, en passant par les images, de parler à la sensibilité du jeune enfant et de lui faire sentir le bien et le mal. Il peut aussi très jeune témoigner de l'instinct consistant à identifier les intentions qu'ont les autres de l'offenser et en être choqué. *Exemple 1* : « vos leçons doivent être plus en actions qu'en discours ; car les enfants oublient aisément ce qu'ils ont dit et ce qu'on leur a dit, mais non pas ce qu'ils ont fait et ce qu'on leur a fait » (*Émile*, II, p. 121). Le gouverneur fait comprendre le mal qu'il y a à violer la propriété d'autrui en appliquant cela par le jardinage : l'effort mis à améliorer un lieu doit être respecté. Il vaut mieux donner des images concrètes, servir soi-même de modèle à l'enfant qui verra la règle incarnée en son maître, par exemple s'il se montre lui-même charitable envers les misérables. *Exemple 2* : le père de Wole, Samuel Ayodele, directeur de l'école élémentaire Saint-Pierre est ainsi un modèle de vertu très concret pour son fils : d'une « infinie patience » (*Aké*, IV, 88), il donne envie d'être aussitôt imité à l'enfant. *Exemple 3* : les contes sont le moyen de parler par des images aux enfants, puisqu'ils s'adressent, comme dans « Le briquet », à leur imaginaire avant tout. Cela va venir jouer au niveau conscient de leur psychisme comme au niveau inconscient. Ils vont pouvoir comprendre en profondeur et inconsciemment leur désir de transgression et leurs peurs. Dans « Le vilain petit canard », la peur d'être moqué par les autres, de ne pas leur ressembler ou inversement de stigmatiser celui qui semble hors norme est travaillée par l'enfant qui découvre le conte, ne sachant pas s'il doit ou non s'identifier à ce petit être que tous rejettent et se sentant soulagé de le voir enfin accepté quand il va se voir tel qu'il est devenu, c'est-à-dire un cygne.

[Transition] Le problème est que même quand on a réussi en pratique à susciter un intérêt pour le respect des règles, l'enfant aime à transgresser. L'enfance est l'âge des bêtises et quel que soit le moyen d'enseigner la morale à l'enfant, abstraitement ou concrètement, ce sera souvent un échec. Il est difficile à tous points de vue de faire rimer enfance avec obéissance.

[Thèse II] L'enfance est l'âge de la transgression volontaire de toute règle : l'enfant a l'esprit d'indépendance, il veut découvrir le monde, aller à l'aventure au-delà des limites que les adultes dessinent pour lui. Il est donc difficile, même par des images sensibles et concrètes, de faire entendre la morale aux enfants.

[Argument 1] Le grand plaisir des enfants est d'aller contre la règle donnée et d'être capricieux. Licence, fantaisie, les enfants sont des tyrans qui veulent régir leur monde. *Exemple 1* : « Les premiers pleurs des enfants sont des prières : si on n'y prend garde, ils deviennent bientôt des ordres ; ils commencent par se faire assister, ils finissent par se faire servir. Ainsi de leur propre faiblesse, d'où vient d'abord le sentiment de leur dépendance, naît ensuite l'idée de l'empire et de la domination » (*Émile*, I, p. 76). Les enfants apprennent rapidement à devenir les maîtres de leurs maîtres en les observant et en se jouant des codes moraux, comme cet enfant capricieux qui devient l'idole de sa mère et la manipule par ses caprices (*Émile*, II, p. 152 et suivantes : « on ne saurait imaginer à combien de pareils caprices le petit tyran avait asservi son malheureux gouverneur », p. 153). À vouloir leur expliquer les raisons de l'action morale, on sombre soi-même dans des cercles vicieux absurdes (*Émile*, II, p. 107). Que leur apprend-on souvent en réalité ? « Des mots, encore des mots, toujours des mots » (*Émile*, II, p. 134).

[Argument 2] Même quand un enfant a bien compris la règle et l'intérêt particulier sensible qu'il y a à la suivre, il a plaisir à transgresser consciemment les règles, car c'est pour lui étendre les limites de son royaume, aller à la découverte de l'inconnu et de l'interdit que les adultes semblent garder jalousement. *Exemple 1* : Wole a la tentation d'explorer l'inconnu, d'aller au-delà des limites de ce qui lui est permis. C'est l'esprit d'aventure qui anime l'enfance. Il peut même s'évader des limites de la rationalité par son imaginaire. Les enfants essaient de comprendre l'univers des croyances adultes au travers de leur propre prisme déformant. La famille d'Osiki, camarade de jeu du petit Wole, possède ainsi un masque à l'effigie de son *egúngún*, qui participe au défilé rituel. Ces êtres connaissent des variations nombreuses, dont Osiki fait part à son camarade intrigué : « ceux qui étaient dangereux, pleins de maléfices, et qui pouvaient vous frapper d'épilepsie ou pire ; ceux qui étaient furieux et qu'il fallait maîtriser avec de grosses cordes ; les *opidan* qui grâce à leurs tours de magie se métamorphosaient en alligators, en serpents, en tigres et en béliers, puis reprenaient leur aspect d'*egúngún* » (II, 58, 59). L'enfance est un monde qui paraît illimité, à cause ou grâce à l'imaginaire très riche des enfants. Les escalades intrépides du rocher organisées par Wole se muent en aventures solitaires au chapitre V, il se rend sans cesse aux frontières mouvantes de son territoire. *Exemple 2* : de même, la petite sirène, dans le conte d'Andersen éponyme, veut explorer le monde qui devrait lui être interdit, à savoir la terre ferme, à ses risques et périls.

[Argument 3] Il est pénible, voire impossible, de faire entendre aux enfants véritablement la morale. *Exemple 1* : Quand Tinu et Wole font des bêtises, ils mobilisent Dipo : ce dernier avoue leurs délits sans être puni, puisqu'il est trop jeune pour l'être. C'est « le monde ligué des enfants ». « Un enfant, c'est un insurgé », s'exclame ainsi Simone de Beauvoir. *Exemple 2* : « L'homme sage sait rester à sa place ; mais l'enfant qui ne connaît pas la sienne, ne saurait s'y maintenir. Il a parmi nous mille issues pour s'en sortir ; c'est à ceux qui le gouvernent à l'y retenir, et cette tâche n'est pas facile » (*Émile*, II, p. 100). *Exemple 3* : dans le conte « L'enfant et l'oiseau », il est difficile de saisir la morale, comme si l'idée même de croire en la morale devait être caduque, y compris pour le monde des adultes. Que peuvent y comprendre les enfants, bercés par cette rêverie éveillée, d'un point de vue moral ?

[Transition] Il serait pourtant réducteur de penser que la difficulté pour faire comprendre la morale rende inutile de tenir devant les enfants un discours moral, ou de lui faire comprendre ce qu'est le bien et le mal, bien qu'il ne soit pas capable de s'y plier. Il est trop simpliste de penser que l'homme est foncièrement mauvais, naturellement animé par un penchant à faire le mal. Les enfants sont avides de comprendre comment faire face aux situations d'immoralité et aux injustices dont ils sont les témoins, et pas seulement les acteurs.

[Thèse III] Ce qui fait l'intérêt de la citation de Bettelheim, c'est de pointer le problème de ce que doit être la morale, de savoir si elle est innée ou acquise, sensitive ou intellectuelle, animée par le spectre du châtiment ou si elle doit être dissociée de l'exercice de la force.

[Argument 1] L'étude de la manière dont l'enfance entre en contact avec la morale et se rend capable de s'y intéresser est révélatrice de l'ambivalence à la fois de la morale et de l'enfance. La morale doit d'un côté partir du cœur, des sentiments, des intérêts qui animent spontanément l'individu, elle est donc en partie innée dans son premier moment, en témoignent les réactions poignantes d'un nourrisson observé par Rousseau quand il est maltraité par sa nourrice, attestant par là qu'il a déjà « conscience » de l'intention qu'a eue sa nourrice de l'offenser. L'amour est le premier sentiment moral ressenti par le nourrisson : « L'enfant doit aimer sa mère avant de savoir qu'il le doit » (*Émile*, I, p. 48). Mais d'autre part, la morale se prolonge dans un second temps par les acquis de l'expérience des règles et de la vie en société, au plan de la raison, dont Rousseau ne pense pas les enfants complètement dépourvus. C'est bien elle, naissante, encouragée dans un bon développement acquis des dispositions naturelles qui rend accessibles des idées, dont celle du bien et du mal, et elle doit se déployer aussi ultimement sur le plan de la conscience, instinct divin qui nous permet de nous élever à l'universel et à l'absolu. C'est là la thèse de Rousseau. Le gouverneur ne doit pas tant fournir à l'élève des préceptes tout faits qu'il ne doit les lui faire trouver, ressentir de l'intérieur et fonder en son cœur et dans les autres facultés dont progressivement il dispose. *Exemple 1* : dans l'œuvre de Soyinka, après le retrait de son père causé par sa maladie, Wole grandit et progresse dans la compréhension de ses devoirs filiaux. L'enfant reconnaît un « nouvel ordre » bâti sur la connaissance plus aiguisée des forces de l'épreuve qui règnent sur nos vies. Il éprouve ainsi, écrit Soyinka au terme du chapitre, « un sentiment de gratitude à l'endroit d'une Force invisible qui nous avait délivrés d'une Menace entrevue mais demeurée sans nom » (XI, 227). *Exemple 2* : de même, à la première lecture de « La petite fille aux allumettes », le jeune enfant peut souffrir de savoir la jeune innocente morte dans le froid de l'hiver. Mais, dans un second temps, il peut comprendre ce que signifie avoir de l'empathie, être sensible à la misère sociale et vouloir rétablir plus tard des injustices.

[Argument 2] L'enfance apparaît ainsi elle aussi double : l'enfant n'est ni un ange, ni un démon. C'est plutôt un clown qui peut être farceur et qui, malgré la menace de la sanction, la brave par esprit d'indépendance. Quand l'enfant a commis des bêtises et qu'il demande pardon de manière embarrassée, il est très touchant et on comprend bien qu'il n'a pas mesuré les conséquences de ses actes. L'enfance est le lieu d'une dialectique entre l'apprentissage des règles et leur transgression. La morale est une habitude acquise à partir d'une disposition naturelle et prend donc un certain temps, nécessite un rythme, le passage du mal au bien n'a rien de linéaire ou d'évident. Utiliser la force pour obtenir rapidement l'obéissance de l'enfant est en tout cas absurde et inefficace si l'on considère le long terme. Il faut du temps pour saisir la complexité des choses humaines. *Exemple 1* : Émile « ne doit être ni bête ni homme, mais enfant ; il faut qu'il sente sa faiblesse et non qu'il en souffre ; il faut qu'il dépende et non qu'il obéisse ; il faut qu'il demande et non qu'il commande » (*Émile*, II, p. 100). *Exemple 2* : dans *Aké*, Wole est choqué par la manière dont Mme B., la femme du libraire, exprime de la dureté face à une servante frappée d'incontinence, usant de son fouet (*Aké*, VI, 132). D'autre part, quand la mère de Wole veut le réprimander en le punissant par des châtiments corporels, elle feint de le pourchasser avec un bâton pour le corriger. Mais c'est une sorte de tragi-comédie qui se joue, car la mère ne veut pas aller jusqu'au bout de son geste et est finalement soulagée d'avoir vu l'enfant préservé (*Aké*, III, 82). Il n'est donc à ses yeux ni un ange, ni une bête, même quand il commet des fautes. Le bien et le mal sont relatifs et mêlés. *Exemple 3* : dans plusieurs contes, les personnages sont moralement doubles, ni simplement méchants, ni simplement gentils, comme en témoigne la sorcière qui permet à « La petite sirène » de changer sa queue de poisson en jambes pour rejoindre son bien-aimé. C'est cette complexité que l'enfance nous permet d'appréhender, voire cette relativité des jugements moraux, qui peuvent évoluer suivant le temps de la lecture ou en fonction des interprétations, comme par exemple « La Reine des neiges » y invite au cours des diverses étapes qui complexifient l'intrigue et le rapport des personnages entre eux. C'est le morceau de miroir maudit qui rend Kay méchant vis-à-vis de Gerda, il n'en est pas directement responsable.

[Argument 3] Dans un ultime renversement, il semble qu'à examiner comment les adultes veulent faire entendre la morale aux enfants, on se rende compte que ce sont les institutions du monde des adultes qui sont injustes et immorales. *Exemple 1* : « Tout n'est que folie et contradiction dans les institutions humaines » (*Émile*, II, p. 96). *Exemple 2* : le Verger qui se situe près de l'école de Wole et le grenadier qui s'y trouve vont symboliser l'enfance comme une forme d'Éden perdu. Lorsque Wole y revient après son enfance, le lieu est méconnaissable. « Même le baobab a perdu de sa taille avec le temps ; et pourtant j'avais cru que ce rempart serait éternel, échapperait aux perspectives élargies d'une enfance disparue. Sa circonférence s'est rétrécie et ses branches ne donnent plus qu'un peu d'ombre. Le campanile de l'école avait un nom, une description du moins, une place au sein de la famille des objets physiques ; il me revenait sans effort : l'Enfant Unique du Lointain Clocher. Seulement maintenant, même la distance qui sépare le campanile du clocher a raccourci » (V, 98). Par contraste avec le Royaume de l'enfance, le monde adulte va paraître soudain comme le lieu du dépérissement, de l'inauthenticité, par exemple d'une mondialisation non maîtrisée (« industrie mondiale du gâchis », *Aké*, X, 210-220). L'enfant qu'est Wole apparaît souvent face aux injustices du monde des adultes comme « désemparé et décontenancé : ces personnes ne savaient jamais ce qu'elles voulaient » (*Aké*, VIII, 177). *Exemple 3* : dans « La princesse sur le pois », la règle voulant que l'on sélectionne la princesse la plus parfaite pour un mariage hors du commun est tournée quelque peu en ridicule, car c'est avec un petit pois que la sélection va s'opérer et le petit pois sera conservé comme s'il s'agissait d'une pierre précieuse.

Conclusion

Nous avons commencé par défendre l'idée de Bettelheim selon laquelle la voie sensible est la seule par laquelle on peut espérer faire comprendre les rudiments de la morale à l'enfant, mais que la tâche demeurait ardue en raison de l'articulation entre l'apprentissage de règles et le fantasme de leur transgression. Pour aller plus loin dans le questionnement de la place de la morale chez l'enfant, nous avons ensuite souligné combien parfois, du point de vue de l'enfant, c'est le monde des adultes qui paraît injuste, immoral et cynique. Se concentrer sur les émotions de l'enfant face au monde adulte permet de mieux cerner ses failles. L'enfance semble alors la seule à se situer du côté de l'innocence. Adopter le point de vue d'un enfant sur le monde permet de réformer les mœurs des adultes, notamment de critiquer la violence des punitions, qui ne sont souvent absolument pas comprises par l'enfant, susceptible donc de récidiver et de se liguer avec ses congénères contre les adultes pour faire corps. Les adultes croyaient difficile d'inculquer la morale à leurs rejetons : les voilà démasqués par les enfants, attentifs aux injustices. La morale peut progresser parce que la nouvelle génération ne trouve plus moraux certains comportements non encore interrogés par la génération antérieure.

Sujet n° 2

Sujet type Centrale (filière TSI) (4 heures, résumé + dissertation)

Voir page 347 pour la partie Résumé du sujet, qui comporte un extrait de l'ouvrage d'Emmanuel Kant cité dans la consigne ci-dessous.

Consigne

Vous traiterez le sujet de dissertation suivant : « Si en sa jeunesse on laisse l'homme n'en faire qu'à sa volonté et que rien ne lui est opposé, il conserve durant sa vie entière une certaine sauvagerie. Et il ne sert en rien à certains d'être en leur jeunesse protégés par une excessive tendresse maternelle, car plus tard ils n'en rencontreront que plus de résistances et ils subiront des échecs dès qu'ils s'engageront dans les affaires du monde », soutient Emmanuel Kant dans ses *Réflexions sur l'éducation*. Vous éclairerez ses convictions et les discuterez en vous appuyant sur les œuvres au programme cette année.

Dissertation

Introduction

[Accroche] Il est difficile de préparer l'enfant aux épreuves que lui réserve le monde, que ce soit les accidents naturels ou les interactions sociales. Il est tentant de laisser l'enfant aller sur sa pente, de suivre ses caprices et désirs sans limite et de penser que dans son jeune âge au moins, on l'exemptera des inconvénients de l'existence ; ainsi, l'enfance serait une bulle de bonheur coupée du monde. Toutefois, le risque est que le choc avec la réalité, après ce rêve éveillé de l'enfance, soit encore plus brutal.

[Analyse, problématique et annonce de plan] C'est pourquoi Emmanuel Kant, philosophe allemand des Lumières, propose de ne pas céder à la facilité pour envisager l'enfance correctement. « Si en sa jeunesse on laisse l'homme n'en faire qu'à sa volonté et que rien ne lui est opposé, il conserve durant sa vie entière une certaine sauvagerie. Et il ne sert en rien à certains d'être en leur jeunesse protégés par une excessive tendresse maternelle, car plus tard ils n'en rencontreront que plus de résistances et ils subiront des échecs dès qu'ils s'engageront dans les affaires du monde », soutient-il dans ses *Réflexions sur l'éducation.* Kant défend l'idée qu'il faut contraindre l'enfant et ne pas faire de l'enfance l'âge des bêtises et des caprices. La discipline est décisive, c'est-à-dire une mise au pas de l'enfant. Mais il va même plus loin : non seulement il ne sert à rien de choyer à l'extrême un bambin, mais encore, cela risque de lui être dommageable. Il semble qu'il faille élever les enfants à la dure, presque sans amour. Mais la discipline la plus stricte est-elle le moyen de faire sortir l'enfant de la sauvagerie et de la barbarie, ou bien l'usage de la force et l'absence d'amour maternel constituent-ils une autre forme de barbarie, plus pernicieuse encore ? Quelle tendresse et quelle force pour s'occuper d'un enfant et bien le diriger ? Dans un premier temps, nous défendrons avec Kant qu'il est *certes* indispensable de contrecarrer les caprices de l'enfance et qu'il faut préparer les enfants à l'adversité à l'œuvre dans le monde adulte. *Toutefois*, il est dangereux de vouloir user de force pour faire obéir l'enfant, le résultat risque d'être contre-productif, et l'amour rencontré dans la famille et dans l'entourage immédiat du bambin dans ses premières années semble permettre de consolider son identité et de construire un bon lien avec autrui dans une perspective morale et politique démocratique et égalitaire. Nous examinerons s'il n'est pas *plutôt* plus pertinent de laisser l'enfant comprendre par lui-même ce qui lui convient et ce qu'il faut faire, en le guidant plus qu'en le disciplinant. On peut imaginer une enfance idéale où la discipline n'aurait même plus sa place.

[Présentations des œuvres] Pour illustrer notre propos, nous nous appuierons sur l'*Émile* de Jean-Jacques Rousseau, qui défend, contrairement à Kant, qu'il n'est nullement besoin de discipline pour éduquer un enfant et que l'enfance est le lieu où des liens affectifs forts doivent être construits. Nous exploiterons également les ressources des *Contes* d'Andersen, où l'on découvre des rapports de force multiples et des transgressions suivies de punitions, mais aussi comment l'amour peut réparer la violence et l'injustice des hommes. Enfin, nous étudierons *Aké, Les années d'enfance* de Wole Soyinka qui explore les différentes facettes de la discipline usée à l'encontre de l'enfant, ou même dans la société des adultes, et l'importance de l'amour maternel, mais aussi familial.

Plan détaillé

[Thèse I] Certes, il paraît indispensable de ne pas laisser l'enfance être l'âge des caprices et de les contrecarrer par la discipline, voire d'aller jusqu'à refréner un trop grand amour et un trop grand esprit protecteur pour que l'enfant se prépare au monde adulte.

[Argument 1] L'enfance est indéniablement l'âge des caprices, des bêtises et des crises. L'enfant vit selon ses fantaisies et tyrannise son petit monde, inversant les rapports d'autorité. *Exemple 1* : Dans *Aké*, Dipo incarne l'enfant effronté, qui est espiègle et cumule les transgressions. *Exemple 2* : dans l'épisode de la vitre cassée, Rousseau raconte la rage d'un enfant qui brise tout : « il casse les fenêtres de sa chambre » (*Émile*, II, p. 122) ». « Le voilà devenu votre maître : tout est perdu » (*Émile*, I, p. 79). *Exemple 3* : dans « Le vaillant soldat de plomb », les enfants cassent leurs jouets et quand le petit soldat revoit enfin la danseuse dont il était épris, inopinément, un petit garçon le prend et le jette dans le poêle. On y met également la danseuse. Le peu de soin accordé par les enfants à leurs jouets est indirectement pointé.

[Argument 2] Par conséquent, il faut user de discipline contre l'enfant, qui n'entend bien que la force, incapable de raisonnement et d'argumentation. L'enfant aime même la discipline, car il sent qu'il est guidé, malgré lui, vers un certain ordre des choses. *Exemple 1* : dans l'œuvre de Wole Soyinka, Ransome-Kuti, l'oncle de l'enfant, bénéficie de fait d'un certain prestige au sein d'Abeokuta. Ce qui le caractérise est son inflexible rigueur à l'égard du respect des règles au sein de son établissement, notamment en ce qui concerne le fait de couper l'herbe de la concession d'Aké, qui faisait partie intégrante de la formation scolaire. Le petit Wole et ses camarades n'en maîtrisent guère les subtilités, ce qui leur vaudra des coups de baguette, encore d'usage dans le contexte du récit, et dont le proviseur défend jusqu'au bout la portée éducative. Son attitude ne l'empêche toutefois pas d'être apprécié de l'enfant. « Avec lui », explique en effet Soyinka, « la "discipline" devenait une aventure » (*Aké*, XII, 239), de même que la quête de justice, quand les lois du lycée venaient à ne pas être respectées. *Exemple 2* : « Employez la force avec les enfants et la raison avec les hommes ; tel est l'ordre naturel » (*Émile*, II, p. 109), car l'enfant ne dispose pas encore de la raison. Rousseau donne quatre maximes à respecter par le gouverneur pour diriger son élève. « L'esprit de ces règles est d'accorder aux enfants plus de liberté véritable et moins d'empire » (*Émile*, I, p. 79). *Exemple 3* : dans les contes d'Andersen, des ordres sont intimés aux héros et quand ils les enfreignent, il leur arrive malheur. Les enfants qui entendent ces contes comprennent de manière imagée ce qu'est une règle.

[Argument 3] Le monde est dangereux et hostile, vouloir élever un enfant dans du coton n'est pas lui rendre service. Il faut l'endurcir, physiquement et moralement. *Exemple 1* : dans les contes d'Andersen, les enfants sont confrontés sans ménagement à la mort, la violence, la folie, les tourments de l'amour, les injustices. Rien ne leur est épargné. Dans « Le petite fille aux allumettes », ils découvrent une jeune fille pauvre qui meurt dans le froid de l'hiver. *Exemple 2* : dans *Aké*, Wole est initié de manière traditionnelle. On lui inflige des souffrances physiques redoutables pour qu'il devienne un homme et sente des transformations se passer en lui pour être prêt à affronter les épreuves de la vie. Le siège sur lequel il est installé est environné d'un « étrange assortiment d'instruments » que le jeune assistant est en train d'organiser avec soin, avant d'appliquer sur la cheville du petit Wole un tampon imbibé d'un liquide inconnu. C'est alors qu'a lieu l'incision violente de la cheville de l'enfant, qui se met à hurler, fermement maintenu des mains par son grand-père. La scène, que nous vivons là encore en pleine immersion par le biais de verbes de perception, nous est relatée dans toute son horreur : « [c]omme en rêve », l'enfant « baiss[e] les yeux et v[oit] la même lame plonger dans le plat et sur [sa] cheville », avant de s'attaquer à ses poignets. Un tel épisode s'apparente à un « rituel initiatique de mise à mort », ou à une « descente aux enfers ». La conscience évaporée de l'enfant finit alors par observer les incisions rituelles qu'il subit de manière toujours douloureuse mais comme désormais distanciée. Il se sent par là paradoxalement grandi. *Exemple 3* : Rousseau souhaite endurcir Émile comme le font les Spartiates de l'Antiquité. « En général, on habille trop les enfants, et surtout durant le premier âge. Il faudrait plutôt les endurcir au froid qu'au chaud » (*Émile*, II, p. 161).

[Transition] Mais si l'enfance est synonyme de rencontre du réel et d'un nécessaire endurcissement, n'y a-t-il pas des risques que la force qu'on exerce sur l'enfant soit excessive et qu'il ne la comprenne pas ? Comment doser la part de discipline et la part d'éducation ? Comment élever l'âme tout en contraignant le corps ? Comment ne pas fragiliser l'enfant ?

[Thèse II] Toutefois, une trop grande force exercée sur l'enfant pour le rendre moral est paradoxale, voire contradictoire. N'est-ce pas user d'un moyen contraire à la fin visée, à savoir le respect de l'individu comme personne libre, comme fin en soi ? Il faut ménager l'enfant avec douceur et ne lui proposer que ce qui peut avoir un intérêt immédiat à ses yeux.

[Argument 1] Les caprices de l'enfant proviennent souvent d'une discipline mal exercée par les adultes. La force exercée sur l'enfant va donc être incomprise de sa part. Une discipline trop sévère va engendrer une cascade de violence et un cycle de transgressions et de punitions sans fin. *Exemple 1* : « vous les contrariez dès leur naissance ; les premiers dons qu'ils reçoivent de vous sont des chaînes ; les premiers traitements qu'ils éprouvent sont des tourments », dénonce Rousseau (*Émile*, I, p. 44). « Enfin, quand cet enfant, esclave et tyran, plein de science et dépourvu de sens, également débile de corps et d'âme, est jeté dans le monde en y montrant son ineptie, son orgueil et tous ses vices, il fait déplorer la misère et la perversité humaine. On se trompe ; c'est là l'homme de nos fantaisies : celui de la nature est fait autrement » (*Émile*, I, p. 51). « Nos plus grands maux nous viennent de nous. [...] après avoir pris peine à le rendre méchant, on se plaint de le trouver tel » (*Émile*, I, p. 50-51). *Exemple 2* : dans « Les cygnes sauvages », Élisa est dénoncée au roi comme sorcière. Il est décidé de la livrer aux flammes. Dans son cachot, elle parvient à continuer à tisser des manteaux pour ses frères, toujours sans prononcer un mot. Alors qu'on l'amène sur la charrette pour la brûler, les cygnes s'abattent sur la charrette et font fuir la foule. Élisa, qui avait gardé avec elle les manteaux d'ortie, les jette sur ses frères, qui aussitôt se transforment en princes. Élisa se met à parler, explique tout au roi et son retour au château est triomphal. On perçoit la cruauté des châtiments qui s'abattent injustement sur cette jeune fille innocente. *Exemple 3* : dans *Aké*, les enfants se livrent avec les adultes à la lapidation d'une « sorcière », comme si un cycle de violences sans fin était engendré de génération en génération.

[Argument 2] Ce n'est que par l'exemple de la vertu que l'on peut rendre les enfants vertueux, non par la force. *Exemple 1* : « avant d'oser entreprendre de former un homme, il faut s'être fait homme soi-même ; il faut trouver en soi l'exemple qu'il se doit proposer » (*Émile*, II, p. 114). *Exemple 2* : le père de Wole est pour lui un exemple vivant qui vaut mieux que les menaces de coups de bâton de sa mère pour le rendre vertueux. *Exemple 3* : dans « La Reine des neiges », Andersen indique que c'est l'amour qui seul est puissant, puisque ce sont les larmes de Gerda qui triomphent des rapports de force et de la violence diabolique.

[Argument 3] L'enfance est le moment de la douceur, de la tendresse, des relations sociales apaisantes permettant la confiance en soi de l'enfant (l'amour de soi). *Exemple 1* : « il ne faut jamais infliger aux enfants le châtiment comme châtiment, mais qu'il doit toujours leur arriver comme une suite naturelle de leur mauvaise action » (*Émile*, II, p. 123). « La sollicitude maternelle ne se supplée point » (*Émile*, I, p. 46). Le gouverneur, le père et la mère doivent être pour l'élève et l'enfant des amis pour la vie, qu'il aime avant d'apprendre qu'il le doit. Le gouverneur doit à tout prix éviter de se mettre lui-même en colère et de témoigner de l'emportement. *Exemple 2* : dans *Aké*, Wole adore être porté par Mme B. Face aux inquiétudes de Chrétienne Sauvage, sa mère, l'enfant trouve en Mme B. une alliée de poids après son escapade aux confins de la cité, à la fin du chapitre III : elle serre alors « sur son ample poitrine » celui qu'elle appelle affectueusement « [son] enfant », l'emmène chez elle afin de le nourrir – le petit Wole s'endort sur son dos et se réveille auprès d'elle le lendemain. *Exemple 3* : dans les contes d'Andersen, on voit beaucoup de pères violents vis-à-vis de leurs propres enfants, mais les derniers renversements rétablissent souvent cela, comme dans « Les cygnes sauvages », où Élisa finit par retrouver ses frères et rétablir la vérité.

[Transition] Faut-il donc que l'enfance soit le lieu d'un rapport de force entre les enfants et les adultes ? Ne peut-on pas la rêver sans violence ?

[Thèse III] On peut même aller jusqu'à défendre que pendant l'enfance, il faut se passer de toute discipline. Aucune force n'est utile pour mener l'enfant à bon port. Il faut le guider pour trouver en lui-même des ressources naturelles qui lui permettront d'affronter les difficultés de la vie en société (thèse de Rousseau).

[Argument 1] Il ne faut pas se mettre en colère contre un enfant en colère. Il faut rester calme et lui indiquer les conséquences néfastes de sa colère pour lui. Il en est de même pour le mensonge. Punir un enfant d'avoir menti par un châtiment physique est non seulement disproportionné, mais risque de rendre l'enfant méchant. *Exemple 1* : « Vous objecterez les caprices de l'enfant ; et vous avez tort. Le caprice des enfants n'est jamais l'ouvrage de la nature, mais d'une mauvaise discipline » (*Émile*, II, p. 151). *Exemple 2* : dans le duel qui oppose Wole à Dipo, Wole est d'avis qu'il n'y a plus généralement ni justice ni logique dans la vie des adultes (*Aké* VII, 151), car il est réprimandé alors même que ce sont les adultes qui ont provoqué ce duel. *Exemple 3* : le châtiment de la langue coupée est traumatisant dans « La petite sirène ». Il symbolise une enfance mal comprise par les adultes, qui ne veulent pas entendre les enfants s'exprimer.

[Argument 2] L'enfant a d'excellentes dispositions naturelles qui ne demandent qu'à être développées. Ce sont elles qu'il ne faut pas empêcher par des comportements superficiels et une éducation contre-productive qui fait perdre tout crédit à l'idée même de morale. *Exemple 1* : Rousseau défend que la nature a fait toute chose bonne, qu'il n'y a qu'à suivre sa marche sans entraver le développement naturel des dispositions de l'enfant. L'éducation doit être le plus négative possible, il faut laisser parler la nature en l'enfant. « Tout est bien sortant des mains de l'Auteur des choses, tout dégénère entre les mains de l'homme » (*Émile*, I, p. 35). *Exemple 2* : Le conte intitulé « Les nouveaux habits de l'empereur » souligne la superficialité du monde hypocrite des adultes, face à l'authenticité des enfants, qui disent vrai si on ne leur apprend pas à mentir. *Exemple 3* : dans *Aké*, Wole prend de la distance par rapport au colonialisme, au système hypocrite de « civilisation » mené par les Blancs, et à ce que cela a pu signifier pour les peuples colonisés.

[Argument 3] L'enjeu est moral et politique, car l'enfance doit préparer de loin le règne de la liberté et faire de bons futurs citoyens. Ce n'est pas l'obéissance et le commandement qu'il faut pour vivre ensemble, mais seulement la collaboration et la visée commune d'une même fin, reflet de la volonté générale. *Exemple 1* : Rousseau souhaite bannir du dictionnaire de l'enfant les termes de soumission, d'autorité, d'obéissance. Il leur préfère les termes de sympathie naturelle, d'intérêt réciproque dans le respect des accords mutuels, d'amitié et d'amour. Il prépare Émile non pas à vivre en tyrannie, mais en démocratie. « Il est fait pour guider, pour gouverner ses égaux […] sans vouloir commander, il sera le maître ; sans croire obéir, ils obéiront » (*Émile*, II, p. 208).

Sujet n° 3

Sujet type CC-INP (4 heures, résumé sur 10 points + dissertation sur 20 points)

Voir page 353 pour la partie Résumé du sujet, qui comporte un extrait de l'ouvrage de Charles Pépin cité dans la consigne ci-dessous.

Consigne

Vous traiterez le sujet de dissertation suivant : Dans *La Confiance en soi*, Charles Pépin prolonge une analyse freudienne : « La conquête de la confiance en soi commence donc par cette lutte contre ce que Freud a nommé la détresse infantile. Si l'adolescent est désireux de partir à la découverte du vaste monde, si l'adulte est confiant et réussit à mettre en œuvre ses projets, c'est d'abord parce qu'ils ont eu la chance de trouver, dans les toutes premières années de leur vie, dans ce que Boris Cyrulnik appelle les "interactions précoces", cette "sécurité intérieure" dont les psychologues montrent l'importance. » Vous vous appuierez sur les œuvres au programme pour évaluer cette analyse de l'enfance.

Analyse du sujet

Le sujet invite à creuser des notions clés de notre programme : l'amour de soi, l'instinct de conservation de soi, la naissance des premiers liens sociaux et l'importance morale, sociale et politique de ces premiers attachements, la découverte de sa propre identité par l'enfant qui part à la découverte de lui-même autant que du monde, le danger, l'incompréhension, les peurs de l'enfant et la manière de les gérer en créant un univers sécurisant. On peut opposer plusieurs thèses : soit défendre avec Pépin que l'enfant ne se développe qu'au sein d'une famille, d'un tissu social, soit au contraire penser avec Rousseau qu'il faut laisser le maximum d'esprit d'indépendance à l'enfant et donc le laisser découvrir seul ce qui convient à sa nature. On peut défendre qu'il faut sécuriser l'enfant en le plaçant dans un cocon de douceur, ou défendre au contraire qu'il faut aussi lui faire peur pour qu'il maîtrise ses peurs… Les contes d'Andersen ne sont pas sans faire peur à l'enfant, tandis que le gouverneur d'Émile l'entraîne à avancer dans la nuit et à faire des jeux dans les ténèbres.

Sujet n° 4

Sujet type BCPST (4 heures, dissertation)

Consigne

Vous traiterez le sujet de dissertation suivant : « J'aime la gaieté simple de l'enfance. Ceux que la vie étonne, et que la vie surprend, et qui s'amusent du monde ; ceux-là aussi ont de la vertu. Ils ne sont pas sérieux. Les grandes choses, les beaux discours, les événements historiques, ça ne les intéresse pas. Même quelquefois, ils les regardent, du coin de l'œil, ils les écoutent, du coin de l'oreille, l'air un peu étonné, et ces belles phrases tombent à plat, un peu dépitées, sans plus oser être solennelles. Ceux qui ont cette gaieté n'ont pas mauvais esprit. Mais c'est simplement que les grandes choses ne sont pas toujours celles que l'on croit, et que la beauté et la vérité n'ont pas besoin d'être sérieuses », affirme Jean-Marie Gustave Le Clézio dans *L'Inconnu sur la terre*, paru dans la collection « Le Chemin », aux éditions Gallimard, en 1978. Dans quelle mesure les œuvres au programme permettent-elles d'étayer la conception que l'écrivain se fait de l'enfance ?

Analyse du sujet

Le Clézio envisage l'enfance comme un Éden, un âge d'or lumineux. Il n'y voit que plaisir, jeux, esprit de gaieté. Il a une certaine nostalgie de l'enfance comme d'un royaume où l'on parle vrai, qui est authentique. Mais l'enfance est aussi le moment de l'incompréhension, de la violence, des pleurs et des souffrances vécues sans que l'enfant puisse en saisir les raisons avec la distance de l'adulte. L'enfance n'est pas que le moment du jeu : elle est aussi marquée par le sérieux, du fait que l'enfant découvre les injustices, les tensions, les accidents… L'intérêt de la citation est de souligner que l'étude de l'enfance permet de jeter un éclairage sur le monde adulte. C'est le monde des adultes qu'il faut réformer, non celui des enfants !

Pêle-mêle de citations pour approfondir des axes transversaux

Nature et culture : la différence homme/animal

« *La nature a voulu que l'homme tire entièrement de lui-même tout ce qui dépasse l'agencement mécanique de son existence animale, et qu'il ne participe à aucune autre félicité ou perfection que celle qu'il s'est créée lui-même, indépendamment de l'instinct par sa propre raison.* — En effet la nature ne fait rien en vain, et elle n'est pas prodigue dans l'emploi des moyens pour atteindre ses buts. En munissant l'homme de la raison et de la liberté du vouloir qui se fonde sur cette raison, elle indiquait déjà clairement son dessein en ce qui concerne la dotation de l'homme. Il ne devait pas être gouverné par l'instinct, ni secondé et informé par une connaissance innée ; il devait bien plutôt tirer tout de lui-même. »

Emmanuel Kant, « Idée d'une histoire universelle d'un point de vue cosmopolitique », in *Opuscules sur l'histoire*, trad. Stéphane Piobetta, Paris, Flammarion, « GF », p. 72-73.

« L'homme doit donc nécessairement être *éduqué* en vue du bien ; mais celui qui a le devoir de l'éduquer est à son tour un homme qui est encore plongé dans la grossièreté de la nature et doit pourtant produire ce dont lui-même a besoin. De là vient le constant écart de l'être humain par rapport à sa destination, avec toujours des tentatives répétées pour y revenir. »

Emmanuel Kant, *Anthropologie d'un point de vue pragmatique*, trad. Alain Renaut, Paris, Flammarion, « GF », 1993, p. 314.

« L'homme est un *animal* qui [...] a *besoin d'un maître.* [...] Mais où va-t-il trouver ce maître ? Nulle part ailleurs que dans l'espèce humaine. Or ce maître, à son tour, est tout comme lui un animal qui a besoin d'un maître. »

Emmanuel Kant, « Idée d'une histoire universelle d'un point de vue cosmopolitique », *op. cit.*, p. 77-78.

« On voit par là que l'homme, comme tel, n'est pas l'élève de la nature et qu'il ne doit pas non plus l'être. Si l'homme est un animal, alors il s'agit d'un animal extrêmement imparfait et précisément pour cette raison, ce n'est pas un animal. »

Johann Gottlieb Fichte, *Fondement du droit naturel* (1796).

« En un mot tous les animaux sont achevés et parfaits, l'homme est seulement indiqué, esquissé… Tout animal *est*, ce qu'il est ; l'homme seul originairement n'est rien. Il doit devenir ce qu'il doit être […]. La nature a achevé toutes ses œuvres ; mais elle a abandonné l'homme et l'a remis à lui-même. »

Johann Gottlieb Fichte, *Fondement du droit naturel* (1796).

Éducation : la place de la discipline

« La liberté et l'indulgence ne sauraient faire de bien à de jeunes enfants : leur peu de jugement est cause qu'ils ont besoin d'être sous la discipline et comme tenus en bride. »

John Locke, *Pensées sur l'éducation des enfants*, § 41.

« L'enfant est méchant quand il est élevé sans discipline. »

Georgios Vlachos, *La Pensée politique de Kant*, Paris, Puf, 1962, p. 245.

« L'enfance est une tige fragile qui a besoin d'appui. »

La Rochefoucault

« On nous a obligés, dès l'enfance, à ordonner notre vie de sorte à en exorciser le désordre. Et c'est sur cette peur du vide, sur la volonté d'endiguer jusqu'au plus petit risque qui en découlerait, que le pouvoir s'enracine. »

Marguerite Duras, *La Passion suspendue : entretiens avec Leopoldina Pallotta della Torre*, Paris, Seuil, 2013.

Les bêtises : remords, mensonges et naïveté des enfants

« "Mon Dieu, mon Dieu ! Qu'ai-je fait ? dit-elle. Je ne voulais qu'y goûter, et j'ai presque tout mangé. Maman va s'en apercevoir dès qu'elle ouvrira la boîte ; elle devinera que c'est moi. Que faire, que faire ?… Je pourrais bien dire que ce n'est pas moi, mais maman ne me croira pas... Si je disais que ce sont les souris ? Précisément, j'en ai vu courir ce matin dans le corridor. Je le dirai à maman, seulement je dirai que c'était un rat parce qu'un rat est plus gros qu'une souris, et qu'il mange plus, et, comme j'ai mangé presque tout, il vaut mieux que ce soit un rat qu'une souris !" »

La Comtesse de Ségur, *Les Malheurs de Sophie.*

« "Comment faire pour avoir ce que je veux ? j'en ai si envie ! Il faut que je tâche de l'avoir." Bien souvent, en tâchant de l'avoir, elle se faisait punir ; mais elle ne se corrigeait pas. »

La Comtesse de Ségur, *Les Malheurs de Sophie.*

Se faire comprendre des enfants : la question du langage de l'enfance et de son interprétation des signes

« Leçons de choses, toujours prématurées ; leçons de signes, lire, écrire, réciter, bien plus urgentes. »

Alain, *Éléments de philosophie*, Paris, Gallimard, 2001, p. 112.

« Un signe est expliqué par un autre. Et l'autre, à son tour, reçoit son propre signe renvoyé par un visage humain ; chacun apprend donc de l'autre, en voilà une belle amitié. Quelle attention que celle de la mère, qui essaie de comprendre son petit, et de faire qu'il comprenne, et qui ainsi en instruisant s'instruit ! »

Alain, *Éléments de philosophie*, Paris, Gallimard, 2001, p. 112.

« C'est en essayant les signes qu'il arrive aux idées ; et il est compris bien avant de comprendre ; c'est dire qu'il parle avant de penser. »

Alain, *Éléments de philosophie*, Paris, Gallimard, 2001, p. 112.

« Tout homme fut enveloppé d'abord de tissu humain, et aussitôt après dans les bras humains ; il n'a point d'expérience qui précède cette expérience de l'humain, tel est son premier monde, non pas le monde de choses, mais monde humain, monde de signes, d'où sa frêle existence dépend. Ne demandez donc point comment un homme forme ses premières idées. Il les reçoit avec les signes ; et le premier éveil de sa pensée est certainement, sans aucun doute, pour comprendre un signe. »

Alain, *Éléments de philosophie*, Paris, Gallimard, 2001, p. 111.

« Sans aucun doute tout homme a connu des signes avant de connaître des choses. Disons même plus ; disons qu'il a usé des signes avant de les comprendre. L'enfant pleure et crie sans vouloir d'abord signifier ; mais il est compris aussitôt par sa mère. Et quand il dit maman, ce qui n'est que le premier bruit des lèvres, et le plus facile, il ne comprend ce qu'il dit que par les effets, c'est-à-dire par les actions et les signes que sa mère lui renvoie aussitôt. »

Alain, *Éléments de philosophie*, Paris, Gallimard, 2001, p. 111-112.

La plongée dans l'imaginaire : pulsion créative et jeux

« Les pieds d'un enfant n'ont pas besoin d'être tout le temps sur terre. »

Donald Winnicott, *L'Enfant et sa famille* (1957), Paris, Payot, 2006.

« Il est vraisemblable que nous ne serons jamais à même d'expliquer cette pulsion créative, vraisemblable que nous ne serons jamais tentés de le faire. En revanche, nous pouvons établir un lien entre la vie créative et le fait de vivre, tenter de comprendre pourquoi cette vie créative peut être perdue et pourquoi le sentiment qu'éprouve un individu, celui que la vie réelle est riche de signification, peut disparaître. »

Donald Winnicott, *Jeu et réalité : l'espace potentiel* (1971), Paris, Gallimard, 1975.

Autonomie de l'enfance et de l'enfant

« Il y a des personnes qui pensent qu'un enfant est comme de l'argile entre les mains d'un potier. Elles commencent à mouler le bébé et à se sentir responsables du résultat. Elles ont tort. Si c'est ce que vous éprouvez, vous serez écrasée par des responsabilités que vous n'avez absolument pas besoin de prendre. Si vous acceptez l'idée d'un bébé qui existe par lui-même, vous serez alors libre de retirer un grand intérêt de l'observation de ce qui se passe lorsque le bébé grandira, tout en étant heureuse de satisfaire ses besoins. »

Donald Winnicott, *L'Enfant et sa famille* (1957), Paris, Payot, 2006.

Nostalgie de l'enfance, fascination pour l'enfance : temporalité de l'enfance, oubli et mémoire

« Mais le vert paradis des amours enfantines, / L'innocent paradis, plein de plaisirs furtifs, / Est-il déjà plus loin que l'Inde et que la Chine ? »

Charles Baudelaire, « Moesta et Errabunda », in *Les Fleurs du Mal, Spleen et Idéal.*

« Sous le pagne lisse du ciel d'été / Le soleil a saccagé / Le velours vert des jours d'enfance »

Léopold Sédar Senghor, *Œuvre poétique*, Paris, Seuil, 2020, p. 336.

« La mer des prés m'attend, / La mer verte et son odeur de rosée, / La mer fleurant des baisers d'enfant »

Léopold Sédar Senghor, *Œuvre poétique*, Paris, Seuil, 2020, p. 356.

« Morts les cours d'amour et les jeux gymniques ! Ils n'ont plus pour les nourrir, les rythmes des tam-tams et des balafongs, la voix des kôras, l'encens de l'Amante. Le voilà donc, le poète d'aujourd'hui, gris par l'hiver dans une grise chambre d'hôtel. Comment ne songerait-il pas au Royaume d'enfance, à la Terre promise de l'avenir dans le néant du temps présent ? »

Léopold Sédar Senghor, Postface, *Éthiopiques*, Paris, Seuil, 1956.

« Gouttelettes blanches, / Lentes gouttelettes / Gouttelettes de lait frais, / Clartés fugitives le long des longs jours monotones et gris, / Où vous en allez-vous ? Où vous en allez-vous ? À quel paradis ? Je dis : paradis, / Clartés premières de mon enfance ! / Jamais retrouvée. »

Léopold Sédar Senghor, *Éthiopiques*, Paris, Seuil, 1956.

« Il me suffit de […] nommer pour revivre le Royaume d'enfance »

Léopold Sédar Senghor, Postface, *Éthiopiques*, Paris, Seuil, 1956.

« Mais nous voici tout neufs, ressuscité mon jardin d'enfance / Lors je crée le poème : le monde nouveau dans la joie pascale »
Léopold Sédar Senghor

« Toute l'enfance se passe à oublier l'enfant qu'on était la veille. »
Alain, *Propos sur l'éducation*.

« Il reste toujours quelque chose de l'enfance, toujours. »
Marguerite Duras, *Théâtre II, Des journées entières dans les arbres*, Paris, Gallimard, 1968, p. 107.

« Que notre enfance nous fascine, cela arrive parce que l'enfance est le moment de la fascination, est elle-même fascinée, et cet âge d'or semble baigné dans une lumière splendide parce qu'irrévélée. »
Maurice Blanchot, *L'Espace littéraire*, 1968.

« Cela n'a de réalité, l'enfance, cela ne prend sens qu'après coup. Ce n'est qu'un mot d'homme fait : une pensée, une préoccupation d'un autre âge. On n'a jamais l'âge de son enfance. Elle vient trop tôt, et nous trop tard. Irréparablement. »
Jules Vallès, *Jacques Vingtras*, Tome 1, *L'Enfant* (1879).

« Paradis mon enfance africaine, qui gardait l'innocence de l'Europe. »
Léopold Sédar Senghor, « Que m'accompagnent kôras et balafongs », *Chants d'ombre, Royaume d'enfance.*

« J'ai quitté mon enfance comme on s'échappe d'un pays dans lequel on a trop souffert, en se jurant de ne plus y refoutre les pieds, mais c'est ce pays-là qui d'entre tous me manque le plus. »
Émilie Frèche, *Deux étrangers*, Arles, Actes Sud, 2012.

Bibliographie

Autour de la notion « l'enfance »

Philippe Ariès, *L'Enfant et la vie familiale sous l'Ancien régime*, Paris, Plon, 1960.

Augustin d'Hippone, *Confessions*, livres I et II, Paris, Gallimard, « Folio », 1993.

Charles Baudelaire, *Le Peintre de la vie moderne* (1863), in *Œuvres complètes*, tome II, Paris, Gallimard, « Bibliothèque de la Pléiade », 1976.

Zygmunt Bauman, *La Vie liquide* (2006), Paris, Pluriel, 2013.

Henri Bergson, *Matière et Mémoire* (1896), chapitre 2, Paris, Garnier-Flammarion, 1982.

Yves Bonnefoy, *Les Planches courbes*, « La voix lointaine », Paris, Gallimard, 2001.

Jean Château, « Qu'est-ce que l'enfance ? », *in* Hélène Gratiot-Alphandéry et René Zazzo (dir.), *Traité de psychologie de l'enfant*, tome I, *Histoire et généralités*, Paris, Puf, 1970.

René Descartes, *Discours de la méthode* (1637), Deuxième partie, dans *Œuvres de Descartes*, publiées par Charles Adam et Paul Tannery, tome VI, Paris, Vrin, 1996, p. 13.

—, *Les Principes de la philosophie* (1644), Première partie, § 71-72, in *Œuvres de Descartes*, publiées par Charles Adam et Paul Tannery, tome IX, Paris, Vrin, 1996.

Françoise Dolto, *Séminaire de psychanalyse d'enfants* (1982), Paris, Points, 2017.

Sigmund Freud, *Trois essais sur la théorie sexuelle* (1905), Paris, Payot, 2014.

Maurice Halbwachs, *Les Cadres sociaux de la mémoire* (1925), Paris, Puf, 1952.

Vladimir Jankélévitch, *L'Irréversible et la Nostalgie*, Paris, Flammarion, 1974.

Carl Gustav Jung, *Le Fripon divin : le mythe indien*, Genève, Georg, 1958.

Emmanuel Kant, *Propos de pédagogie* (1803), in *Œuvres philosophiques*, tome III, Paris, Gallimard, « Bibliothèque de la Pléiade », 1986, p. 1149.

Dan Kiley, *Le Syndrome de Peter Pan* (1983), Paris, Odile Jacob, 1996.

Michel Leiris, *La Règle du jeu*, tome I, *Biffures*, chapitre 4, « Reusement ! », Paris, Gallimard, 1948.

Philippe Lejeune, *Le Pacte autobiographique*, Paris, Seuil, 1975.

John Locke, *Quelques pensées sur l'éducation* (1693), VIII, § 81, Paris, Vrin, 1966.

Jean-François Lyotard, *Lectures d'enfance*, Paris, Galilée, 1991.

—, *L'Inhumain : causeries sur le temps* (1988), « Après le sublime, état de l'esthétique », Paris, Klincksieck, 2014.

Maurice Merleau-Ponty, *Phénoménologie de la perception* (1945), Paris, Gallimard, 2016.

Maria Montessori, *L'Enfant*, Paris, Desclée de Brouwer, 1936.
Friedrich Nietzsche, *Ainsi parlait Zarathoustra* (1885), Paris, Librairie générale française, 1972.
Jean Piaget, *La Représentation de l'espace chez l'enfant*, Paris, Puf, 1948.
Marcel Proust, *Du côté de chez Swan* (1913), Paris, Gallimard, 1988.
Jean-Jacques Rousseau, *Les Confessions*, livre I, Paris, Gallimard, « Folio », 1973.
Nathalie Sarraute, *Enfance*, Paris, Gallimard, « Bibliothèque de la Pléiade », 1996.
Henri Wallon, *L'Évolution psychologique de l'enfant*, Paris, Armand Colin, 1941.

Autour de l'œuvre : *Émile ou De l'éducation* (Livres I et II), Jean-Jacques Rousseau

Ouvrages de Jean-Jacques Rousseau

Jean-Jacques Rousseau, *Discours sur l'origine et les fondements de l'inégalité parmi les hommes* (1755), Paris, Flammarion, « GF », 1992.
Jean-Jacques Rousseau, *Essai sur l'origine des langues* (1781), Paris, Flammarion, « GF », 1993.
Jean-Jacques Rousseau, *La Nouvelle Héloïse* (1761), Paris, Flammarion, « GF », 1967.
Jean-Jacques Rousseau, *Émile ou De l'éducation* (1762), Livres I et II, Paris, Garnier-Flammarion, 1966.
Jean-Jacques Rousseau, *Du contrat social* (1762), Paris, Flammarion, « GF », 2001.
Jean-Jacques Rousseau, *Rousseau juge de Jean-Jacques* (1771-1775), Dialogue troisième, in *Œuvres complètes*, tome I, Paris, Gallimard, « Bibliothèque de la Pléiade », 1959.
Jean-Jacques Rousseau, *Les Rêveries du promeneur solitaire* (1776-1778), Paris, Flammarion, « GF », 2012.

Ouvrages sur Rousseau

Bruno Bernardi, Florent Guénard, Gabriella Silvestrini (dir.), *La Religion, la liberté, la justice : un commentaire des « Lettres écrites de la montagne » de Jean-Jacques Rousseau*, Paris, Vrin, 2005 [pour comprendre pourquoi la censure s'est abattue sur Rousseau et la manière dont il s'est défendu].
Victor Delbos, « Rousseau et Kant », *Revue de métaphysique et de morale*, 1912, p. 432 [riche commentaire sur les deux auteurs].
Victor Goldschmidt, *Anthropologie et politique : les principes du système de Rousseau*, Paris, Vrin, 1983 [ouvrage magistral, à consulter pour mieux comprendre l'état de nature].

Marian Hobson, « Diderot et Rousseau par Rameau interposé », *Recherches sur Diderot et sur l'Encyclopédie*, 39, 2005, p. 7-18 [intéressante confrontation des deux auteurs, frères ennemis : leur amitié, leur passion pour les échecs, la musique, et leurs divergences sur la croyance et la religion].

Peter D. Jimack, *La Genèse et la Rédaction de l'Émile de Jean-Jacques Rousseau. Étude sur l'histoire de l'ouvrage jusqu'à sa parution, Studies on Voltaire and the eighteenth century*, vol. XIII, Genève, Institut et Musée Voltaire (Droz), 1960.

Alexis Philonenko, « Introduction », *in* Kant, *Réflexions sur l'éducation*, Paris, Vrin, 1966, p. 17 [excellente introduction qui retrace toute la généalogie d'une réflexion sur l'enfance au cœur de l'univers des Lumières].

Jean Starobinski, *Jean-Jacques Rousseau : la transparence et l'obstacle*, Paris, Gallimard, « Tel », 1971 [l'authenticité, la transparence de soi à soi et de soi aux autres sont bien abordées dans cet ouvrage].

*Ouvrages d'autres auteurs en lien avec l'*Émile *de Rousseau*

Denis Diderot, *Le Neveu de Rameau et autres dialogues philosophiques* (1762-1773), préface de Jean Varloot, Paris, Gallimard, « Folio » n° 761, 1978 [apprentissage, cheminement éducatif, autour de la musique].

Denis Diderot, *Lettre sur les aveugles : à l'usage de ceux qui voient* (1749), Paris, Gallimard, « Folio », 2004 [pour le traitement du problème de Molyneux, confrontation des cinq sens, compréhension de la perception sensible et des synesthésies].

Johann W. van Goethe, *Les Années d'apprentissage de Wilhelm Meister* (1795-1796), Paris, Gallimard, « Folio » n° 3077, 1999 [pour un exemple canonique du roman d'apprentissage].

Emmanuel Kant, *Qu'est-ce que les Lumières ?* (1784), Paris, Flammarion, « GF », 1991, p. 43 [pour la compréhension des Lumières, le passage de la minorité à la majorité, l'idéal d'une perfectibilité de l'humanité].

Emmanuel Kant, *Réflexions sur l'éducation*, Paris, Vrin, 1996 [Kant est fasciné par Rousseau mais déplace l'accent de l'éducation sur la discipline, comme Locke, et il considère l'enfant comme capable d'entendre raison, devant se soumettre très tôt aux préceptes de la raison].

John Locke, *Essai sur l'entendement humain* (1689), Livres I et II, traduction par Jean-Michel Vienne, Paris, Vrin, 2002 ; et Livres III et IV, même traducteur, Paris, Vrin, 2006 [pour une critique des idées innées, l'apprentissage par les cinq sens, l'expérience sensible en première personne, le rapport du toucher à la vue avec le problème de Molyneux, l'acquisition de la notion d'identité personnelle, l'origine du langage et le problème des conventions].

John Locke, *Quelques pensées sur l'éducation* (1693), Paris, Vrin, 2007 [ouvrage majeur lu par Rousseau avant la rédaction de l'*Émile*].
Michel de Montaigne, *Essais* (1572-1592), Paris, Garnier-Flammarion, 1969 [pour une compréhension de l'éloge de la nature, doux guide].
Platon, *La République*, Paris, Flammarion, « GF », 2016 [conception à la fois éducative et politique de l'homme, avec projection d'un idéal de citoyenneté].

Autour de l'œuvre : *Contes*, Hans Christian Andersen

Hans Christian Andersen, *Contes*, traduction et édition de Marc Auchet, Paris, Librairie générale française, 2003.
— *Œuvres*, Tomes I et II, textes traduits et annotés par Régis Boyer, Paris, Gallimard, « Bibliothèque de la Pléiade », 1992.
Marc Auchet, *Andersen et son temps*, Paris, Librairie générale française, « Album Pochothèque », 2005.
— (dir.), *(Re)lire Andersen : modernité de l'œuvre*, Paris, Klincksieck, 2007.
Bruno Bettelheim, *Psychanalyse des contes de fées* (1976), Paris, Pocket, 1999.
Marie-Claire Dolghin, *Les Saisons de l'âme : l'analyse jungienne par les contes de fées*, La Varenne Saint-Hilaire, Séveyrat, 1989.
François Flahault, *L'Extrême Existence : essai sur des représentations mythiques de l'intériorité*, Paris, Maspero, 1972.
Isabelle Jan, *Andersen et ses contes*, Paris, Aubier, 1977.
François Roussel, *Les Contes de fées : lecture initiatique*, Plazac-Rouffignac, Amrita, 1993.
Patrice Soler, *Genres, formes, tons*, Paris, Puf, 2001.
Marie-Louise von Franz, *Les Modèles archétypiques dans les contes de fées*, Paris, La Fontaine de Pierre, 2016.

Autour de l'œuvre : *Aké, les années d'enfance*, Wole Soyinka

Éditions de *Aké, les années d'enfance*

Aké, les années d'enfance (1981), Paris, Belfond, texte traduit de l'anglais et préfacé par Étienne Galle, 1984.
Aké : The Years of Childhood (1981), New York, Vintage International Edition, 1989.

Œuvres de l'auteur

Le Lion et la Perle (1959), traduit de l'anglais par J. Chuto et Philippe Laburthe-Tolra, Yaoundé, C.L.E., 1968.

La Danse de la forêt (1960), traduit de l'anglais par Élisabeth Janvier, Paris, L'Harmattan, 1987.
Les Interprètes (1964), traduit de l'anglais par Étienne Galle, Paris, Présence africaine, 1991.
Cet homme est mort (1972), traduit de l'anglais et préfacé par Étienne Galle, Paris, Belfond, 1986.
Une saison d'anomie (1972), traduit de l'anglais par Étienne Galle, Paris, Belfond, 1987.
Myth, Literature and the African World, Cambridge, Cambridge University Press, 1976.
Que ce passé parle à son présent à son présent. Discours de Stockholm (1986), traduit de l'anglais par Étienne Galle, Paris, Belfond, 1987.
Isara : périple autour de mon père (1990), traduit de l'anglais par Étienne Galle, Paris, Belfond, Paris, 1993.
Ibadan, les années pagaille : mémoires, 1946-1965 (1994), traduit de l'anglais par Étienne Galle, Arles, Actes Sud, 1997.
Il te faut partir à l'aube : mémoires (2006), traduit de l'anglais par Étienne Galle, Arles, Actes Sud, 2007.
De l'Afrique : et autres essais, présentés et traduits par Étienne Galle, Paris, L'Harmattan, 2018.

Études sur l'œuvre de l'auteur

Ivor Agyeman-Duah et Promise Ogochukwu (eds.), *Essays in Honour of Wole Soyinka at 80*, Banbury, Ayebia Clarke Publishing, 2014.
Étienne Galle, *Connaître Wole Soyinka*, Paris, L'Harmattan, 2018.
James Gibbs (ed.), *Critical Perspectives on Wole Soyinka*, Londres, Heinemann, 1980.
Jo Gulledge (ed.), « Seminar on Aké with Wole Soyinka », *The Southern Review*, 23-3, Louisiana State University, July 1987, p. 511-526.
Biodun Jeyifo (ed.), *Conversations with Wole Soyinka*, Jackson, University Press of Mississippi, 2001.
—, *Wole Soyinka. Politics, Poetics and Postcolonianism*, Cambridge, Cambridge University Press, 2004.
Boniface Mongo-Mboussa, *Désir d'Afrique : essai*, « Wole Soyinka : le Nobel, les dieux yoruba et l'Afrique », Paris, Gallimard, 2001, p. 61-69.
Gerald Moore, *Wole Soyinka*, Londres, Evans Brothers, 1971.
Mpalive-Hangson Msiska, *Postcolonial Identity in Wole Soyinka*, Amsterdam, New York, Rodopi, 2007.
Oyin Ogunba (ed.), *Soyinka : A Collection of Critical Essays*, Ibadan, Syndicated Communications, 1994.

Alioune Sow, *Vestiges et vertiges : récits d'enfance dans les littératures africaines*, chapitre II : « Intuition politique. Laye, *L'Enfant noir*, et Wole Soyinka, *Aké, the Years of Childhood* », Arras, Artois presses université, 2011, p. 35-64.

Pour approfondir les problématiques propres à l'auteur

Chinua Achebe, *Éducation d'un enfant protégé par la Couronne* (2009), traduit de l'anglais par Pierre Girard, Arles, Actes Sud, 2013.

Alfred Adler, *Roi sorcier, mère sorcière : parenté, politique et sorcellerie en Afrique noire. Structures et fêlures*, Paris, Le Félin, 2006.

Charles Baudelaire, *Critique d'art*, Paris, Gallimard, « Folio essais », 1998.

Roger Chemain, *L'Imaginaire dans le roman africain d'expression française*, préface de Gilbert Durand, Paris, L'Harmattan, 1986.

Denise Coussy, *Littératures de l'Afrique anglophone*, Aix-en-Provence, Édisud, 2007.

Mircea Eliade, *Naissances mystiques : essai sur quelques types d'initiation* (1959), Paris, Gallimard, 1992.

Ferdinand Ezémbé, *L'Enfant africain et ses univers : approches psychologiques et culturelles*, Paris, Karthala, 2003.

Gérard Genette, *Nouveau discours du récit*, Paris, Seuil, 1983.

Florence Godeau (dir.), *Poétiques du récit d'enfance*, Paris, Puf, 2012.

Oshomha Imoagene, *The Yoruba of South-Western Nigeria*, Ibadan, New Era Publishers, 1990.

Cheryl Johnson-Odim, Nina Emma Mba, *For Women and the Nation. Funmilayo Ransome-Kuti of Nigeria*, Chicago, University of Illinois Press, 1997.

Philippe Lejeune, *Le Pacte autobiographique* (1975), Paris, Seuil, 1996.

—, *Les Brouillons de soi*, Paris, Seuil, 1998.

Isabelle Poulin, Robert Kahn et Evelyne Thoizet, *Poétique du récit d'enfance*, Neuilly, Atlande, 2012.

Alain Rabatel, *La Construction textuelle du point de vue*, Lausanne, Delachaux et Niestlé, 1998.

Alain Ricard, *Livre et communication au Nigeria*, Paris, Présence africaine, 1975.

Léopold Sédar Senghor, *Poèmes perdus*, dans *Œuvres complètes*, Paris, Seuil, 2006.

Simone Vierne, *Rite, roman, initiation* (1973), Grenoble, Presses universitaires de Grenoble, 2000.

Cet ouvrage a été mise en pages par

<pixellence>

PEFC
10-31-3532

Certifié PEFC

Ce produit est issu de forêts gérées durablement et de sources contrôlées

www.pefc-france.org

Imprimé en France sur papiers
issus de forêts gérées durablement

Sepec Numérique

1, rue de Prony - ZA des Bruyères
01960 Peronnas

IMPRIM'VERT®

Achevé d'imprimer en Mai 2021
Numéro d'impression : N17932210414